南水北调中线一期工程文物保护项目
湖北省考古发掘报告
第 4 号

郧县上宝盖

湖 北 省 文 物 局
湖 北 省 移 民 局
南水北调中线水源有限责任公司

科 学 出 版 社
北京

内 容 简 介

配合南水北调中线工程建设，宁夏文物考古研究所、长沙市文物考古研究所、复旦大学文物与博物馆学系分别在2006年、2009年、2010年，先后三次对郧县上宝盖遗址进行了考古勘探与发掘，揭露出新石器时代、周代、汉代以及明清时期的文化遗存，以汉代遗存为主体，出土遗存对研究汉水流域的历史地理变迁、城镇建置沿革等学术问题有十分重要的意义。

本书将三次考古发掘简报汇编成一册，全面、系统地报道了这三次发掘收获，可供考古学、历史学研究人员及高等院校相关专业师生以及考古爱好者阅读、参考。

图书在版编目（CIP）数据

郧县上宝盖／湖北省文物局，湖北省移民局，南水北调中线水源有限责任公司编著．—北京：科学出版社，2013.12

（南水北调中线一期工程文物保护项目．湖北省考古发掘报告；第4号）

ISBN 978-7-03-039371-5

Ⅰ.①郧… Ⅱ.①湖…②湖…③南… Ⅲ.①文化遗址-发掘报告-郧县-古代 Ⅳ.①K878.05

中国版本图书馆CIP数据核字（2013）第308560号

责任编辑：王光明　柴丽丽／责任校对：邹慧卿
责任印制：钱玉芬／封面设计：陈　敬

科学出版社 出版

北京东黄城根北街16号
邮政编码：100717
http://www.sciencep.com

中国科学院印刷厂 印刷
科学出版社发行　各地新华书店经销

*

2013年12月第　一　版　　开本：889×1194　1/16
2013年12月第一次印刷　　印张：16 3/4　插页：24
字数：475 000

定价：198.00元

（如有印装质量问题，我社负责调换）

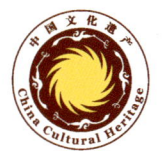

南水北调中线一期工程文物保护项目
湖北省考古发掘报告
第4号

郧县上宝盖

湖 北 省 文 物 局
湖 北 省 移 民 局
南水北调中线水源有限责任公司
编著

科学出版社
北京

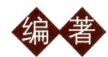

内 容 简 介

配合南水北调中线工程建设，宁夏文物考古研究所、长沙市文物考古研究所、复旦大学文物与博物馆学系分别在2006年、2009年、2010年，先后三次对郧县上宝盖遗址进行了考古勘探与发掘，揭露出新石器时代、周代、汉代以及明清时期的文化遗存，以汉代遗存为主体，出土遗存对研究汉水流域的历史地理变迁、城镇建置沿革等学术问题有十分重要的意义。

本书将三次考古发掘简报汇编成一册，全面、系统地报道了这三次发掘收获，可供考古学、历史学研究人员及高等院校相关专业师生以及考古爱好者阅读、参考。

图书在版编目（CIP）数据

郧县上宝盖／湖北省文物局，湖北省移民局，南水北调中线水源有限责任公司编著．—北京：科学出版社，2013.12

（南水北调中线一期工程文物保护项目．湖北省考古发掘报告；第4号）

ISBN 978-7-03-039371-5

Ⅰ.①郧… Ⅱ.①湖…②湖…③南… Ⅲ.①文化遗址–发掘报告–郧县–古代 Ⅳ.①K878.05

中国版本图书馆CIP数据核字（2013）第308560号

责任编辑：王光明 柴丽丽／责任校对：邹慧卿
责任印制：钱玉芬／封面设计：陈 敬

科学出版社 出版

北京东黄城根北街16号
邮政编码：100717
http://www.sciencep.com

中国科学院印刷厂 印刷
科学出版社发行 各地新华书店经销

*

2013年12月第 一 版　开本：889×1194 1/16
2013年12月第一次印刷　印张：16 3/4 插页：24
字数：475 000

定价：198.00元
（如有印装质量问题，我社负责调换）

Reports on the Cultural Relics Conservation
in the South-to-North Water Diversion Project
Hubei Vol.4

The Shangbaogai Site in Yunxian County, Hubei

Cultural Heritage Bureau of Hubei Province
Resettlement Bureau of Hubei Province
Mid-route Source of South-to-North Water Transfer Corp. Ltd

Science Press
Beijing

南水北调中线一期工程文物保护项目

湖北省编辑委员会

主　任	郭生练
副主任	雷文洁
编　委	沈海宁　黎朝斌　邢　光　王风竹
	彭承波　宫汉桥　齐耀华　李　勇
总　编	沈海宁
副总编	黎朝斌　王风竹

南水北调中线一期工程文物保护项目

湖北省考古发掘报告第 4 号

《郧县上宝盖》

项目承担单位

宁夏文物考古研究所

长沙市文物考古研究所

复旦大学文物与博物馆学系

目 录

郧县上宝盖遗址 2006 年度发掘报告 …………………………… 宁夏文物考古研究所（1）

郧县上宝盖遗址 2009 年度发掘报告 …………………………… 长沙市文物考古研究所（189）

郧县上宝盖遗址 2010 年度发掘报告 …………………………… 复旦大学文物与博物馆学系（236）

郧县上宝盖遗址 2006 年度发掘报告

宁夏文物考古研究所

一、概　　述

（一）地理环境与历史沿革

1. 地理环境

郧县位于湖北省西北部，地处鄂豫陕三省交界的秦岭、大巴山余脉，东北与河南省的淅川县相邻，东南为丹江口市，南部为十堰市、房县、竹山县，西与郧西县和陕西省的白河县相接，总面积3820余平方千米（图一）。

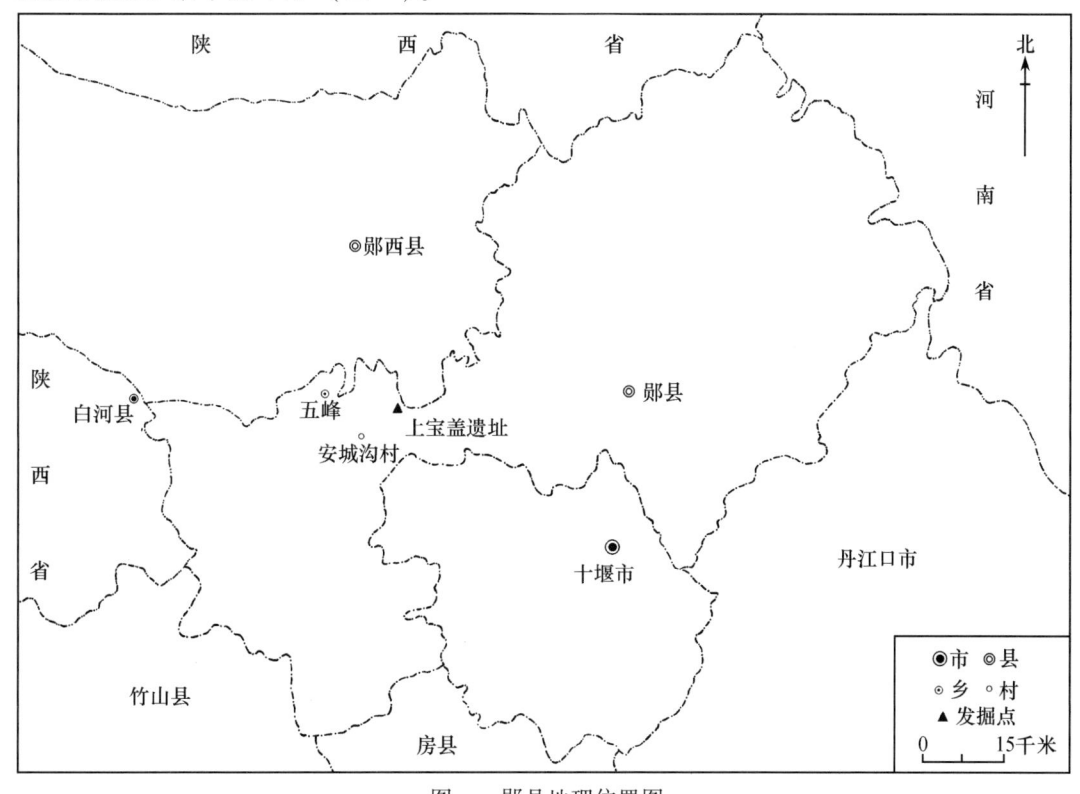

图一　郧县地理位置图

郧县地处汉江上游下段，地质构造属于秦岭纬向构造系。境内多山，南、北、西被高山环绕。汉江自西向东贯穿中部，分县境为南北两大区域，南部为大巴山向东延续的余脉，北部为秦岭向东延续的余脉，地势均向中部的汉江谷底倾斜。县境西南部和西北部为峡谷深切、山体高峻的高山地带，山岭多呈东西向；中部和东部为沟壑相连、山峦起伏的低山丘陵地带，主要山岭多呈南北向；汉江谷底两侧多为狭窄和断续的平川和丘陵地形。

汉江是郧县的主要水系，河流非常弯曲，自古以来就有"曲莫如汉"之称。上游弯曲系数为1.64，中游为1.24，下游为2.09，河床总落差为1850米，主要集中在上游河段，达1780米，占全河总落差的96%[①]。气候具有明显的亚热带季风气候的特性，气候比较温和，年平均气温在15~18℃。7月为一年最热的月份，平均温度在22~34℃，绝对最高气温可达43℃以上。1月为一年最冷的月份，平均气温在-2~10℃，当北方寒潮猛烈入侵时，最低气温达-10℃以上。

降水较为充沛，年平均降雨量在600~1300毫米，集中于夏半年，占全年降水量的70%以上，其中6~8三个月尤为突出，降水量占全年降水量的40%~50%，从10月起至第二年的3月，降水量明显减少。而汉江由于降水年变率和月变率是很大的，各地降水年变率在20%以上，而降水月变率比年变率大得多，多雨的月变率在100%以上。降水年变率和月变率大，表示降水量过分集中在某年和某月内，因而造成水灾的可能性较大。6~8三个月为汉江流域暴雨集中的时段，一次暴雨量可达150~200毫米，最多时可达300毫米以上。据统计，日暴雨量为50~100毫米出现的机会最多，频率百分数一般在50%左右，日暴雨量在200毫米以上的出现机会最少，频率在4%以下[②]。

平均相对湿度除高山地区外，一般在70%~80% RH，年蒸发量1000~1400毫米，月最多蒸发量为300毫米，最小仅有10毫米。由于雨量的年变率和月变率较大，所以经常发生降雨量不均的情况，旱涝现象较为频繁。

2. 历史沿革

郧县历史悠久。据史料记载最早可追溯到古麇国，"郧，古麇国也，为《禹贡》梁州之地"。春秋时代，郧县为麇国之锡穴地。战国时代，楚国灭麇国，属楚地。秦代属益州汉中郡地。西汉时期，为汉中郡的锡县和长利县；东汉时期，合并锡县和长利县为锡县，属于益州汉中郡锡县地。汉朝末年，初为益州魏兴郡锡县地，建安二十年（215年）后锡县改隶上庸郡，又隶属于益州上庸郡锡县地。三国时期，为魏国荆州魏兴郡锡县地。晋朝属县更改频繁，太康四年（283年）改锡县为长利县，太康五年（284年）又改长利县为锡县，旋即再改锡县为郧乡县，则属于荆州魏兴郡郧乡县地。元康六年（296年）后，因魏兴郡该属梁州，则为梁州魏兴郡郧乡县地。南北朝时期，初隶属宋国梁州魏兴郡郧乡县地，齐国灭宋国后，隶属于齐国齐兴郡齐兴县；梁国灭齐国后，初为堵阳县地，后因析堵阳县设南上洛郡隶属兴州，则为兴州南

---

① 邓兆仁：《汉江流域水文地理》，《华中师院学报》1981年第4期。
② 邓兆仁：《汉江流域水文地理》，《华中师院学报》1981年第4期。

上洛郡地；西魏时，则为丰州丰利郡丰利县地；北周灭西魏，则为丰州上津郡丰利县地。隋代，初为梁州西城郡丰利县地，隶属豫州淅阳郡后，则又为豫州淅阳郡郧乡县地。唐代，武德年间（618年~626年），为南丰州堵阳县地；贞观八年（634年）后，改堵阳县为郧乡县，隶属均州武当郡，则为均州武当郡郧乡县地。五代时期，为均州武当郡郧乡县地。宋代，初为均州武当郡郧乡县地，后因改均州为武当郡节制，则为武当军节度郧乡县地。元代，改郧乡县为郧县隶属均州，为均州郧县地，此是郧县名称之始。明代，成化十一年（1475年）前隶属均州，成化十二年（1476年）后，隶属郧阳府。清代，也隶属于郧阳府。现在为十堰市管辖。

郧县历史文化悠久，反映古人类繁衍生息的历史文化遗存众多。据调查，自旧石器时代至明清时期各历史阶段的文化遗存均有分布，比较重要的有郧县梅铺猿人洞、学堂梁子、三浪滩旧石器时代文化遗址，青龙泉、大寺、刘湾、中台子等新石器时代文化遗址，安城先秦铜矿遗址、辽瓦店子遗址、乔家院墓群、五峰乡肖家河春秋墓地等夏商周时期文化遗存，以及唐濮王李泰家族墓地等。其中旧石器时代遗址中发现了被学术界命名为"郧县人"的化石而享誉国内外学界；而辽瓦店子遗址自夏商周至明清时期的遗存均有发现，以夏商周时期的为主，被评为2007年度中国考古十大新发现。

（二）发掘和资料整理经过

为了配合湖北省南水北调中线工程建设，宁夏文物考古研究所承担了丹江口库区郧县上宝盖遗址2100平方米的考古发掘任务（项目编号2004HBYA—18）。该遗址位于郧县五峰乡安城沟村二组汉江南岸的一级阶地上，东西长约300米，南北宽约50米，现存面积约15000平方米，海拔163~172米（图二；图版一，1）。

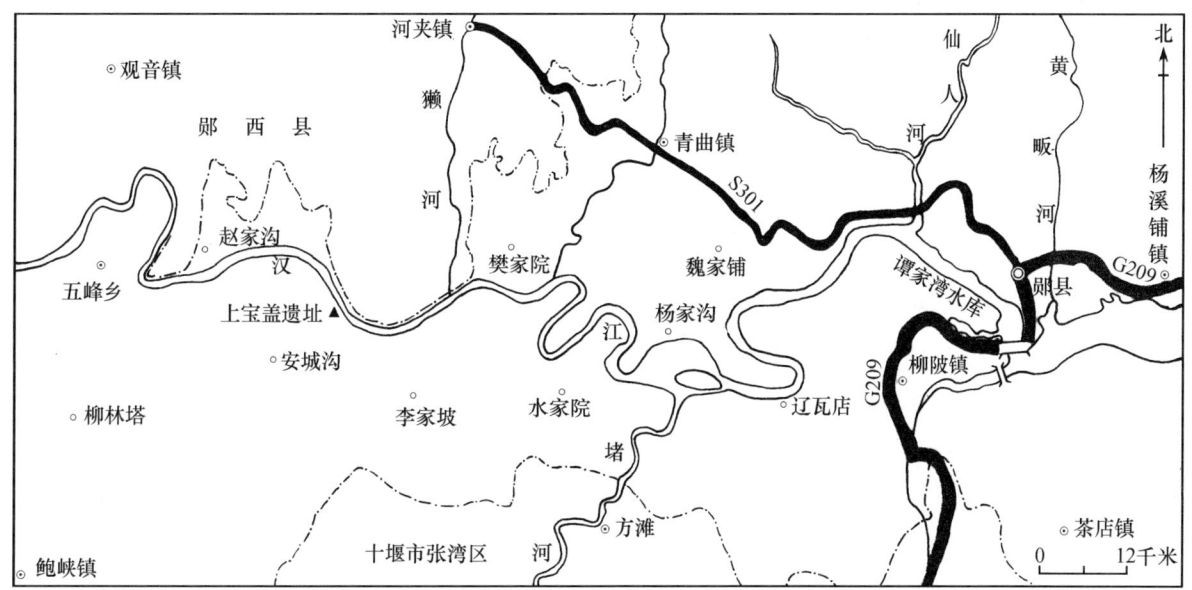

图二 遗址位置示意图

2006年10月，宁夏文物考古研究所和郧县博物馆联合组队对上宝盖遗址进行了考古发掘，项目领队为朱存世，参加工作人员有车建华、王仁芳、陈安位、吕建平、吕龙、吕占龙、朱有世、曹霖、刘群等同志。从2006年11月中旬至2007年4月中旬，田野工作历时5个月。发掘前，我们先期进行了大面积的考古钻探工作，勘探面积共计25000平方米。发掘工作主要采取探方法，辅以探沟法，按正南北向共布5米×5米探方81个、2.5米×30米探沟1条，实际发掘面积2108平方米（图三；图版一，2）。

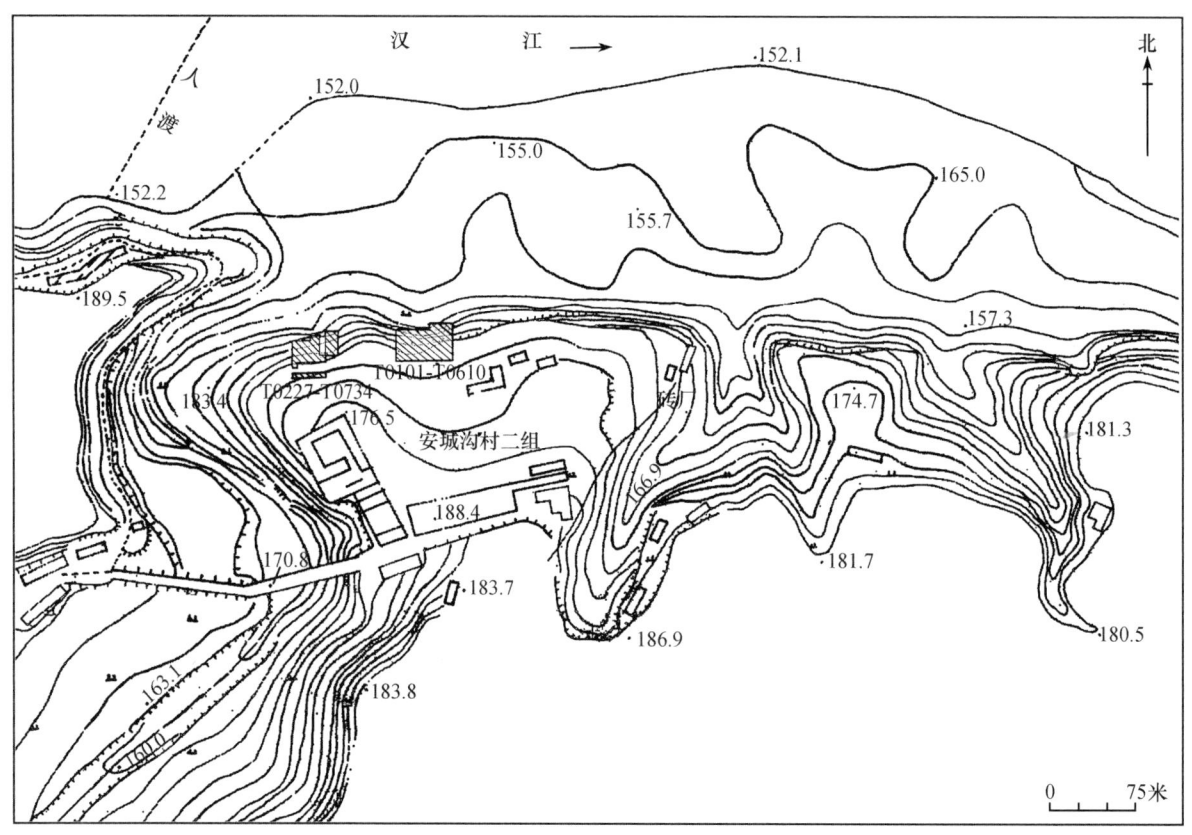

图三 遗址布方图

布方采用四位数统一编号的方法，分东部发掘区和西部发掘区，两区探方统一编号，中间部分由于勘探发现有一条较大的冲沟并且破坏严重，未布方发掘，但其探方编号做了预留，以防再次发掘时探方编号杂乱（图四、图五）。共发现东周、汉代、明清时期的灰坑、墓葬、窑、井、房、散水路面等遗迹，出土陶、石、铜、铁、骨、木器等重要的文物标本。2007年7~12月对该遗址的考古资料按要求做了科学的初步整理工作，2011~2012年，对初步整理的资料进行了详细校对、绘图、资料制作、人骨鉴定和考古报告的编写工作，参加此项工作的有朱存世、乔倩、郭家龙、徐永江、黄旭初、周蜜等同志。基本搞清了该遗址的时代及文化内涵，从而确定该遗址为一处经历不同历史时期的小型聚落遗址，对研究汉江上游地区西周、东周、汉代、明清时期的聚落形态提供了可比较资料，对研究汉江上游地区同时代的考古学文化提供了较为重要的资料。

图四　东部发掘区布方图

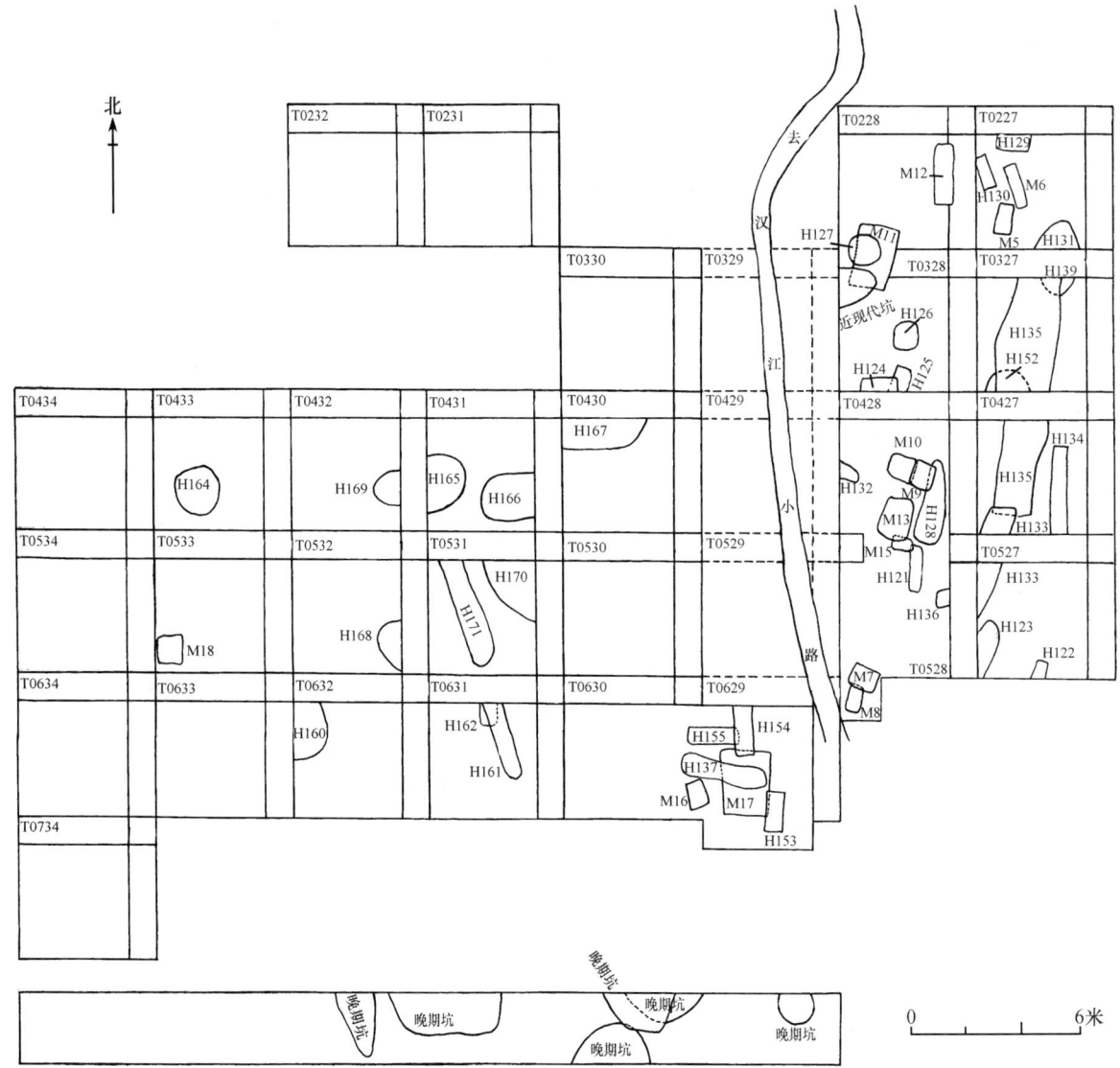

图五 西部发掘区布方图

二、遗址概况与地层堆积

（一）遗址概况

上宝盖遗址系南水北调中线工程考古调查时所发现，由于未发现早期的文化遗存，当时定为汉代遗址。该遗址位于汉江南岸的一级阶地上，北为汉江，南为五峰乡安城沟村二组，东部被一现代烧制砖厂破坏，西南部为当地敬老院，郧县至五峰乡的公路从遗址的南部沿山麓绕过。遗址北临汉江，南依山岭，地理位置优越。阶地自南向北倾斜，东、西部略高，中部较低。根据调查，遗址中部原来有一山水冲蚀形成的冲沟，后来被填平，形成东西高、中部略低的地形。从遗址的地理形势结合考古勘探结果分析，原来的地形在整体上自南向北和自东向西略倾斜，海拔163~172米。

上宝盖遗址面积约15000平方米，东部被现代砖瓦厂严重破坏，初步估计被挖毁的面积至少在3000平方米左右，西南部被现代敬老院所毁，遗址的北部由于汉江的冲蚀崩塌也有不同程度的破坏，据调查，部分遗迹悬挂于汉江南岸的断壁上，说明遗址的北部可能较现代要宽。另外，不同历史时期的人们在此地生息也对比其早的遗存进行了破坏，尤其是明清和近现代人们平整土地时对该遗址的破坏尤大。

根据考古勘探，上宝盖遗址的地下遗存主要沿汉江分布，早期如西周时期的遗存主要分布于汉江南岸，汉代的瓮棺葬等也基本是沿江分布。地层自沿江向南渐薄，近原来山麓处未发现地层堆积，遗迹分布也较为稀疏。说明在此地生息的人们是沿江随着人口的增多逐渐向南推移的。

（二）地层堆积

本发掘区由于受坡形地势及后期破坏的影响，地层堆积厚薄不一，最浅处仅0.3米，最深处16.1米，平均深度1.3米（水井除外）。地下遗存总体分为四个时期：西周、东周、汉代和明清，而地层分为4层（统一后的地层见附表一），西周和东周时期仅发现灰坑、墓葬等遗迹而未发现地层，地层主要属于汉代和明清时期。概而言之，标准地层第1层为耕土层；第2层为近现代垫土层；第3层为明清地层，其中又分为第3A、3B、3C三小层，其中仅第3B层为人类活动形成，第3A、3C层均属汉江涨水淤积而成，部分探方这两层根据淤层堆积的先后还可再细分小层；第4层为汉代地层，此层下见生土。第2、4层仅见于西部发掘区，东部发掘区的第3层相当于西部发掘区的第4层。总体而言，遗址北部沿江探方地层堆积较厚、遗迹相对丰富，但受汉江冲蚀破坏严重，南部早期地层保存较好但堆积较薄。发掘区的东部发现有西周、东周时期灰坑但未发现相应地层；发掘区的西部有东周、汉代墓葬及汉代灰坑，仅部分探方发现有汉代地层，发掘区中南部一些探方表土层下即为汉代地层。现选取发掘区东部T0501~T0510南壁、T0205~T0605东壁剖面将该遗址东西向和南北向的堆积情况作一介绍。

发掘区东部东西向地层，以T0501~T0510南壁剖面为例说明如下（图六）：

第1层：耕土层。厚0.2~0.25米，自T0501~T0510逐渐降低，落差近1米。土色灰褐，土质松软，内含大量的植物根系及近现代遗物。

第2层：明清文化层。该层又可分为2A、2B、2C三小层，各层堆积均不连贯，仅第2B层为文化堆积层。

第2A层：厚0.22~0.3米。仅在T0510分布。土色灰白，土质疏松，包含大量的砂砾，自北向南渐薄，属于汉江暴涨所形成的淤积沙土。内含少量的灰陶瓦片、青花瓷片、石块等物。

第2B层：厚0.35~0.7米。自T0506~T0510有连续的分布，而且自南向北倾斜，在

T0501~T0505中仅T0504和T0505内有分布。土色棕褐，土质较硬，夹少量的炭屑和骨渣。包含物有汉代绳纹瓦片、陶片，以及明清青花瓷片、石块、蚌壳等物。

第2C层：厚0.1~0.5米。自T0506~T0510有连续的分布，自北向南倾斜。土色灰黄，土质松散，包含较多的砂砾，系汉江暴涨满溢淤积堆积沉积形成。包含物较少，仅发现少量的汉代碎瓦片等。此层下有汉代遗迹开口。

第3层：厚0.12~0.55米。自T0505~T0510有连续的分布，在T0504内有少量的分布，自南向北倾斜。土色灰褐，土质较黏结，包含物有绳纹瓦片、灰陶片等其他汉代遗物。此层下有汉代和西周等时期的灰坑开口。

第3层下为红褐色生土层。

发掘区东部南北向地层，以T0205~T0605东壁剖面为例说明如下（图七）：

第1层：耕土层。厚0.2~0.25米，自T0605~T0205逐渐降低，落差达0.95米。土色灰褐，土质松软，内含大量的植物根系及近现代遗物。

第2层：明清文化层，该层又可分为2A、2B、2C三小层，各层堆积均不连贯，仅2B层为文化堆积层。

第2A层：厚0~0.3米。仅T0205和T0305内有分布，自北向南渐薄呈斜坡状分布。土色灰白色，土质疏松，包含大量的砂砾，属于汉江暴涨所形成的淤积沙土。内含少量的灰陶瓦片、青花瓷片、石块等物。

第2B层：厚0.1~0.7米。在T0205~T0605各方内连续分布，地层堆积北部较厚，南部较薄，呈斜坡状分布。土色棕褐，土质较硬，夹少量的炭屑和骨渣。包含物有汉代绳纹瓦片、陶片，以及明清青花瓷片、石块、蚌壳等物。

第2C层：厚0~0.45米。仅在T0205~T0405内呈斜坡状分布。土色灰黄，土质松散，包含较多的砂砾，系汉江暴涨满溢淤积堆积沉积形成。包含物较少，仅发现少量的汉代碎瓦片等。此层下有汉代遗迹开口。

第3层：厚0~0.4米。仅在T0205、T0405、T0505内有少量的分布。土色灰褐，土质较黏结，包含物有绳纹瓦片、灰陶片等其他汉代遗物。此层下有汉代和西周等时期的灰坑开口。

第3层下为红褐色生土层。

西部发掘区现地表较平，未发现第3层汉代堆积，第2层下即为汉代灰坑和墓葬，遗迹分布较为分散。第2层由于地势稍高之故，也未发现第2A、2C汉江暴涨满溢堆积沉积形成的淤积层。现以T0528北壁剖面为例将西部发掘区的地层堆积介绍如下（图八）：

第1层：耕土层。厚0.05~0.15米。土色灰褐，土质松软，内含大量的植物根系及近现代遗物。

第2层：明清文化层。厚0.15~0.35米。西部较东部厚。土色棕褐色，土质较硬，夹少量的炭屑和骨渣。包含物有汉代绳纹瓦片、陶片，以及明清青花瓷片、石块、蚌壳等物。

第2层下为红褐色生土层。

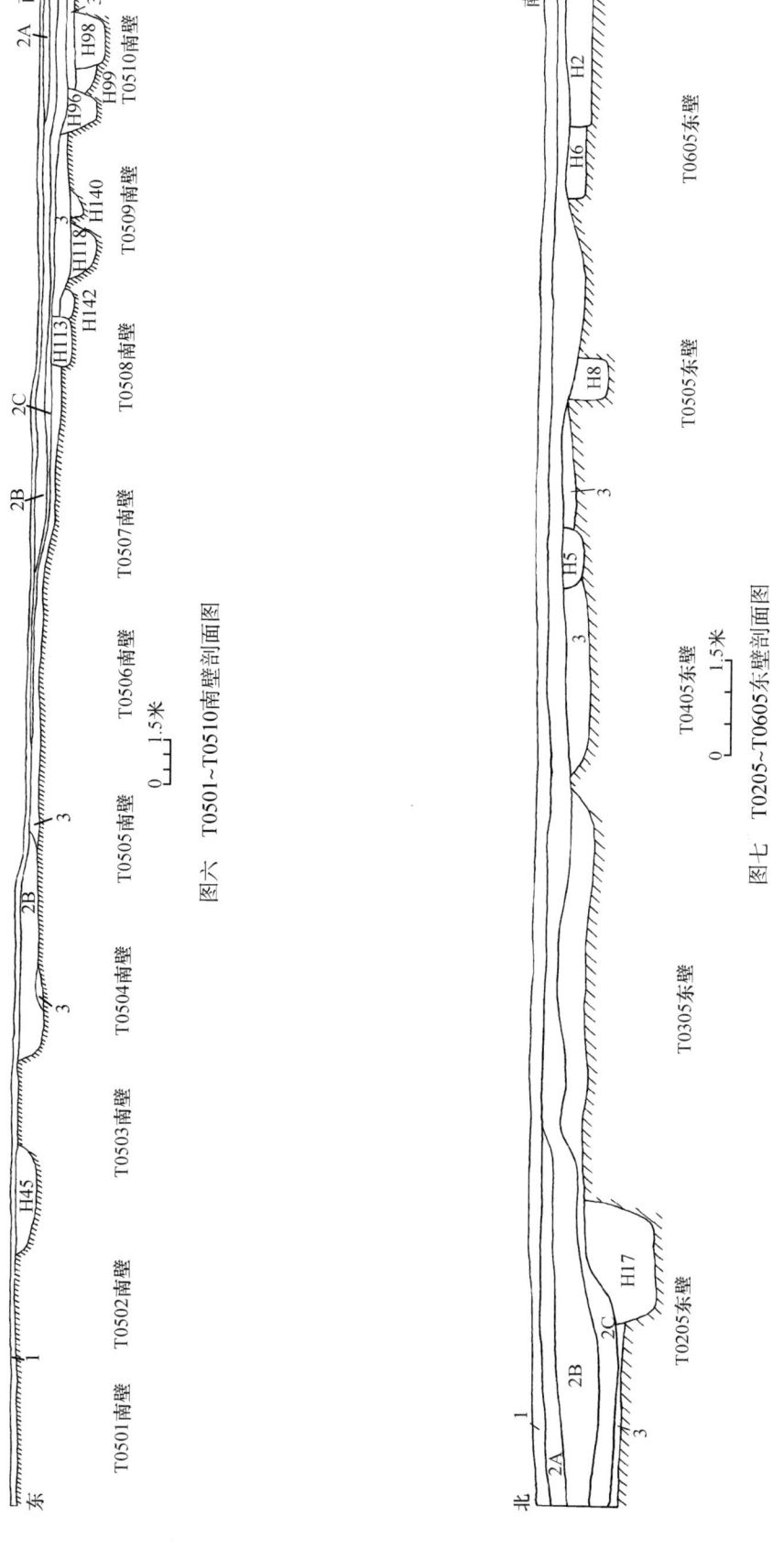

图六 T0501~T0510南壁剖面图

图七 T0205~T0605东壁剖面图

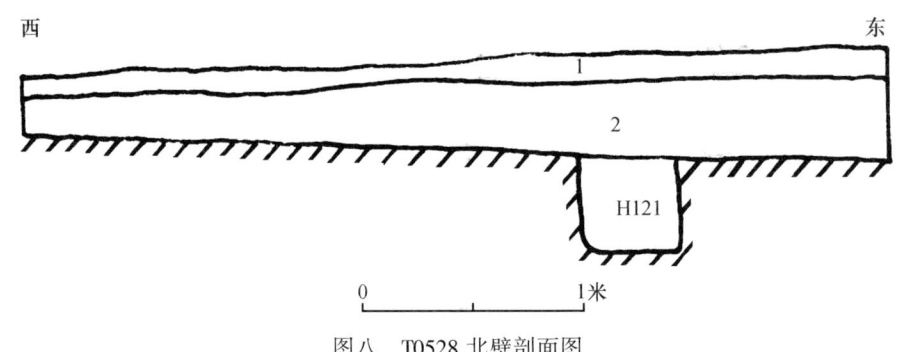

图八　T0528 北壁剖面图

三、西周时期遗存

（一）遗　　迹

西周时期的遗迹仅发现灰坑。

灰坑共发现 5 个，分别编号为 H29、H56、H64、H83、H87，主要沿汉江沿岸分布（图九）。依开口形状分圆形（椭圆形）坑、长方形坑、不规则坑三类。包含物主要为夹砂褐陶细绳纹釜、鬲、盆、罐残片。

（1）圆形（椭圆形）灰坑

圆形（椭圆形）坑发现 3 个，分别为 H29、H83、H87。

H29　位于 T0204 东北部，局部压于 T0104 东隔梁下。开口于第 2B 层下，打破生土。平面略呈椭圆形，坑壁微斜，坑底近平。口径 1.58~2.8、底径 1.2~2.5、深 0.6 米。填土呈深灰色，土质疏松。包含物主要为少量陶罐口沿残片，器表纹饰包括浅细乱绳纹、波折状附加堆纹、席纹及素面，以前者最为常见（图一〇）。

H83　位于 T0101 西北部。开口于 H76 下，打破生土。平面呈椭圆形，坑壁斜坡状，坑底呈锅底状。口径 1.7~2.14、深 0.5 米。填土为浅灰色泛黄土，土质坚硬。包含物主要为夹砂红褐或黑褐陶浅细乱绳纹釜、鬲、盆残片以及少量兽骨等（图一一）。

H87　位于 T0203 北部。开口于第 2B 层下，被明清灰坑 H74、H75 以及近代沙沟打破，又打破生土。平面呈圆形，直壁，平底。口径 1.8、深 0.6 米。填土呈灰褐色，土质较硬。包含物主要为夹砂红褐或黑褐陶浅细乱绳纹、交错绳纹釜、鬲残片以及石块等（图一二）。

（2）长方形灰坑

长方形坑发现 1 个，为 H56。

H56　位于 T0204 东部。开口于第 2B 层下，被汉代灰坑 H54、H55 打破。平面呈长方形，

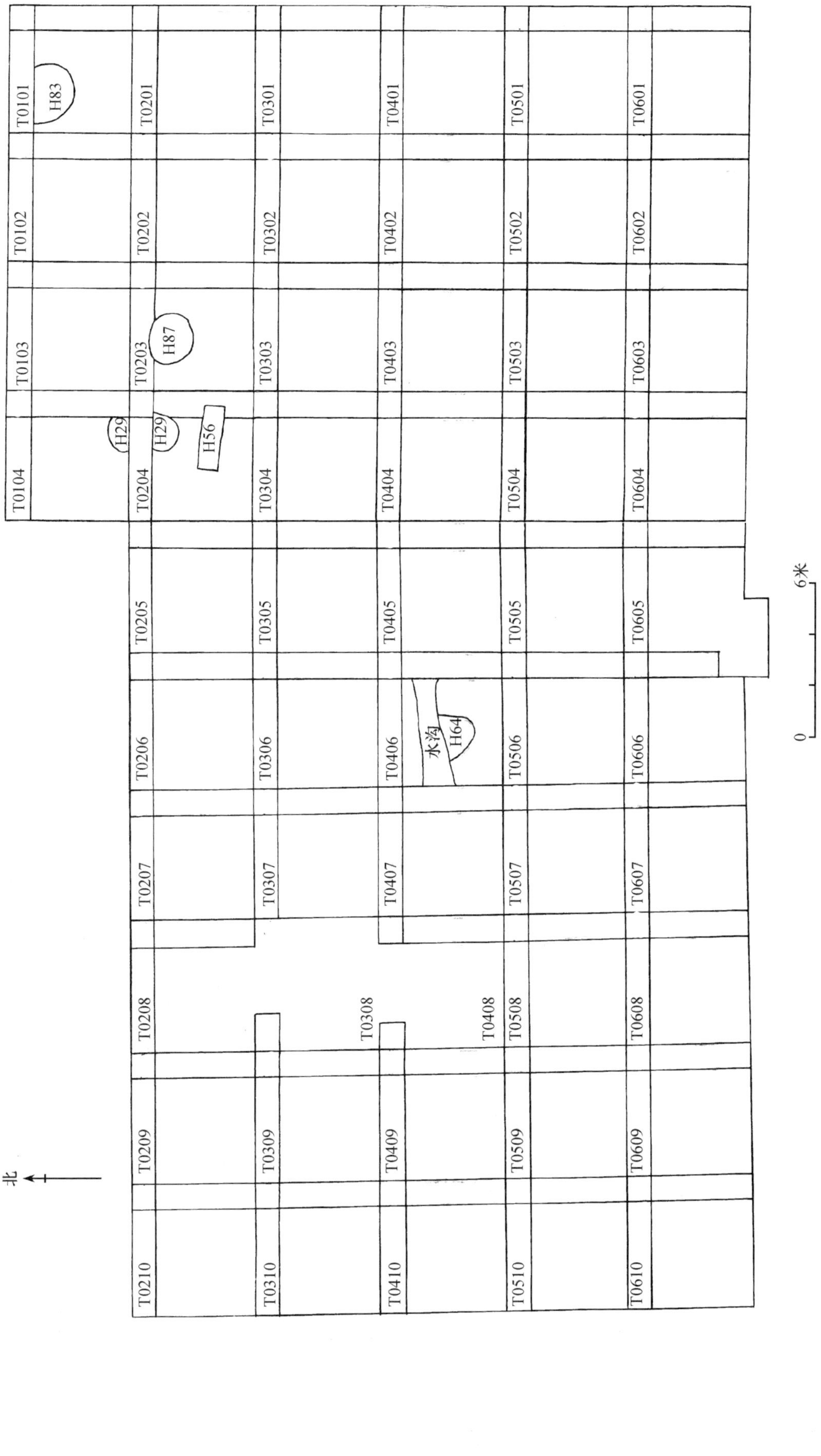

图九 西周遗迹分布图

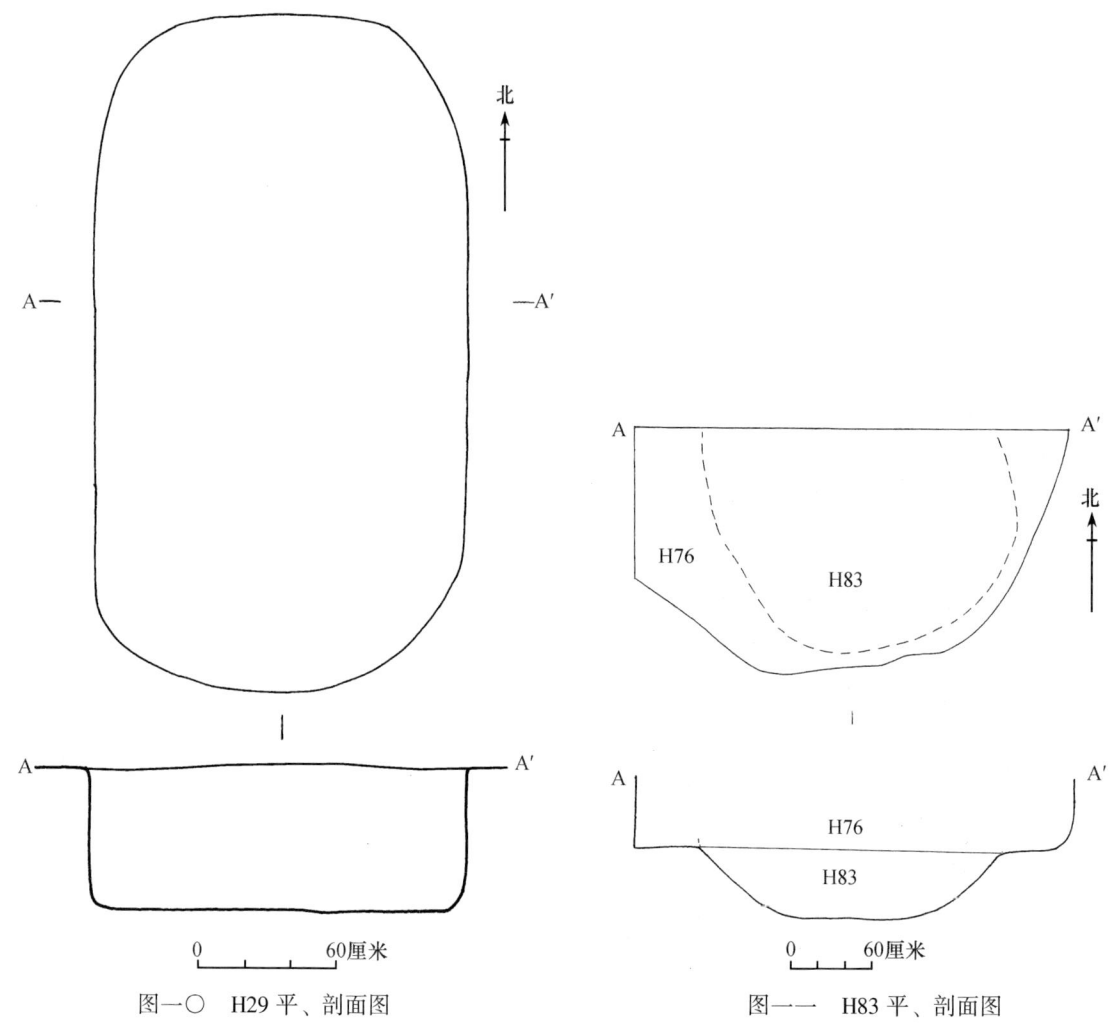

图一〇 H29 平、剖面图　　　　图一一 H83 平、剖面图

口大底小，东、西垂直，南北两壁斜收，平底。坑口长2.5、残宽0.9米，底长2.5、残宽0.5米，深1.24~1.84米。坑内堆积分2层：上层为灰褐色土，土质松软，包含物主要为绳纹板瓦残片及少量陶片；下层土色浅灰，土质较硬，包含物主要为夹砂灰褐或黄褐陶浅细乱绳纹、细篮纹釜、鬲残片以及木炭颗粒、红烧土块、石块等（图一三）。

（3）不规则形灰坑

不规则坑发现1个，为H64。

H64　位于T0406中部。开口于第3层下，被近代水沟打破。开口平面略呈三角形，坑壁斜坡状，平底。坑口最长1.3、最宽1.8、深0.26米。填土呈灰褐色，土质略硬。包含物主要为夹砂褐陶浅细乱绳纹釜、鬲、盆残片（图一四）。

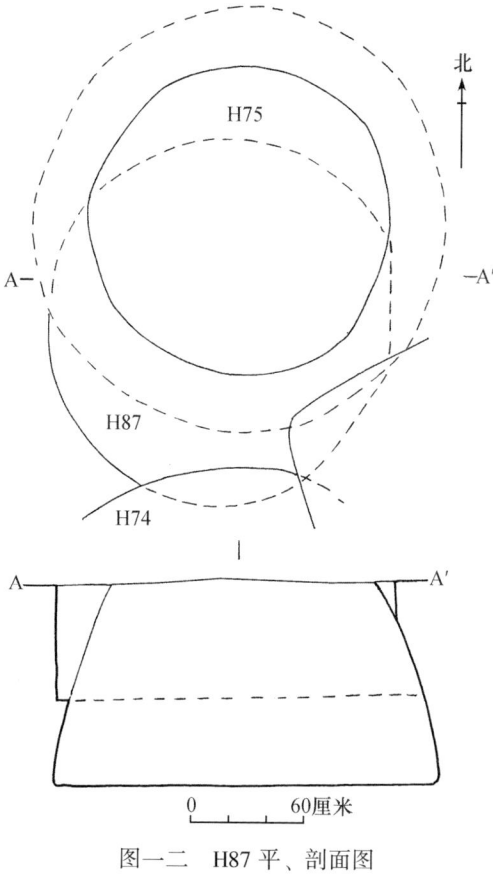

图一二 H87 平、剖面图

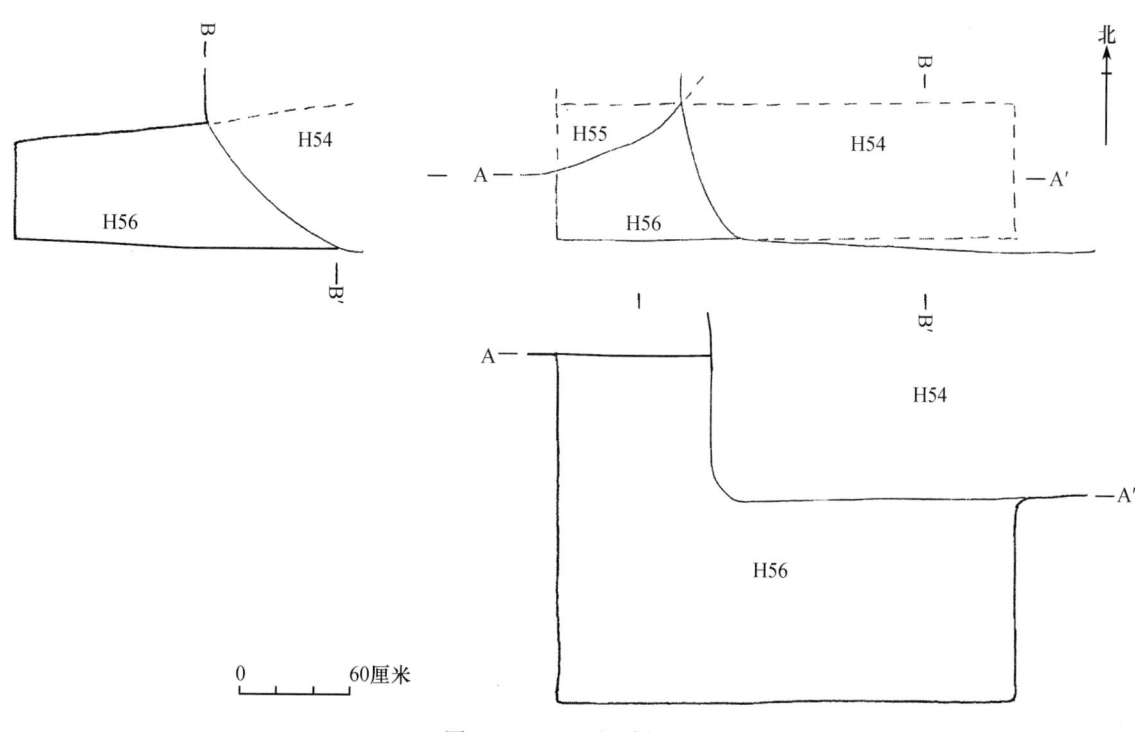

图一三 H56 平、剖面图

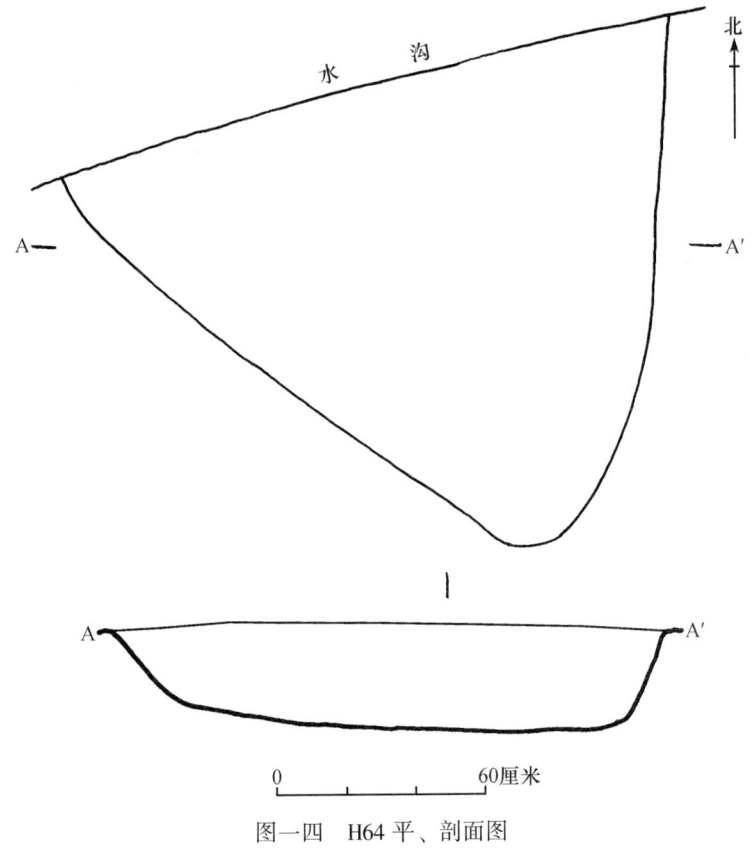

图一四 H64 平、剖面图

（二）遗　　物

遗物有陶器和石器，以陶器为主，未见骨器和铜器，主要出土于西周灰坑。另外，为了较为全面地揭示上宝盖遗址西周时期的文化遗存，我们将西周以后各时期地层和遗迹中出土的西周陶器残片也挑选编号，归于灰坑出土的同类器一同描述（西周以后地层和遗迹中出土的陶片未统计于表一）。

1. 陶器

陶器以夹砂（蚌）陶为主，泥质陶片仅发现1件，为泥质灰褐陶片，外部磨光。陶器中夹砂（蚌）陶有夹砂（蚌）灰陶、夹砂（蚌）灰褐陶和夹砂（蚌）红褐陶，以夹砂（蚌）灰褐陶和夹砂（蚌）红褐陶为主，二者各占陶片总数的42.3%，夹砂（蚌）灰陶仅占15.4%。陶片大多有纹饰，素面较少，纹饰主要有扁穴状纹、弦纹、细绳纹、麻点纹、绳纹、点状纹、凹弦纹、附加堆纹、细条纹等（表一）。以绳纹和细绳纹为主，分别占15.4%和19.3%，主要饰于釜、鬲、罐的腹部和鬲的足部；麻点纹戳印而成，占的比例也较高，达15.4%，主要装饰釜、鬲的口沿外侧；扁穴状纹发现1件，模压而成，一般和绳纹组合使用；弦纹、附加堆纹也发现较少，主要装饰罐的颈部。细条纹发现1件，用来装饰口沿的外侧。陶器器形较为单一，主要有釜、鬲、瓮、罐、盆等。

表一　西周陶片统计表（出土单位：西周灰坑）

陶质 陶色 纹饰	泥质					合计	百分比	夹砂（蚌）			合计	百分比
	灰褐							灰褐	红褐	灰		
扁穴状纹								1			1	3.8
弦纹								1			1	3.8
细绳纹								2	2	1	5	19.3
麻点纹								1	2	1	4	15.4
绳纹								2	2		4	15.4
点状纹									1		1	3.8
凹弦纹								1	1		2	7.7
附加堆纹								2			2	7.7
细条纹									1		1	3.8
素面	1							1	3	1	5	19.3
合计	1					1	100	11	11	4	26	
百分比	100							42.3	42.3	15.4		100

釜　5件。根据口沿的不同，可分二型。

A型　4件。宽折沿上倾，束颈。H56:1，夹砂灰陶。敞口，斜仰沿，尖圆唇，束颈，腹下部略鼓。腹部饰竖向细绳纹。口径20.6、残高18.6厘米（图一五，5）。H56:2，夹砂灰褐陶，火候较低。敞口，宽折沿较厚，圆唇，略鼓腹。腹部饰竖向绳纹。残宽12.6、残高8.8厘米（图一五，1）。H87:3，夹砂灰褐陶。轮制。残存口沿，敞口，宽仰沿，斜方唇，束颈。沿外戳印麻点纹，腹部饰竖向绳纹。残宽6.2、残高5.6厘米（图一五，3）。H14:1，夹砂、蚌粒，灰褐陶。轮制。敞口，尖圆唇，束颈。下器壁饰竖向绳纹。残高5.8厘米（图一五，4）。

B型　1件。平沿，尖圆唇。H144:1，夹砂红褐陶，外壁有烟炱痕迹。残，敞口，束颈略高，球形腹。腹部饰竖向绳纹，局部刮抹。口径18.4、最大腹径22.8、高20.4厘米（图一五，2）。

鬲　21件。均为口沿残片。根据口沿形制的不同，可分三型。

A型　4件。宽折沿上倾，束颈。H83:2，夹砂灰陶。侈口，宽厚斜仰沿。沿下戳印断续的麻点纹，肩部饰细密的竖向绳纹。残高7.6厘米（图一六，1）。H83:5，夹砂红褐陶，内呈灰褐色。轮制。侈口，宽斜仰沿，圆唇，溜肩。肩部饰竖向绳纹。残高6.1厘米（图一六，2）。H56:3，夹砂红褐陶，内呈灰褐色。轮制。残，侈口，宽仰斜沿，尖圆唇，溜肩。肩部饰竖向绳纹。残高6.6厘米（图一六，3）。T0607③:3，夹砂灰褐陶。轮制。侈口，宽斜仰沿略弧，尖圆唇，束颈，溜肩。沿底戳印三道短竖条纹，肩部饰竖向绳纹。残高6.2厘米（图一六，4）。

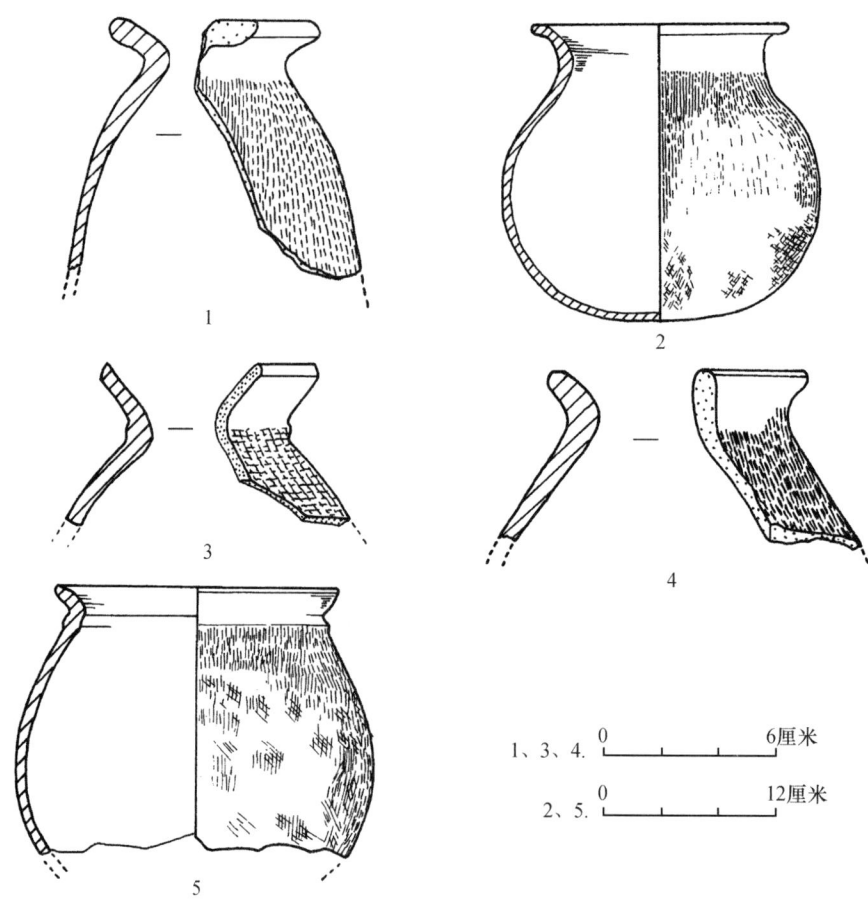

图一五 西周陶釜

1、3~5. A型（H56∶2、H87∶3、H14∶1、H56∶1） 2. B型（H144∶1）

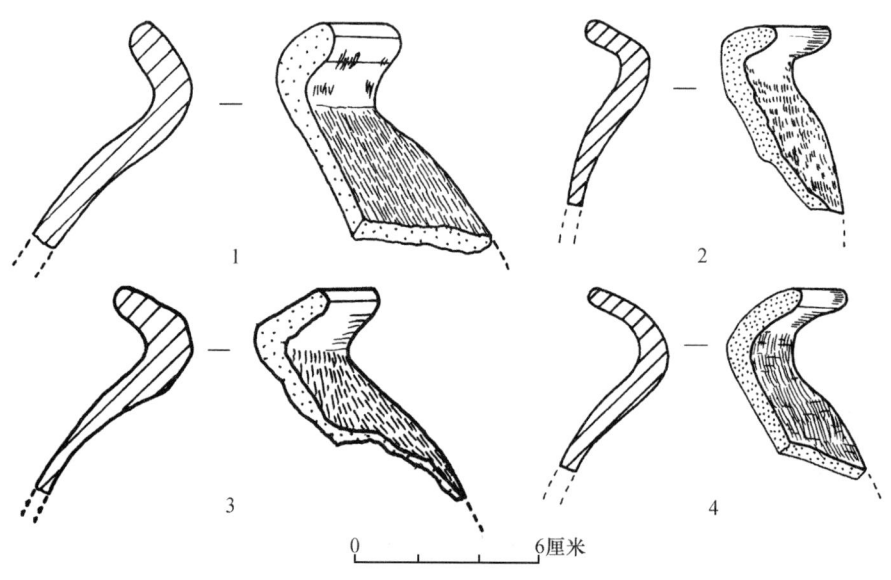

图一六 西周A型陶鬲

1. H83∶2 2. H83∶5 3. H56∶3 4. T0607③∶3

B型 5件。侈沿，有的近直，束颈。H144:5，夹砂灰褐陶。轮制。残，侈口，宽仰沿近直，沿面不平，尖圆唇。肩部饰竖向绳纹。残高6厘米（图一七，1）。H144:3，夹砂灰陶，内外壁呈黑色。敛口，宽侈沿近直，尖圆唇，肩略鼓。肩部饰竖向细绳纹。残宽7.3、残高4.8厘米（图一七，2）。H83:3，夹砂灰褐陶。敛口，宽侈沿，圆唇，束颈。颈部以下饰竖向细绳纹。残宽3.6、残高4.6厘米（图一七，3）。H87:2，夹砂灰褐陶，内壁灰黑色，外壁黑色。残存口沿，敛口，窄侈沿，低颈。口沿以下饰竖向细绳纹。残高5.2厘米（图一七，4）。H29:5，夹砂红褐陶。轮制。敛口，宽侈沿，圆唇，束颈。沿外侧戳印不连贯的麻点纹，肩部饰竖向绳纹。残宽6.8、残高4.8厘米（图一七，5）。

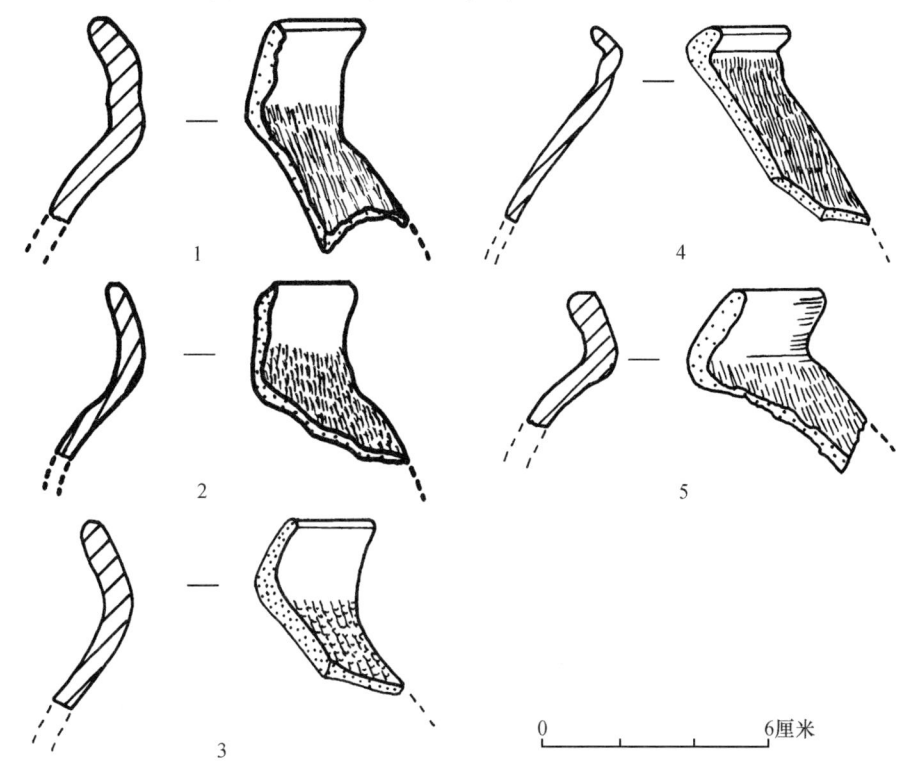

图一七 西周B型陶鬲
1. H144:5 2. H144:3 3. H83:3 4. H87:2 5. H29:5

C型 12件。宽折沿上倾，沿面较薄。根据口沿形制的不同，可分二式。

Ⅰ式：7件。沿面和肩部的夹角较小。H144:4，夹砂灰陶。轮制。敛口，斜宽沿上倾，圆唇。腹上部压印细绳纹。残宽5.2、残高5.8厘米（图一八，1）。H64:3，夹砂红褐陶。敛口，宽折沿上倾，沿面略弧凹，尖圆唇。口沿外侧饰一周凹弦纹，腹部压印细密的竖向细绳纹，其上拉划二周凹弦纹。残宽6.2、残高7.2厘米（图一八，2）。H128:1，夹砂灰陶。敛口，圆唇，宽折沿上倾，沿面略凹。唇外侧饰一周细凹弦纹，腹部压印细绳纹。残高3.8厘米（图一八，3）。H56:5，夹砂红褐陶，内壁黑色，火候较高。敛口，宽折沿上倾，尖圆唇，束颈，溜肩。肩部饰竖向绳纹。残高4.2厘米（图一九，2）。H56:6，夹砂灰褐陶。轮制。侈口，宽折沿上倾。沿底局部戳印麻点纹，肩部饰竖向绳纹。残宽4.4、残高3.8厘米（图一九，1）。H56：4，夹砂红褐陶。轮制。敛口，折沿上倾，圆唇，束颈。沿底压印间断的点状纹，肩部饰竖向绳纹。残宽5.4、残高4厘米（图一九，3）。H22：1，夹砂红褐陶。敛口，折沿上倾略弧，尖圆唇，束颈，鼓腹。腹部饰竖向细绳纹，局部绳纹交错。残宽6.5、残高9.4厘米（图一九，4）。

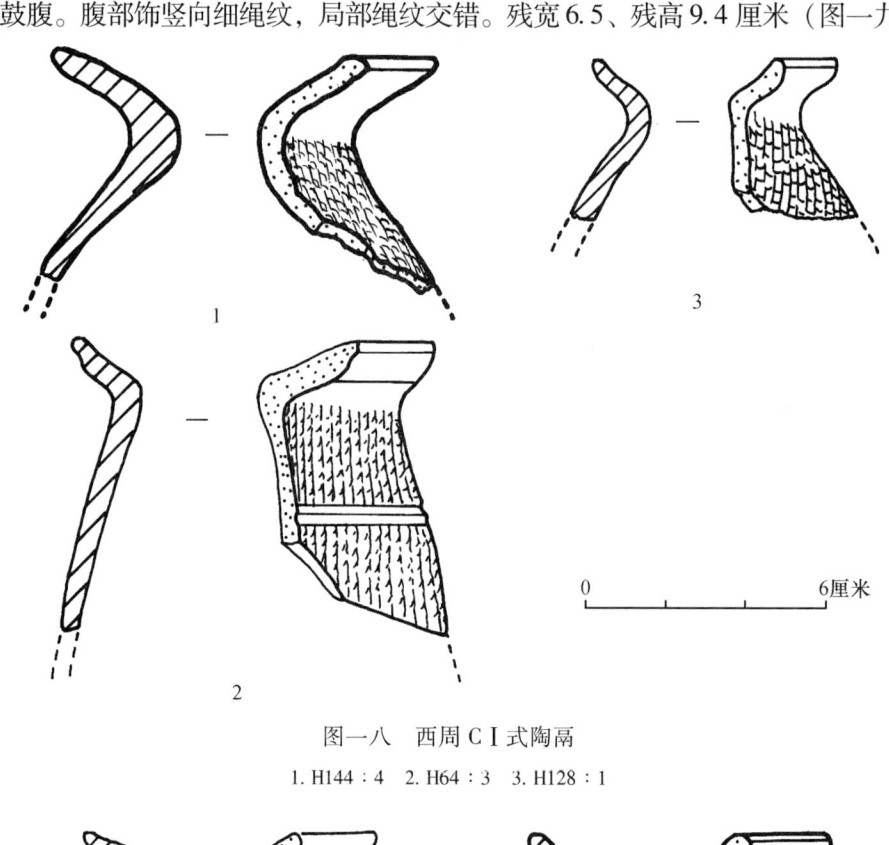

图一八　西周CⅠ式陶鬲
1. H144：4　2. H64：3　3. H128：1

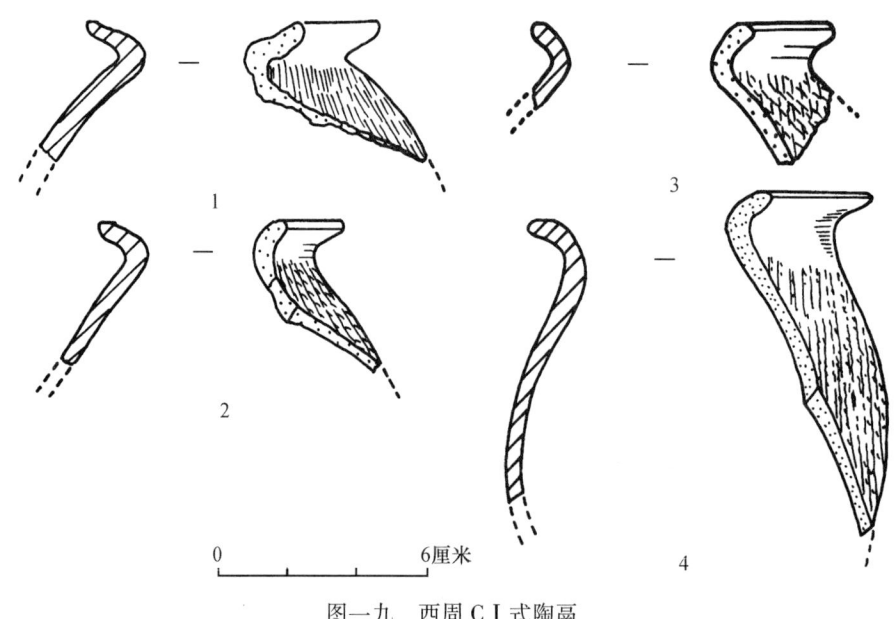

图一九　西周CⅠ式陶鬲
1. H56：6　2. H56：5　3. H56：4　4. H22：1

Ⅱ式：5件。卷沿或折沿略卷，有明显的颈部，有的出现肩部。H29：2，夹砂灰褐陶，内壁灰黑色，外壁黑色。敛口，卷沿，圆唇，低颈。颈部饰一周浅细的凹弦纹，肩部饰竖向细绳纹，局部重叠。残宽6.4、残高5.3厘米（图二〇，1）。H29：3，夹砂红褐陶。残存口沿，敛口，卷沿，尖圆唇，低颈。肩部饰竖向绳纹。残宽7.8、残高5厘米（图二〇，4）。H29：4，夹砂红褐陶，内壁黑色，外壁灰褐色。敛口，折沿外侧略卷，圆唇，颈部略高，有明显的肩部。肩部饰竖向绳纹。残宽8.4、残高5厘米（图二〇，2）。T0409③：1，夹砂灰陶。敛口，折沿沿面略弧呈卷沿状，圆唇，有明显的颈部。唇外侧戳印麻点状纹，肩部饰竖向绳纹。残宽6.5、残高4.6厘米（图二〇，3）。H144：2，夹砂灰褐陶。敛口，卷沿，圆唇，束颈。肩部饰竖向细绳纹。残宽6.4、残高6厘米（图二〇，5）。

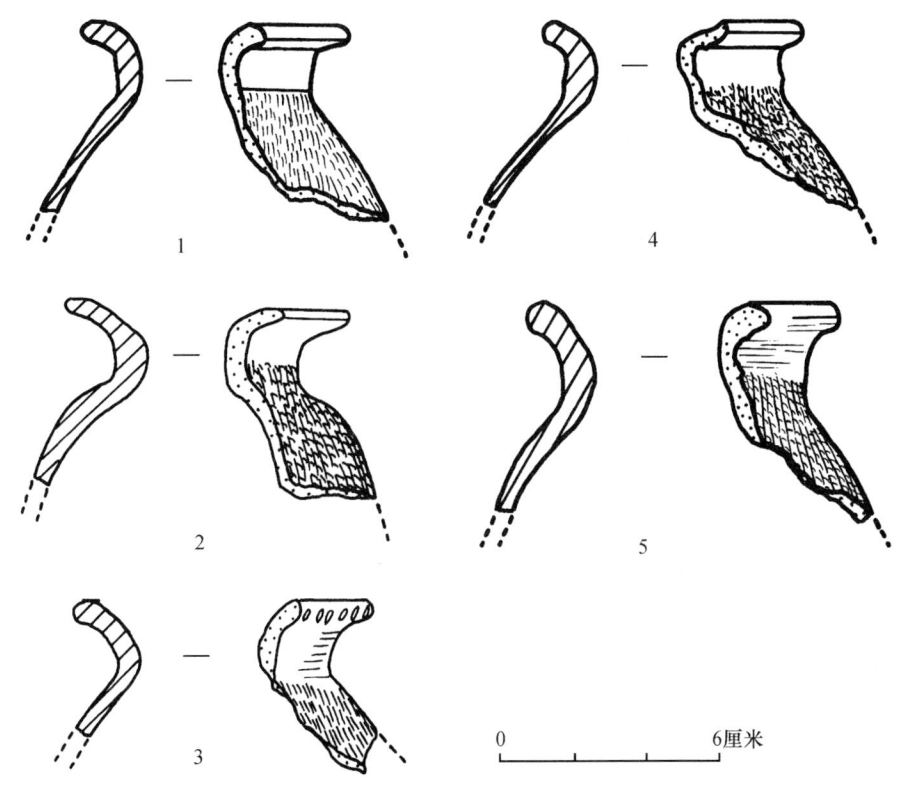

图二〇　西周CⅡ式陶鬲
1. H29：2　2. H29：4　3. T0409③：1　4. H29：3　5. H144：2

另出土了部分鬲足，均为手工捏制，多数器表绳纹模糊不清。分三型。

A型　3件。袋足，实足短小呈小尖锥状。H64：2，夹砂红褐陶，内壁黑色。侧壁外弧。外壁饰竖向绳纹。足跟长3.4、残高8.2厘米（图二一，1）。H98：3，夹砂红褐陶。实足低矮。外壁饰竖向绳纹。足跟长2.1、残高4厘米（图二一，3）。H64：6，夹砂灰褐陶。足窝浅穴状。外壁饰竖向绳纹。足跟长2.2、残高6厘米（图二一，2）。

B型　1件。短柱状，实足足跟呈小平底。H90：3，夹砂黑陶。足窝扁穴形。外壁饰竖向绳纹。足跟长4.2、足底径1.2、残高6.4厘米（图二一，4）。

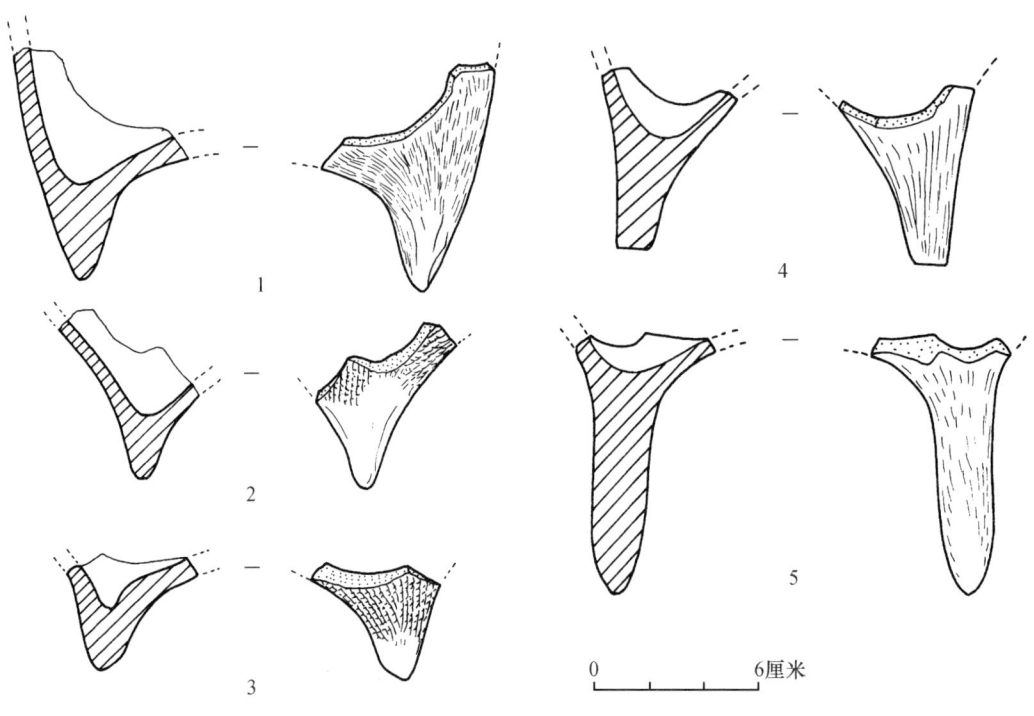

图二一　西周陶鬲足
1~3. A型（H64：2、H64：6、H98：3）　4. B型（H90：3）　5. C型（H144：6）

C型　1件。扁尖锥状。H144：6，夹砂灰褐陶。足尖较大，近裆部宽扁，足窝较浅。足跟长7.8、足底径2、残高9.2厘米（图二一，5）。

瓮　2件。均残。根据形制的不同，可分二型。

A型　1件。敛口，直领。H83：1，夹砂灰陶，内壁呈黑色，外壁浅灰色。尖圆唇，略束颈，溜肩，深腹。沿外侧压印长短间距不一的细条纹带，颈部以下饰绳纹。残宽8.4、残高16.2厘米（图二二，1）。

B型　1件。敛口，卷扁沿贴于外壁。H29：1，夹砂灰褐陶。沿下压印扁穴状纹。残宽4.2、残高5.3厘米（图二二，2）。

罐　2件。高领罐，残存颈部。H64：1，夹砂灰褐陶。沿面外侧略低，略束颈，腹上部略鼓。沿面饰一周凹弦纹，颈部饰绳纹及附加堆纹，系粘一周1.2厘米宽的泥条压印斜向凹槽而成。残宽6.8、残高9.4厘米（图二三，1）。H64：4，夹砂灰陶。沿面中部微凹，尖唇，束颈。颈腹间饰一周附加堆纹。残宽6.2、残高5厘米（图二三，2）。

盆　1件。H64：5，泥质磨光灰褐陶。略敞口，窄平沿，尖圆唇，折腹。素面。口径12.2、残高4厘米（图二三，3）。

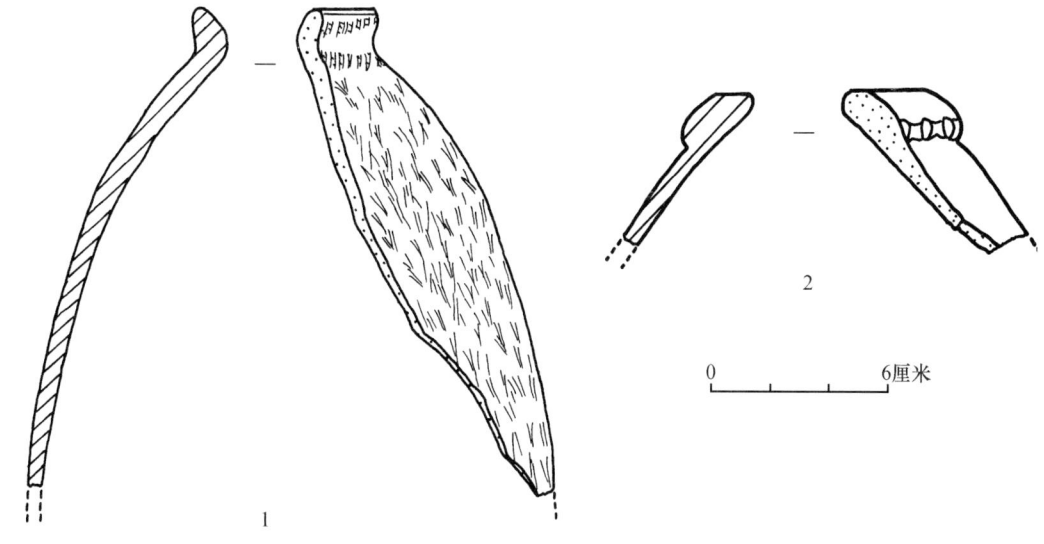

图二二 西周陶瓮
1. A型（H83∶1） 2. B型（H29∶1）

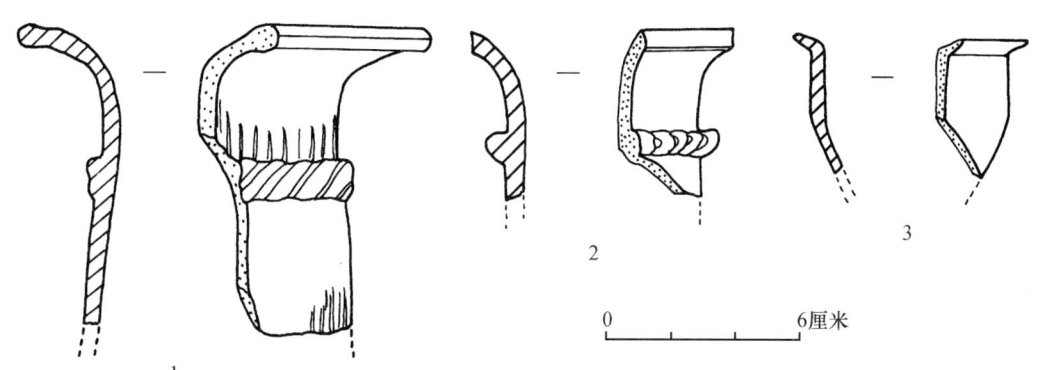

图二三 西周陶罐、陶盆
1、2. 罐（H64∶1、H64∶4） 3. 盆（H64∶5）

2. 石器

石器出土数量较少，器形有刀和斧。

刀　2件。H56∶7，平面略呈圆角长方形，由石坯打制而成，一面为鹅卵石原表面，另一面为剥离面，有使用痕。长8.4、宽5、厚0.8厘米（图二四，1）。H29∶6，平面呈长方形，由河卵石打制而成，有使用痕。长6.2、宽4.1、厚0.2~0.6厘米（图二四，3）。

斧　1件。H87∶1，平面呈长条形，由砾石打制而成。长14.2、宽5.8~7.2、厚2.4厘米（图二四，2）。

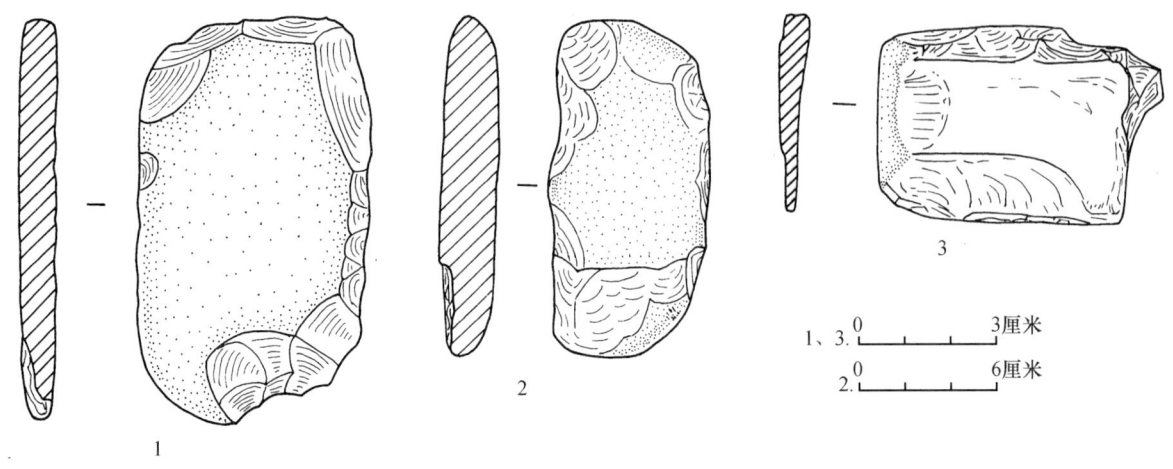

图二四　西周石器
1、3. 刀（H56∶7、H29∶6）　2. 斧（H87∶1）

（三）小　　结

上宝盖遗址西周遗存保存较少，未发现地层堆积，遗迹仅为灰坑，遗物以陶器为主，另有少量的石器，这对判断遗址的性质和具体的时代属性增添了不少困难。但是，湖北地区西周时期的考古资料有较多发表，陕西地区西周时期的考古资料也较为丰富，本节主要根据湖北和陕西省已发表的西周时期的考古资料和上宝盖遗址的西周时期遗存进行比较，以推定上宝盖同类遗存的文化属性和相对的时代属性。

1. 西周时期陶器及特征

上宝盖遗址西周时期的陶器器形有鬲、釜、瓮、罐、盆等，以鬲和釜为主，瓮、罐、盆较少。由于未出土完成器形，可复原者仅釜1件，而釜和鬲口沿形制又相似，因此不排除有部分鬲口沿归于釜口沿，反之亦然，但本期遗存出现陶釜是肯定的。

鬲　鬲是上宝盖遗址西周时期的主要器形，均为夹砂陶，有灰色、红褐色和灰褐色三种，有的陶片上红褐色和灰褐色均存在。纹饰以绳纹为主，有竖向绳纹、斜向竖绳纹两种，有的颈部也饰绳纹后抹光。部分口沿外侧戳印麻点状纹。根据口沿形制，可分三型。

A 型　宽折沿上倾，束颈。

B 型　侈沿，有的近直，束颈。

C 型　宽折沿上倾，沿面较薄。可分二式。

Ⅰ式：沿面和肩部的夹角较小。

Ⅱ式：卷沿或折沿略卷，圆唇或尖圆唇，有明显的颈部，有的出现肩部。

另外出土了较多的鬲足，均手制，有夹砂红褐陶、灰褐陶和黑陶，外壁饰绳纹。根据形制,可分三型。

A 型　袋足,实足短小呈小尖锥状。

B 型　短柱状,实足部较长,足底呈小平底。

C 型　扁尖锥状。

釜　釜是上宝盖遗址的新器形,复原1件,陶色和陶质与鬲相同,外壁饰绳纹。根据口沿形制的不同,可分二型。

A 型　宽折沿上倾,唇有圆唇、尖圆唇和斜方唇;腹部复原者呈球形腹。

B 型　敛口,平沿,尖圆唇。

瓮　出土较少。根据形制的不同,可分二型。

A 型　敛口,直领,溜肩,深腹。

B 型　敛口,卷宽扁沿贴于口沿外侧。

罐　出土较少,均为颈部残片,为泥质灰陶,侈口,高领。

盆　出土很少,可辨器形仅1件,为泥质磨光灰褐陶,略敞口,窄平沿斜上倾,尖圆唇,折腹。

2. 西周陶器与周边同期陶器的比较

（1）与湖北省发现的西周遗存的比较

新中国成立以来湖北省的考古工作中发现了较多的西周时期遗存,如湖北黄陂鲁台山两周遗址与墓葬[1],以及对湖北大悟吕王城遗址的重点调查[2]、大悟县几处古遗址的调查[3]、湖北武汉磨元城周代遗址的调查[4]等。鲁台山两周遗址与墓葬中,西周时期的陶鬲主要出土于H1中,该报告将陶鬲分为四式,Ⅰ式陶鬲为夹砂灰陶,敛口,宽折沿上倾,尖圆唇,束颈,弧腹,尖锥状实足,饰竖向绳纹[5],Ⅱ式鬲的形制与Ⅰ式鬲的形制基本相同,仅足部略内收[6],Ⅲ式鬲也为敛口,宽折沿上倾,卷圆唇,束颈,腹上部略鼓,短尖锥状足,足尖截平[7],此三式陶鬲的口沿形制与上宝盖遗址西周A、C型陶鬲的口沿形制基本相同,尖锥状足也与上宝盖遗址A型鬲足形制相同。鲁台山Ⅳ式陶鬲为卷沿,颈部较高,有明显的肩部[8],口沿形制与上宝盖遗址西

---

[1] 黄陂县文化馆、孝感地区博物馆、河北省博物馆：《湖北黄陂鲁台山两周遗址与墓葬》,《江汉考古》1982年第2期。
[2] 孝感地区博物馆：《大悟吕王城重点调查简报》,《江汉考古》1985年第3期。
[3] 孝感地区博物馆、大悟县博物馆：《大悟县几处古遗址的调查》,《江汉考古》1984年第1期。
[4] 武汉市黄陂区文物管理所、武汉市盘龙城遗址博物馆筹建处：《湖北武汉磨元城周代遗址调查简报》,《文物》2011年第11期。
[5] 黄陂县文化馆、孝感地区博物馆、河北省博物馆：《湖北黄陂鲁台山两周遗址与墓葬》,《江汉考古》1982年第2期,第46页,图七,1。
[6] 黄陂县文化馆、孝感地区博物馆、河北省博物馆：《湖北黄陂鲁台山两周遗址与墓葬》,《江汉考古》1982年第2期,第46页,图七,2。
[7] 黄陂县文化馆、孝感地区博物馆、河北省博物馆：《湖北黄陂鲁台山两周遗址与墓葬》,《江汉考古》1982年第2期,第46页,图七,12。
[8] 黄陂县文化馆、孝感地区博物馆、河北省博物馆：《湖北黄陂鲁台山两周遗址与墓葬》,《江汉考古》1982年第2期,第46页,图七,3。

周CⅡ式陶鬲的口沿形制相近。大悟吕王城遗址西周陶鬲，有夹砂灰陶和夹砂红褐陶，敛口，宽折沿上倾，束颈，有的腹上部略鼓，有的有明显肩部，足部短尖锥状和短柱状两种，饰竖向绳纹或间断竖向绳纹①，口沿形制与上宝盖遗址西周A、C型鬲的口沿形制一致，短尖锥状实足和短柱状实足也与上宝盖遗址西周A、B型鬲足的形制相似。大悟吕王城出土的西周陶盂，以泥质灰陶为主，宽折沿上倾，束颈，折腹②，形制与上宝盖遗址西周晚期陶盆的形制相同。大悟县面前墩遗址采集的陶鬲口沿形制也为宽折沿上倾，束颈，无肩，饰绳纹或弦断绳纹，鬲足为柱状实足③，雷家墩遗址采集的陶鬲口沿和鬲足④，口沿的形制特征与上宝盖西周遗址的A、C型鬲口沿的形制相同，鬲足也与上宝盖遗址西周B型鬲足一致。武汉磨元城遗址出土的西周陶鬲口沿以敛口、卷沿或卷平沿为特征⑤，与上宝盖遗址西周时期陶鬲口沿的形制稍有区别，可能标示时间或地区或文化传承方面的差异。

（2）与陕西省发现的相关西周遗存的比较

西周遗存在陕西省发现的较多，本文拟选1967年西安张家坡西周墓葬资料⑥、宝鸡县阳平镇高庙村西周墓群⑦、杨凌南庄西周遗址2009年发掘资料⑧为主，与上宝盖遗址西周遗存进行比较，主要是与上宝盖遗址西周陶器的比较。

张家坡西周墓葬中，第三期的陶鬲为夹砂褐陶，敛口，外折沿上倾，弧腹略鼓，没有明显的肩部，弧裆，足部有尖锥状和短柱状两种，外壁饰竖向绳纹⑨；第四期陶鬲也为夹砂褐陶，敛口，外折沿上倾，束颈，腹上部略鼓或出现肩部的端倪，实足呈短柱状，饰竖向绳纹⑩；第五期的陶鬲同为夹砂褐陶，敛口，折沿上倾，束颈，有明显的肩部，足部呈短柱状⑪。张家坡西周墓葬第三期和第四期的陶鬲口沿形制与上宝盖遗址西周A型、CⅠ式陶鬲的形制相同，尖锥状实足和短柱状实足分别与上宝盖遗址西周A型鬲足和B型鬲足形制相同。张家坡西周墓葬第五期出现的陶盂，宽折沿上倾，折腹⑫，形制也与上宝盖遗址西周盆的形制一致。在张家坡西周墓葬Ⅲ式陶鬲中，有一类陶鬲为侈口，束颈，腹上部略鼓，短尖

---

① 孝感地区博物馆：《大悟吕王城重点调查简报》，《江汉考古》1985年第3期，第10页，图四，1~9。
② 孝感地区博物馆：《大悟吕王城重点调查简报》，《江汉考古》1985年第3期，第10页，图四，20~22、25。
③ 孝感地区博物馆、大悟县博物馆：《大悟县几处古遗址的调查》，《江汉考古》1984年第1期，第28页，图五，2、7。
④ 孝感地区博物馆、大悟县博物馆：《大悟县几处古遗址的调查》，《江汉考古》1984年第1期，第28页，图六，5、6、8。
⑤ 武汉市黄陂区文物管理所、武汉市盘龙城遗址博物馆筹建处：《湖北武汉磨元城周代遗址调查简报》，《文物》2011年第11期，第63页，图三，2、4、7。
⑥ 中国社会科学院考古研究所沣西发掘队：《1967年西安张家坡西周墓葬的发掘》，《考古学报》1980年第4期。
⑦ 宝鸡市考古工作队、宝鸡县博物馆：《宝鸡县阳平镇高庙村西周墓群》，《考古与文物》1996年第3期。
⑧ 陕西省考古研究院、杨凌区博物馆：《杨凌南庄村西周遗址2009年发掘简报》，《文博》2011年第6期。
⑨ 中国社会科学院考古研究所沣西发掘队：《1967年西安张家坡西周墓葬的发掘》，《考古学报》1980年第4期，第484页，图二七，1、2。
⑩ 中国社会科学院考古研究所沣西发掘队：《1967年西安张家坡西周墓葬的发掘》，《考古学报》1980年第4期，第484页，图二八，1、2。
⑪ 中国社会科学院考古研究所沣西发掘队：《1967年西安张家坡西周墓葬的发掘》，《考古学报》1980年第4期，第484页，图二九，1。
⑫ 中国社会科学院考古研究所沣西发掘队：《1967年西安张家坡西周墓葬的发掘》，《考古学报》1980年第4期，第484页，图二九，5、8。

锥状实足，饰绳纹①，此式鬲的口沿形制与上宝盖遗址西周 B 型陶鬲口沿相类。另外，张家坡西周墓葬出土了一种瓿，侈口，平折沿，高领，广斜肩，肩腹间近方折②，其口沿和领部形制与上宝盖遗址西周罐的口沿和领部形制相一致。在阳平镇高庙村西周墓群中，DⅡ式、DⅢ式陶鬲敛口，折沿上倾，束颈，实足短尖锥状③，口沿形制与上宝盖遗址西周 A 型、CⅠ式陶鬲口沿相同，足部形制也与上宝盖遗址西周 A 型鬲足相同。高庙村西周墓群 BⅣ式陶鬲侈口，束颈，短锥状实足，饰绳纹④，口沿形制与上宝盖遗址西周 B 型陶鬲口沿形制相类，实足形制与上宝盖遗址西周 A 型鬲足一致。杨凌南庄村西周遗址 2009 年的发掘材料中，完整器较少，主要为陶器残片。陶鬲陶质有红褐陶和灰褐陶，口沿以宽折沿上倾为主，卷折沿次之，唇有圆唇、尖圆唇和方唇，束颈，饰绳纹，鬲足呈短尖锥状⑤，口沿形制与上宝盖遗址西周 A 型、CⅠ式陶鬲的形制相同，鬲足也与上宝盖遗址西周 A 型鬲足的形制相近。而且在杨凌南庄村西周遗址中，甗的口沿与鬲的口沿形制一致，均以宽折沿上倾为主，部分陶罐的口沿也有此特征⑥，说明宽折沿上倾的陶器风格可能是西周时期鬲、甗和部分盆口沿的典型特征。

（3）文化属性与断代

通过上文上宝盖遗址西周遗存与湖北省和陕西省发现的同类遗存的比较可知，上宝盖遗址西周时期的陶鬲、盆（盂）在湖北省和陕西省已发现的同时期的陶鬲、盂的形制相同，鬲足的形制也在两地的西周陶鬲中发现相同者，说明将上宝盖遗址同类遗存的年代确定为西周时期是正确的。但是，在上宝盖遗址西周时期的遗存中，短柱状和长尖锥状的鬲足明显带有楚文化特征，另外，发现了陶釜这一新的器形，说明上宝盖西周时期遗存可能是受到中原地区和楚文化共同影响的一个地区类型。

上宝盖遗址西周 A 型、CⅠ式陶鬲与湖北黄陂鲁台山两周遗址与墓葬中 H1 出土的陶鬲口沿和足部基本相同，该报告将 H1 的时代定为西周早期⑦，似乎定的有些偏早。上宝盖遗址西周陶鬲又与西安张家坡西周墓葬第三期至第五期的陶鬲口沿形制相同，而张家坡西周墓葬Ⅲ式鬲中也有与上宝盖遗址西周 B 型鬲相同者，盆（盂）的形制也与张家坡西周墓地第五期陶盂的形制相同，张家坡西周墓葬第三期被推定为穆王时期，第四期被推定为懿王、孝王时期，第五期

---

① 中国社会科学院考古研究所沣西发掘队：《1967 年西安张家坡西周墓葬的发掘》，《考古学报》1980 年第 4 期，第 488 页，图三三，4。
② 中国社会科学院考古研究所沣西发掘队：《1967 年西安张家坡西周墓葬的发掘》，《考古学报》1980 年第 4 期，第 488 页，图三三，5。
③ 宝鸡市考古工作队、宝鸡县博物馆：《宝鸡县阳平镇高庙村西周墓群》，《考古与文物》1996 年第 3 期，第 7 页，图八，5、6。
④ 宝鸡市考古工作队、宝鸡县博物馆：《宝鸡县阳平镇高庙村西周墓群》，《考古与文物》1996 年第 3 期，第 7 页，图八，11。
⑤ 陕西省考古研究院、杨凌区博物馆：《杨凌南庄村西周遗址 2009 年发掘简报》，《文博》2011 年第 6 期，第 8 页，图十；第 7 页，图九。
⑥ 陕西省考古研究院、杨凌区博物馆：《杨凌南庄村西周遗址 2009 年发掘报告》，《文博》2011 年第 6 期。
⑦ 黄陂县文化馆、孝感地区博物馆、河北省博物馆：《湖北黄陂鲁台山两周遗址与墓葬》，《江汉考古》1982 年第 2 期，第 57 页。

被推定为周厉王时期①，属于西周中晚期。因此，将上宝盖遗址西周遗存的上限推定为西周中晚期。

上宝盖遗址CⅡ式陶鬲，宽折沿上倾，有的略呈卷沿状，有的有短领，有的有肩部，这种特征与湖北当阳赵巷四号春秋墓出土的陶鬲形制基本相同，较细长的实足也与上宝盖遗址西周C型鬲足的形制相类，该墓被推定为春秋早期②。上宝盖遗址西周遗存中出现了陶釜，这一新的器形在西周遗址和墓葬少见。釜的特征为折沿上倾或卷折沿，束颈，无肩，复原者为球形腹，这种特征与宝鸡市谭家村春秋墓葬出土的陶釜形制相同或相近，该墓出土的陶鬲也有折沿上倾、束颈的特征③，该墓根据铜器形制推定为春秋早期。因此，根据CⅡ式陶鬲和陶釜的时代特征，将上宝盖遗址西周遗存的时代下限定在春秋早期。

综上所述，上宝盖遗址西周遗存的时代上限在西周中晚期，时代下限在春秋早期，在文化特征上为一种既有中原文化、也有楚文化特征的西周文化遗存，由于釜的出现，该遗存具有较强的地域特色。

四、东周时期遗存

东周时期的遗迹包括灰坑、墓葬两类（图二五），分布范围较广，发掘区的东部和西部都有发现，但未发现文化层，所见遗物除发现于该时期的墓葬、灰坑外，部分遗物被扰动混入了晚期遗迹或地层内。

（一）遗　　迹

此时期的灰坑发现8个，分别编号为H1、H19、H25、H98、H99、H111、H119和H120。分为椭圆形、长方形、圆形和不规则形四种。

（1）椭圆形灰坑

椭圆形灰坑共发现3个，分别为H1、H25、H119。

H1　位于T0405、T0505。开口于第2B层下，被H11、H15及近现代坑打破。开口距地表深0.3~0.35米。平面呈椭圆形，坑壁较粗糙，直壁未见工具加工痕迹，坑底平底略倾斜。口径1.65~2.85、底径1.5~2.75、深0.35米。填土呈灰褐色，土质松散，内含木炭颗粒及草木灰，出土有鬲足、罐、豆等陶片（图二六）。

---

① 中国社会科学院考古研究所沣西发掘队：《1967年西安张家坡西周墓葬的发掘》，《考古学报》1980年第4期，第487页。
② 宜昌地区博物馆：《湖北当阳赵巷4号春秋墓发掘简报》，《文物》1990年第10期。
③ 宝鸡市考古工作队：《宝鸡市谭家村春秋及唐代墓》，《考古》1991年第5期，第394页，图五，5。

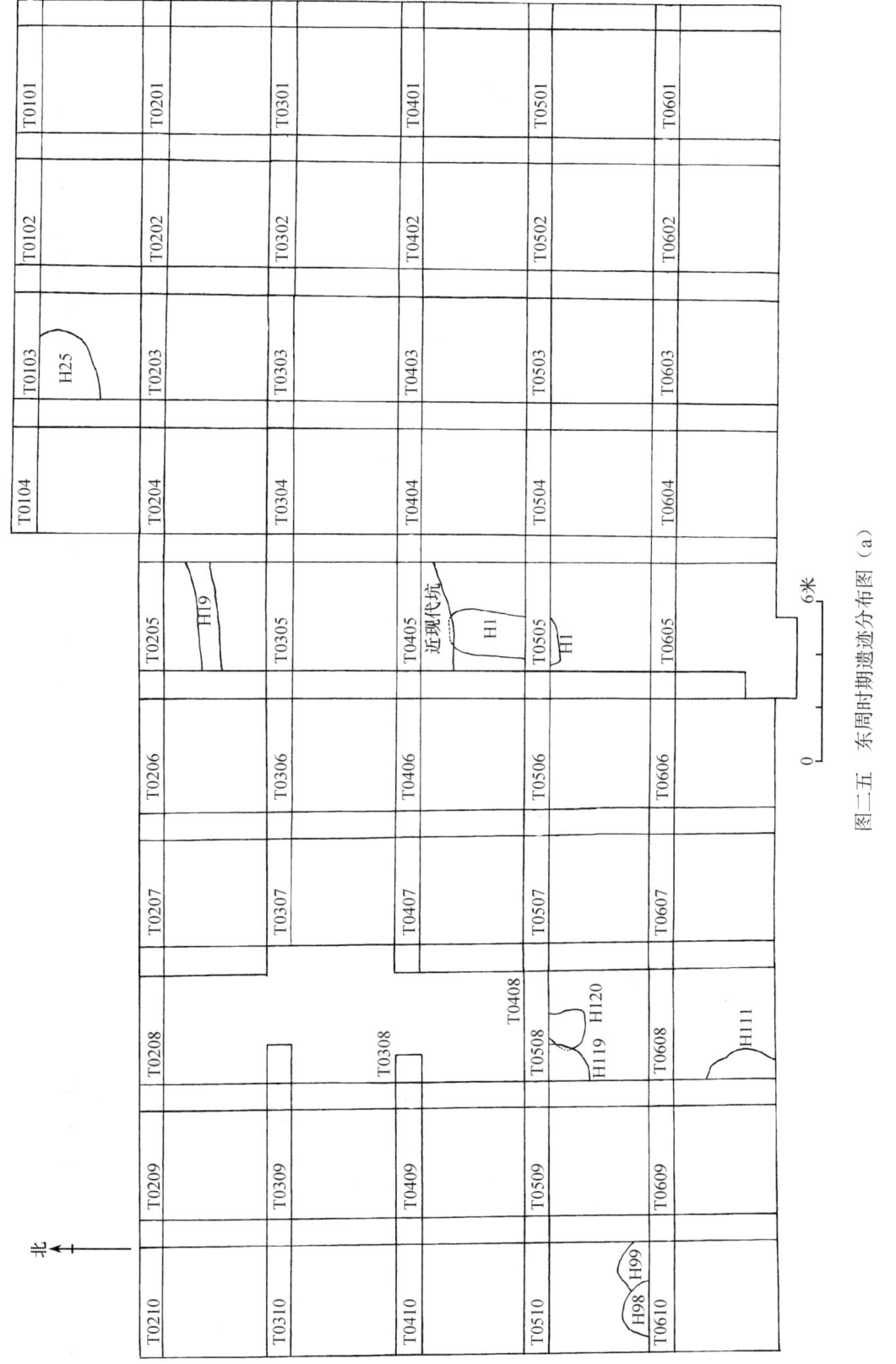

图二五 东周时期遗迹分布图（a）

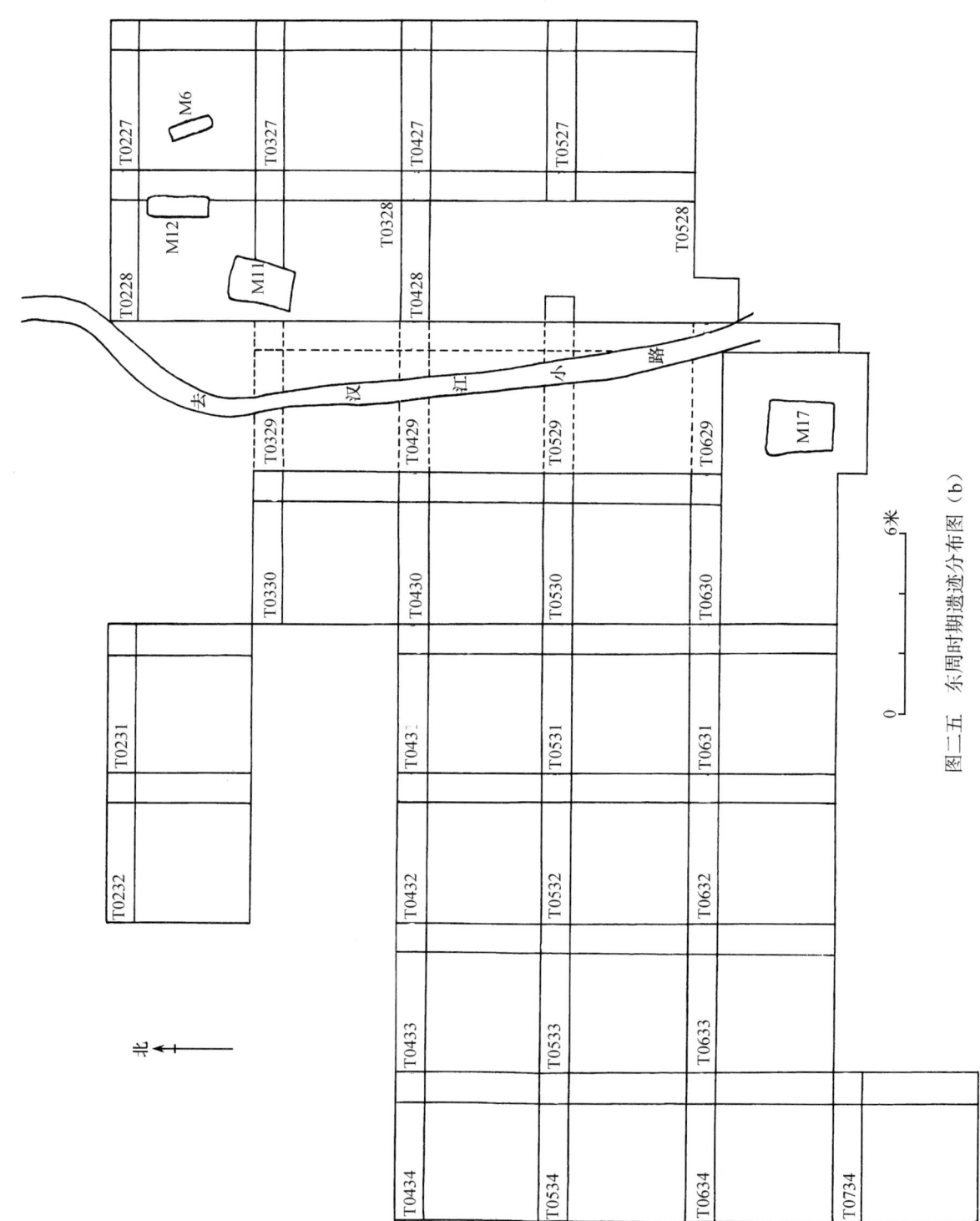

图二五 东周时期遗迹分布图（b）

H25　位于T0103西北部。开口于第3层下，打破生土。开口距地表深0.85~0.9米。平面呈椭圆形，坑壁微斜，较规整，坑底近平。口长2.5、宽2.4米，底长2.4、宽2.3米，深0.4米。坑内填土为灰色泛黄土，较硬，内包含有绳纹陶片、罐口沿等，均为夹砂陶片（图二七）。

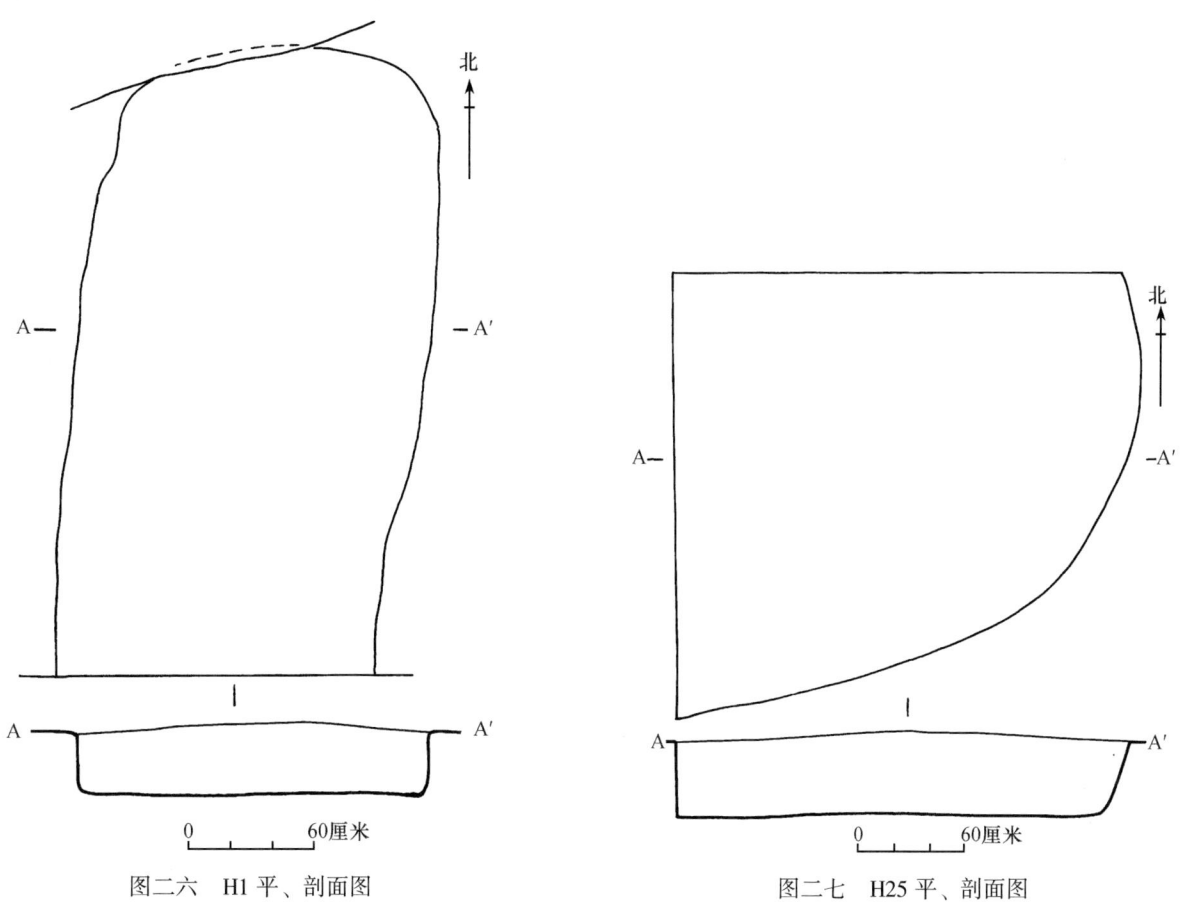

图二六　H1平、剖面图

图二七　H25平、剖面图

H119　位于T0508西北部。开口于第3层下，打破H120。开口距地表深0.9米。平面呈椭圆形，坑壁较斜，坑底近平。口长1.6、宽1.3米，底长1.5、宽1.2米，深0.4~0.45米。填土为灰土，较硬，夹杂有少量红烧土及木炭，内包含有绳纹陶片、瓦片等（图二八）。

（2）长方形灰坑

长方形灰坑仅发现1座，为H19。

H19　位于T0205北部。开口于第2B层下，被H16打破。开口距地表深1.25~1.4米。平面形状呈长方形，坑壁不规整，无工具痕迹，经水浸各壁面上形成一层黄色硬面，底部较平。东西长3.6~3.7、南北宽0.74~0.82、深0.38米。H19为一次性堆积而成，坑内填土呈褐色，土质较硬，包含大量的汉代瓦片、陶罐口沿、石块、黑木炭颗粒等（图二九）。

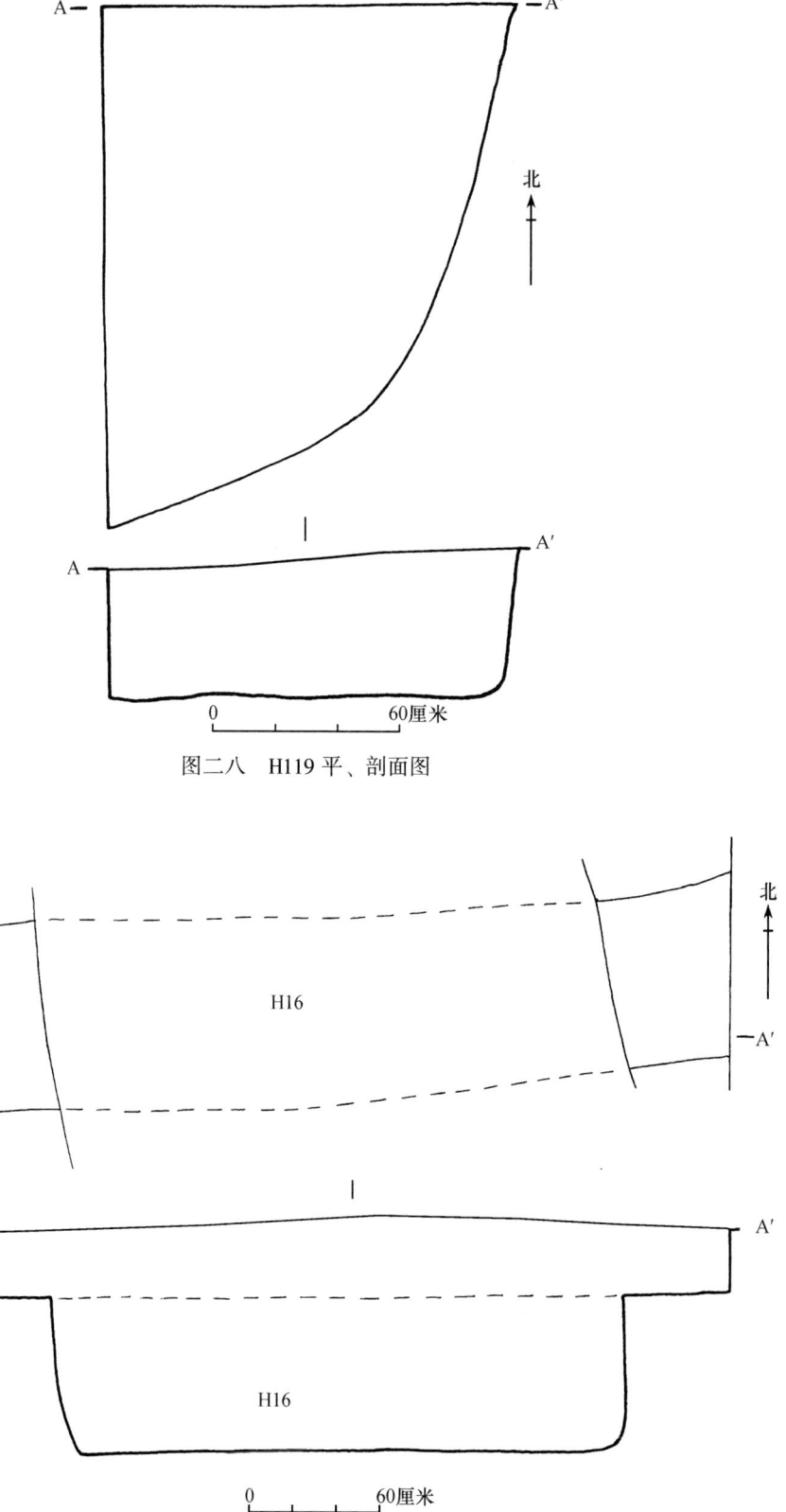

图二八　H119 平、剖面图

图二九　H19 平、剖面图

（3）圆形灰坑

圆形灰坑仅发现1座，为H98。

H98　位于T0510南部。开口于第3层下，打破H99及生土。开口距地表深1.15米。平面呈圆形，坑壁斜坡状，平底。口径2.02、底径1.1、深1.22米。填土呈灰褐色，夹有木炭颗粒，包含物以灰陶绳纹筒瓦、板瓦居多，其他可辨器形有素面及绳纹灰陶罐、盆、壶以及夹砂红褐陶鬲足等（图三〇）。

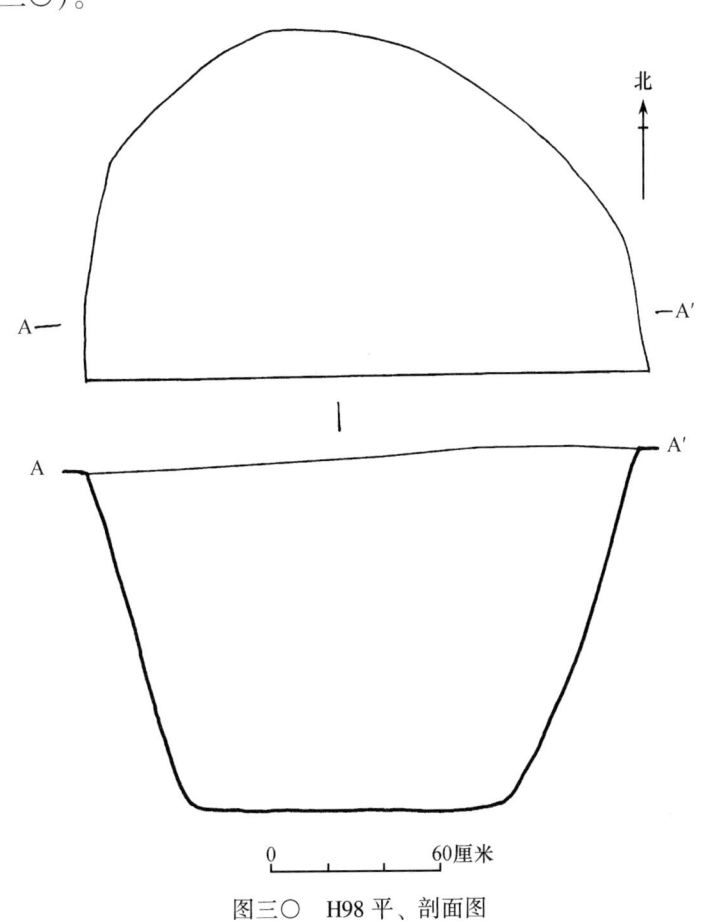

图三〇　H98平、剖面图

（4）不规则形灰坑

不规则灰坑发现3座，分别为H99、H111和H120。

H99　位于T0510东南部。开口于第3层下，被H96、H98打破，打破生土。开口距地表深1.48米。开口平面呈不规则形，东、西两侧分别被H96、H98破坏，坑壁为斜壁，坑底呈斜坡状。残存口径1.44、残深0.7米。从被打破部分及剖面情况观察，坑内填土为灰褐色，包含有少量灰陶绳纹筒瓦、板瓦残片以及灰陶瓮、罐残片等（图三一）。

H111　位于T0608西部。开口于第3层下，打破生土。开口距地表深0.9米。平面呈不规则形，东壁较直，北壁呈斜坡状，坑底略呈斜坡状。南北长2.7、东西最宽1.1、深1.08米。

坑内填土为灰土，土质松软，其内包含陶片较多，除大量灰陶绳纹筒瓦、板瓦外，其他可辨器形有罐、盆、甑、豆、瓮等（图三二）。

H120 位于T0508北部。开口于第3层下，被H119打破。开口距地表深0.9米。平面呈不规则形，坑壁较斜，坑底近平。口长1.4、宽0.9米，底长1.14、宽0.75米，深0.4米。填土呈深灰色，土质较疏松，内包含有绳纹陶片、瓦片等（图三三）。

（二）遗　　物

遗物主要是陶器和石器，以陶器为主，主要出土于东周灰坑。另外，为了能够较全面地了解上宝盖遗址东周时期的文化遗存，将汉代与明清时期地层和遗迹中的典型东周时期陶器残片也挑出编号，归于东周灰坑出土的同器类加以描述（陶片统计时未将其列入统计）。

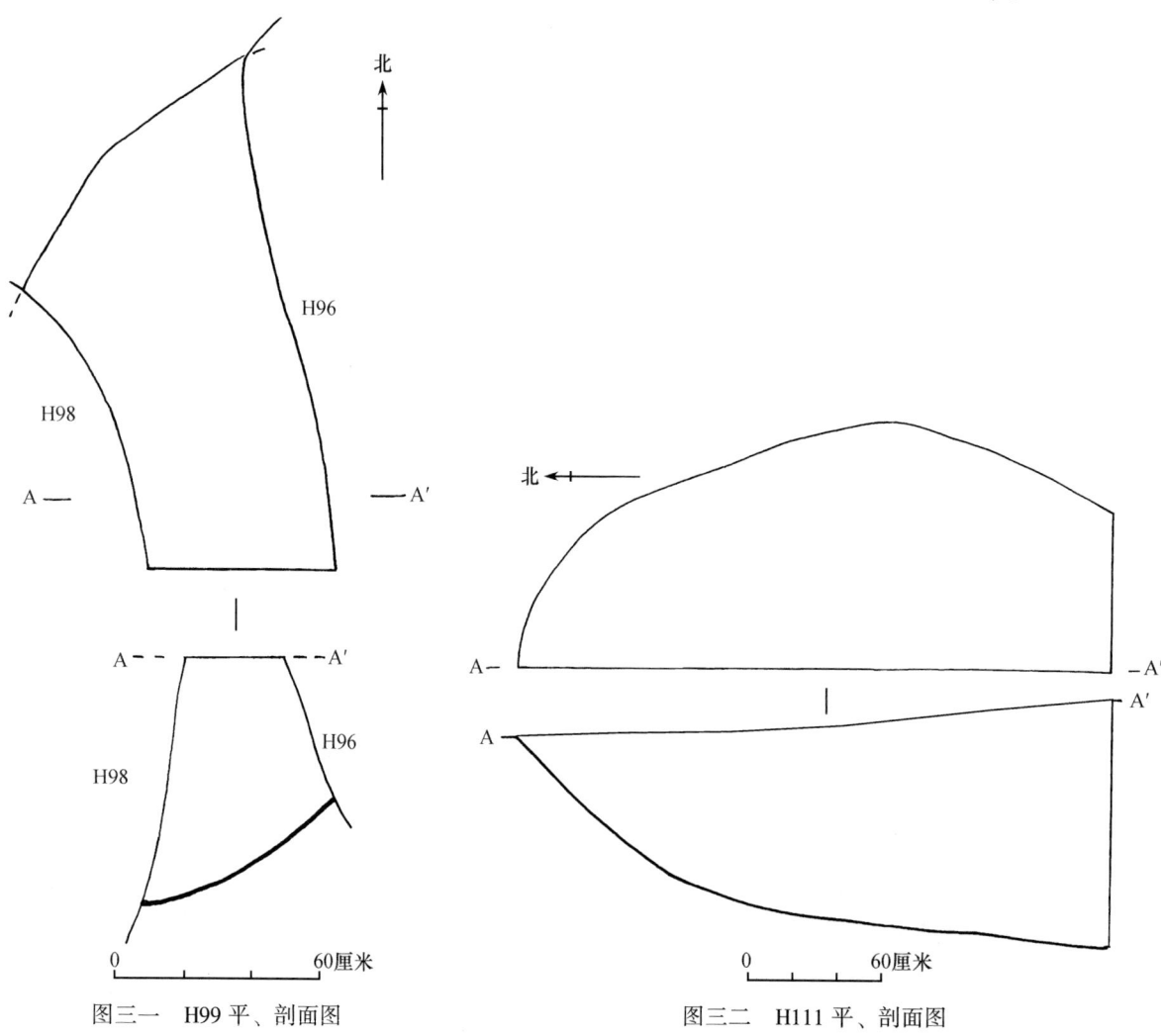

图三一　H99平、剖面图　　　　　图三二　H111平、剖面图

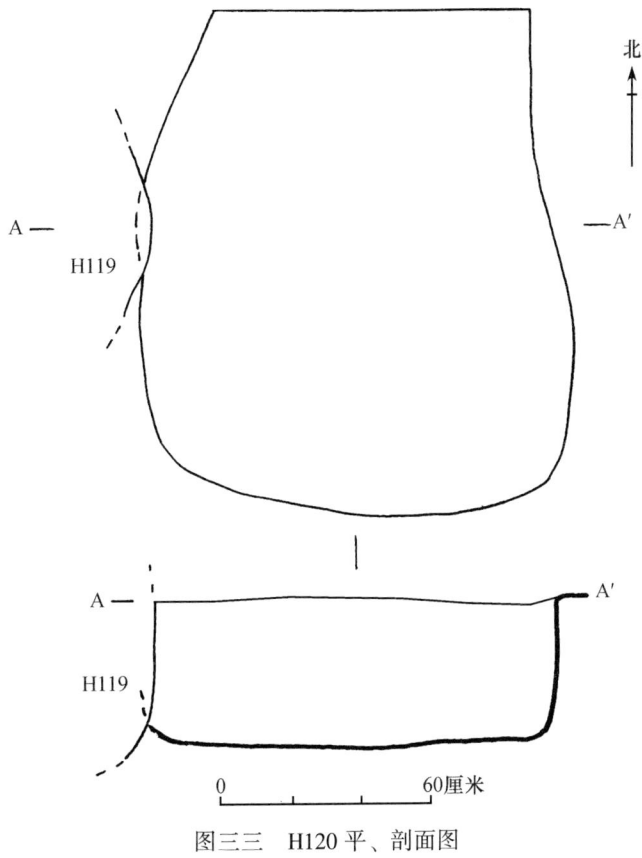

图三三 H120 平、剖面图

1. 陶器

陶器均为残片，未见完整器，能复原者也很少。以泥质陶为主，夹砂（蚌）陶较少。泥质陶有泥质灰陶、泥质灰褐陶、泥质红陶、泥质红褐陶、泥质黑皮灰褐陶、泥质黑皮红陶等，以泥质灰褐陶和灰陶为主，分别占36.8%和26.3%，泥质红褐陶次之，占15.8%，泥质黑皮灰褐陶、泥质黑皮红陶和泥质红陶较少，分别占10.5%、5.3%和5.3%；夹砂（蚌）陶有夹砂（蚌）灰褐陶、红褐陶和红陶，以夹砂（蚌）灰褐陶为主，占66.7%，后二者较少。纹饰有绳纹、凹弦纹、弧形暗纹、细绳纹、弦断竖绳纹、凹弦纹等，素面较少，仅占33.3%（表二）。绳纹模拍拍打形成，主要装饰夹砂陶如鬲；凹弦纹较粗，用较宽的工具刮划形成，主要装饰泥质陶如罐、盂的肩部；弧形暗纹用片状工具在陶坯未干透之时刮抹形成，装饰器的内壁（发现的1件残片系豆残片）；细绳纹也是用模拍拍打器壁形成，主要装饰泥质陶如罐、盆等；弦断绳纹指竖向绳纹再用片状工具或手指刮抹弦纹，将连续的竖向绳纹刮断，主要装饰罐、鬲的腹部；凹弦纹用途较少，主要装饰豆的柄部和盂的腹部。陶器的制作方法有轮制、手制和模制三种，以轮制为主。轮制主要制作陶器的主体；手制主要用来制作如部分鬲足、器鋬和网坠；模制主要制作鬲足、鼎足和鼎耳等。从残片观察，许多陶器是分件轮制然后粘接，如豆，先分别轮制豆盘和豆柄后再将两者粘接在一起；部分陶盂和陶罐，将主体和底部分别轮制后然后粘接，由于底是盂或罐主体稍干后倒扣器形再粘接底部，致使有的底部粘接后由于器底湿度较大下垂而形成凹底。陶鬲和鼎等均是轮制主体、模制或手制鬲足和鼎足后粘接形成。器形有鬲、鼎、罐、盂、豆、通风管、口沿规、碗、器錾、盆等。

表二　东周陶片统计表（出土单位：东周灰坑）

陶质 陶色 纹饰	泥质						合计	百分比	夹砂（蚌）				合计	百分比
	灰	黑皮灰褐	灰褐	黑皮红	红	红褐			灰褐	红褐	红			
绳纹			1				1	5.3	3	1			4	66.7
凹弦纹	2	1	2	1	1	1	8	42						
弧形暗纹	1						1	5.3						
细绳纹	1		1			1	3	15.8						
弦断竖绳纹			1				1	5.3						
凹弦纹					1		1	5.3						
素面	1	1	2				4	21	1		1		2	33.3
合计	5	2	7	1	1	3	19	100	4	1	1		6	100
百分比	26.3	10.5	36.8	5.3	5.3	15.8		100	66.7	16.65	16.65			100

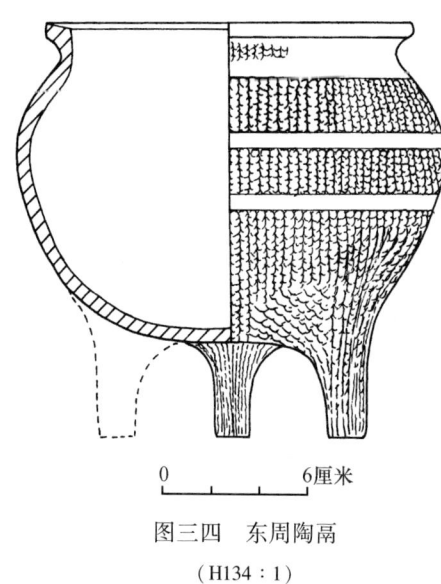

图三四　东周陶鬲
（H134∶1）

鬲　未见完整器，可复原者仅1件，口沿稀少，鬲足相对较多，是本遗址东周陶鬲残片的特征之一。H134∶1，夹砂灰褐陶。鬲身轮制，足手制粘贴。直口，外折沿略上倾，斜方唇，束颈，圆肩，弧腹，平裆，腹底部等距离粘贴三个柱状实足，足底平。通体饰竖向绳纹，但颈部因刮抹仅存局部，腹部绳纹被二周宽0.6厘米的凹弦纹刮断。口径15、最大腹径17.2、高16.4厘米（图三四）。

鬲足　15件。出土相对较多。根据形制的不同，可分二型。

A型　11件。短柱状足。根据形制的不同，可分三亚型。

Aa型　2件。实足肥大，足跟面大。T0504②B∶3，夹砂红陶。实足部粗矮，足窝较深，足尖部略残。通体饰竖向绳纹。足跟长3.4、足底径2.2、残高7.2厘米（图三五，2）。T0605②B∶1，夹砂灰陶。粗矮，足窝较深，足尖部略残。通体饰竖向绳纹。足跟长5.2、足底径3.1、残高11厘米（图三五，1）。

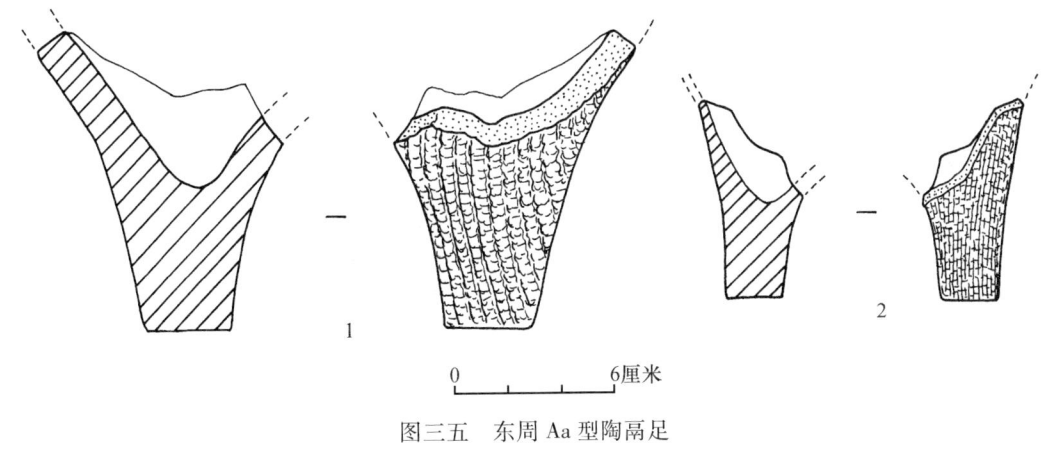

图三五 东周 Aa 型陶鬲足
1. T0605②B：1 2. T0504②B：3

Ab 型 5 件。足跟面稍大。H119：1，夹砂红陶。矮柱状，近裆部略扁。通体饰绳纹。足跟长 4.8、足底径 2.4、残高 12.9 厘米（图三六，4）。T0227③：8，夹砂红褐陶，外壁有烟炱痕迹。粗矮。通体饰交错绳纹。足跟长 4.8、足底径 2.8、残高 9.2 厘米（图三六，5）。H1：2，夹砂灰褐陶。实足较粗短，足窝呈浅穴状。通体饰绳纹。足跟长 3.6、足底径 1.2、残高 6 厘米（图三六，1）。H1：3，夹砂灰褐陶。足窝呈浅穴状。通体饰竖向绳纹。足跟长 4.6、足底径 2.4、残高 6.8 厘米（图三六，2）。T0608③：2，夹砂陶，外壁红褐色，内壁黑色。实足部较高，足尖圆钝，足窝较深。竖向绳纹较粗。足跟长 5.8、足底径 2、残高 8.6 厘米（图三六，3）。

Ac 型 4 件。足较小，足跟面较小。H98：1，夹砂灰褐陶。足尖圆钝，足窝呈圆穴形。通体饰竖向绳纹。足跟长 4.8、足底径 1.6、残高 9.2 厘米（图三七，1）。T0608③：1，夹砂红褐陶，火候较高。手制。实足部较低，足尖圆钝，足窝呈较深的扁圆状。通体饰竖向细绳纹，绳纹大部模糊。足跟长 3.8、足底径 1.5、残高 7.2 厘米（图三七，3）。T0227③：7，夹砂红褐陶，内壁呈黑色。通体饰绳纹。足跟长 5、足底径 2、残高 7.4 厘米（图三七，4）。T0607③：2，夹砂红褐陶，内壁呈黑色，外壁有烟炱痕迹。手制。近裆部较宽扁而平。通体饰竖向绳纹。足跟长 6.6、足底径 1.8、残高 13.1 厘米（图三七，2）。

B 型 4 件。柱状足较长。H16：5，夹砂红褐陶。两端略粗，中部较细，足窝浅穴状，较光滑，外壁附有烟炱。通体饰绳纹。足跟长 8.2、足底径 2.6、残高 9.2 厘米（图三八，1）。H2：1，夹砂灰褐陶。中部略细。通体饰绳纹，局部模糊。足跟长 6.6、足底径 2.2、残高 9.2 厘米（图三八，2）。G1：2，夹砂灰陶。粗柱状，足窝较深。通体饰竖向绳纹。足跟长 7.4、足径 2.6、残长 8.6 厘米（图三八，3）。T0608③：3，夹砂红褐陶。短柱状，足窝较浅，呈圆穴状，黑色，有焦煳状黏附物。素面。足跟长 3.4、足底径 2、残高 4.5 厘米（图三八，4）。

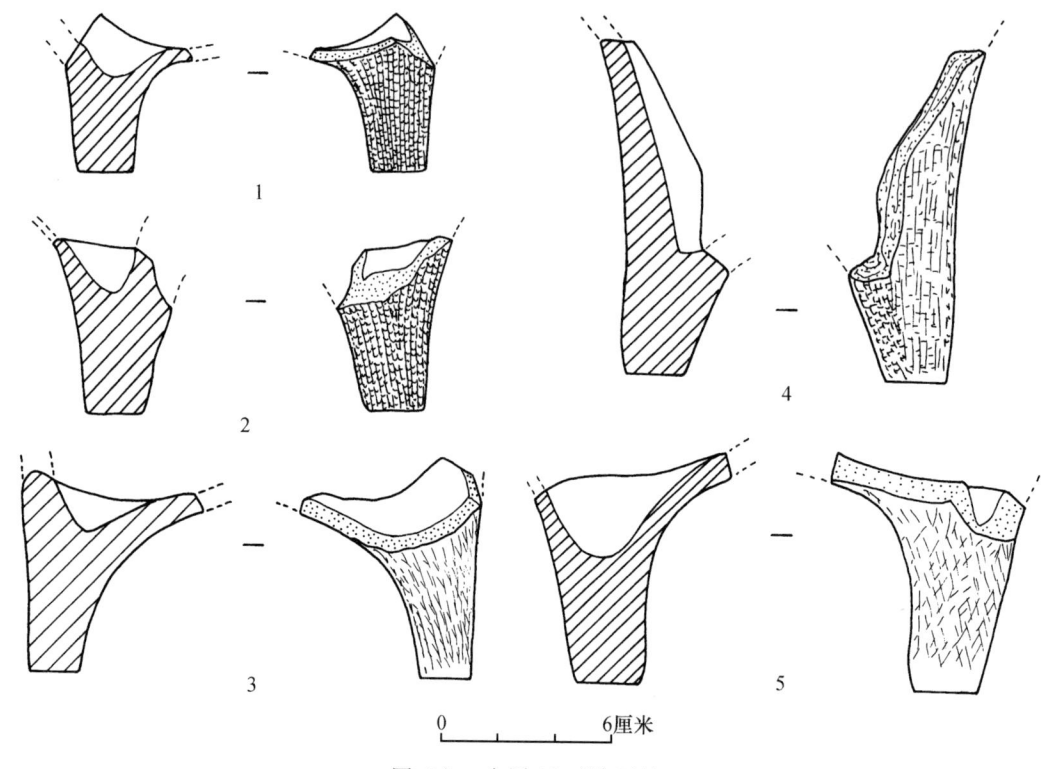

图三六　东周 Ab 型陶鬲足
1. H1：2　2. H1：3　3. T0608③：2　4. H119：1　5. T0227③：8

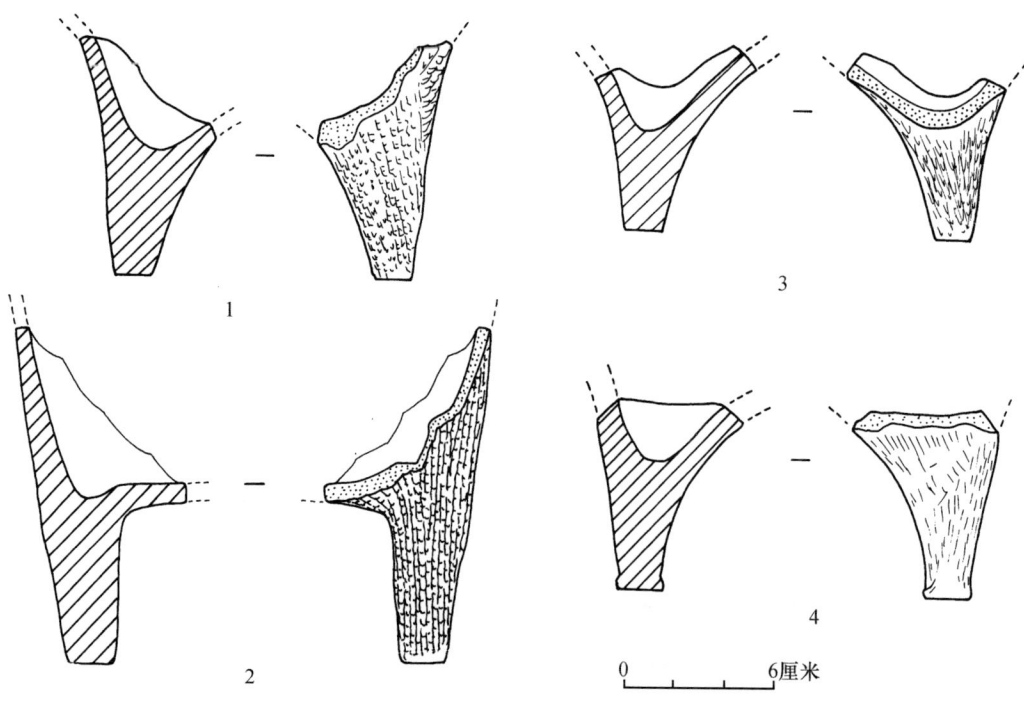

图三七　东周 Ac 型陶鬲足
1. H98：1　2. T0607③：2　3. T0608③：1　4. T0227③：7

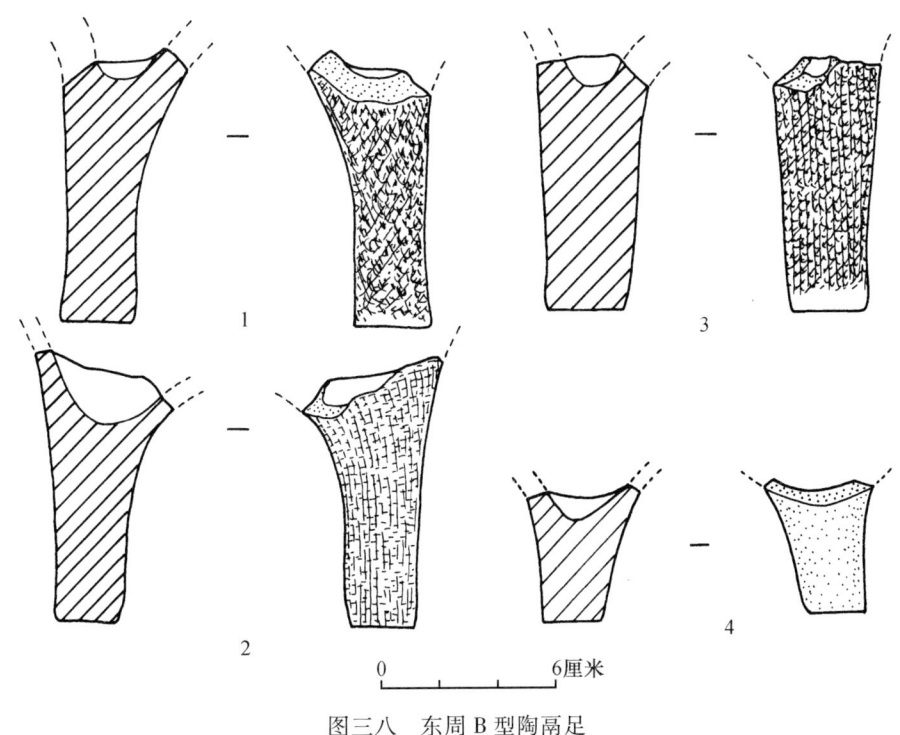

图三八 东周 B 型陶鬲足
1. H16∶5 2. H2∶1 3. G1∶2 4. T0608③∶3

鼎 3件。鼎足部。根据形制的不同，可分为二型。

A型 1件。马蹄形。T0227③∶6，泥质灰陶。模制。内侧较平，外侧正面压印一条竖向浅槽。足跟长6.8、足底径3.6、残高9厘米（图三九，2）。

B型 2件。柱状。T0505②B∶4，泥质灰陶。手制。足尖残失。素面。残高10厘米（图三九，1）。T0503①∶1，泥质灰陶。手制。短柱状，底部略外撇，表面有竖向刀削修理痕。残高8.5厘米（图三九，3）。

罐 7件。均为残片。根据口沿形制的不同，可分二型。

A型 6件。高领，方唇。根据形制的不同，可分二亚型。

Aa型 4件。厚方唇。H98∶2，泥质灰褐陶。轮制。敞口，窄平沿，方唇略凹，高领。肩部饰斜向细绳纹。残高6.4厘米（图四〇，5）。H98∶5，泥质灰褐陶。轮制。敞口，窄平沿，厚方唇，唇面下缘略低，高领，弧肩。肩部饰弦断竖向绳纹。残高5.3厘米（图四〇，4）。T0528②∶2，泥质红褐陶。窄平沿，方唇，鼓腹。唇部饰一周凹弦纹，腹部饰竖向绳纹带。口径12.3、残高11厘米（图四〇，2）。H1∶9，泥质灰陶。轮制。略敞口，平折沿，方唇，领部较直，圆肩。肩部饰五周凹弦纹。残高6.4厘米（图四〇，3）。

Ab型 2件。扁方唇。T0409③∶3，泥质灰陶。轮制。敞口，卷沿，方唇。沿面拉划一周细凹弦纹，领腹间饰二周凹弦纹，其间饰竖向细绳纹。残高6.4厘米（图四〇，1）。H120∶1，泥质灰褐陶。轮制。略敞口。素面。口径8.4、残高7.6厘米（图四〇，6）。

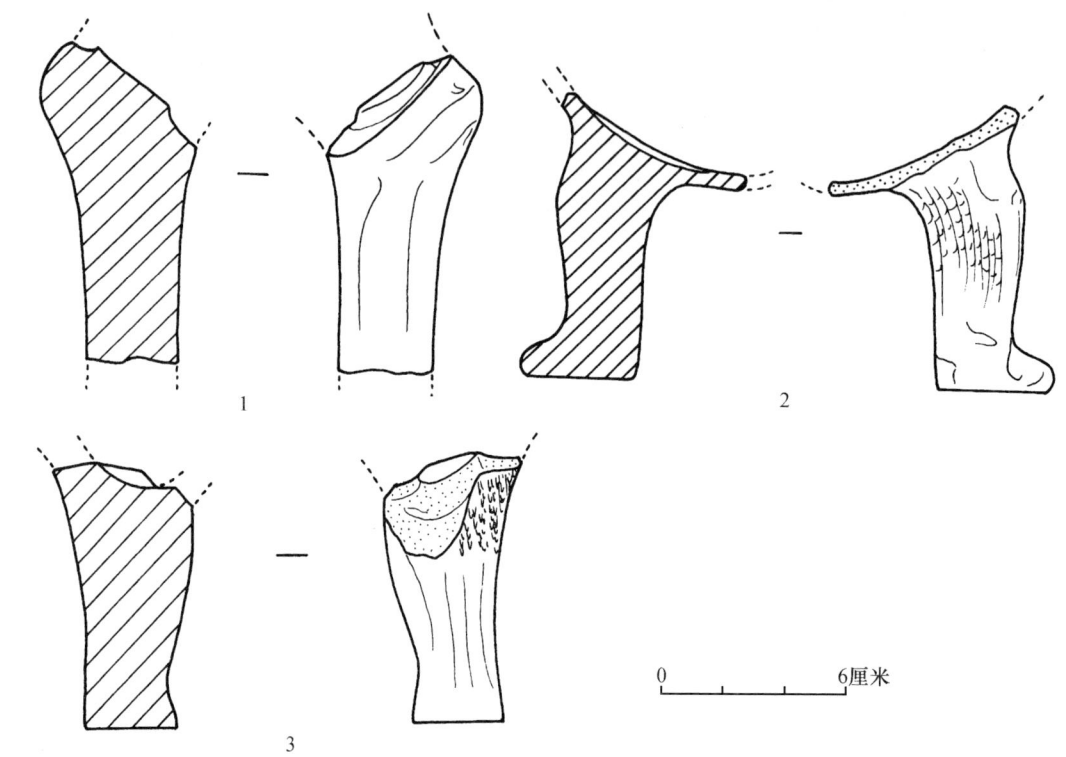

图三九　东周陶鼎足

1、3. B型（T0505②B：4、T0503①：1）　2. A型（T0227③：6）

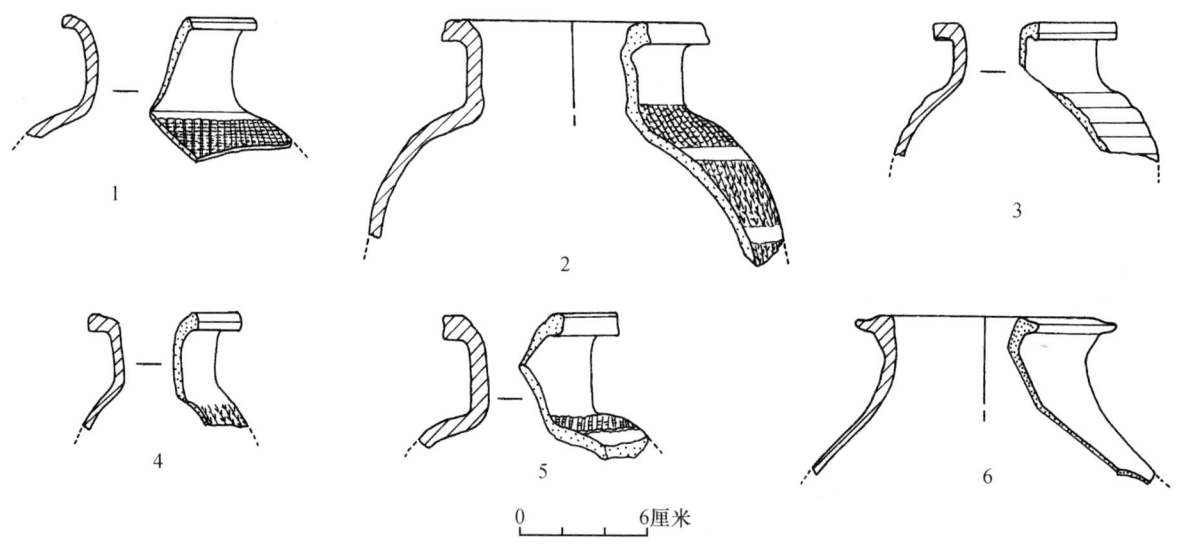

图四〇　东周Aa型、Ab型陶罐

1、6. Ab型（T0409③：3、H120：1）　2~5. Aa型（T0528②：2、H1：9、H98：5、H98：2）

B 型　1 件。扁唇，矮直领。H115∶1，略敞口，扁唇。素面。口径 12.9、残高 5.2 厘米（图四一）。

盂　7 件。均为残片。根据口沿形制的不同，可分为三型。

A 型　3 件。缩领。根据沿部的不同，分为二式。

Ⅰ式：1 件。脊状沿，方唇。H117∶1，泥质灰陶。轮制。敛口，卷沿，窄方唇，底缘刮抹成 V 形槽，束颈较低呈 U 形槽，鼓腹。沿外侧饰一周凹弦纹；腹部饰弦断竖向细绳纹，绳纹清晰。残高 6.2 厘米（图四二，1）。

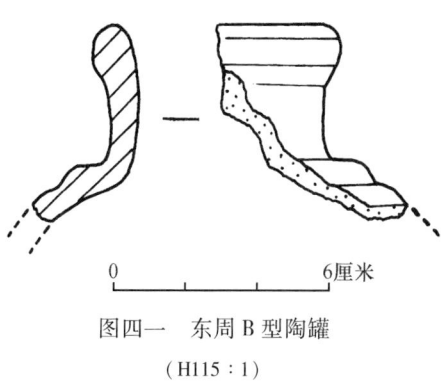

图四一　东周 B 型陶罐（H115∶1）

Ⅱ式：2 件。斜沿，尖圆唇。T0607③∶4，泥质红褐陶。轮制。敛口，外折沿上倾，尖圆唇，束颈，肩部明显。唇部饰一周浅凹弦纹，肩部饰竖向绳纹。残高 7.8 厘米（图四二，5）。H1∶6，泥质灰褐陶。轮制。敞口，外折沿略上倾，沿面刮抹二道凹槽，尖圆唇，束颈，圆肩。外壁饰竖向绳纹，被一宽 0.6 厘米的凹弦纹刮断。残高 7.6 厘米（图四二，6）。

B 型　2 件。矮领，方唇。根据沿部的不同，可分二亚型。

Ba 型　1 件。平沿。H1∶5，泥质黑皮灰褐陶。轮制。略敞口，方唇略凹，圆肩，领部较高。肩部和腹部拉划四周较宽的凹弦纹。残高 7.4 厘米（图四二，3）。

Bb 型　1 件。沿面有两周凹弦纹。H111∶1，泥质红褐陶。轮制。微敛口，方唇，腹上部略鼓。素面。口径 12.6、残高 6.4 厘米（图四二，4）。

C 型　2 件。高领。H1∶4，泥质灰褐陶。轮制。敞口，窄平沿较厚，方唇，高领，鼓肩。外壁饰竖向绳纹。残高 8.4 厘米（图四二，2）。H98∶6，泥质红褐陶。轮制。略敞口，沿面内凹。沿面饰一周凹弦纹，沿下压印斜向细绳纹，颈部绳纹磨光。残高 8.6 厘米（图四二，7）。

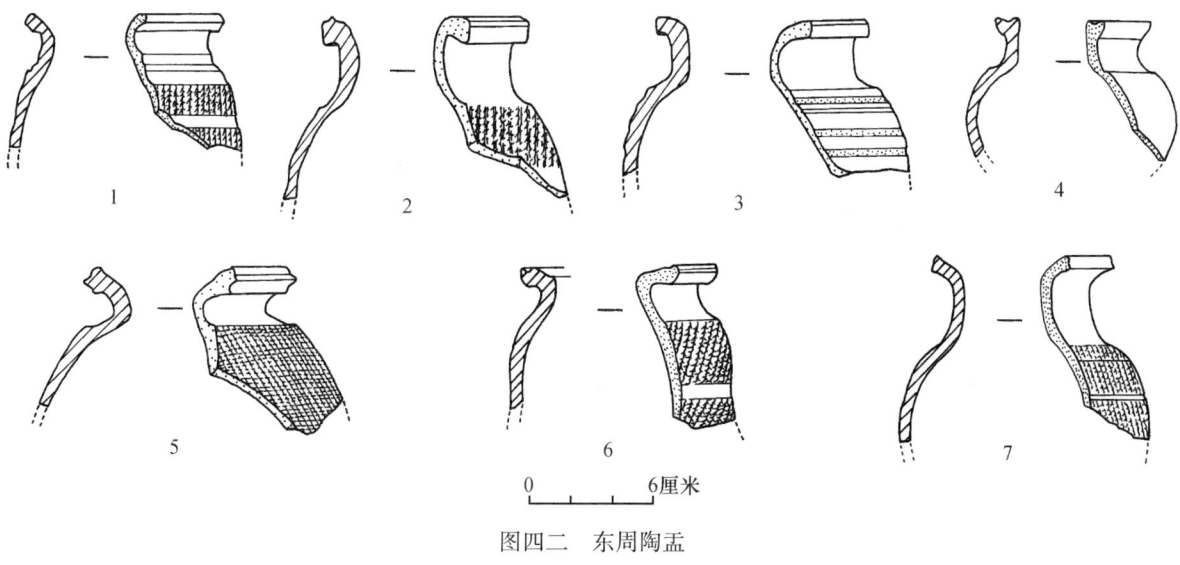

图四二　东周陶盂

1. A Ⅰ 式（H117∶1）　2、7. C 型（H1∶4、H98∶6）　3. Ba 型（H1∶5）　4. Bb 型（H111∶1）
5、6. A Ⅱ 式（T0607③∶4、H1∶6）

豆　12件。能够复原者仅1件，其余均为豆盘和豆柄的残片。

根据豆盘腹部形制的不同，将豆盘分二型。

A型　4件。弧腹。H1∶8，泥质灰褐黑皮陶。轮制。豆柄残失，略敛口，斜方唇，弧腹较浅，内壁刮划不规则的条状暗纹。口径15.2、残高5厘米（图四三，5）。T0607③∶1，夹砂灰陶。豆盘和豆柄分件轮制粘接而成。敛口，平方唇，弧浅腹，柄较高呈喇叭筒状，中部空穴部分较低。柄部饰二周凹弦纹。口径12.8、底径8.8、高14.4厘米（图四三，1）。H25∶1，泥质灰陶。轮制。残存豆盘，略敛口，方唇，浅弧腹。内壁饰暗弦纹。口径14.2、残高3.8厘米（图四三，4）。J1∶12，泥质灰褐陶。轮制。残存豆盘和少部分豆柄，敛口，圆唇，浅弧腹，柄柱状残。内底刻一潦草的"工"字。口径13、残高6厘米（图四三，6）。

B型　2件。折腹。T0227③∶4，泥质灰褐陶。轮制。残存豆盘，敛口，圆唇，折腹较浅。口径12.2、残高4厘米（图四三，2）。Y1∶1，泥质灰褐陶。轮制。残存豆盘，敛口，圆唇，折腹，腹部较浅。口径13.2、残高2.6厘米（图四三，3）。

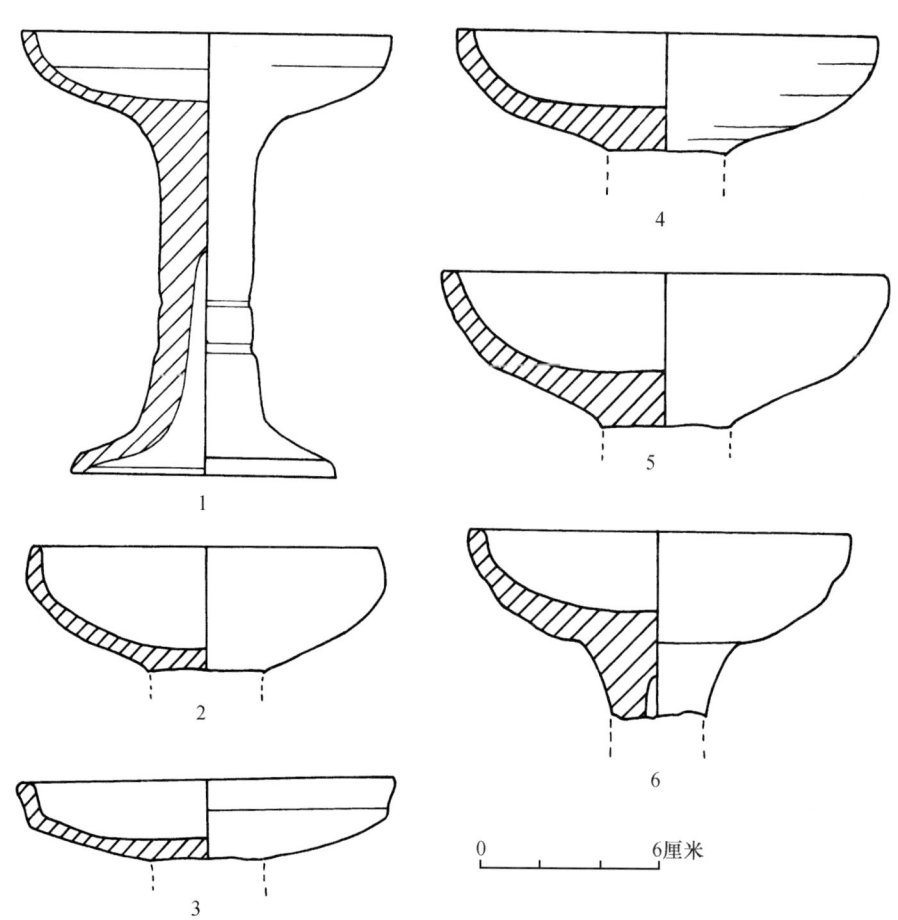

图四三　东周陶豆

1、4~6. A型（T0607③∶1、H25∶1、H1∶8、J1∶12）　2、3. B型（T0227③∶4、Y1∶1）

另外出土了6件豆柄,均残。根据豆柄的长短,可分二型。

A型 1件。长柄。H1:7,泥质黑皮红陶。轮制。高柄,残存中部,中部饰四周凹弦纹。残长12.2厘米(图四四,2)。

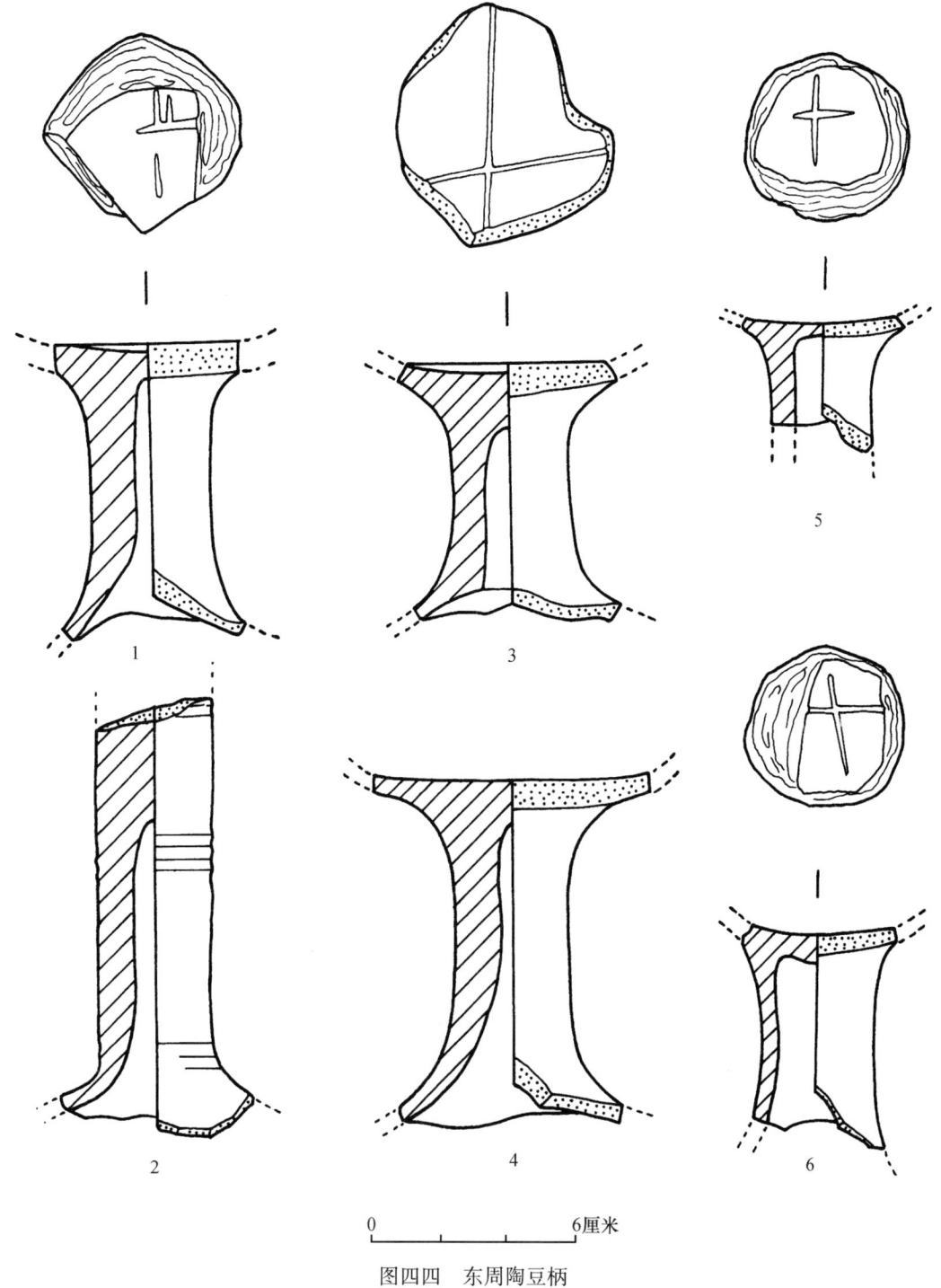

图四四 东周陶豆柄

1、3、4、6.B型(T0607③:7、T0606③:1、H19:1、H95:1) 2.A型(H1:7) 5.其他(T0510③:2)

B型　4件。短柄。H19∶1，泥质灰陶。轮制。残存豆柄中部和豆盘底部，盘底较大略弧，柄柱状，较低，中部呈锥体状空穴。盘底饰弧形暗纹。残高9.6厘米（图四四，4）。T0607③∶7，泥质黑皮灰陶。轮制。残长柄部，柄较低呈柱状，盘底略平。盘底刻划一符号，残存一半。残高8.2厘米（图四四，1）。T0606③∶1，泥质灰皮红褐陶。轮制。盘底略凹，柄呈较低的柱状。盘底刻划X形符号。残高7.4厘米（图四四，3）。H95∶1，泥质红陶。轮制。豆柄柱状，中空呈筒状直至盘底，孔径较大。盘底刻划X形符号。残高6.2厘米（图四四，6）。

另有T0510③∶2，残存少部豆柄，难以分型。泥质灰陶。轮制。柄柱状。盘底刻划X形符号。残高3.8厘米（图四四，5）。

另出土有通风管、器錾、口沿规、碗等陶器。

通风管　1件。T0327③∶1，夹砂红褐陶，局部有烟炱痕迹。手制。圆管状，一端残断、略细，外壁凹凸不平。外壁压印竖向绳纹，内壁一端拉划细密的浅槽纹。内径6.4～7.6、外径9.4～10.8、残长23.2厘米（图四五，3）。

器錾　1件。H108∶1，泥质灰陶。手制。带少部器壁，略呈方形，向外横伸，上面有拇指压印凹槽。錾耳宽3.4、厚1厘米（图四五，1）。

口沿规　1件。H120∶2，夹砂灰陶。敞口，圆唇，溜肩，肩部以下残。从破坏的罐坯上切割下来烧制而成，可能用于检查、修正同类器形口沿之用。沿面有刀削修整痕；一侧留存从外向内宽0.2～0.5厘米的切割痕，一侧和肩部系自然破裂面。残高3厘米（图四五，2）。

碗　1件。H117∶2，泥质灰陶。轮制。略敞口，斜方唇，鼓腹，平底较大。口径13.6、底径10、高6.4厘米（图四五，4）。

盆　1件。H98∶4，泥质灰陶。直口，宽厚平沿，方唇。沿面饰一周凹弦纹，腹部压印竖向细绳纹。口径16.2、残高4.2厘米（图四五，5）。

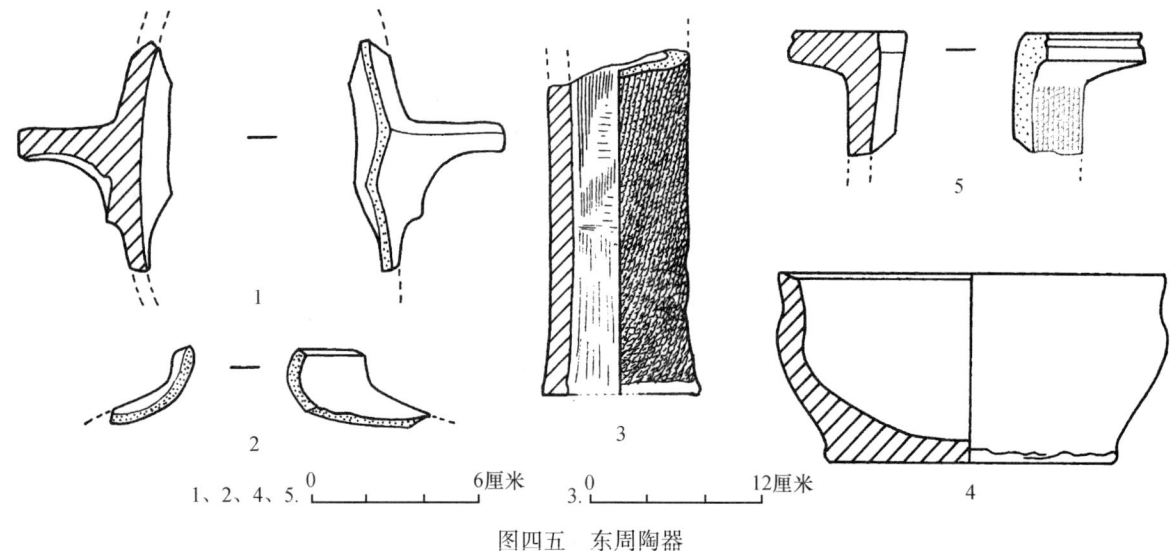

图四五　东周陶器
1. 器錾（H108∶1）　2. 口沿规（H120∶2）　3. 通风管（T0327③∶1）　4. 碗（H117∶2）　5. 盆（H98∶4）

2. 石器

石器出土较少。

斧 1件。H1∶1，由石坯打制而成，一面为石料剥离面，一面为卵石自然面，有使用痕迹。残长5.2、宽5.2厘米（图四六，1）。

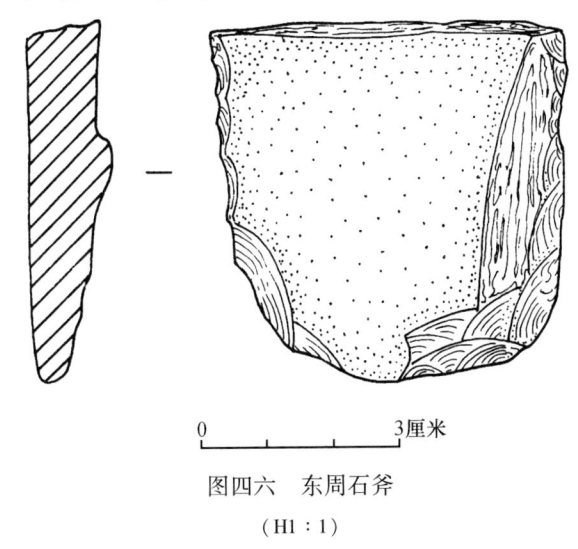

图四六 东周石斧
（H1∶1）

（三）墓 葬

墓葬共清理4座，均为小型竖穴土坑墓，单人葬，葬式为仰身直肢及侧身直肢，头向朝南。除M6未见随葬品外，其他各墓均有随葬品出土（附表三）。陶器组合有罐、壶、鬲（M11）及二套鼎、敦、壶、豆（M17）。从随葬品风格来看，应属战国中晚期。其中M6清理后发现死者缺失下肢骨；M12于死者头部及腹部各发现铜箭镞1枚，两墓主人可能均系非正常死亡，其身份当系平民或刑徒。

M6 位于T0227中部，西南部距M5约0.05米。南北向，方向161°。开口于第3层下，打破生土层。开口距地表深0.5米。平面呈长方形，南北长1.5、东西宽0.4、深0.46米。墓底距地表深0.96米。填土为黄褐色花土，较硬，无包含物。墓壁较直，做工较粗糙，无工具痕迹，底部较平。发现骸骨架1具，头向南，面向东，仰身直肢葬，上肢交叉放于腹部，其中右上肢压在左上肢骨上。下肢骨残缺不全，只有股骨，未见其他骨骼。经鉴定为年龄50岁左右的男性。未发现随葬品（图四七；图版二）。

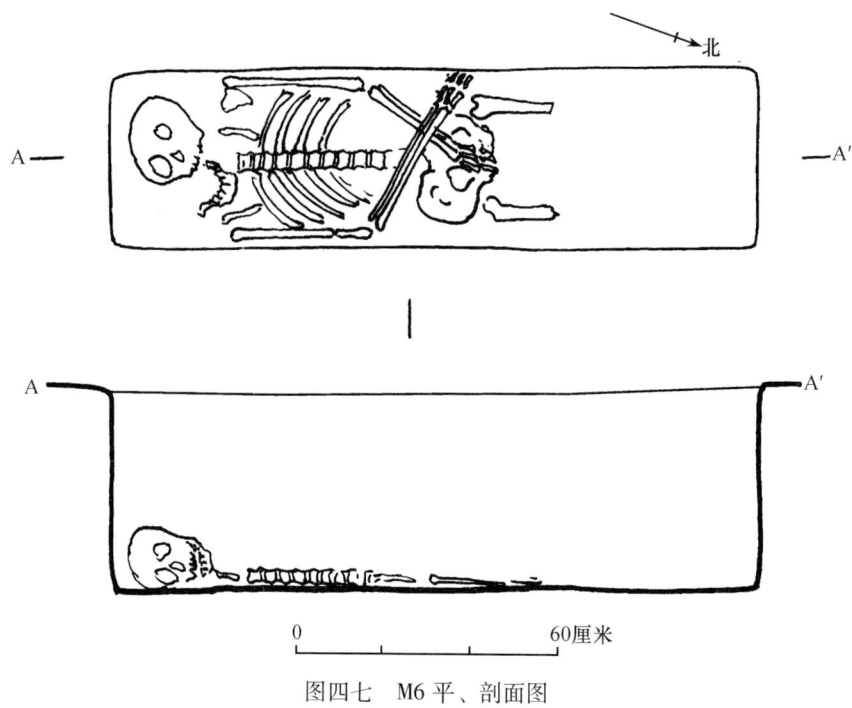

图四七　M6 平、剖面图

M11　位于 T0228 南部和 T0328 北部。南北向，方向 186°。开口于第 3 层下，被 H127 和近现代坑打破，打破生土。开口距地表深 1.1 米。平面呈长方形，南北长 2.8、东西宽 1.4～1.46、深 0.8～1 米。墓底距地表深 2.1 米。四壁均垂直，做工较细，未发现工具痕迹，底部较平。填土为黄褐色花土，土质较硬，内包含有瓦片、石块等。发现骸骨 1 具，头向南，面朝东，侧身直肢葬。骨架保存较好，两上肢交叉放置腹部，左上肢压于右上肢骨之上，脚部残失。经鉴定为成年人，性别不详。发现棺木葬具的痕迹，从板灰残留情况分析，木棺平面呈梯形，长 1.98、南端宽 0.7、北端宽 0.8 米，板厚 0.02 米（图四八；图版三，1）。

M11 内随葬品较少，主要分布于棺内西侧与骨架左下肢骨之间。有陶器 3 件，由北向南编号分别为 M11：1、M11：2、M11：3，组合为壶、罐、鬲。

鬲　1 件。M11：3，泥质灰陶。敛口，窄沿上倾，尖圆唇，束颈，圆溜肩，腹上部较鼓，联裆上弧，足细较直，足窝略平，三足有刀削修整痕。沿面饰一周凹弦纹。口径 10.6、高 11.2 厘米（图四九，3；图版三，2 左）。

罐　1 件。M11：2，泥质灰陶，略夹蚌壳颗粒。轮制。敛口，凹沿，圆唇，束颈，窄溜肩，腹上部圆鼓，下部斜弧收，小平底。素面。口径 12.8、最大腹径 14.4、底径 6.2、高 8 厘米（图四九，2；图版三，2 右）。

壶　1 件。M11：1，灰陶，微夹细砂。轮制。敞口，平沿，方唇，颈较粗，腹上部较鼓。沿面饰一周凹弦纹，颈肩间饰一周凸弦纹和一周凹弦纹，肩部刮削形成一凸棱，肩腹肩刮削形成一周凸棱。口径 8.6、最大腹径 12、底径 6.6、高 15.8 厘米（图四九，1；图版三，2 中）。

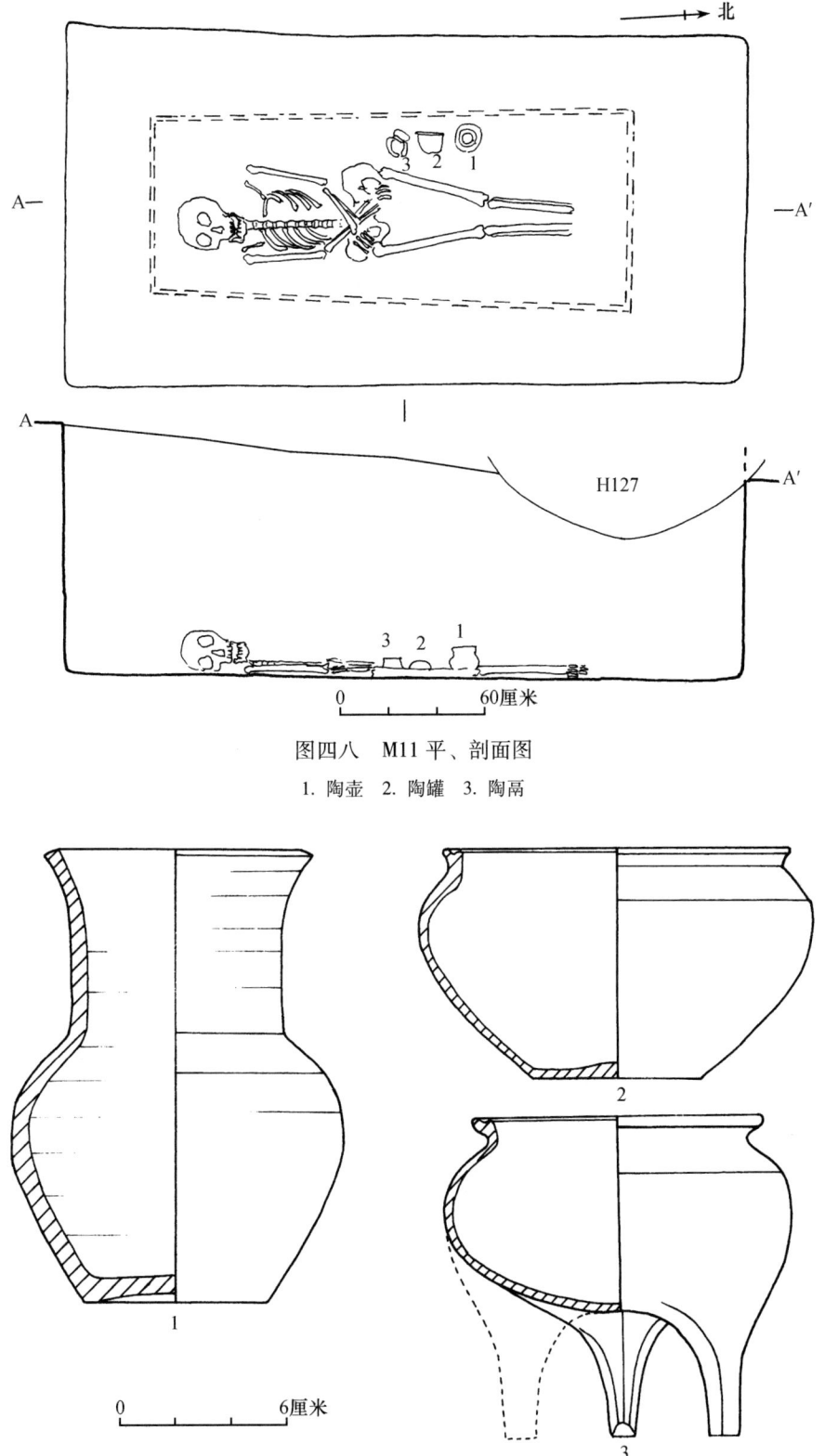

图四八　M11 平、剖面图
1. 陶壶　2. 陶罐　3. 陶鬲

图四九　M11 出土陶器
1. 壶（M11∶1）　2. 罐（M11∶2）　3. 鬲（M11∶3）

M12 位于 T0228 内东壁下偏北及东隔梁下。南北向,方向 182°。开口于第 3 层下,打破生土。开口距地表深 0.8 米。平面呈长方形,南北长 2.16、东西宽 0.7~0.76、深 0.6~0.7 米。墓底距地表深 1.5 米。墓壁均为直壁,做工较粗糙,未发现工具痕迹,底部较平。填土为褐色花土,土质较硬,内包含有零星黑木炭颗粒、石块等。发现骸骨 1 具,被扰严重,头骨只残留部分,头向南,面向不详,侧身直肢葬。上身骨只残留右上肢骨,并放于腹部,左脚骨放于右脚骨之上。头骨上有一铜箭镞,桡骨处一铜箭镞,可能是生前射入身体之内,推测该墓主人是被人射杀。经鉴定为年龄 50 岁左右的男性。未发现葬具痕迹(图五〇;图版四,1)。

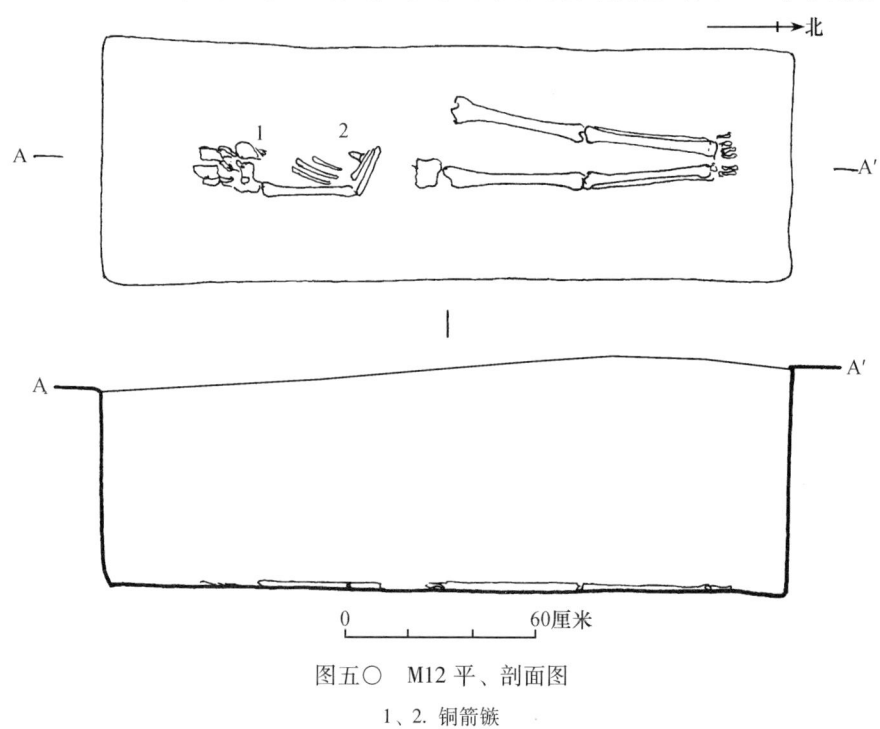

图五〇 M12 平、剖面图
1、2. 铜箭镞

随葬品只有 2 枚铜箭镞,均置于人骨之中,其中 1 枚在头部,编号为 M12:1,1 枚置于桡骨处,编号 M12:2。另在墓道填土中出土骨箭镞 1 枚,编号 M12:01。

铜箭镞 2 枚。M12:1,残,三棱形,中脊上凸起三棱成刃,刃均直前聚成锋,后锋长于关,关六棱形,铤残断。残长 3.9、脊宽 1.1、厚 0.9 厘米(图五一,1;图版四,3 左)。M12:2,残,双翼形,较扁平,折棱脊,双翼前弧后略束,后锋伸出关外,关、铤残失。残长 3.3、脊宽 1.2、厚 0.5 厘米(图五一,2;图版四,3 右)。

骨箭镞 1 枚。M12:01,残,双翼形,由动物骨骼刮磨制成,制作粗糙。镞身扁平,菱形脊,铤残失。残长 7、脊宽 1、最宽 2 厘米(图五一,3;图版四,2)。

M17 位于 T0629 内中南部。南北向,方向 178°。开口于第 2 层下,打破生土,被 H137、H153、H154 打破。开口距地表深 0.6~0.7 米。平面呈梯形,北端宽于南端,南北长 2.46、北端宽 1.76、南端宽 1.64、深 2.06 米。底部平整,墓底距地表深 2.76 米。四壁垂直,做工精

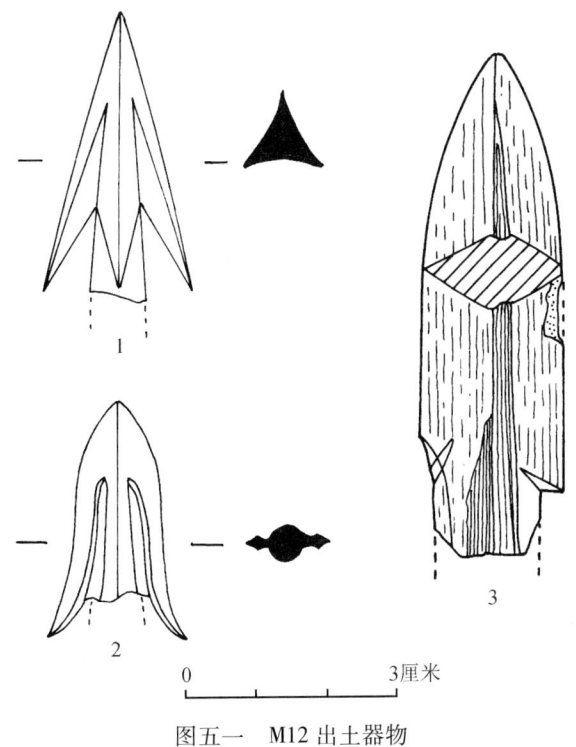

图五一 M12 出土器物
1、2. 铜箭镞（M12∶1、M12∶2） 3. 骨箭镞（M12∶01）

细，未发现工具痕迹。填土为棕褐色土，略泛灰，土质较硬，黏性强，内包含有少许灰陶片及附加堆纹、磨光黑皮陶片、石块等。发现骸骨1具，大部骨骼残朽，仅能看清大致轮廓，呈仰身直肢，头向南，面向上。发现葬具的痕迹，为一棺一椁，均残朽。从朽痕观察，椁呈长方形，南北长2.24、东西宽1.18米，板厚0.04米。棺也呈长方形，南北长1.9、东西宽0.46米，板厚0.02米。随葬品共8件仿铜陶礼器，放置于椁内西南部、死者头部左侧，组合为鼎、敦、壶、豆。墓主人身份可能属士阶层或者下级官吏（图五二；图版五）。

M17出土的随葬品在本墓地墓葬中最多，分布于墓室西部棺、椁之间。由南向北有陶敦2件，分别编号M17∶1、M17∶2；陶鼎2件，分别编号M17∶3、M17∶4；陶壶2件，分别编号M17∶5、M17∶6；陶豆2件，分别编号M17∶7、M17∶8。陶器组合为两套鼎、敦、壶、豆。

鼎 2件。形制相同。M17∶3，陶胎红色，内、外壁黑色，微夹细砂。耳和足手制，盖和鼎身轮制。盖微残，顶弧形，正中有1个、沿边缘有3个等距离分布的乳钉。鼎斜直腹，较浅，圜底，腹、底间一方折棱。桥状耳，三实足呈马蹄形略外撇，中部略细，两端略粗，横切面呈大半圆形，外表有刀削修理痕。口径15.6、最大腹径19厘米，足高8.2厘米，耳宽3.8、高6.2厘米，通高16厘米（图五三，1；图版六，1右）。M17∶4，陶质、陶色、制作方法、形制与M17∶3相同。口径16、最大腹径19.1厘米，足高8.2厘米，耳宽3.6、高5.6厘米，通高16厘米（图五三，2；图版六，1左）。

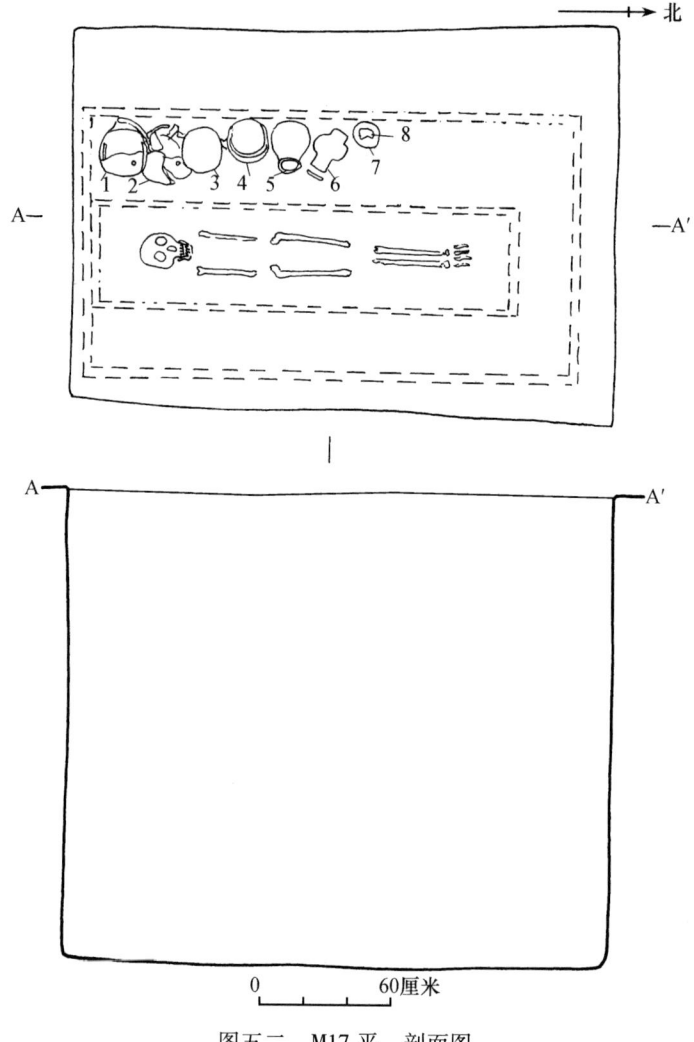

图五二　M17 平、剖面图

1、2. 陶敦　3、4. 陶鼎　5、6. 陶壶　7、8. 陶豆

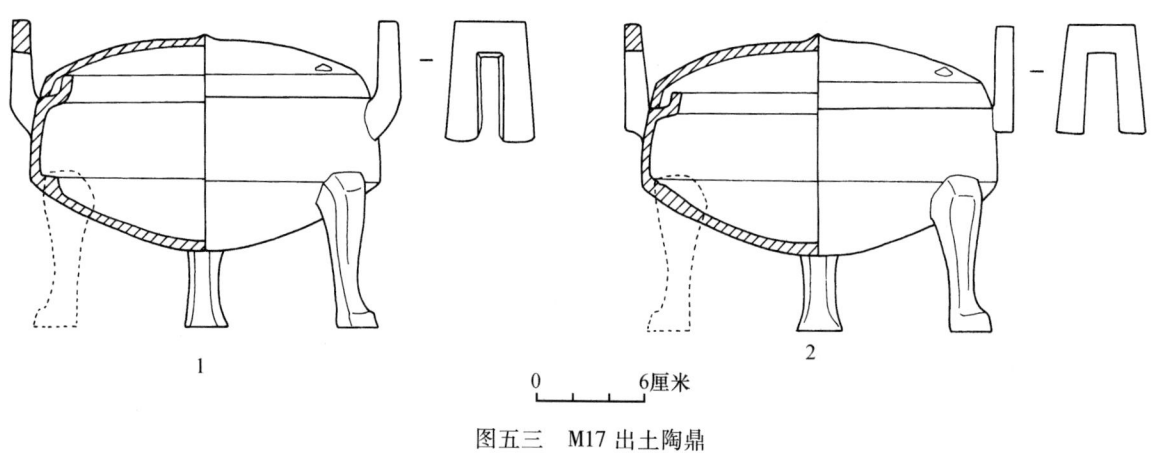

图五三　M17 出土陶鼎

1. M17∶3　2. M17∶4

敦　2件。形制相同。M17:1，胎红色，内外壁黑色，微夹细砂和蚌粒。足、纽手制，余轮制。上、下部形制相同，略呈椭圆形，上端和底端略瘦尖。最大腹径19.6、通高22.6厘米（图五四，1；图版六，2右）。M17:2，陶质、陶色、制作方法、形制与M17:1相同。最大腹径19.2、通高22.4厘米（图五四，2；图版六，2左）。

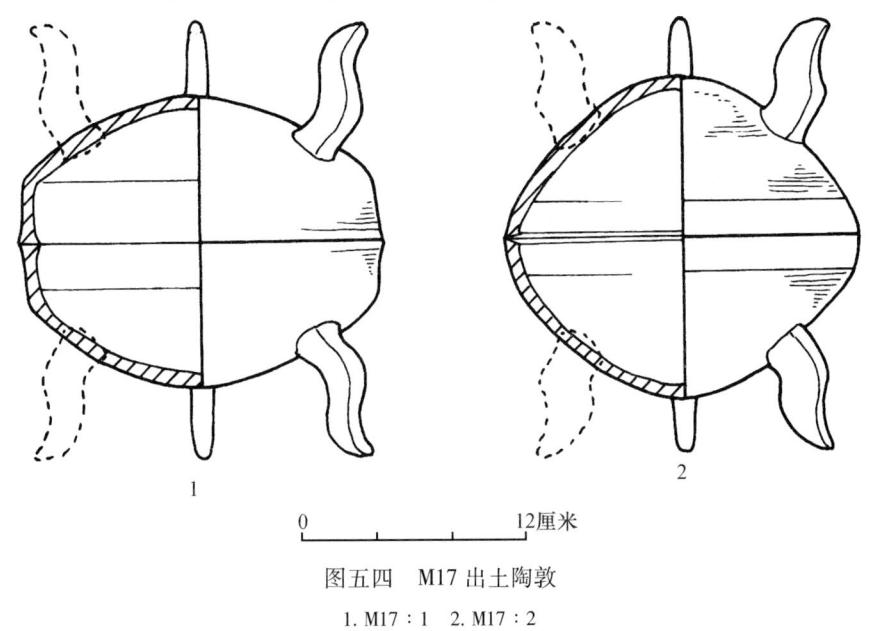

图五四　M17出土陶敦
1. M17:1　2. M17:2

壶　2件。形制相同。M17:5，胎红色，内外壁黑色，微夹细砂和蚌粒。盖浅盘状，顶面略弧，正中有1个、周缘有3个等距离分布的乳钉。壶敛口，平沿，方唇，颈较粗，腹上部圆鼓，中下部弧收，圈足底外撇。口径14、足径13.2、通高30厘米（图五五，2；图版七，1左）。M17:6，陶质、陶色、制作方法、形制与M17:5相同。口径14.4、足径13.2、通高30厘米（图五五，1；图版七，1右）。

豆　2件。M17:7，胎红色，内外壁黑色，微夹细砂和蚌粒。豆盘和豆柄分别轮制后粘接。盘敞口，圆唇，浅腹，内略弧形底，柄喇叭筒状，细高，中空。底部有疏淡的暗纹。口径11.9、底径9.6、通高15.4厘米（图五五，4；图版七，2左）。M17:8，陶质、陶色、制作方法、形制与M17:7相同。口径12.2、底径9.8、通高15.6厘米（图五五，3；图版七，2右）。

（四）小　结

上宝盖遗址东周时期遗存仅发现灰坑和墓葬，可能由于晚期人们活动的破坏使东周时期的地层消失，所发现的东周时期遗物均出土于灰坑、墓葬和晚期地层与晚期遗迹中，以陶器为主，其次为少量的铜器、石器和骨器。以下主要介绍东周的陶器。

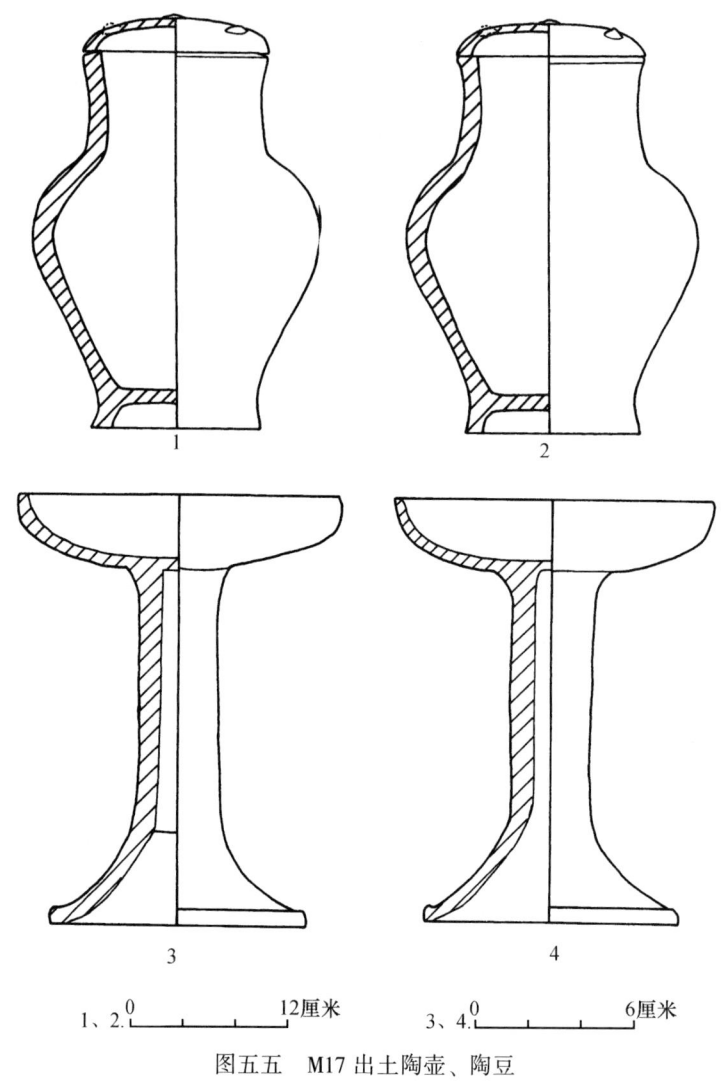

图五五　M17 出土陶壶、陶豆
1、2. 陶壶（M17∶6、M17∶5）　3、4. 陶豆（M17∶8、M17∶7）

1. 东周陶器及其特征

上宝盖遗址东周陶器除墓葬外，主要出土于东周灰坑和晚期堆积中，除网坠外几乎均为残片，能够复原者较少。器形主要有鬲、罐、盂、豆，另出土鼎足、器錾、通风管、口沿规、碗、盆等。

鬲　除 1 件能够复原外，其余均为残片。能辨识器形的陶片中，以鬲足为主，口沿残片十分少见，是上宝盖遗址东周陶鬲残片的显著特征。能够复原的陶鬲外折沿略上倾，短领，圆肩，弧腹，柱状实足。

鬲足均手制，大多饰竖向绳纹。根据形制的不同，可分二型。

A 型　短柱状。根据足跟面大小的不同，可分三亚型。Aa 型实足肥大，足跟面较大。Ab

型足跟面较 Aa 型略小，Ac 型足跟面较小。

B 型　柱状足较长。

罐　以泥质灰褐陶为主，均轮制，未见完整器和能复原者。从口沿残片分析，以高领圆肩罐为主，肩部以下饰竖向绳纹或弦断绳纹。根据口沿形制的不同，可分为二型，以 A 型高领罐为主，B 型矮直领罐较少。

A 型　高领，窄平沿。根据唇部的不同，可分二亚型。

Aa 型　厚方唇。

Ab 型　扁方唇。

B 型　矮直领。

盂　以泥质陶为主，均轮制，多数饰弦纹，部分饰绳纹或弦断绳纹，未见完整器形和能够复原者。根据口沿形制的不同，可分三型。

A 型　缩领。分二式。

Ⅰ式：脊状沿，方唇。

Ⅱ式：斜沿，尖圆唇。

B 型　矮领，方唇。根据沿部的不同，可分二亚型。

Ba 型　平沿。

Bb 型　沿面有两周凹弦纹。

C 型　高领。

豆　能够复原者仅1件。以泥质陶为主，从残片观察，豆的制作系豆盘和豆柄分别制作然后粘接，粘接部在豆盘底部。大多素面，仅部分豆柄部饰凹弦纹。另外，豆盘内壁有的饰放射性状的暗纹，系盘坯未干时用窄片状工具刮抹形成；有的盘内底饰 X 形等纹饰。根据豆盘形制的不同，将豆盘分为二型，以 A 型为主。

A 型　弧腹。

B 型　折腹。

豆柄的形制有长柄和短柄两种，以短柄为主。内壁中空呈喇叭筒状。根据豆柄长度的不同，可分二型。

A 型　长柄。

B 型　短柄。

其他陶器有鼎足、器錾、通风管、小碗、口沿规等，出土数量很少。

2. 东周墓葬及其出土遗物

上宝盖遗址东周墓葬共发现4座（M6、M11、M12、M17），均为竖穴土坑墓，单人葬，头向朝南。随葬品以陶器为主，其次为少量的铜器和骨器。随葬品的数量不一，有的墓多达8件，有的墓则1件也没有。从墓室底部的棺木朽痕分析，有的墓有棺木葬具，葬具平面形制呈梯形或长方形，有的墓没有棺木葬具。墓葬平面形制有长方形和梯形两种，前三座墓葬平面形制呈长方形，后一座墓呈梯形，从随葬品的数量和墓葬的深度及有无葬具综合分析，平面呈梯形墓葬的规格可能高于平面呈长方形者（表三）。

表三　东周墓葬形制与墓葬深度、随葬品统计表

墓号	墓葬形制	墓深（米）	随葬品	葬具	备注
M6	长方形	0.46	无	无	
M11	长方形	0.8~1	陶鬲、陶壶、陶罐各1件	梯形	
M12	长方形	0.6~0.7	铜箭镞2枚、骨箭镞1枚	无	两铜镞出土于骨骼处，系非主动性随葬品
M17	梯形	2.06	陶鼎、陶敦、陶壶、陶豆各2件	长方形	

从表三可知，墓葬平面形制是长方形的墓葬中，M6没有随葬品和葬具，深仅0.46米；M12仅在填土中发现骨箭镞1枚，2枚铜箭镞出土时嵌入骨骼，可能系生前在某次战斗或械斗中中箭死亡，随葬品仅铜箭镞2枚，没有葬具，深0.6~0.7米；M11随葬品有3件陶器，木棺葬具呈梯形，深0.8~1米；而M17平面形制呈梯形，随葬品有8件陶器，为两套仿铜礼器，有木棺椁葬具，深2.06米，说明平面呈梯形的墓葬规格较高。而墓葬的深度可能与墓主人生前社会地位或家庭富有程度相关。

东周墓葬的随葬品主要以陶器为主，另外出土骨箭镞和铜箭镞。陶器出土于M11和M17两座墓中，前者为一套鬲、壶、罐，后者为两套鼎、敦、壶、豆；骨箭镞和铜箭镞出土于M12，骨箭镞发现于墓室填土中，可能系埋葬时有意放置，铜箭镞出土时嵌入骨骼，系墓主人生前在某次战斗或械斗中所中之箭。

3. 时代及文化属性

在湖北东周时期的考古资料出土很多，本文拟选用《江陵九店东周墓》[①]的出土考古材料作为比较的主要材料，对上宝盖遗址的东周遗存进行文化属性方面的判定。

（1）东周灰坑和晚期地层出土遗物的时代

上文分析可知，东周灰坑和晚期地层中出土的东周遗物较少，器形也比较单一，主要以陶器为主，器形有鬲、罐、盂、豆等。鬲可复原者仅1件，外折沿略上倾，束颈，球形腹，柱状实足，腹部饰弦断绳纹，这种特征与江陵九店东周乙组墓AⅣa式鬲的特征相同[②]，柱状实足在江陵九店各型墓葬中均有发现。而该式陶鬲出现并流行于四期六段[③]，属于战国晚期早段。高领罐为外折沿，领较高，这种形制与当阳岱家山楚墓的Ⅲ式长颈壶的口沿和颈部、甚至肩部的形制基本一致，只不过当阳岱家山楚墓的Ⅲ式长颈壶的颈部稍长而已，此式壶出土于壬组墓葬一期二段，时代约在战国中期晚段[④]，上宝盖遗址东周高领罐的时代应与其时代相当或略晚。

---

① 湖北省文物考古研究所：《江陵九店东周墓》，科学出版社，1995年。
② 湖北省文物考古研究所：《江陵九店东周墓》，科学出版社，1995年，第187页，图一二六，6。
③ 湖北省文物考古研究所：《江陵九店东周墓》，科学出版社，1995年，第356页，表五二。
④ 湖北省宜昌博物馆：《当阳岱家山楚汉墓》，科学出版社，2006年，第191页。

盂未见完整器和能复原者，均为口沿，折沿或卷沿，束颈，有的束颈较深，部分颈部较高，这种口沿特征与江陵九店东周乙组墓出土的BⅡ式盂的口沿形制基本一致①。上宝盖遗址东周豆能复原者仅1件，根据口沿形制分为A、B二型，豆柄也有长柄和短柄。A型豆的豆盘形制与江陵九店东周墓乙组AⅣb式豆的豆盘形制基本相同②，也与当阳岱家山楚墓出土的AⅢ式豆的豆盘形制相同③；B型豆盘的形制与当阳岱家山楚墓出土的EⅠ式豆的豆盘形制相同④。江陵九店东周墓乙组AⅣ式豆出现柄并流行于三期五段，即战国中期晚段⑤，当阳岱家山楚墓AⅢ式豆出现于一期一段，即战国中期早段，而EⅠ式豆出现于一期二段，即战国中期晚段⑥，与其形制相同或相近的上宝盖A、B型豆的时代当与其大致相当。

通过上宝盖遗址东周鬲、罐、盂、豆的形制与江陵九店东周墓和当阳岱家山楚墓同类陶器的比较，时代最早者在战国中期早段，最晚者在战国晚期早段，考虑到地区差异等因素的影响，将上宝盖遗址东周遗存的时代上限定在战国中期，下限定在战国晚期应该是可能的，由于未发现典型的战国晚期文物，其下限当在战国晚期偏早。

（2）东周墓葬的时代

东周墓葬共发现4座，由于M6没有随葬品，M12仅出土铜箭镞和骨箭镞，时代特征不是特别明显，仅M11和M17出土陶器，能够和相关的墓葬进行比较以判断他们的时代。M11出土鬲、罐、壶，均为生活实用器。鬲折沿略上倾，束颈，球形腹，柱状实足，形制与江陵九店东周乙组墓AⅣa式鬲的形制相同，该鬲出现并流行于战国晚期早段⑦；壶敞口，高领，腹上部圆鼓，下部斜收，凹底，形制与江陵九店东周丙组Ⅰ式高领小罐的形制相同⑧，也与当阳岱家山楚墓BⅡ式长颈壶的形制形同⑨，Ⅰ式高领小罐在江陵九店东周墓中流行于三期五段即战国中期晚段⑩，BⅡ式长颈壶在当阳岱家山楚墓中出现并流行于一期一段，即战国中期早段⑪。M11出土的陶罐，与当阳岱家山M16出土的Ⅱ式陶盂在口沿、颈部及腹部形制基本一致⑫，仅M11的罐底为平底较大而已，而岱家山M16被归于一期一段⑬。M11出土陶器

---

① 湖北省文物考古研究所：《江陵九店东周墓》，科学出版社，1995年，第198页，图一三二，7。
② 湖北省文物考古研究所：《江陵九店东周墓》，科学出版社，1995年，第196页，图一三一，6。
③ 湖北省宜昌博物馆：《当阳岱家山楚汉墓》，科学出版社，2006年，第166页，图一六六，3、4。
④ 湖北省宜昌博物馆：《当阳岱家山楚汉墓》，科学出版社，2006年，第167页，图一六七，5、6。
⑤ 湖北省文物考古研究所：《江陵九店东周墓》，科学出版社，1995年，第356页，表五二。
⑥ 湖北省宜昌博物馆：《当阳岱家山楚汉墓》，科学出版社，2006年，第454页，续附表二，该表中将出土AⅢ式豆的M120和M153归于一期一段，将出土EⅠ式豆的M60、M157归于一期二段。
⑦ 湖北省文物考古研究所：《江陵九店东周墓》，科学出版社，1995年，第356页，表五二。
⑧ 湖北省文物考古研究所：《江陵九店东周墓》，科学出版社，1995年，第192页，图一二九，6。
⑨ 湖北省宜昌博物馆：《当阳岱家山楚汉墓》，科学出版社，2006年，第174页，图一七四，5。
⑩ 湖北省文物考古研究所：《江陵九店东周墓》，科学出版社，1995年，第436页，续乙组墓分期总表，表中将出土Ⅰ式高领小罐的M152归于三期五段。
⑪ 湖北省宜昌博物馆：《当阳岱家山楚汉墓》，科学出版社，2006年，第453页，附表二中将出土Ⅱ式陶盂的M16归于一期一段。
⑫ 湖北省宜昌博物馆：《当阳岱家山楚汉墓》，科学出版社，2006年，第191页，表一；图一七三，3。
⑬ 湖北省宜昌博物馆：《当阳岱家山楚汉墓》，科学出版社，2006年，第453页，附表二中将出土Ⅱ式陶盂的M16归于一期一段。

通过和江陵九店东周墓和当阳岱家山楚墓相关陶器的比较，时代早者在战国中期早段，晚者在战国中期晚段，由于 M11 出土的陶罐罐底为平底且较大，时代略晚，因此将 M11 的时代定在战国中期偏晚段。

　　M17 出土了两套仿铜陶礼器鼎、敦、壶，另有 2 件陶豆。鼎盖略弧，上部有 4 个小乳钉；鼎身上腹较直，圜底，桥状方耳，足马蹄形，这种形制与江陵九店东周墓乙组 BⅦ式鼎的形制相同，出现并流行于四期七段，即战国晚期晚段[①]，也与当阳岱家山楚墓 DⅡ式鼎的形制相近，该型鼎出现并流行于战国晚期早段[②]；陶敦呈球形或扁球形，足、纽均无穿，几何形足，与江陵九店东周墓乙组Ⅴ型敦的形制相同，该型敦出现于四期六段，在七段也流行，即战国晚期早段和晚段[③]；陶壶敛口，颈较粗，腹上部圆鼓，下部弧收，圈足，其腹部和颈部形制与江陵九店东周墓乙组Ⅶb式壶的形制相近，仅该式壶为假圈足，其出现并流行于四期七段即战国晚期晚段[④]；陶豆略敞口，高柄呈喇叭筒状，与江陵九店东周墓 AⅣb 式豆的形制相同，该型豆出现并流行于三期五段即战国中期晚段[⑤]。通过对 M17 出土陶器与江陵九店东周墓和当阳岱家山楚墓相关器物的比较，器物年代最早者在战国中期晚段，其余均在战国晚期，据此将 M17 的时代定在战国晚期。

　　由于 M6、M12 的墓葬形制与 M11、M17 基本相同，同为竖穴土坑墓，而且排列相近，将 M6 和 M12 时代定在战国中晚期。

　　（3）文化属性

　　上文对上宝盖遗址东周遗存的分析可知，东周灰坑及其出土遗物的时代上限在战国中期，下限在战国晚期偏早，而墓葬的时代在战国晚期，时代略晚于遗址的时代，是战国中晚期的遗存，那么，它们代表何种文化呢？

　　从遗物来方面来说，鬲外折沿，束颈，柱状实足，球形腹，这种形制尤其是柱状实足是典型楚文化的风格。江陵九店地址墓乙组墓中出土的陶鬲，有长实足和短实足，而这两种实足在早期和晚期墓葬中均有发现[⑥]，说明实足的长、短没有严格的时代性，而是楚式鬲的标志性符号。而敦、豆、盂、罐等陶器通过上文的对比可知，都是楚文化中习见的陶器。M11 出土的骨箭镞和铜箭镞在楚墓中也有发现，如骨镞锋部略秃，无两翼，菱形脊，形制与江陵九店东周墓乙组出土的 AⅡb 式铜镞的形制基本相同[⑦]；铜镞也与当阳岱家山楚墓出土的铜镞形制基本一致[⑧]。在出土遗物方面说明上宝盖遗址的战国中晚期遗存是典型楚文化的遗存。

---

① 湖北省文物考古研究所：《江陵九店东周墓》，科学出版社，1995 年，第 158 页，图一〇八，5；第 356 页，表五二。
② 湖北省宜昌博物馆：《当阳岱家山楚汉墓》，科学出版社，2006 年，第 126 页，图一二七，1；第 454 页，续附表二中将出土 DⅡ式鼎的 M171 归于二期三段。
③ 湖北省文物考古研究所：《江陵九店东周墓》，科学出版社，1995 年，第 164 页，图一一二，9~11；第 356 页，表五二。
④ 湖北省文物考古研究所：《江陵九店东周墓》，科学出版社，1995 年，第 172 页，图一一九，9；第 356 页，表五二。
⑤ 湖北省文物考古研究所：《江陵九店东周墓》，科学出版社，1995 年，第 196 页，图一三一，6；第 356 页，表五二。
⑥ 湖北省文物考古研究所：《江陵九店东周墓》，科学出版社，1995 年，参见第 187 页，图一二六。
⑦ 湖北省文物考古研究所：《江陵九店东周墓》，科学出版社，1995 年，第 240 页，图一五七，5。
⑧ 湖北省宜昌博物馆：《当阳岱家山楚汉墓》，科学出版社，2006 年，第 179 页，图一一七，13。

从墓葬来说，上宝盖遗址战国中晚期墓葬的形制均为长方形或梯形土坑墓，这种墓葬是楚墓习见的墓葬形制，而M17一椁一棺的葬具，与江陵九店东周乙组C型墓的形制相同。

由于上宝盖遗址战国中晚期遗存中未发现秦文化等外来文化因素，因此，它属于楚文化的遗存。

五、两汉时期遗存

（一）遗　　迹

本次发掘区汉代遗迹丰富，有灶、冲沟、灰坑、井、窑、瓮（瓦）棺葬等。共计发现灶1座、冲沟2条、灰坑121个、井1口、窑2座、瓮（瓦）棺葬14座（图五六）。

1. 灶

灶发现1座，编号为Z1。

Z1　位于T0505南部。开口于第2B层下，被H10打破。残存部分平面呈圆角长方形，坑壁外斜，口小底大呈袋状，平底，坑壁及底部烧结有一层厚约1厘米的红烧面或青结面。坑内填土呈灰黑色，底部保存少量灰烬。口长0.62、宽0.42米，底长0.66、宽0.45米，深0.22米（图五七；图版八，1）。Z1周围虽未发现房屋遗迹，但距汉代水井J1不到10米，估计应是当时人们汲水时就地挖坑烧制食品或其他所为。

2. 冲沟

冲沟发现2条，均开口于第2B层下。东西走向，规模较小，呈东窄西宽状。随地势蜿蜒曲折，通向汉江泄洪沟，应属水土流失自然形成。如G2，沟底高低不平，已清理部分长8.7、宽0.25~0.45、深0.25~0.36米。填土呈深褐色，土质较硬，包含少量绳纹瓦片、陶片、石块等物，出土铜簪1件（图五八）。

3. 灰坑

灰坑共编号129个，除去隔梁清理后的同坑异号外，实有灰坑121个。统一为标准地层后，其中第1层下21个，占17.4%；第2层下26个，占21.5%；第3B层下44个，占36.4%；第3C层下15个，占12.4%；第4层下13个，占10.7%；以及开口于遗迹下2个，占1.6%。坑形有圆形、椭圆形、长方形（梯形）、圆角长方形（长条形）和不规则形等几类。灰坑的形制、数量、层位统计如表四。

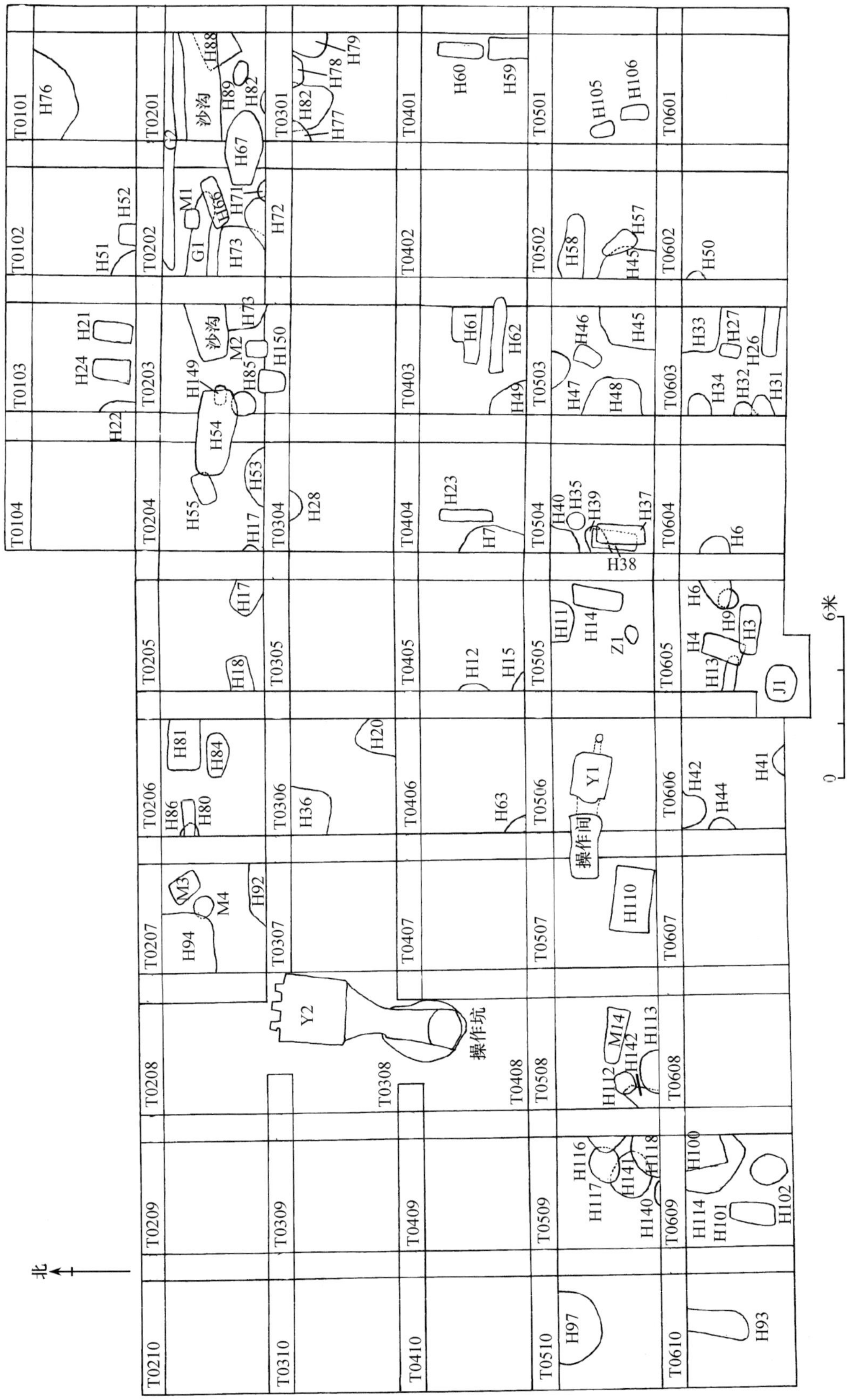

图五六 汉代遗迹分布图（a）

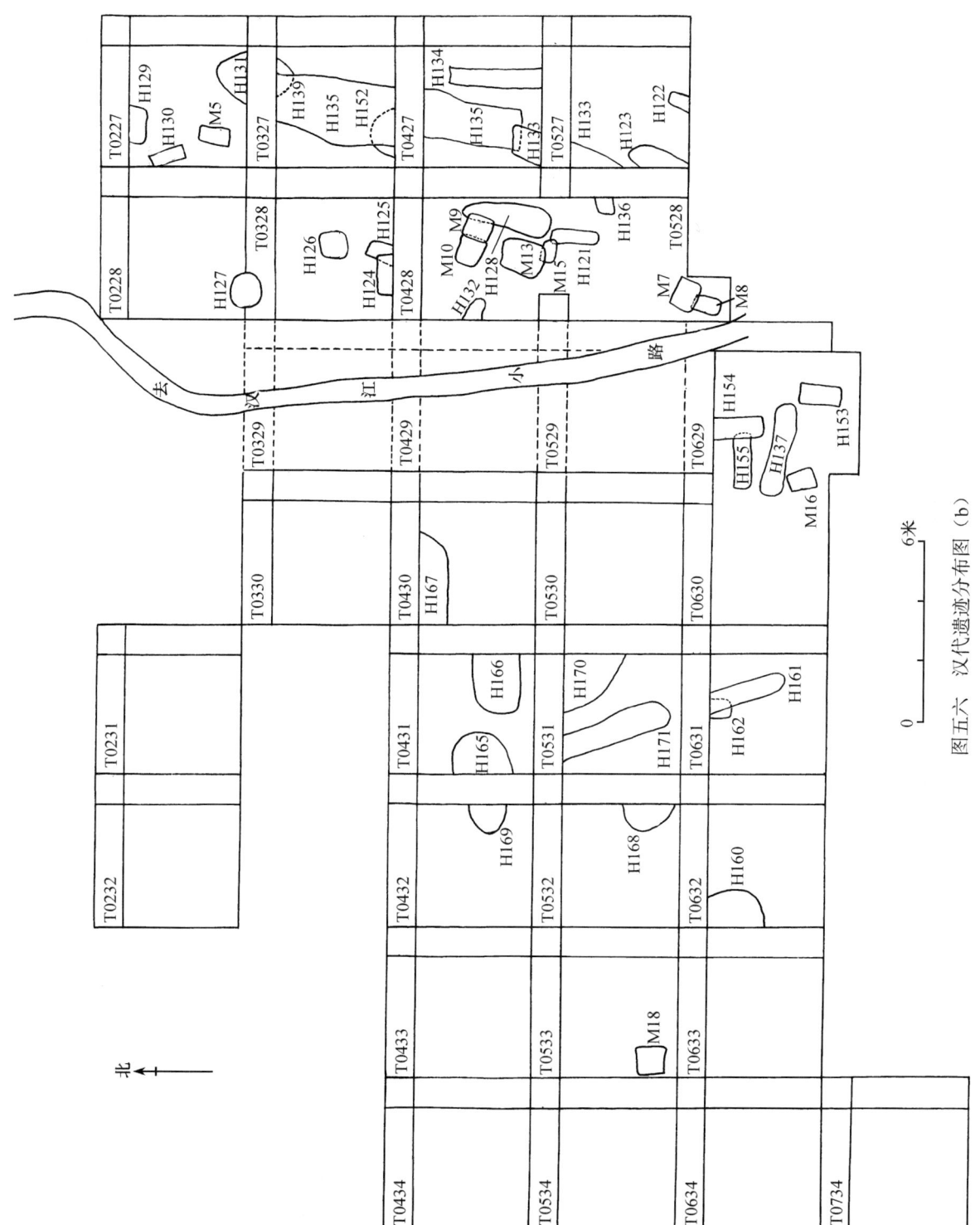

图五六 汉代遗迹分布图（b）

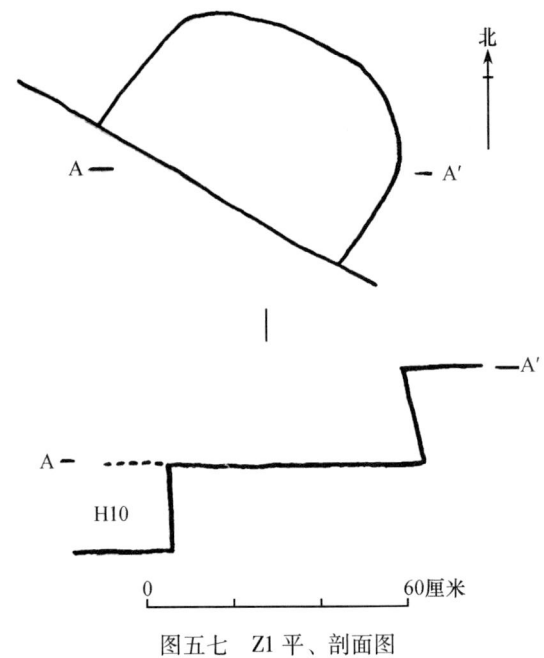

图五七　Z1 平、剖面图

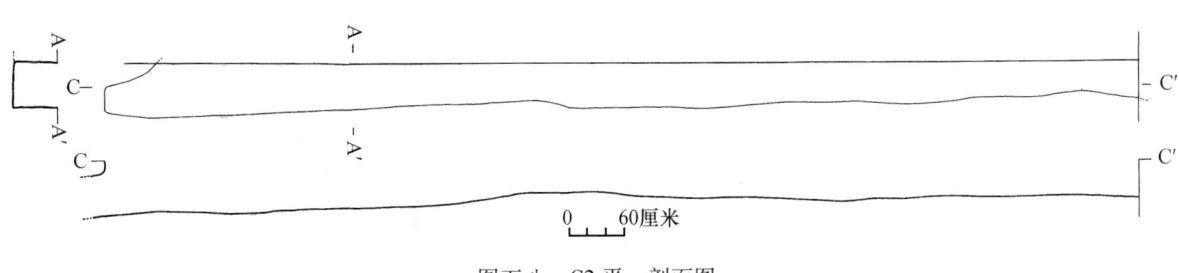

图五八　G2 平、剖面图

表四　汉代灰坑开口层位、形制、数量统计表

开口 \ 形制 数量	圆形	椭圆形	长方形（梯形）	圆角长方形（长条形）	不规则形	合计	百分比
第1层下	2	8	8		3	21	17.4
第2层下	4	3	16	1	2	26	21.5
第3B层下	15	9	10	2	8	44	36.4
第3C层下	2	2	5		6	15	12.4
第4层下	5	1	3	1	3	13	10.7
开口于遗迹下				1	1	2	1.6
合计	28	23	42	5	23	121	
百分比（%）	23.1	19	34.9	4	19		100

坑内包含物基本与第4层相同，除大量灰陶绳纹筒瓦、板瓦残片外，已统计陶片中，夹砂陶占91.7%，泥质陶仅占8.3%；灰陶占63.6%，其他陶色占36.4%。表面纹饰以各类绳纹为

主,总计占68.1%,其中绳纹上附加弦纹为最常见的装饰手法,占统计总数的25.9%,除素面外,其他常见纹饰还有弦纹、篮纹以及带状方格纹等。可辨器形以盆、罐、鬲、瓮、豆等日用器物为主,占总数的86.2%,其中前两者合计占62.6%,其他相对较多的器形还有甑、釜、器盖等。

(1) 圆形灰坑

圆形坑共28个,约占总数的四分之一,直径0.5~2.5、深0.1~1.2米,多数直壁、平底,少数略呈斜壁、平底,袋形坑少见。坑壁未见工具痕,但部分有崩塌痕。除少数填土灰色、含较多的草木灰、土质疏松的坑外,大多数坑填土呈黄褐色或灰褐色。包含物主要为汉代的绳纹板瓦、筒瓦和陶器残片,部分灰坑内也包含早期陶片。

H35 位于T0504西北部。开口于第2B层下,打破第3层及生土。开口距地表深0.45米。平面呈圆形,坑壁较直,坑底略弧。口径0.75、底径0.64、深0.72米。填土呈浅黄色,土质疏松,包含少量筒瓦、板瓦残片(图五九)。

H50 位于T0602西北部。开口于第1层下,打破生土。开口距地表深0.1~0.15米。平面呈圆形,口大底小,坑壁较直,底部平整。口径0.75、底径0.6、深0.3米。填土呈灰褐色,较松散,内包含少量绳纹板瓦片(图六〇)。

H97 位于T0510北部。开口于第3层下,打破生土。开口距地表深1.1米。平面呈圆形,坑壁略斜,平底。口径2.4、底径2.38、深0.8~0.98米。填土呈灰褐色,土质松软,出土有灰陶豆、罐、盆以及绳纹筒瓦、板瓦残片等(图六一)。

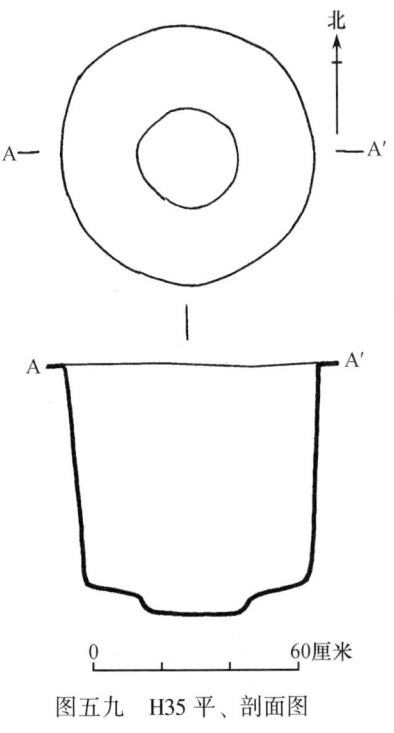

图五九 H35平、剖面图

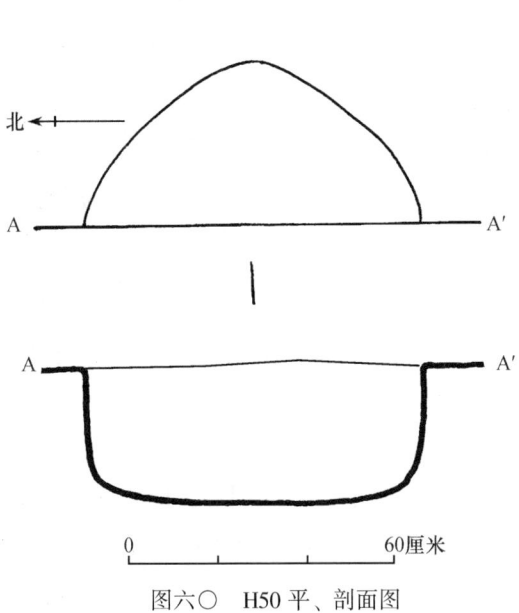

图六〇 H50平、剖面图

H102　位于T0609东南部。开口于第2C层下，打破第3层及生土。开口距地表深0.55米。开口平面略呈圆形，坑壁略斜，坑底基本为平底。坑口东西最大径1.16、南北最大径1.38、深0.4米。填土呈灰黄色，土质疏松，出土物包括陶鸳鸯火锅1件、灰陶绳纹双耳罐1件、陶网坠2件，其他包含物有少量绳纹灰陶瓦片等（图六二）。

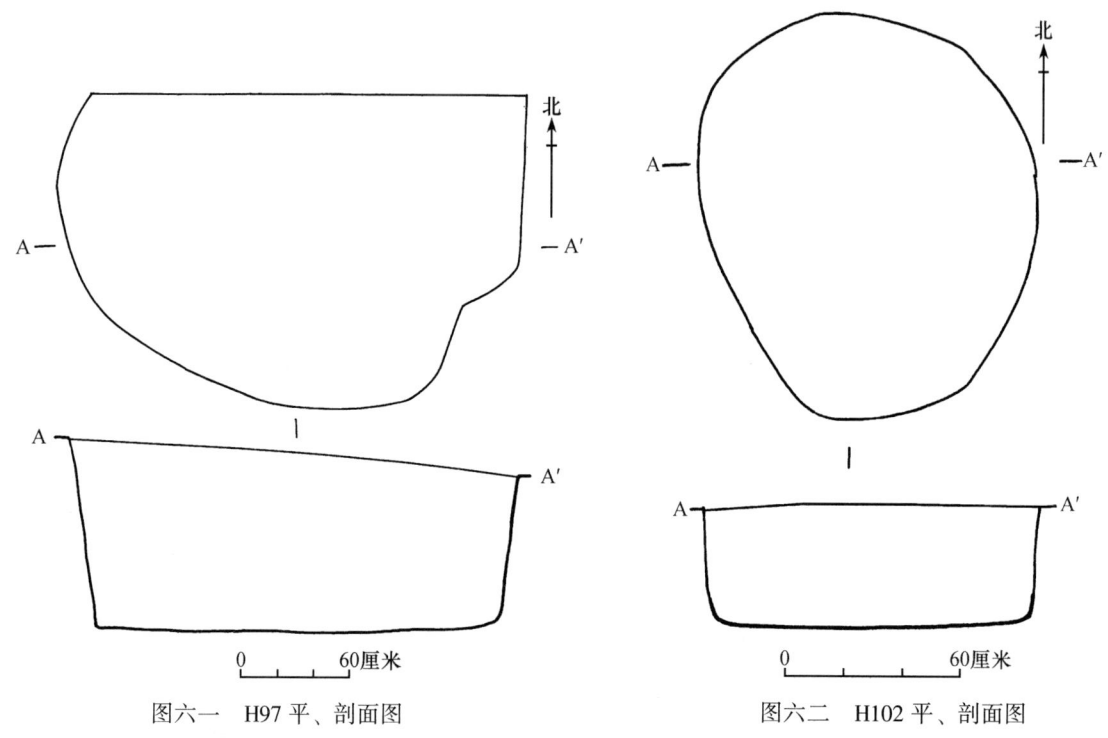

图六一　H97平、剖面图　　　　　　　图六二　H102平、剖面图

H127　位于T0228与T0328内。开口于第2层下，打破第3层和M11。平面呈圆形，坑壁内收倾斜，较粗糙，未发现工具痕，坑底略倾斜。口径1.16、底径0.42、深0.72～0.82米。填土呈灰褐色，土质较坚硬，系一次性堆积形成，包含大量的绳纹瓦片、陶片和石块等（图六三）。

H139　位于T0327东北部。开口于第3层下，打破第4层及生土，被H135打破。平面呈圆形，坑壁斜收较光滑，未发现工具痕，坑底较平。口径1.1、底径0.7、深1.55米。填土呈黑褐色，较疏松，有黄色水锈痕。包含少量的绳纹瓦片、陶片，器形有盆等（图六四）。

（2）椭圆形灰坑

椭圆形坑共23个。此类坑可能是圆形或长方形坑坑壁塌陷所形成，其坑内的堆积和包含物与圆形坑同。

H6　位于T0604与T0605内。开口于第2B层下，打破生土和H9，被H2打破。开口距地表深0.85米。平面呈椭圆形，南北两壁为斜壁，东西两壁做工粗糙，无工具痕迹，底部高低不平。口部东西长2.88、南北宽0.3～1.2米，底部南北略窄，为0.3～1米，深0.4～0.43米。坑内填土为一次性堆积而成，土色呈灰褐色，土质略硬，内包含有大量的瓦片、陶片、石块等（图六五）。

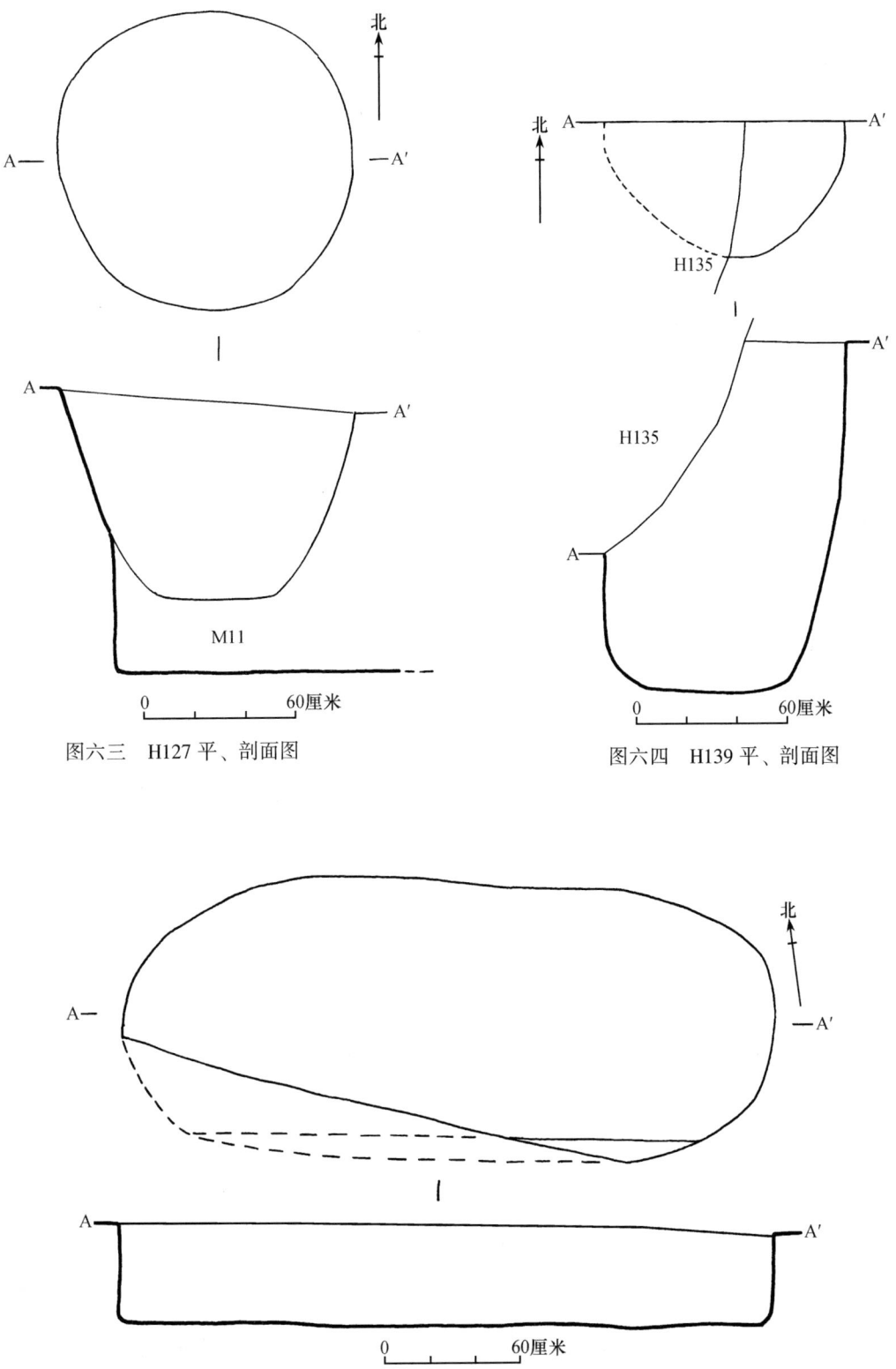

图六三　H127 平、剖面图

图六四　H139 平、剖面图

图六五　H6 平、剖面图

H22　位于T0103西南部，局部压于T0104东隔梁下。开口于第2B层下，打破第3层及生土。平面呈椭圆形，直壁，平底。口径0.43~1.34、深0.74米。填土呈灰色，土质松散。包含物有少量浅细乱绳纹夹砂红褐陶鬲口沿残片（图六六）。

H31　位于T0603西南部，部分压于T0604东隔梁下。开口于第1层下，打破H32及生土。平面呈椭圆形，坑壁倾斜，坑底锅底状。口径0.8~0.82、深0.4米。填土呈浅灰色，土质坚硬，包含有夹砂灰陶绳纹陶片、瓦片等（图六七）。

H48　位于T0503，部分压于T0504东隔梁下。开口于第1层下，打破生土。平面呈椭圆形，坑壁微斜，未发现工具痕，坑底近平。口径1.5~2.3、底径1.2~1.5、深0.9米。填土呈深灰色，土质疏松。包含泥质灰陶绳纹陶片、瓦片等（图六八）。

H55　位于T0204中部。开口于第2B层下，被H54打破，打破H56及生土。开口距地表深0.4~0.9米。平面呈椭圆形，口大底小，壁面不整，凹凸不平，无工具痕迹，东部上部从开口向下0.2米处有一台阶高0.25米，台面为斜坡状，台面下部为斜壁内收至底，底部呈东高西低呈缓坡状。口径1~1.7、深0.2~0.7米。填土为一次性堆积形成，土色呈灰褐色，土质较硬，包含有少许汉代瓦片、石块、陶片等（图六九）。

H76　位于T0101，部分压于T0101北隔梁下，部分压于T0102东隔梁下。开口于第3层下，打破H83及生土。平面呈椭圆形，坑壁较直，未发现工具痕，坑底近平底。口径1.7~3.2、底径1.7~3.1、深0.74~0.8米。填土呈黄灰色，土质坚硬。包含少量的绳纹陶片、瓦片等（图七〇）。

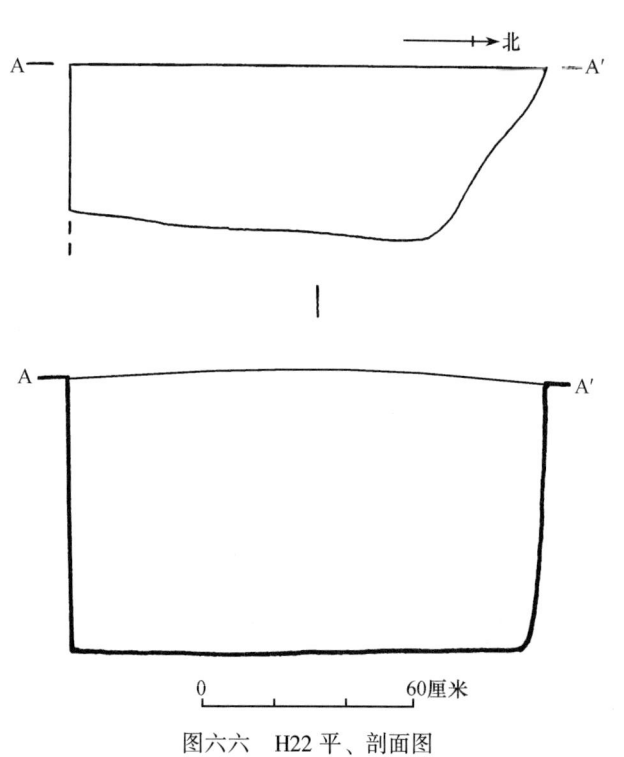

图六六　H22平、剖面图

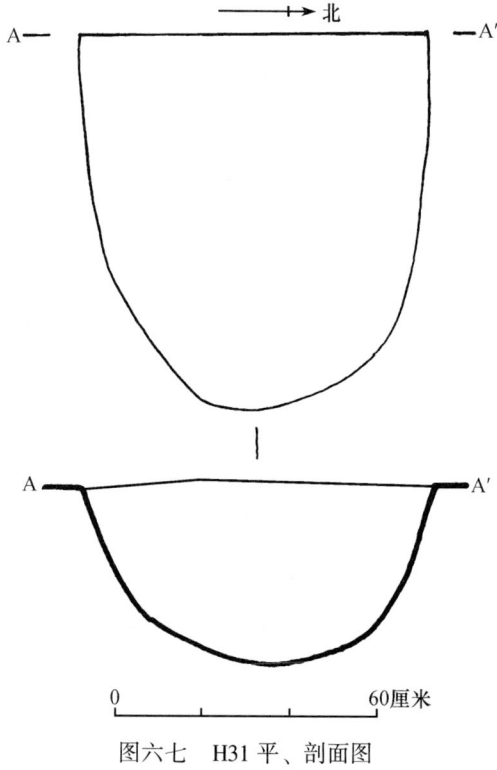

图六七　H31平、剖面图

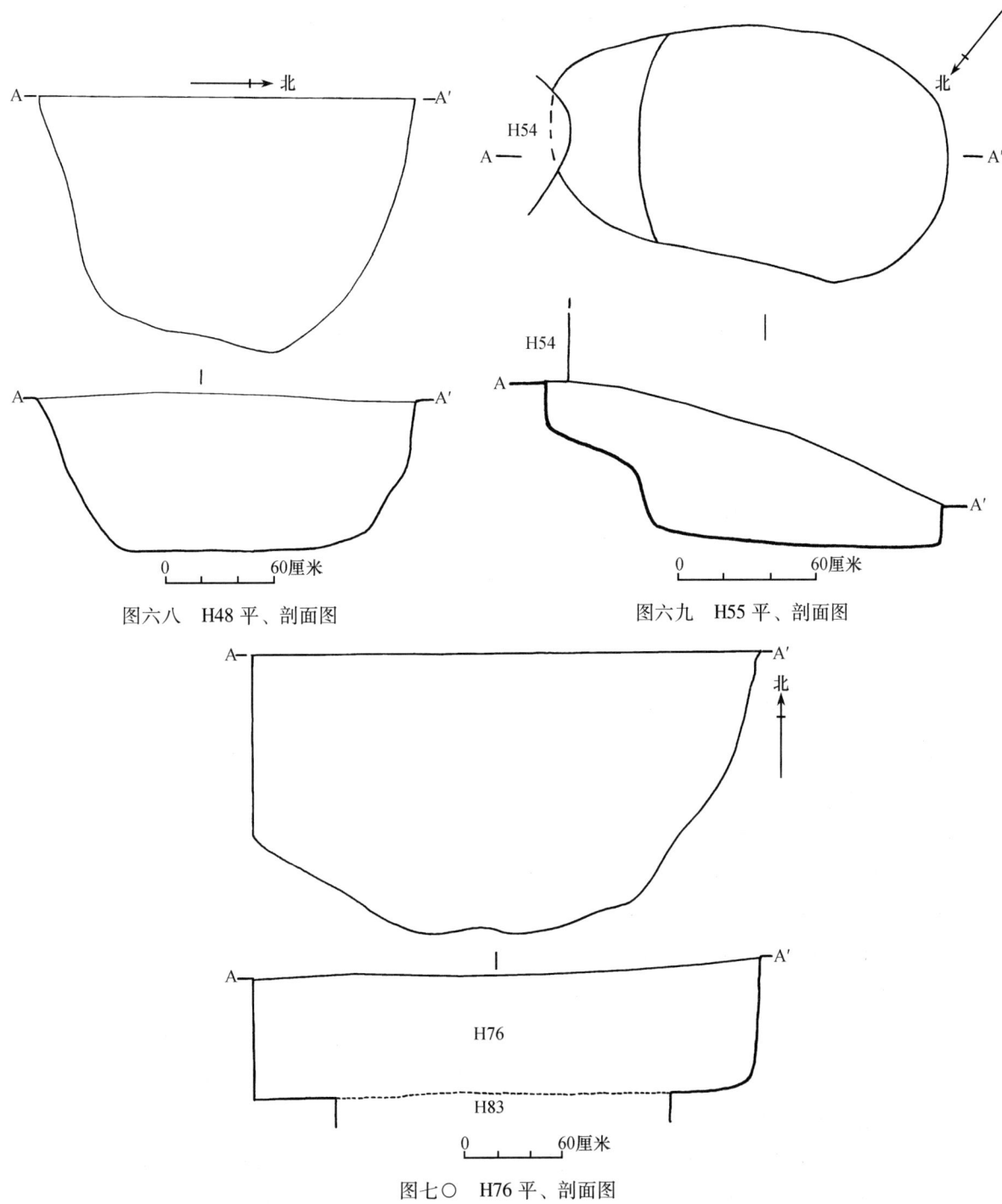

图六八 H48 平、剖面图

图六九 H55 平、剖面图

图七〇 H76 平、剖面图

H113　位于 T0508 南部，部分压于 T0608 北隔梁下。开口于第 2C 层下，打破 H142 和生土。平面呈椭圆形，坑壁微斜，未发现工具痕，坑底近平。口径 0.6～1.55、底径 0.6～1.45、深 0.7 米。填土呈深灰色，土质疏松，系一次性填埋形成。包含少量的绳纹瓦片和陶片等（图七一）。

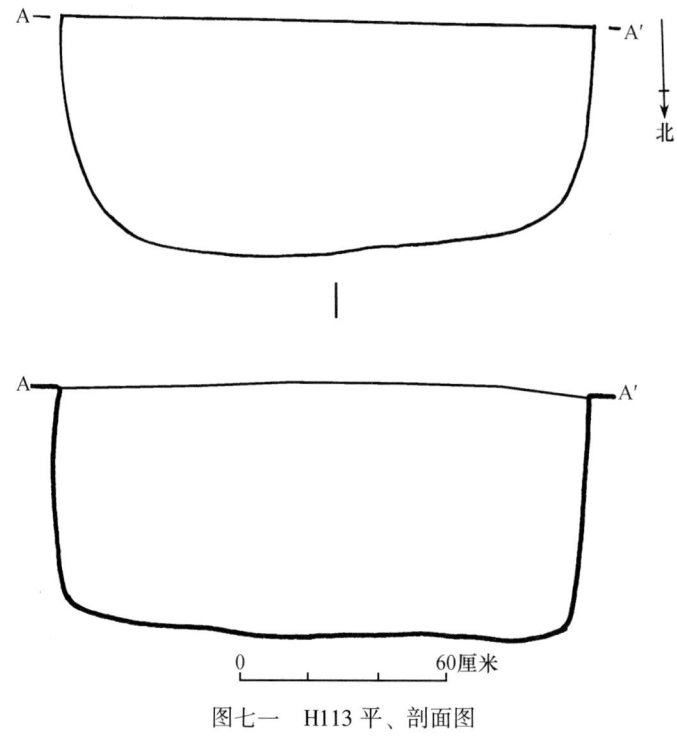

图七一　H113 平、剖面图

（3）长方形（梯形、圆角长方形）灰坑

此类坑共发现 47 个，其中 42 个为长方形或梯形灰坑，其余 5 个为圆角长方形或长条形灰坑，此类灰坑占总数的近三分之一，坑形较规整，坑壁较直，坑底近平。坑内堆积有的坚硬，有的疏松，包含物主要为汉代陶器残片，有的出土汉代铜钱，部分包含早期陶器残片。

H67　位于 T0201 与 T0202。开口于第 2B 层下，打破生土。平面呈不规则梯形，直壁，平底。长 2.7、宽 0.5~1.3、深 0.84~0.92 米。坑内堆积分 2 层：上层为灰褐色，土质松软，包含物主要为绳纹板瓦残片及少量陶片；下层土色浅灰，土质较硬，包含物主要为夹砂灰褐或黄褐陶浅细乱绳纹、细篮纹釜、鬲残片以及木炭颗粒、红烧土块、石块等（图七二）。

H21　位于 T0103。开口于第 3 层下，打破生土。开口距地表深 0.6~0.7 米。平面呈长方形，坑壁较直，较规整，坑底近平。口长 1.56、宽 0.7 米，底长 1.4、宽 0.7 米，深 0.5 米。填土呈浅灰色，土质较硬，为一次性堆积而成，内包含有绳纹陶片、瓦片等（图七三）。

H24　位于 T0103 南部。开口于第 3 层下，打破生土。开口距地表深 0.65~0.7 米。平面呈长方形，坑壁微斜，较规整，坑底近平。口长 1.4、宽 0.66~0.84 米，底长 1.34、宽 0.66~0.84 米，深 0.5 米。坑内填土为浅灰色，土质较硬，为一次性堆积而成，包含有大量的绳纹瓦片、陶片及筒瓦残片等（图七四）。

H62　位于 T0403 东南部。开口于第 1 层下，打破生土。开口距地表深 0.1 米。开口平面呈长方形，直壁，平底。长 2.7、宽 0.45、深 0.4 米。坑壁及底部为烧结面，铺盖板瓦。坑内填土为黑灰色灰烬土，铺放大量的绳纹板瓦残片，一些可以复原。从形制及现状看，此坑可能

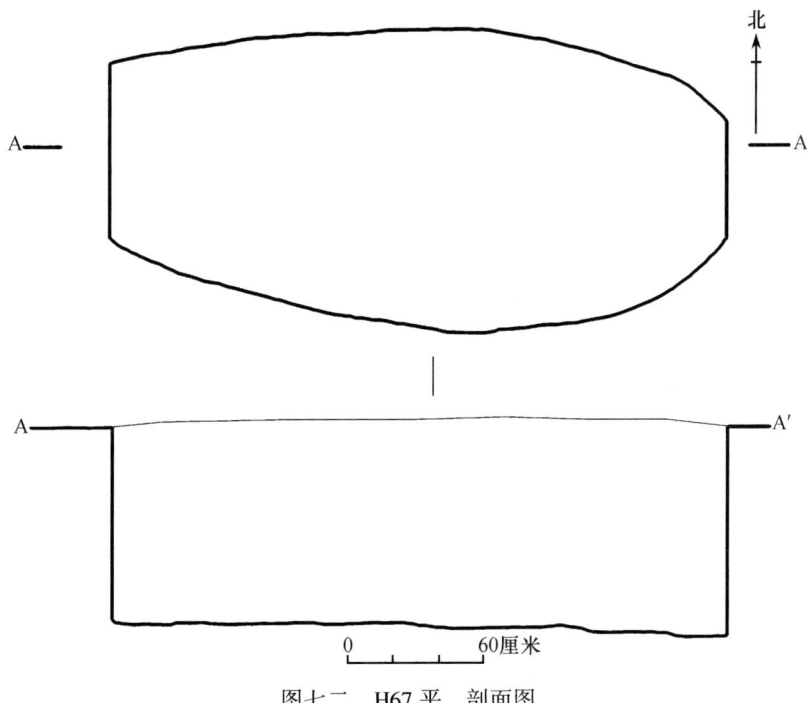

图七二 H67 平、剖面图

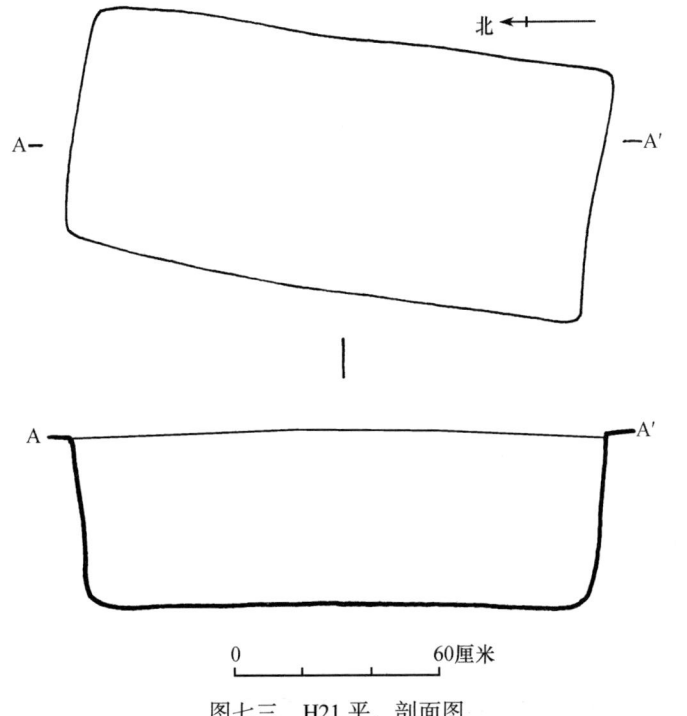

图七三 H21 平、剖面图

为一座堆烧板瓦的简易陶窑（图七五）。

H37　位于T0504西部。开口于第2B层下，打破H38、H39。开口距地表深0.52米。平面呈长方形，坑壁略斜，壁面光滑，平底。口南北长1.94、东西宽0.7~0.82米，底南北长1.86米，深0.5米。由于H37打破H38、H39，因此坑内堆积为花土，黄灰色，土质较松软，坑内包含有少量的绳纹瓦片及灰陶片（图七六）。

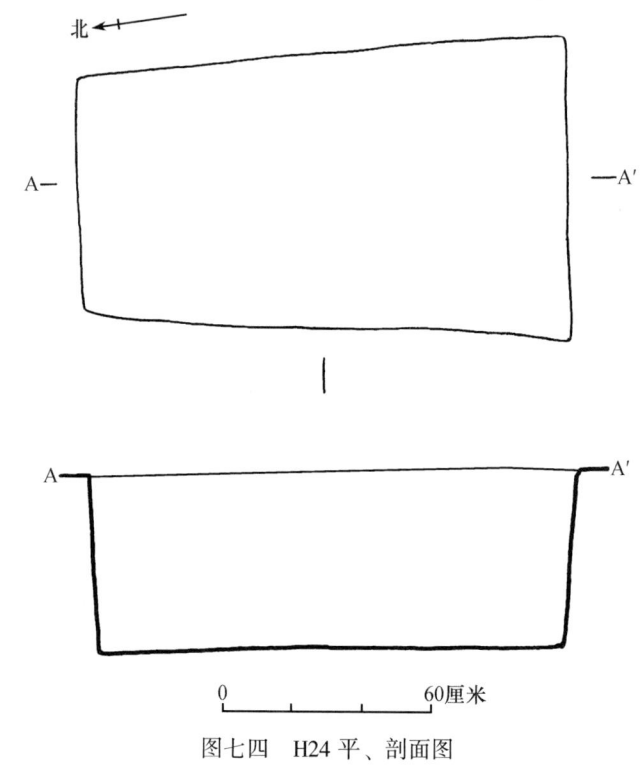

图七四　H24平、剖面图

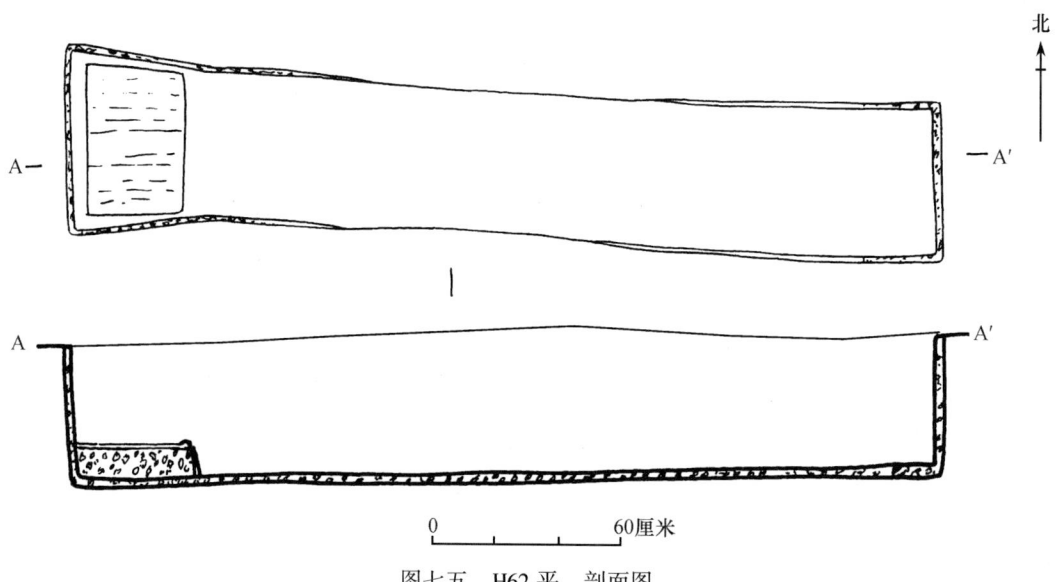

图七五　H62平、剖面图

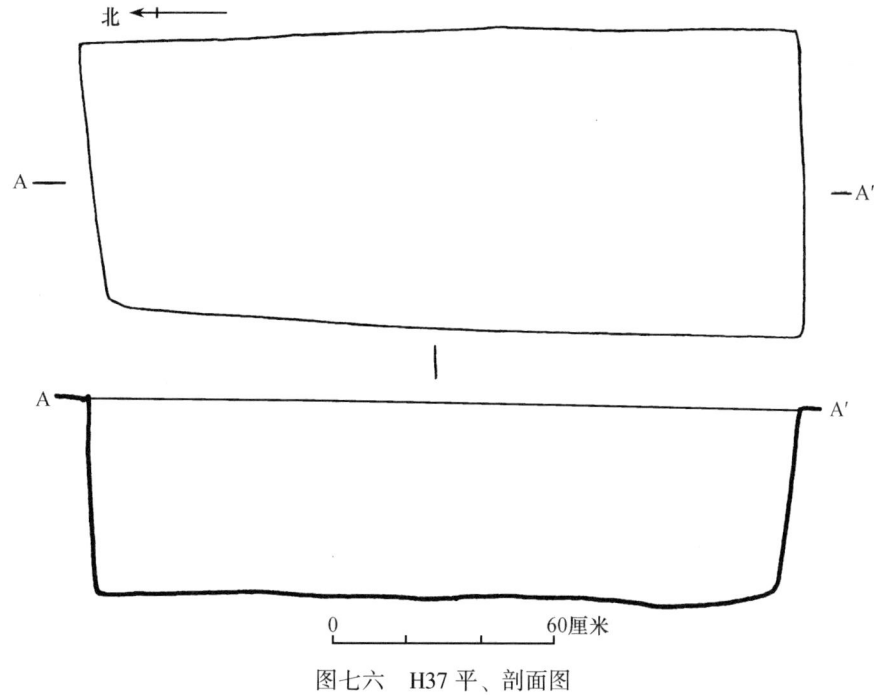

图七六 H37 平、剖面图

H4 位于 T0605 中部。开口于第 2B 层下，打破 H13 及生土，被 H3 打破。平面呈长方形，坑壁较直，壁面较平，未发现工具痕，坑底不平。口长 1.6、宽 0.68、深 1 米。填土呈深褐色，土质略坚硬，包含大量的绳纹瓦片、陶片和石块等（图七七）。

H11 位于 T0505，部分压于 T0505 北隔梁下。开口于第 2B 层下，打破 H1、第 3 层和生土。平面呈圆角长方形，坑壁不平，未发现工具痕，坑底较平。口长 1.45、宽 1.3 米，底长 1.32、宽 1.18 米，深 0.75 米。填土呈浅灰色，土质略硬，包含大量的绳纹瓦片、陶支垫等（图七八）。

H38 位于 T0504 西部。开口于第 2B 层下，打破 H39，被 H37 打破。平面呈长方形，坑壁较直、平整，未发现工具痕，坑底较平。口长 1.76、宽 0.68 米，底长 1.7、宽 0.6 米，深 0.85 米。填土为松散的灰土，近底部含灰烬，包含绳纹瓦片、灰陶豆柄、鬲足、罐口沿等（图七九）。

H154 位于 T0629，部分压于 T0629 北隔梁下。开口于第 2 层下，打破 H155、M17。平面呈长方形，坑壁较直，未发现工具痕，坑底较平。口长 1.78、宽 0.7 米，底长 1.9、宽 0.56 米，深 0.86 米。填土呈灰褐色，较为松软，包含少量的瓦片、陶片和石块等（图八〇）。

H149 位于 T0203 西部。开口于 H54、H74 下，打破生土。平面呈圆角长方形，坑壁较直，局部发现条砖工具痕，坑底较平。口长 1.4、宽 0.8 米，底长 1.4、宽 0.8 米，深 0.26 米。坑内填土分 2 层：上层呈灰褐色，土质较硬；下层呈深褐色，土质较软。上层多出土绳纹瓦片，下层出土灰陶片（图八一）。

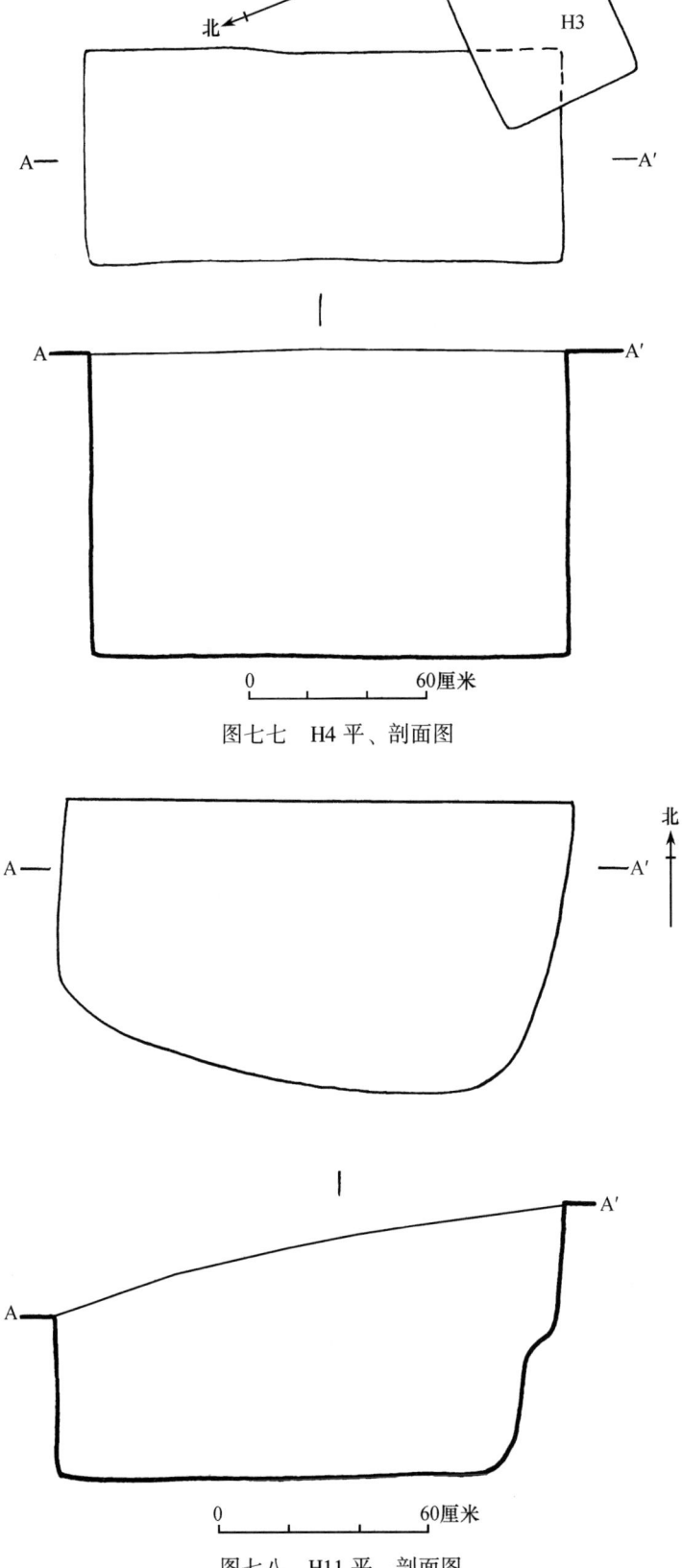

图七七　H4 平、剖面图

图七八　H11 平、剖面图

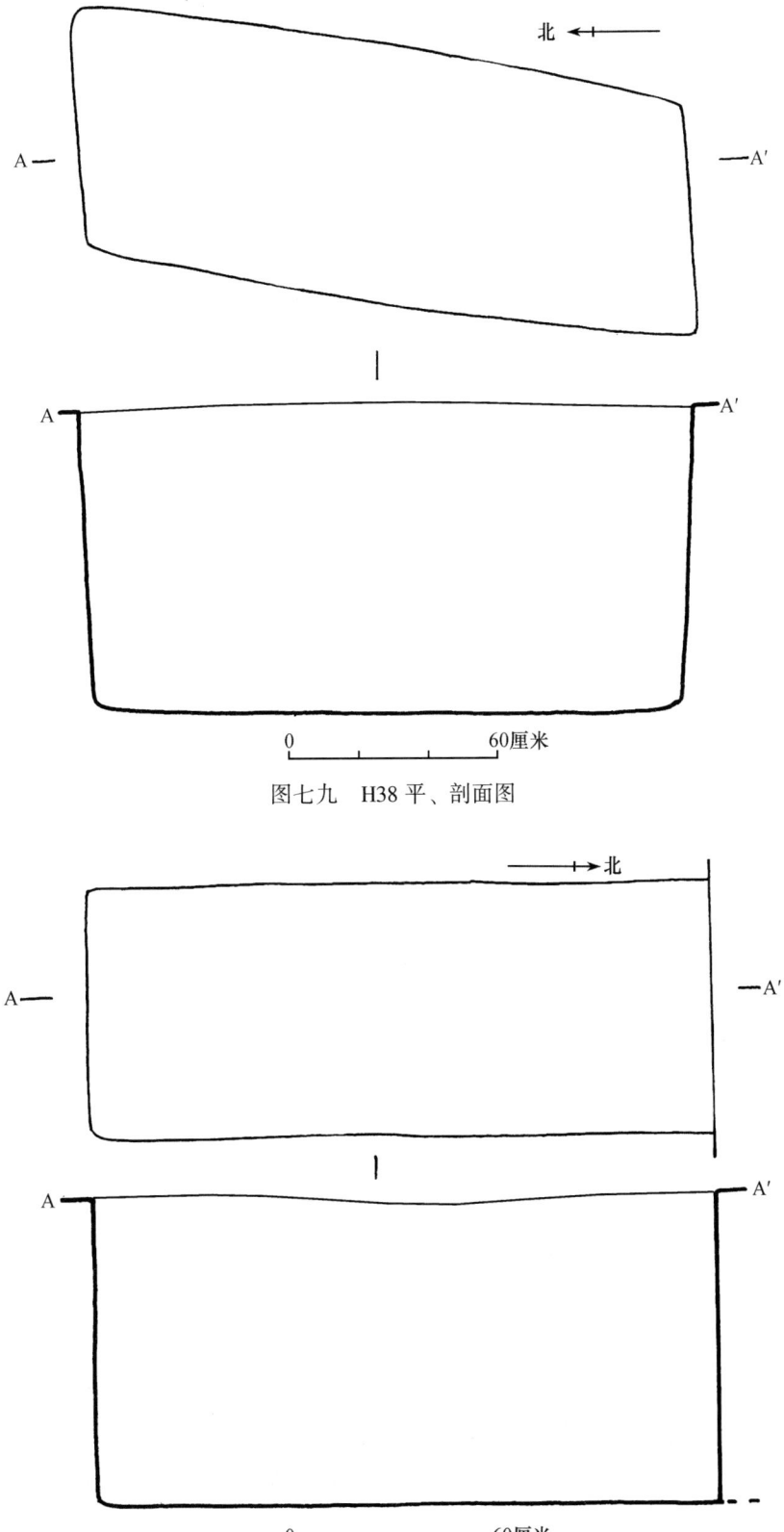

图七九 H38 平、剖面图

图八〇 H154 平、剖面图

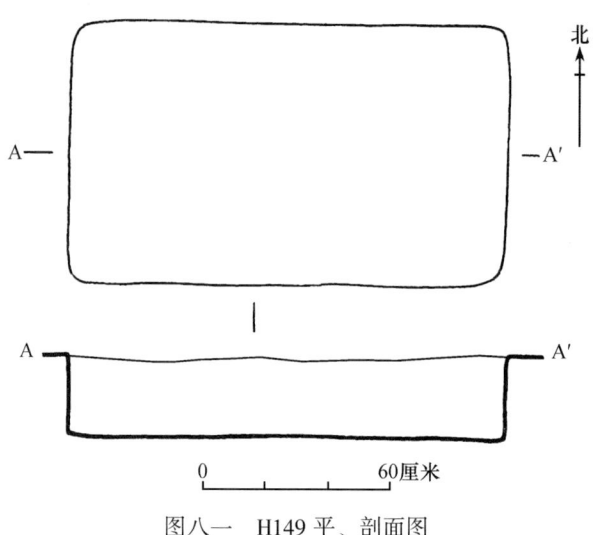

图八一　H149 平、剖面图

(4) 不规则形灰坑

不规则形坑 23 座，形制较大的主要为取土形成，少数为其他类型灰坑坑壁塌陷形成。

H100　位于 T0609 东北角。开口于第 2C 层下，打破 H114。平面呈不规则四边形，边壁略斜，为一层坚硬的鹅卵石胶结而成，表面有绿色水锈痕迹，斜坡底。口长 1.62、宽 1.3、深 0.46 米。填土为灰土，包含大量绳纹筒瓦、板瓦残片及灰陶片，器形有罐、盆以及网坠、窑垫具等物。此坑距窑址较近，可能与制陶生产有关，当做蓄水坑或"醒泥坑"（图八二）。

H9　位于 T0605 东部。开口于 H2 和 H6 底部。开口距地表深 0.85 米。平面呈不规则圆形，被 H2 和 H6 破坏严重，只残留底部，各壁较直，做工粗糙，无工具痕迹，底部较平。南北长 0.75、东西宽 0.64、深 0.24 米。坑内堆积只残留底部，土色呈灰褐色，土质略硬，无包含物（图八三）。

H27　位于 T0603 中部。开口于第 1 层下。开口距地表深 0.15~0.2 米。平面呈不规则长方形，坑壁微斜，较规整，坑底近平。口长 0.84、宽 0.52 米，底长 0.7、宽 0.45 米，深 0.26~0.3 米。坑内填土呈灰色，土质较软，内包含有绳纹及素面陶片，多为夹砂陶片，泥质陶片较少（图八四）。

H73　位于 T0202 与 T0203 内。开口于第 2B 层下，被 H72 和 H147 打破。开口距地表深 0.3 米。平面呈不规则形，口大底小，破坏较严重，西部上端全被破坏，只残留底部。坑壁凹凸不平，无工具痕迹，东西两壁内收大，南北两壁内收少。各壁面均被水浸，形成一层黄色硬面。底部较平。上口东西长 3.66~3.9、南北宽 1.24~2 米，底部东西长 3.1、南北宽 1.05~1.8 米，深 1.2 米。坑内堆积分 2 层：上层土色呈灰褐色，土质较硬，厚 0.8 米，内含较多有汉代筒、板瓦残片等；下层土色呈灰色，土质较软，厚 0.4 米，包含陶片、木炭颗粒（图八五）。

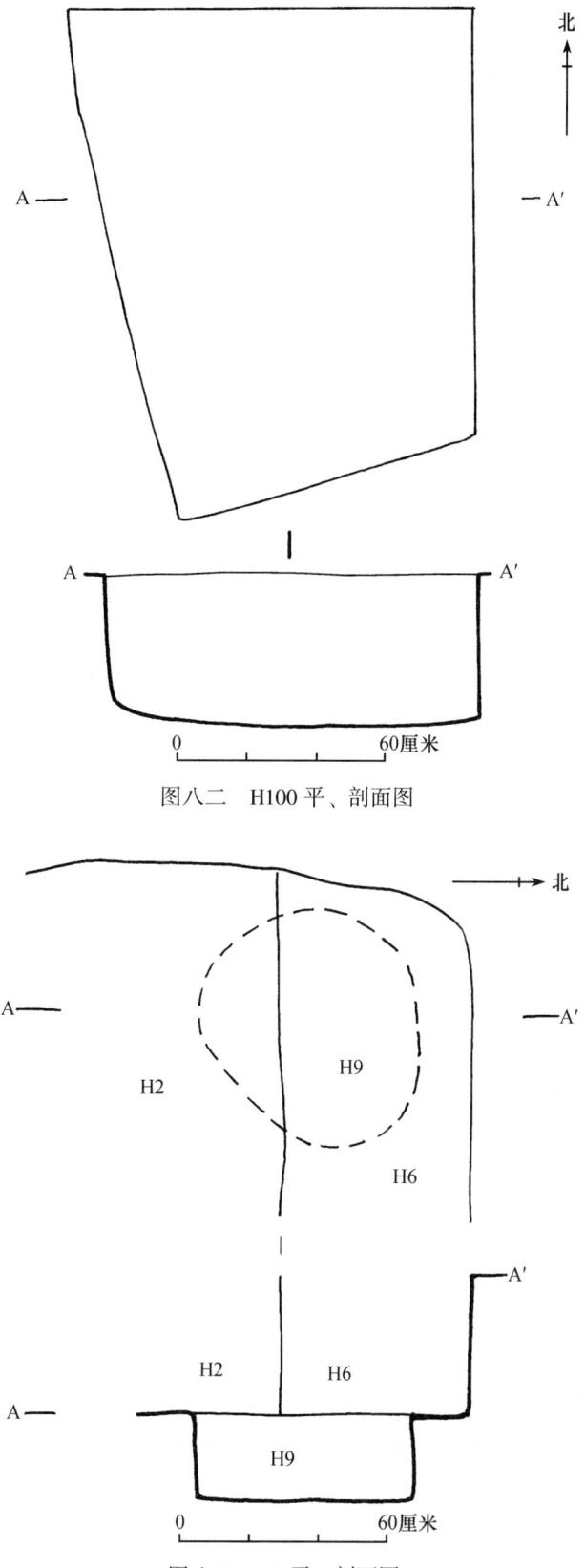

图八二 H100 平、剖面图

图八三 H9 平、剖面图

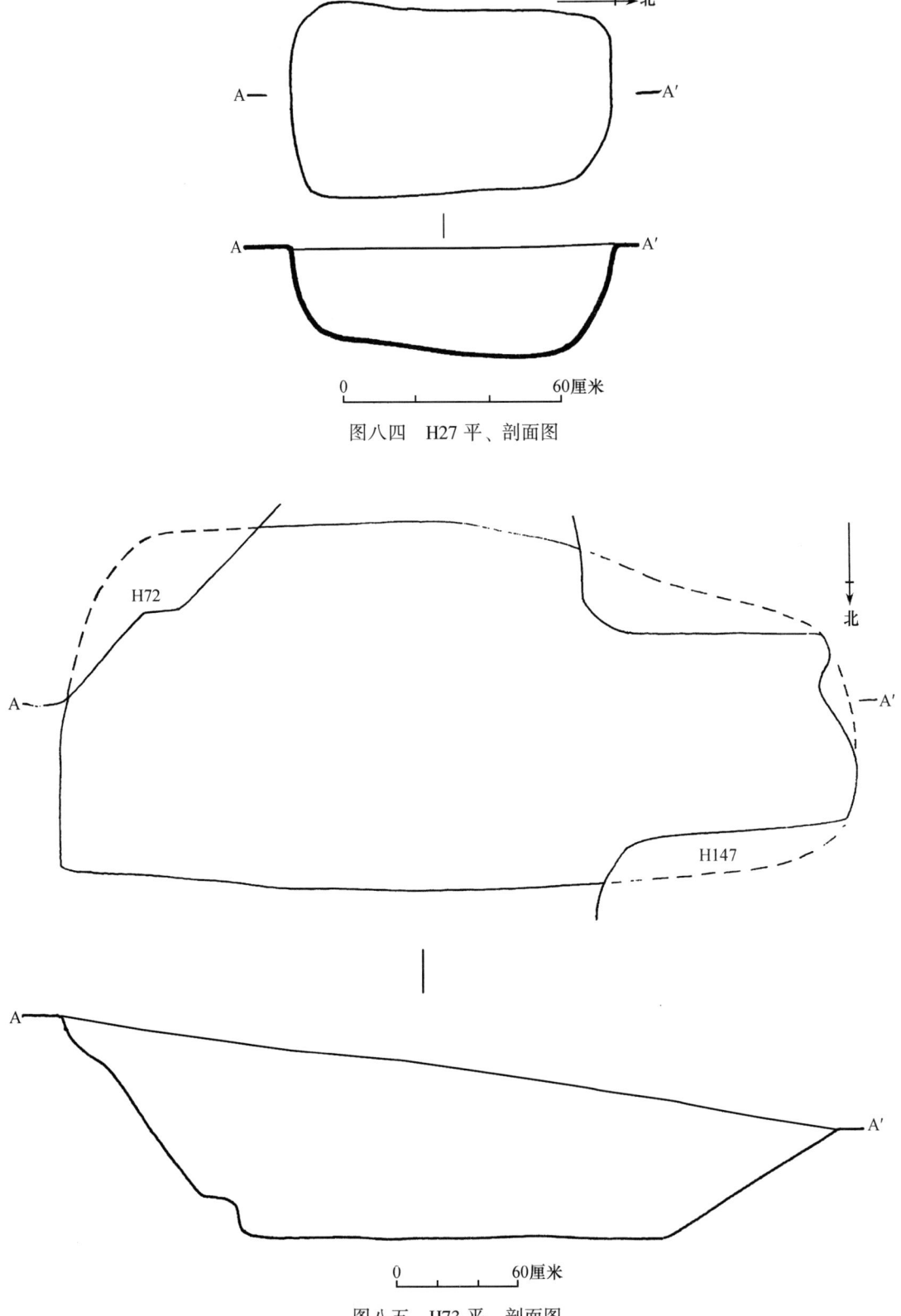

图八四　H27 平、剖面图

图八五　H73 平、剖面图

H85　位于T0203与T0204内。开口于第2B层下，被H54打破，打破生土。开口距地表深0.4米。平面呈不规则圆形，口小底大，坑壁做工精细，未发现工具痕迹，壁面均外弧，底部呈南高北低斜坡状。口径0.9、底径1.06、深0.9~1米。坑内填土为两次堆积而成：第1层，厚0.3米，土色呈灰褐色，夹杂大量的汉代瓦片、石块等，但土质较硬；第2层，厚0.6~0.7米，土色较杂，为灰烬土，包含有陶片、石块、瓦片等，土质松散（图八六）。

H117　位于T0509东部。开口于第3层下，打破H141及生土，被H116打破。开口距地表深1.25米。平面呈不规则圆形，坑壁斜坡状，坑底为平底。口径1.2~1.42、底径1.05~1.08、深0.46米。填土呈浅灰色，土质疏松，内含绳纹瓦片以及灰陶盆、罐残片等（图八七）。

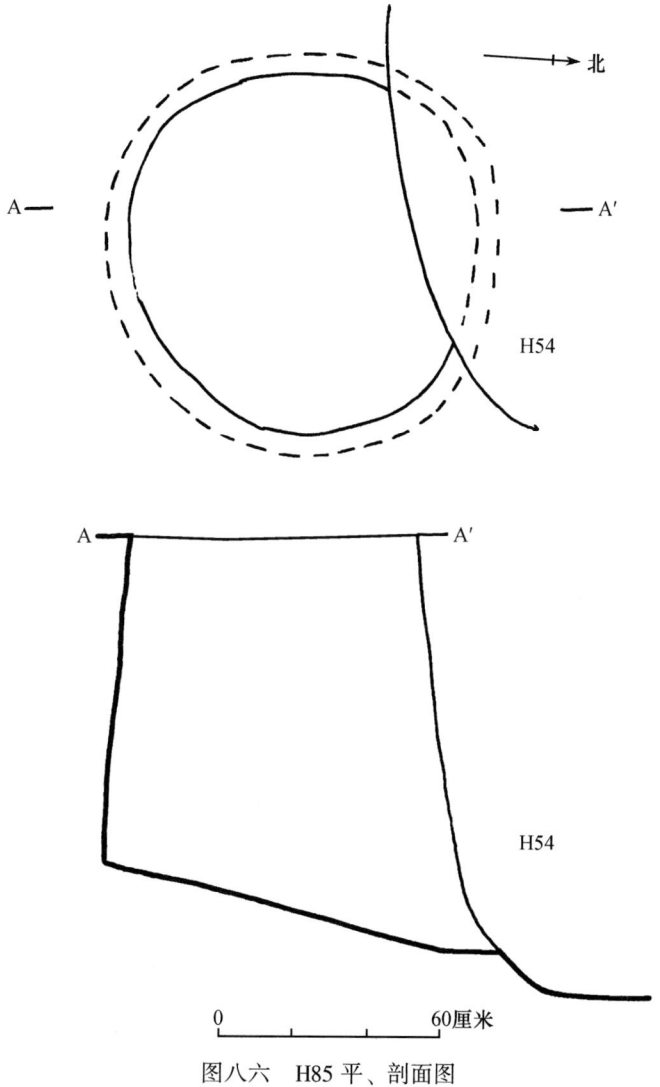

图八六　H85平、剖面图

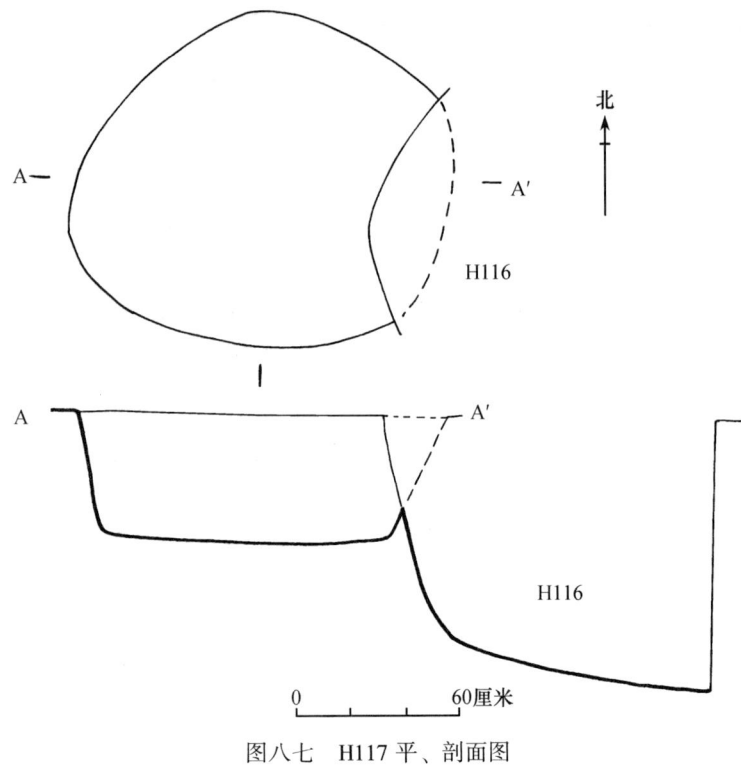

图八七　H117 平、剖面图

4. 井

井　发现1口，为J1。

J1　位于T0605与T0606内。开口于第1层下，打破第3层及生土。开口距地表深0.15米。平面呈圆形。外围土圹直径1.06（井口向下4.4米处）～1.94、砖壁内径0.9、井深15.5米。其修筑方法是先挖成漏斗状土圹竖井，井壁再用砖围箍，间隙用杂土、碎砖填实。井壁上部用菱形纹条砖平箍，下部用弧形榫卯砖侧立围箍。底部发现有朽烂木板，可能用来澄滤井水。底部弧形，沙坑底，据原水面痕迹显示，该井内水深1.8米，水位线距开口13.85米。井内堆积可分3层：上部约4米填土土色灰褐，土质较硬，包含大量石块、瓦片以及兽骨等物；中部约10米填土土色黄褐，土质略硬，包含物较少；下部约2米为黏稠的青灰色淤泥，包含物较丰富，出土较多的灰陶绳纹双耳罐残片，应为当时汲水用具。底部还出土木质线梭、桃核等物（图八八；图版八，2）。

5. 窑

窑发现2座，分别呈马蹄形和吕字形。

（1）马蹄形窑

Y2　位于T0308与T0408内。南北向。由操作坑、火门、火膛、窑床、窑室及烟道几部分

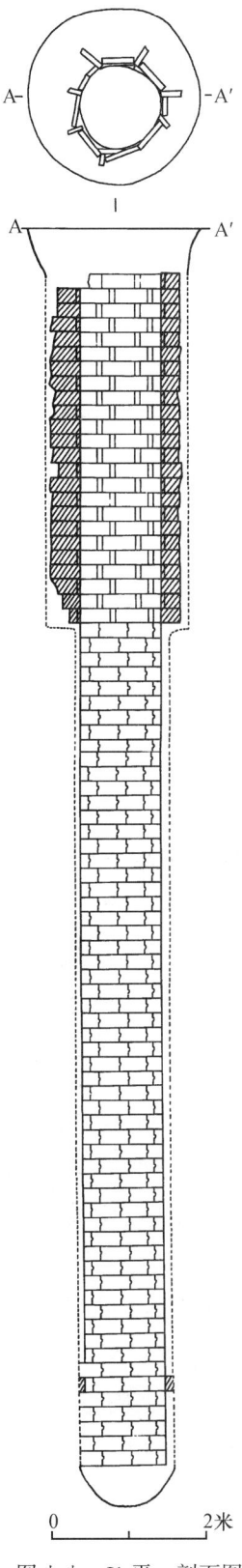

图八八　J1 平、剖面图

组成，保存状况一般。操作坑位于窑室南端，平面圆形，直径1.6、深1.9米。火门已遭破坏，火膛平面梯形，底部略弧，低于窑床0.4米，南北长1.4、东西宽0.8~1.92米。窑床平面长方形，南北长2.16、东西宽2.85、窑壁残高0.4米。烟道共有三眼，嵌于窑室后壁，断面呈长方形，宽0.3~0.4米。窑室及操作坑内出土大量汉代绳纹瓦片、陶片、红烧土块以及石块等物，另外还出土有绳纹陶拍及半环状陶支垫等制陶工具（图八九；图版一〇）。

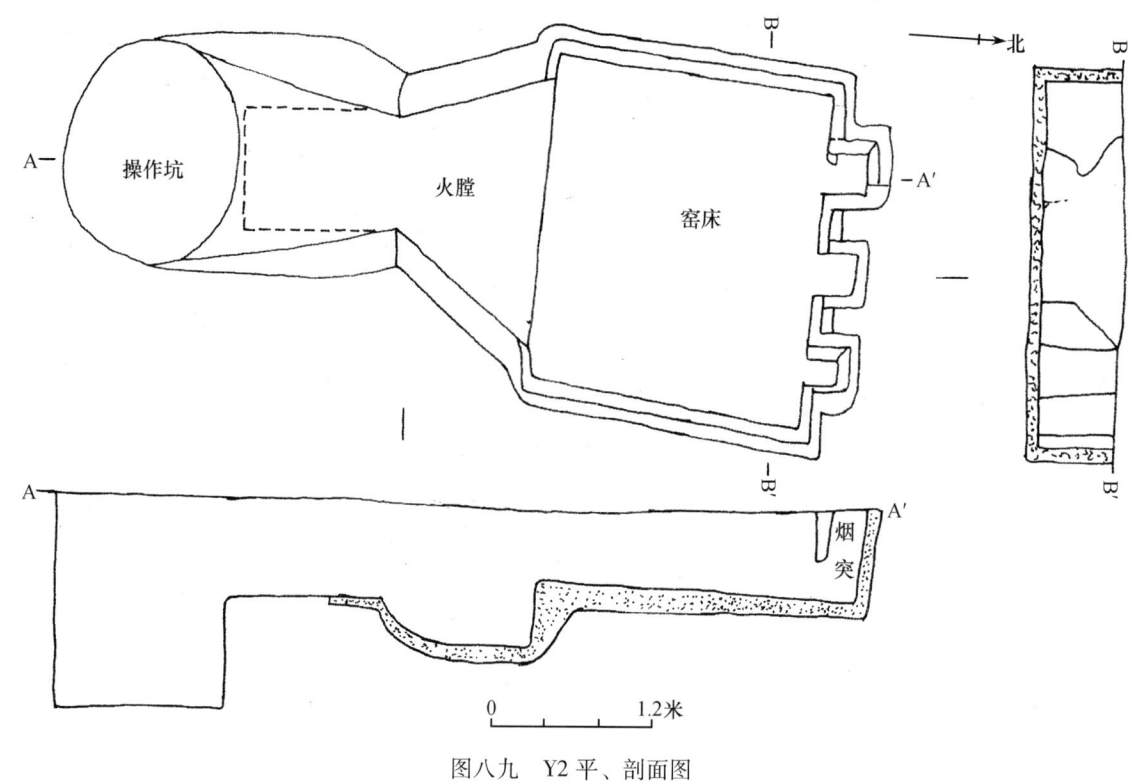

图八九　Y2平、剖面图

（2）吕字形窑

Y1　位于T0506与T0507内。开口于第3C层下，打破第4层。东西向。由操作坑、火门、火膛、窑室、烟道几部分组成，结构与Y2相似，形制较小，可能用于烧造日用陶器。操作坑位于窑室西侧，长方形，底呈斜坡状，有两级脚窝方便出入。底部残存少量灰烬，出土五铢铜钱1枚。操作坑长1.9、宽0.9~1.1、残深0.4~1.68米。火门连接操作坑与窑室，前端已毁，拱顶，边壁及底部火膛表面均烧结呈青灰色，火膛低于窑床约0.1米，后部呈弧形，其内填满灰烬。窑室平面呈梯形，东西长1.5、南北宽1.3（西）~1.5（东），窑壁残高1.26米。烟道只有一孔，位于窑室后壁中部，系在生土壁上陶挖而成，下部斜通入窑室，平面呈圆角长方形，长0.32、宽0.28米。窑内主要为倒塌堆积，含红烧土块及少量陶片，底部出土有分火土坯、半环状窑垫具等（图九〇；图版九）。

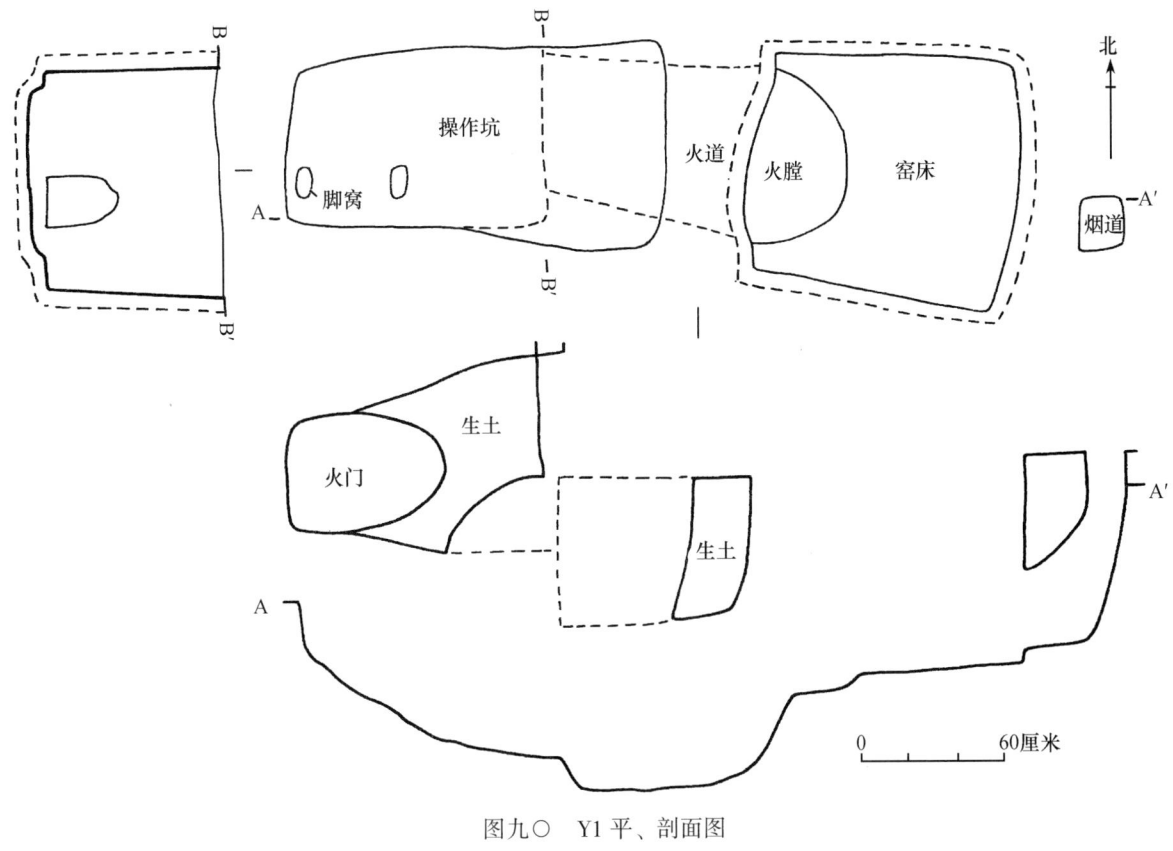

图九〇 Y1 平、剖面图

（二）遗　物

本次发掘出土的汉代遗物有陶器、铜器、石器及少量的骨器、木器等，以陶器为主，其他种类较少。

1. 陶器

陶器除瓮棺葬具外，多数为口沿残片，完整器或能复原者较少，有泥质灰陶，夹砂、蚌灰陶，泥质红陶，夹砂、蚌红陶四种，以泥质灰陶为主，其余三者较少。泥质灰陶主要用于制作盆、碗、甑、大部分罐和瓮，而夹砂、蚌陶主要用于制作釜和部分瓮。除器耳手制外，其余均轮制。

（1）陶器纹饰及其装饰

陶器纹饰有绳纹、弦断绳纹、假"附加堆纹"、凹弦纹、篮纹、扁圆点纹、口字形纹、刀削条状纹等。根据观察，绳纹主要用于装饰双耳罐、罐和瓮、盆、瓦等，弦断绳纹主要用于装饰双耳罐和瓮、盆；弦纹主要用于装饰双耳罐、瓮的颈部和肩部；口字形纹主要装饰瓮的肩部；刀削条状纹主要装饰瓮盖的圆凸部。

1）绳纹

绳纹是主要的陶器纹饰。据观察，主要由模拍拍打形成。有竖向绳纹、横向绳纹和交错绳纹。竖向绳纹主要饰于双耳罐、罐、盆、瓮的腹中上部；横向绳纹主要饰于双耳罐、罐、瓮和釜的腹下部；交错绳纹主要饰于圜底器的底部，在部分双耳罐和瓮的腹部也有发现。瓮肩部、双耳罐颈部、盆上部的绳纹由于制陶时特意刮抹大部分模糊，仅存残迹。H49：2，为折腹盆残片，外壁原饰竖向绳纹，因刮抹折部以上部分和腹下部，仅存残迹，腹部绳纹也有一部分较模糊（图九一，1）。T0208②C：2-2，为瓮腹部拓片，腹部原饰绳纹，由于制作时刮抹，仅存残迹（图九二，1）。

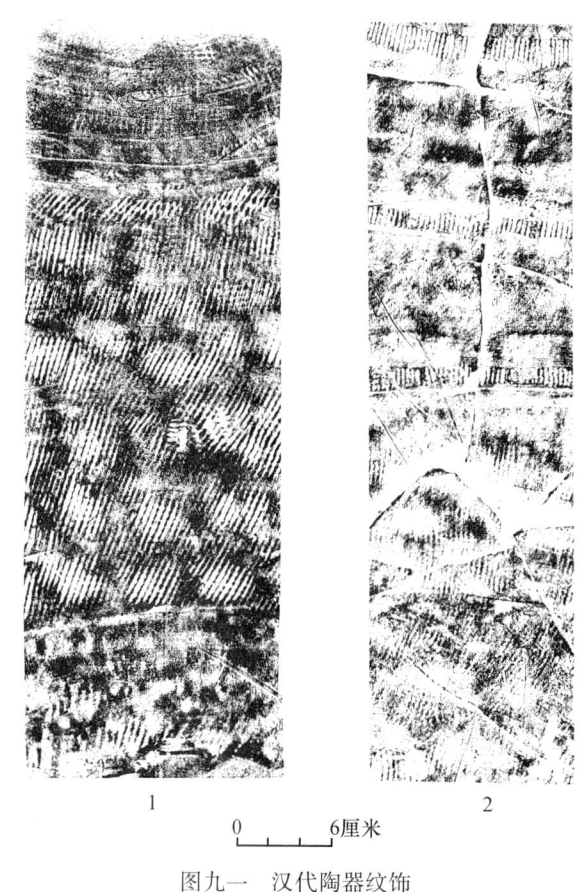

图九一　汉代陶器纹饰

1. 绳纹（H49：2）　2. "假附加堆纹"与绳纹（T0509③：1）

2）弦断绳纹

弦断绳纹是指器壁装饰绳纹后又刮抹浅、宽的凹弦纹而形成弦断绳纹，常见于瓮和双耳罐。H94：2-2，瓮的肩部和腹部饰竖向绳纹后由等距离刮抹0.6～0.8厘米宽的凹弦纹六周，其上下各有三周较窄的凹弦纹，将竖向绳纹隔断形成弦断绳纹（图九三，1）。M5：1-2，瓮腹部也是先饰竖向绳纹，然后用5厘米宽的木或竹制工具在泥胎上刮抹三周5厘米宽的凹弦纹，形成较宽的弦断绳纹（图九三，2）。

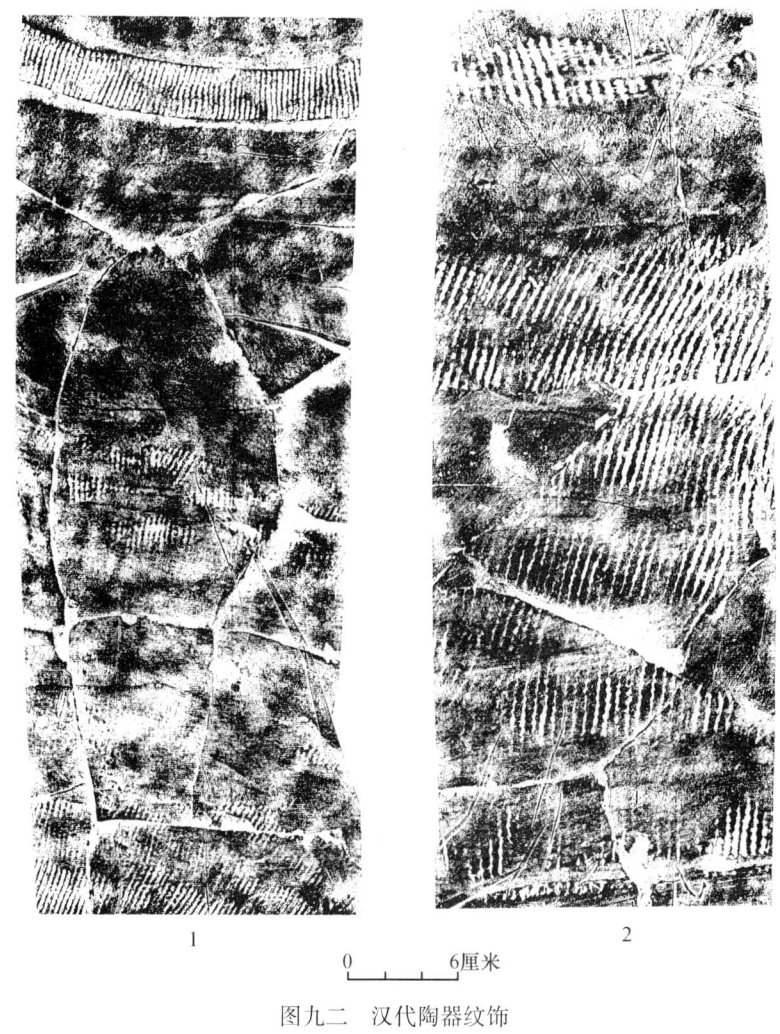

图九二 汉代陶器纹饰
1. "假附加堆纹"与绳纹（T0208②C：2-2） 2. 绳纹（T0608③：4）

3）假"附加堆纹"

假"附加堆纹"是指在瓮的肩部和腹部高于器壁的绳纹带，形似附加堆纹，但其实制作时用制陶工具刮抹器壁形成高于器壁的素面带，然后在其上模印绳纹而成。M18：2，为瓮棺腹部纹饰拓片，腹部两周宽2.8厘米的竖向绳纹带高于器壁，系刮抹器壁形成的高于器壁的宽素面带模印绳纹形成（图九四，2）。T0208②C：3，为陶瓮肩部和腹部纹饰拓片，肩部和腹部的四周高于器壁的绳纹带，也是相同的方法制作而成（图九四，1）。T0509③：1，为陶瓮纹饰拓片，肩部和腹部的绳纹带也是相同的方法制成（图九一，2）。

4）凹弦纹

凹弦纹多饰于器物的颈部和肩部，大多与绳纹组合装饰器物。

5）口字形纹

口字形纹发现较少，模拍制作而成，主要装饰瓮的肩部，如H17：4肩部的纹饰带，系模

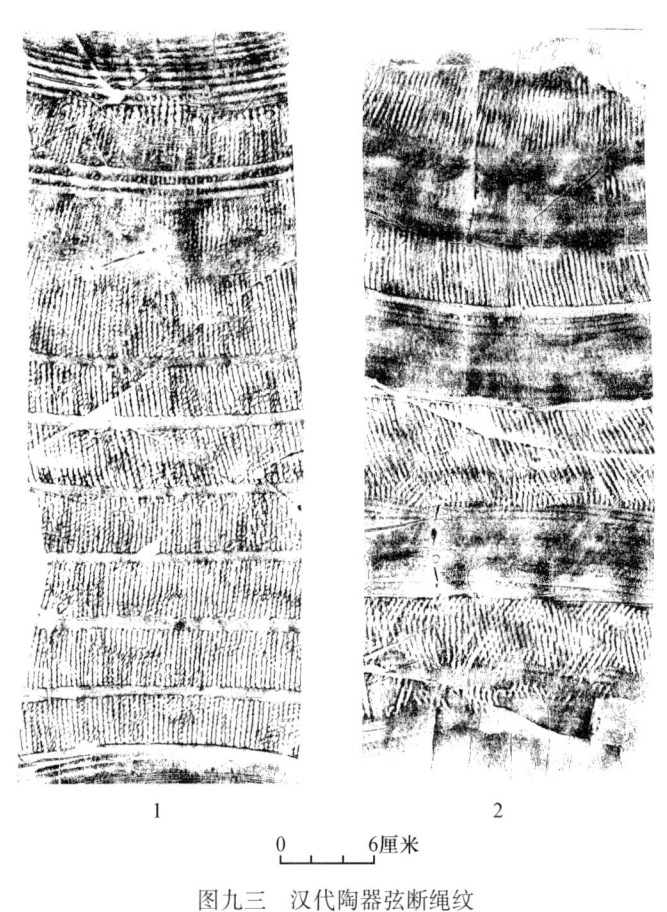

图九三　汉代陶器弦断绳纹
1. H94∶2-2　2. M5∶1-2

拍拍印而成，其下为斜向绳纹（图九五，1、2）。

6）篮纹

篮纹发现少，似绳纹但较绳纹粗短，模印形成，如H87∶4（图九五，3）。

7）刀削条状纹

刀削条状纹多见于瓮盖的顶部，将盖的圆凸部用刀削呈连续的纵向长条。如M8∶1为瓮棺盖顶部拓片，在顶部先饰绳纹，然后用刀削成连续的长条形纹饰带（图九六）。

通过对陶片的观察，绳纹是最主要的而且是常见纹饰，但绳纹是模拍形成，大部分器壁饰绳纹后，又将绳纹在制陶饰时将绳纹刮抹，致使绳纹模糊或不清晰，有的仅剩残迹，说明此时绳纹已失去了装饰器物的主要功能。那么，为什么要模印绳纹？可能系制陶时用有绳纹的模拍拍打器壁能增加陶胎的致密度，这可能是其主因。另外，从对凹底的观察，该遗址的陶器底部是最后粘接的，由于口朝下粘接底部，有的又模印绳纹，因底部潮湿易于下垂和模印绳纹增加压力之故，使底部内凹形成凹底。

1　　　　　　　　　　　　　　　　2

0 ____ 6厘米

图九四　汉代陶器假"附加堆纹"
1. T0208②C：3　2. M18：2

（2）器形

陶器主要为日常用器，除器耳等为手制粘接外，其余器形均轮制，主要器形有罐、盆、甑、瓮、纺轮、模拍、网坠等。另出土数量较多的圆陶片。

高领罐　11件。根据口沿形制的不同，可分三型。

A型　6件。敞口。根据领部的不同，可分二亚型。

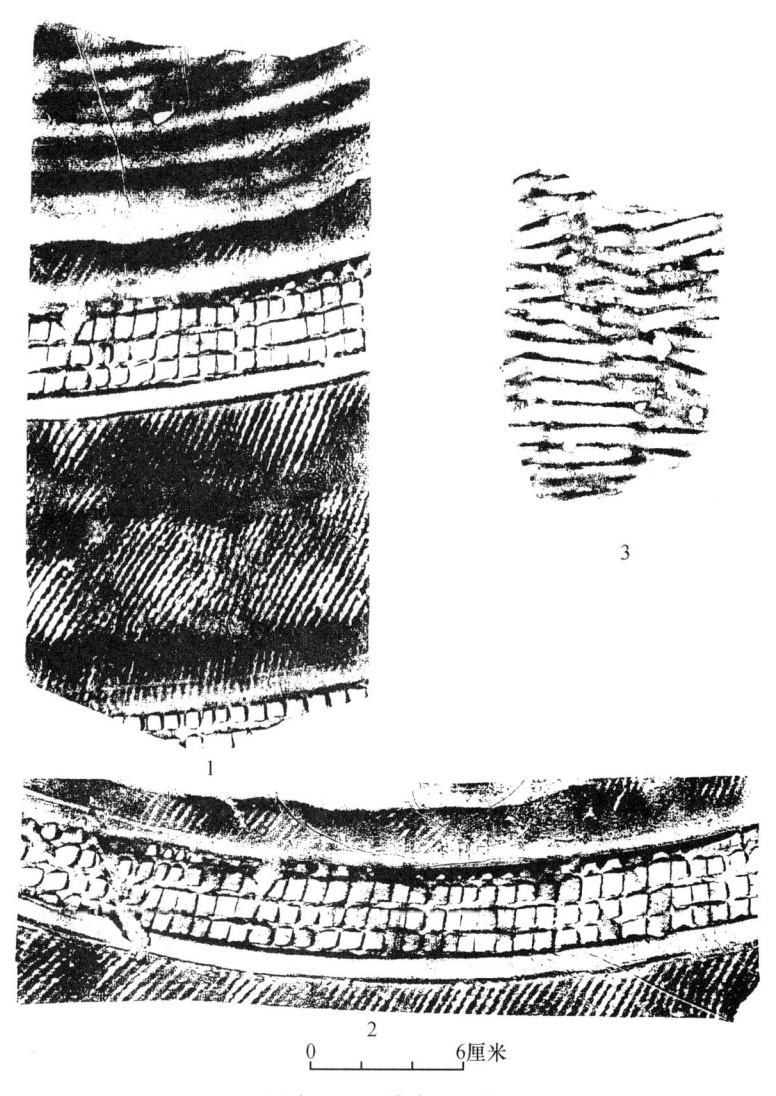

图九五 汉代陶器纹饰
1、2. 口字形纹与绳纹（H17：4） 3. 篮纹（H87：4）

Aa型 4件。喇叭口状，高斜领。H55：1，泥质灰陶。轮制。颈部较低，外撇幅度较大。平沿外侧及上腹部饰二周凹弦纹。残宽8.2、残高11.6厘米（图九七，1）。H97：1，泥质灰陶。轮制。平沿，束颈。沿面饰一周凹弦纹。口径12.6、残高4.8厘米（图九七，3）。H100：5，泥质灰黑陶。轮制。敞口，平沿内凹。沿面饰一周凹弦纹。残高7.2厘米（图九七，4）。H136：1，泥质灰陶。轮制。沿面略凹，圆唇，颈部较高，刮抹光滑，圆鼓肩，底部残失。颈部至腹中部饰六周等宽的弦断竖向绳纹，腹下部饰横向绳纹。口径14.4、残高30厘米（图九七，2）。

Ab型 2件。卷沿，近直领。Y2：2，泥质灰陶。轮制。领部较高，领部内侧刮抹略凹，圆肩。腹部压印清晰匀称的竖向绳纹。残宽6.6、残高7.8厘米（图九八，1）。H37：1，泥质灰陶。轮制。圆唇略大，高领，肩部明显。领部及肩部压印竖向绳纹，其中领部绳纹被抹光仅

图九六　汉代陶器刀削条状纹

（M8∶1）

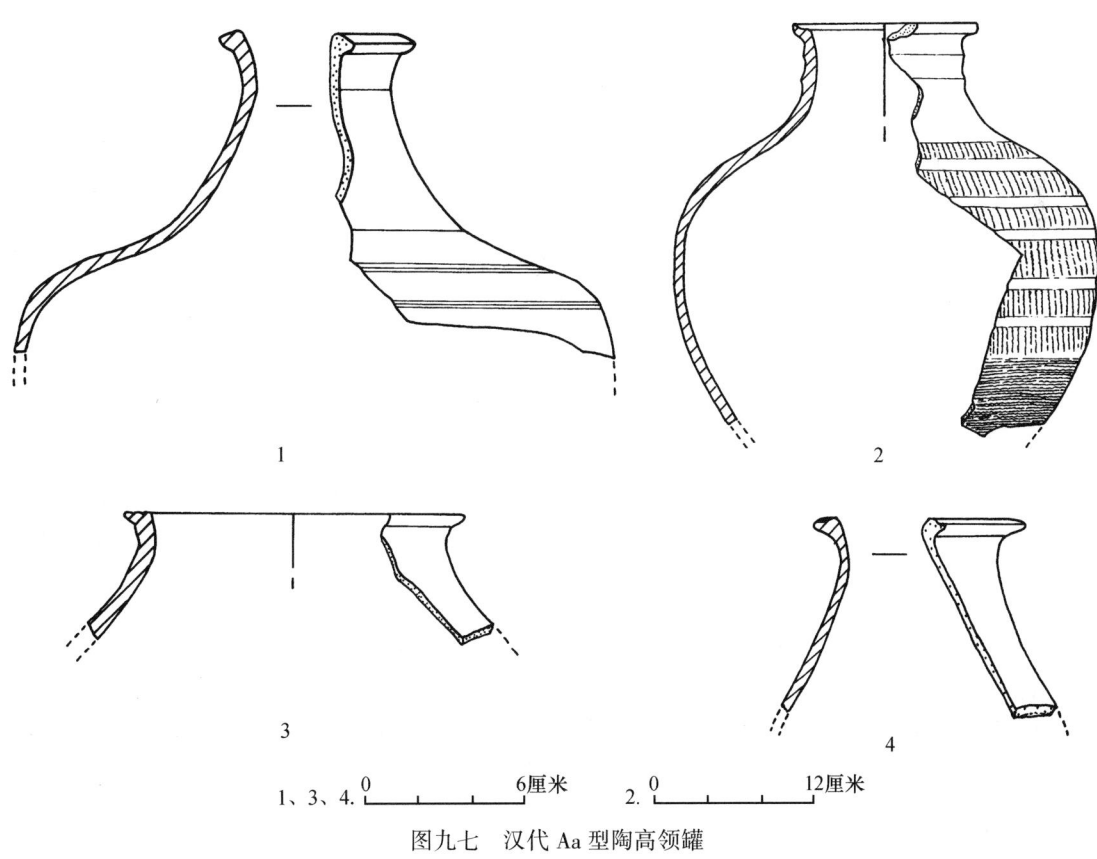

图九七　汉代 Aa 型陶高领罐

1. H55∶1　2. H136∶1　3. H97∶1　4. H100∶5

存残迹。残宽4.4、残高8.4厘米（图九八，2）。

B型 2件。低领。H37∶2，泥质灰陶。轮制。敞口，圆唇略大，圆肩。领部及肩部压印竖向绳纹，其中领部绳纹被抹光仅存残迹。残宽12、残高5.8厘米（图九九，2）。H154∶1，泥质灰陶。敛口，平沿略斜倾，尖圆唇，圆鼓肩。沿面饰两周凹弦纹，颈部原饰竖向绳纹，后被抹光仅存残迹，腹部饰三周弦断绳纹，系先饰绳纹后在器壁刮抹宽0.6厘米的凹弦纹而成。残宽8.4、残高11.2厘米（图九九，1）。

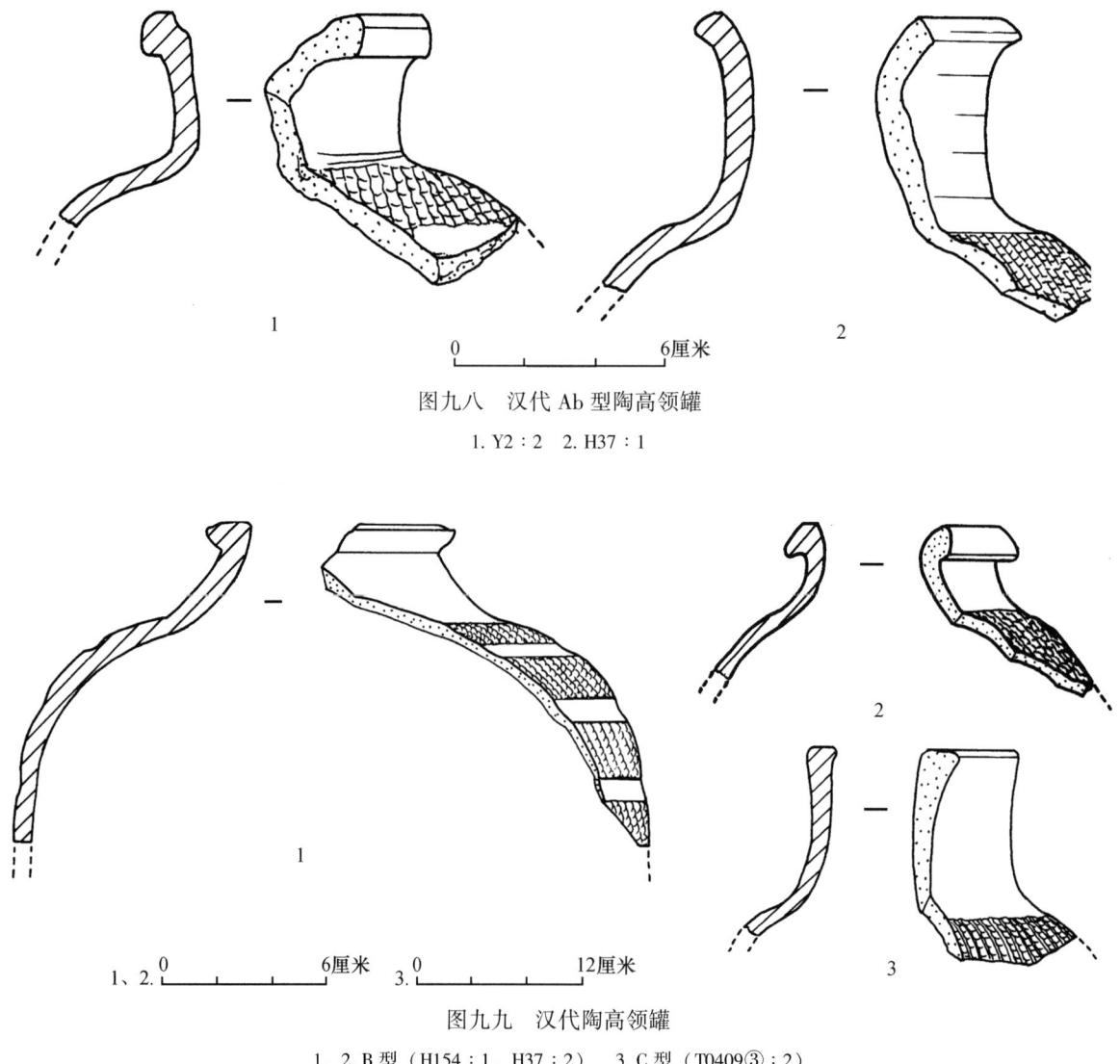

图九八 汉代 Ab 型陶高领罐
1. Y2∶2 2. H37∶1

图九九 汉代陶高领罐
1、2. B型（H154∶1、H37∶2） 3. C型（T0409③∶2）

C型 2件。近直口。T0409③∶2，泥质灰陶，轮制。近直口，方唇，高直领内侧略凹。肩部饰斜向绳纹，颈部原饰绳纹后被抹光。残宽8.6、残高7.4厘米（图九九，3）。G1∶6，泥质灰陶。轮制。近直口，圆唇，领不较高，圆肩。领和肩之间饰二周凹弦纹。残宽6.4、残高6.6厘米（图一〇〇，2）。

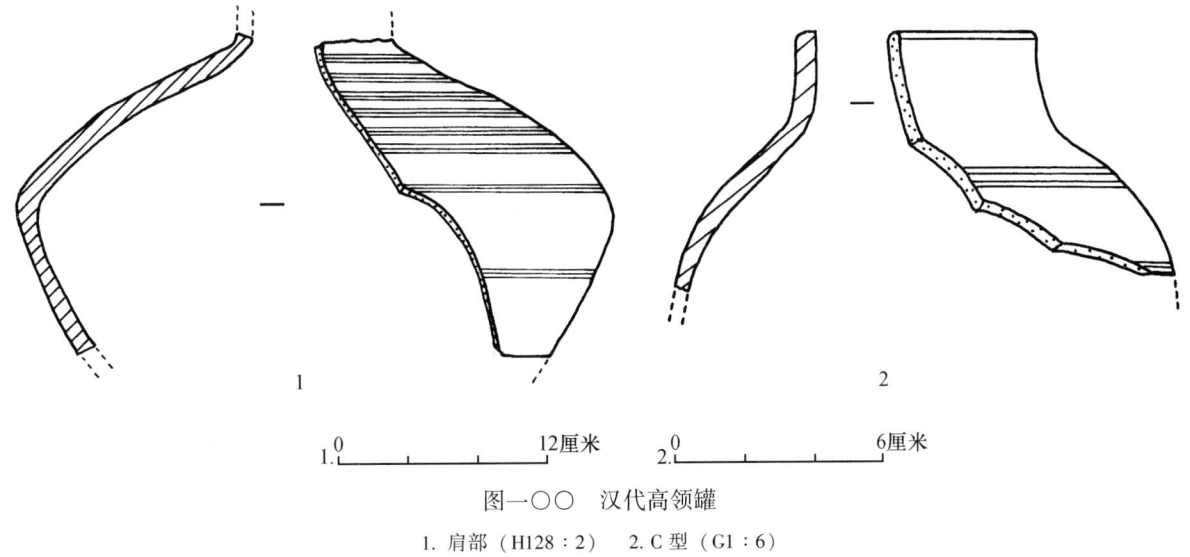

图一〇〇 汉代高领罐
1. 肩部（H128∶2） 2. C 型（G1∶6）

另出土高领罐肩部残件 1 件。H128∶2，泥质深灰陶，陶质细腻。轮制。残存肩部，广溜肩，肩腹间折角呈锐角。肩部饰六周、折肩部和腹部各饰一周由三条细凹弦纹组成的凹弦纹带。残高 17.8 厘米（图一〇〇，1）。

双耳罐 7 件。出土较多，是主要的器形，完整和能复原者较少。根据底部形制的不同，可分二型。

A 型 2 件。凹底。H102∶3，夹细砂深灰陶。轮制。盘状口，窄折沿，方唇，颈部较高，溜肩，腹中部偏下外鼓，凹底。沿面饰一周凹弦纹。肩部粘贴手制的双竖耳，耳下器壁凹陷。肩部至腹中部饰弦断绳纹，腹下部饰横向或斜向绳纹。耳宽 2.4、高 2.8 厘米，口径 16、最大腹径 28、底径 14、高 30 厘米（图一〇一，2；图版一一，1）。J1∶6，泥质深灰陶。轮制。敞口，窄平沿，方唇，颈部较高，弧肩，腹圆折，器最大径在腹上部，凹底。肩部粘贴手制的双竖耳，耳下器壁凹陷。沿面饰一周凹弦纹，肩部至腹中部饰弦断绳纹，腹下部饰横向绳纹，底部饰交错绳纹。口径 13.6、最大腹径 24.6、底径 10.4、高 26 厘米（图一〇一，1；图版一一，3、4）。

B 型 1 件。平底。J1∶2，泥质黑皮灰陶。轮制。敞口略扁，窄平沿，圆角方唇，颈部较高，溜肩，鼓腹，平底。腹最大径在腹上部。肩部粘接手制的双竖耳，耳下器壁凹陷。沿面饰一周凹弦纹；颈部饰斜向绳纹，因刮抹仅存疏淡的痕迹；肩部至腹中部饰弦断绳纹；腹下部饰横向绳纹；底部饰交错绳纹。口径 14.4、最大腹径 23.4、底径 12、高 24.4 厘米（图一〇一，3；图版一一，2）。

另出土较多的双耳罐底部，保存较好的有 4 件，大多残碎。根据底部形制的不同，分为二型。

A 型 2 件。凹底。J1∶4，泥质灰陶。轮制。残存腹部以下，底略内凹。腹中上部饰弦断斜向绳纹，中下部饰横向绳纹。底径 14、残高 16 厘米（图一〇二，1）。J1∶7，泥质灰陶。轮

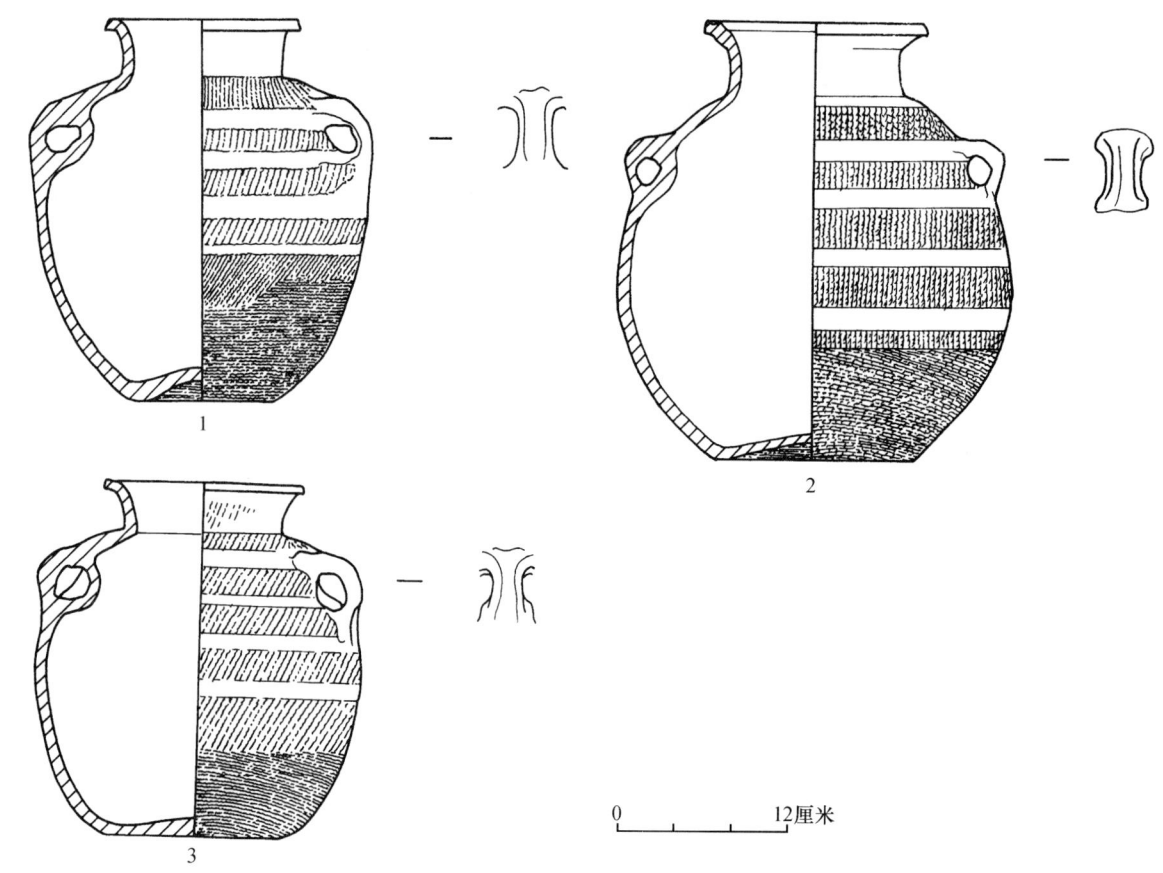

图一〇一 汉代陶双耳罐
1、2. A型（J1∶6、H102∶3） 3. B型（J1∶2）

制。残存腹部以下，凹底。腹下部饰横向绳纹，其上饰竖向绳纹。底径 8.8、残高 11.2 厘米（图一〇二，4）。

B型 2件。平底。J1∶3，泥质灰陶。轮制。残存肩部以下，圆肩，斜腹，平底。肩部饰三周细凹弦纹，其下饰竖向绳纹。底径 16、残高 19.2 厘米（图一〇二，3）。J1∶5，泥质灰陶。轮制。残存底部，平底。腹下部饰竖向绳纹，近底部被抹光。底径 14.2、残高 8 厘米（图一〇二，2）。

盆 18件。以泥质灰陶为主。均为轮制，大多残。根据形制的不同，可分六型。

A型 3件。宽沿，方唇。根据腹部形状的不同，可分二型。

Aa型 2件。鼓腹。H17∶3，泥质黑皮灰陶。略敞口，平折沿宽厚，圆角方唇，腹中部微鼓。残高 7 厘米（图一〇三，1）。H54∶1，泥质灰陶。轮制。敞口，平折沿，圆角方唇，鼓腹。沿面饰二周凹弦纹。残高 6.6 厘米（图一〇三，2）。

Ab型 1件。腹上部内凹。Y2∶6，泥质灰陶。轮制。平折沿，沿面刮挖一槽，腹上部刮抹内凹。腹上部饰弦断绳纹。残高 10.4 厘米（图一〇三，3）。

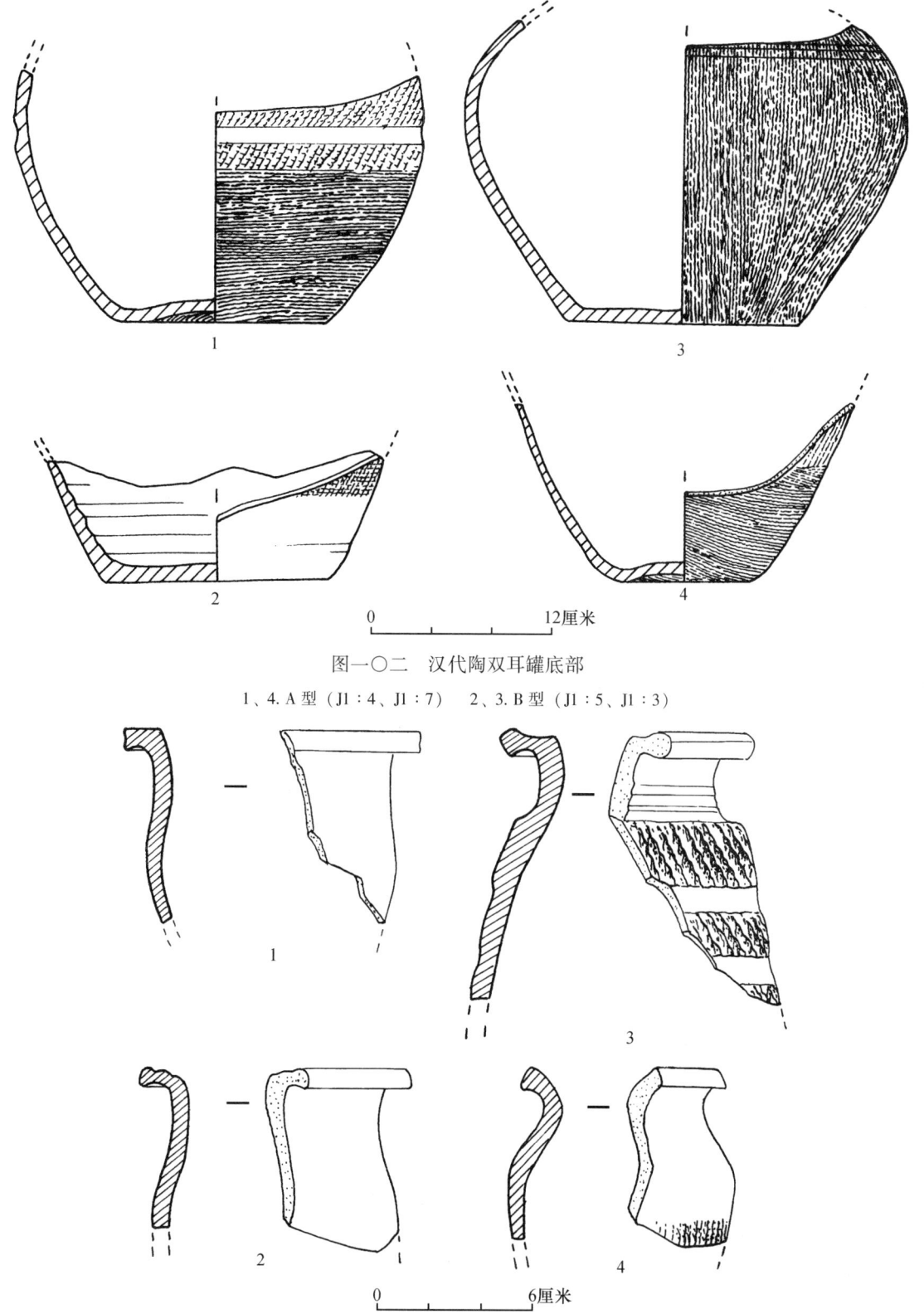

图一〇二 汉代陶双耳罐底部
1、4. A型（J1：4、J1：7） 2、3. B型（J1：5、J1：3）

图一〇三 汉代A、B型陶盆
1、2. Aa型（H17：3、H54：1） 3. Ab型（Y2：6） 4. B型（Y2：7）

B型 1件。敞口。Y2∶7，泥质灰陶。轮制。敞口，圆唇，束颈，折腹。腹部饰竖向绳纹。残高6.6厘米（图一〇三，4）。

C型 4件。平折沿，尖圆唇。根据折沿形制的不同，可分为二亚型。

Ca型 1件。平折沿。H37∶4，泥质灰陶。轮制。略敛口，平折沿，尖圆唇，略折腹，折部以下斜直内收，平底略凹。折腹部以上器壁刮抹略凹，原饰竖向绳纹，仅存残迹；腹中部饰竖向绳纹，下部饰横向绳纹。口径34.4、底径19.6、高16.8厘米（图一〇四，1）。

Cb型 3件。平折沿外侧低平。H49∶1，泥质灰褐陶。轮制。敛口，平折沿外侧略凹，尖圆唇，折腹，平底。折腹部以上器壁刮抹略凹，原饰竖向绳纹，仅存残迹；腹中部饰竖向绳纹。口径40、底径16、高23.2厘米（图一〇四，3；图版一二，1）。Y2∶1，泥质灰陶。轮制。敛口，平折沿外侧刮抹略低，尖圆唇，鼓腹，鼓腹部位于腹上部，平底。腹中部饰一周宽8厘米的竖向绳纹，其下器壁原饰横向绳纹，因刮抹仅存残迹。口径46、底径20、高26厘米（图一〇四，2；图版一二，2）。T0608③∶4-1，泥质灰陶。轮制。残存口沿，敛口，平折沿外侧刮抹略低，尖圆唇，折腹，折腹部以上器壁刮抹较低平。口径38.8、残高7.2厘米（图一〇四，4）。

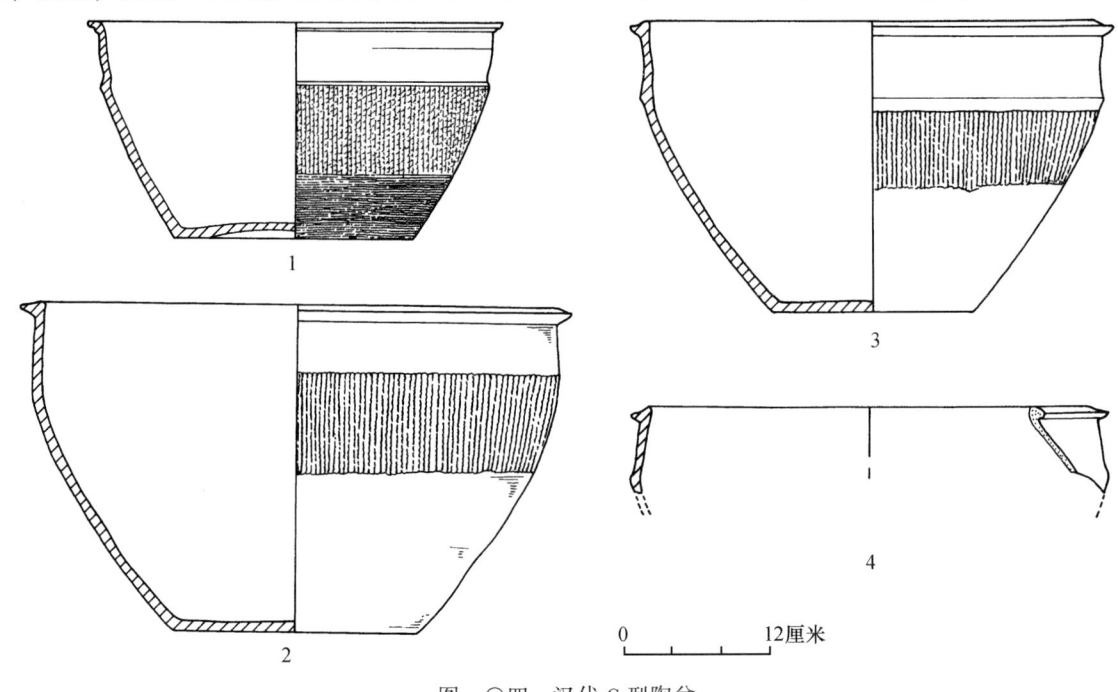

图一〇四　汉代C型陶盆
1.Ca型（H37∶4）　2~4.Cb型（Y2∶1、H49∶1、T0608③∶4-1）

D型 4件。宽厚平折沿。根据腹部形制的不同，可分为二亚型。

Da型 2件。鼓腹。G1∶5，泥质灰陶。轮制。略敞口，平折沿，尖圆唇，鼓腹。腹上部饰弦断绳纹，其下饰三周凹弦纹和一周圆圈纹，鼓腹部以下饰竖向绳纹。残高11.8厘米（图一〇五，1）。T0227③∶10，泥质灰陶。轮制。平折沿，尖圆唇，沿面中部略凸，腹上部较直。沿下器壁饰一周较宽的凸弦纹，系刮抹器壁形成；腹中部刮抹一周V形凹槽，其下饰弦断绳纹。残高13.2厘米（图一〇五，2）。

Db型　2件。折腹。H42∶2，泥质灰陶。轮制。略敞口，平折沿，尖圆唇，折腹，折腹部位于中部。上器壁刮抹光滑，原饰绳纹，仅存残迹，其下器壁饰竖向绳纹。残高10厘米（图一〇五，3）。H10∶1，泥质浅灰陶。轮制。略敞口，外折平沿略下倾，尖圆唇，折腹位于腹中部。下器壁饰竖向绳纹，因刮抹仅存局部。残高10.4厘米（图一〇五，4）。

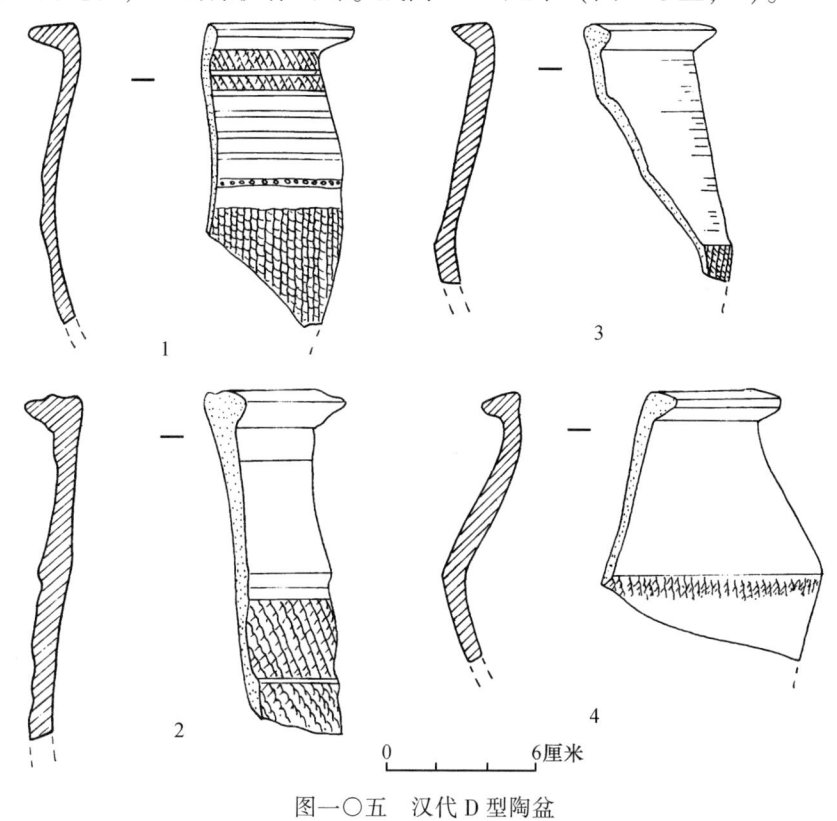

图一〇五　汉代D型陶盆
1、2. Da型（G1∶5、T0227③∶10）　3、4. Db型（H42∶2、H10∶1）

E型　4件。宽厚平折沿，方唇。H154∶2，泥质灰陶。轮制。敛口，宽厚平折沿，方唇，鼓腹。腹上部饰浅细的凹弦纹，腹下部饰弦断竖向绳纹。残宽5.8、残高10.2厘米（图一〇六，1）。T0227③∶9，泥质灰陶。轮制。敛口，宽厚平折沿略上倾，斜方唇，略鼓腹。腹部饰五周凹弦纹。残宽5.4、残高8.8厘米（图一〇六，2）。H17∶2，泥质灰陶。轮制。敛口，宽厚平折沿，方唇，鼓腹。外壁饰竖向绳纹，被一宽0.3厘米的凹弦纹刮断。残宽5.8、残高10厘米（图一〇六，3）。H18∶1，泥质灰陶。轮制。宽厚平折沿略上倾，斜方唇下缘略低。外壁饰弦断绳纹。残宽4.8、残高7.4厘米（图一〇六，4）。

F型　2件。宽沿下倾。H17∶1，泥质灰陶。轮制。敞口，宽沿下倾，尖圆唇，鼓腹。鼓腹部饰绳纹。残宽6.4、残高9.2厘米（图一〇七，1）。H43∶5，泥质灰陶。轮制。近直口，宽沿下倾，尖圆唇，略鼓腹。沿面饰一周凹弦纹，腹部饰交错绳纹。残宽6.4、残高7.6厘米（图一〇七，2）。

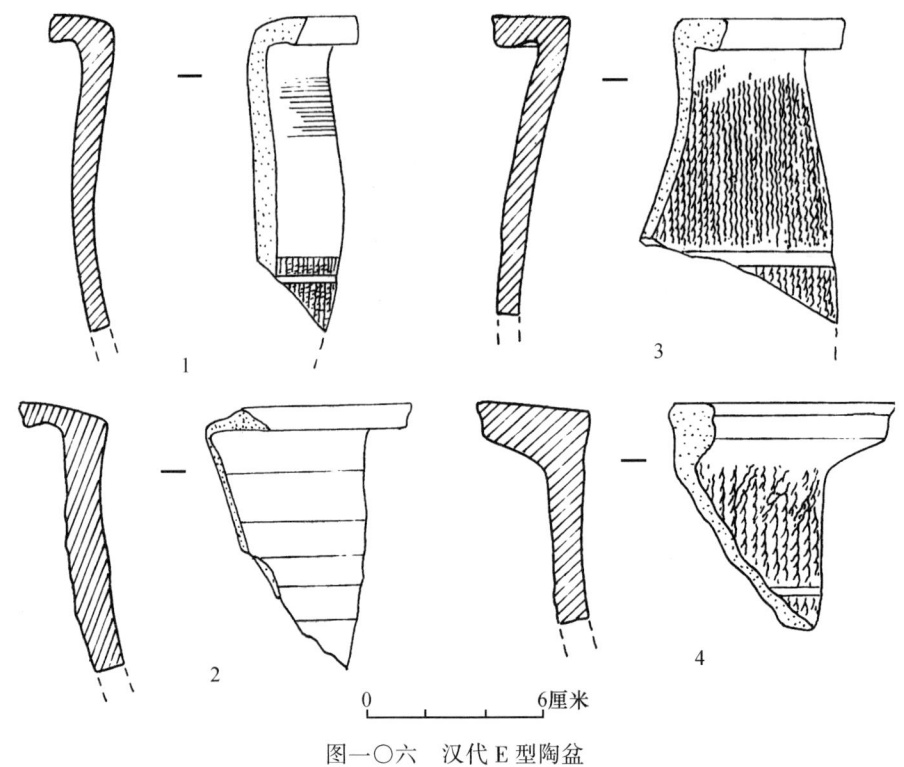

图一〇六　汉代 E 型陶盆
1. H154:2　2. T0227③:9　3. H17:2　4. H18:1

甑　均为泥质灰陶，陶质细腻。轮制。除 1 件复原外，还出土一些甑箅。由于盆的口沿和甑的口沿相同，因此，不能确定是甑的残片整理时均归到盆类。H39:1，泥质灰陶。轮制。略敞口，平折沿，尖圆唇，鼓腹，箅眼九孔。腹上部刮抹略凹呈束颈状，鼓腹部饰一周宽 4 厘米的竖向绳纹带。口径 38.8、底径 17.2、高 23.2 厘米（图一〇八；图版一二，3、4）。

另出土甑箅较多，箅眼有大、小二种。大孔箅多九孔，中间三个圆孔，周围六个梯形孔。小孔箅，孔眼较密，似与甑分离的陶箅。

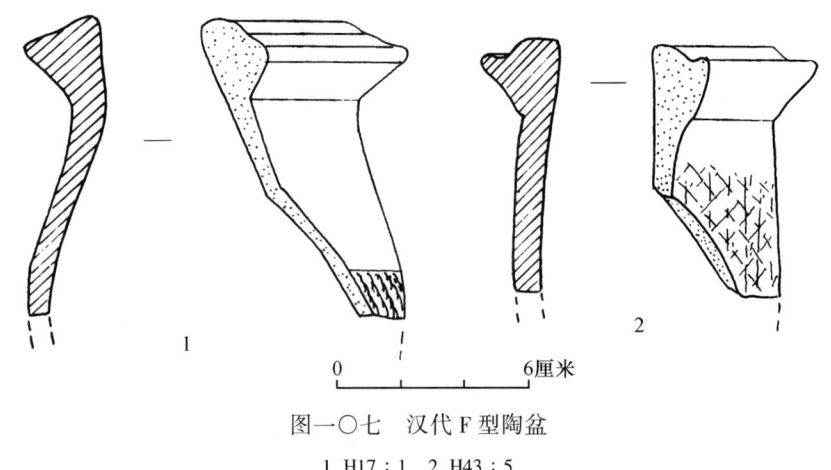

图一〇七　汉代 F 型陶盆
1. H17:1　2. H43:5

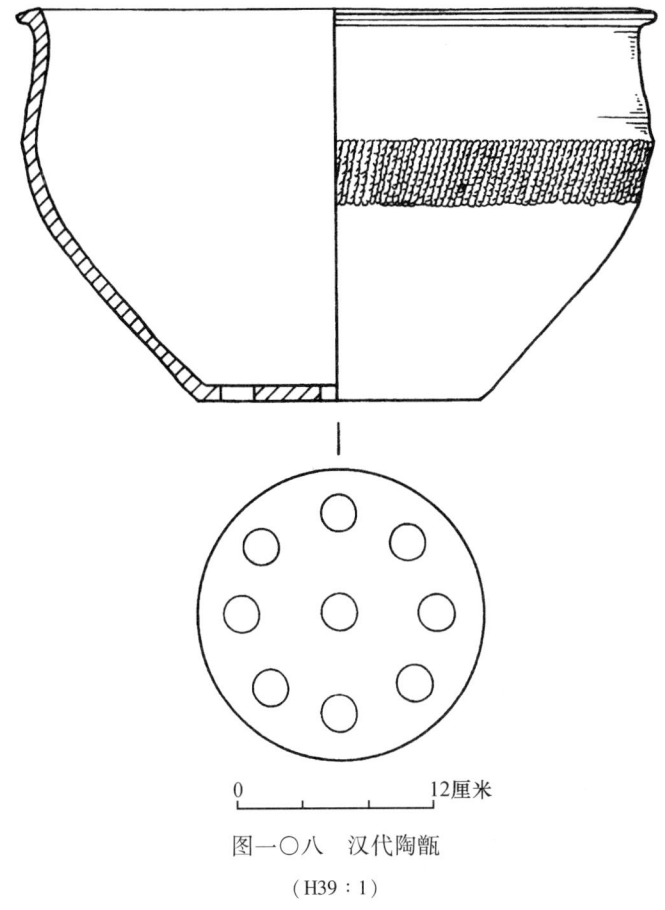

图一〇八 汉代陶甑
（H39∶1）

瓮 8件。均残，未出完整器。陶质有泥质和夹砂、蚌二种，以前者为主。均轮制。根据口沿形制的不同，可分四型。

A型 3件。敞口，斜直领。根据唇部的不同，可分二亚型。

Aa型 2件。圆唇。T0528②∶4，夹砂、蚌黄褐陶。敞口，短斜领，广肩略弧。残高4.6厘米（图一〇九，1）。H128∶3，泥质灰陶。敞口，圆唇略扁，短斜领。残高4.4厘米（图一〇九，2）。

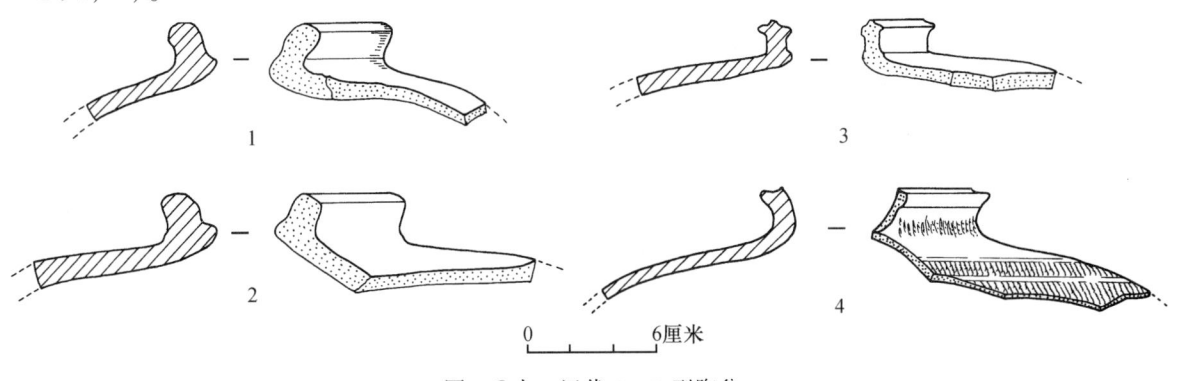

图一〇九 汉代A、B型陶瓮
1、2. Aa型（T0528②∶4、H128∶3） 3. B型（H100∶6） 4. Ab型（T0427③∶4）

Ab 型　1 件。凹唇。T0427③：4，泥质黑灰陶。轮制。敞口，斜领，广肩。领部饰竖向绳纹，因刮抹残存局部，肩部饰弦断绳纹。残高 5.4 厘米（图一〇九，4）。

B 型　1 件。短直领，脊状唇。H100：6，泥质灰陶。轮制。直口，短直领，领内壁内凹，广肩略弧。素面。残高 3.3 厘米（图一〇九，3）。

C 型　2 件。敞口，矮领。根据口沿形制的不同，可分为二亚型。

Ca 型　1 件。平沿。Y2：3，泥质灰陶。轮制。略敞口，矮领，平沿，弧肩。肩部原贴饰一周附加堆纹，后脱落残留宽 2 厘米的脱落痕。残高 12.8 厘米（图一一〇，1）。

Cb 型　1 件。领部和肩间刮抹呈凹槽。H90：1，泥质灰陶。轮制。敞口，矮领，平沿。领和肩间刮抹呈较宽的凹槽，原饰绳纹，因刮抹仅存残迹；肩部饰竖向绳纹。残高 4.8 厘米（图一一〇，2）。

D 型　2 件。敛口。根据口沿形制的不同，可分二亚型。

Da 型　1 件。圆沿，沿和肩间刮一凹槽。T0528②：3，泥质灰陶。轮制。敛口，圆沿，沿和肩间刮抹呈凹槽。残高 3.6 厘米（图一一〇，3）。

Db 型　1 件。尖圆沿。H43：3，泥质灰陶。轮制。敛口，尖圆沿，溜肩，肩腹间弧折。肩腹饰二周凹弦纹。残高 5 厘米（图一一〇，4）。

鸳鸯火锅　1 件。H102：4，泥质灰陶，表面施有一层灰白色陶衣。整体由筒形腹座及内部带有隔墙的盆状锅体两部分组成。腹座筒状，镂刻有六组上下对称的三角纹，其中二组间一圆形火眼，腹下部微外敞。盆状锅体略敛口，平沿，圆方唇，腹部较深，平底；锅内隔墙略低于锅沿，将锅体分为大小略有差异的两部分。锅外壁刻划上下对称的菱形纹，口沿外刻划网状纹带。口径 30、底径 28.5、通高 37.6 厘米（图一一一；图版一二，5、6）。

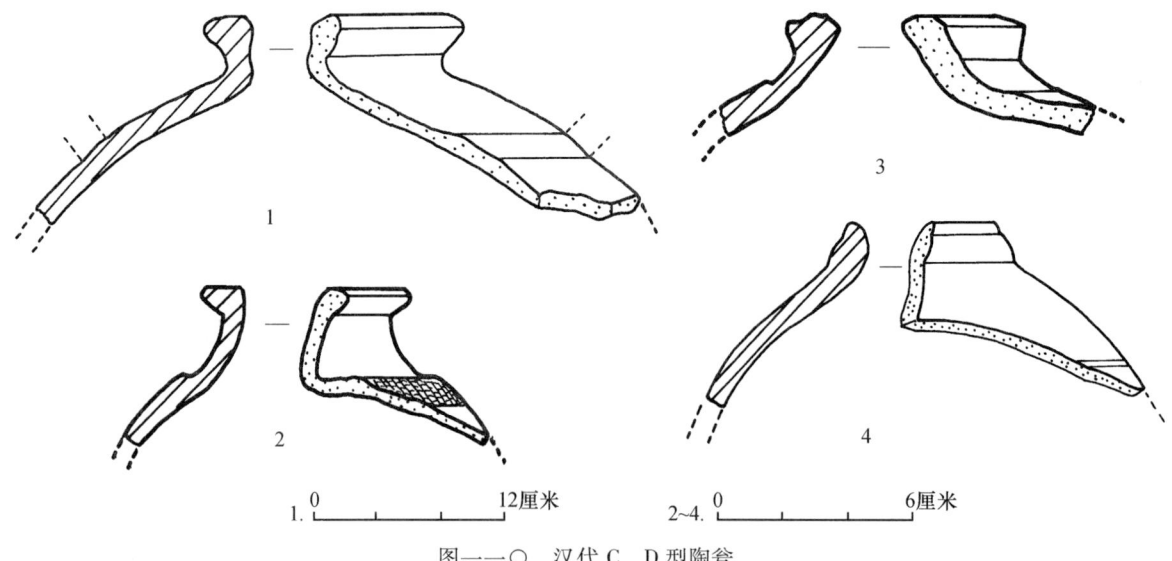

图一一〇　汉代 C、D 型陶瓮

1. Ca 型（Y2：3）　2. Cb 型（H90：1）　3. Da 型（T0528②：3）　4. Db 型（H43：3）

缸 1件。H150∶1，夹细砂红陶，内、外壁局部呈黑色。轮制。敛口，斜沿，方唇，深腹，腹中部偏上略鼓，腹下部弧收，平底。外壁通体饰竖向绳纹。口径43.2、最大腹径45.6、底径30、高52.8厘米（图一一二；图版一四，1）。

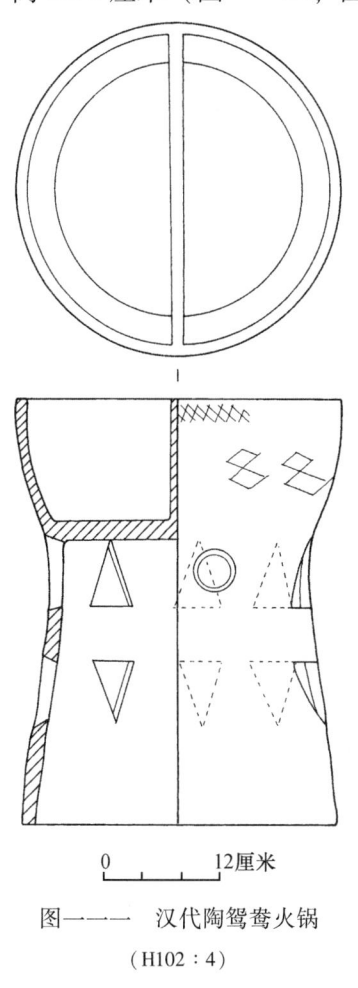

图一一一 汉代陶鸳鸯火锅
（H102∶4）

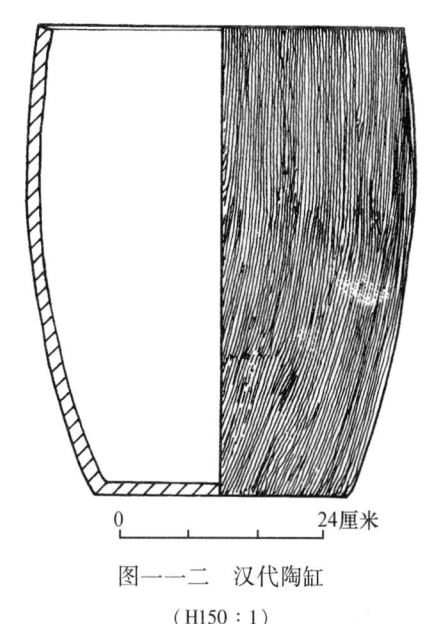

图一一二 汉代陶缸
（H150∶1）

网坠 26件。根据形制的不同，可分四型。

A型 13件。管状。H102∶1，夹细砂灰陶。手制。略呈管状，两端略细，中部一直径0.5厘米的竖向穿孔。长3.4、最大腹径1.4厘米（图一一三，11）。H102∶2，夹细砂灰褐陶。手制。中部向两端渐细，略呈管状，中部一直径0.8厘米的穿孔。长6.1、最大腹径2.4厘米（图一一三，1）。H100∶2，泥质灰陶。手制。管状，两端略细，中部一直径0.4厘米的竖向穿孔。长2.2、最大腹径1厘米（图一一三，4；图版一三，1右）。H100∶3，夹细砂灰褐陶。手制。管状略弯曲，中部向两端渐细；两端斜面，中部偏一侧一直径0.4～0.6厘米的穿孔。长2.8、最大腹径1.2厘米（图一一三，8；图版一三，1左）。H100∶4，略夹细砂灰褐陶。手制。管状，中部较两端粗，两端面不平，中部偏一侧一直径0.6厘米的穿孔。长3、最大腹径1.5厘米（图一一三，9；图版一三，1中）。T0328③∶1，泥质灰陶。手制。管状，两端略小且不平，中部偏一侧一直径0.3～0.4厘米的穿孔。长4.5、最大腹径1.9厘米（图一一三，

图一一三 汉代 A 型陶网坠

1. H102∶2 2. T0609②B∶1 3. H121∶2 4. H100∶2 5. T0328③∶3 6. T0528②∶6 7. H121∶1
8. H100∶3 9. H100∶4 10. T0328③∶1 11. H102∶1 12. Y1∶2 13. T0528②∶7

10）。T0609②B∶1，泥质灰陶。手制。管状，中部略粗于两端，两端面不平，中部一直径0.3厘米的穿孔。长3.8、最大腹径1.3厘米（图一一三，2）。T0528②∶6，夹细砂红陶。手制。管状，两端弧面，中部偏一侧一直径0.2~0.4厘米的穿孔。长4.2、最大腹径1.5厘米（图一一三，6）。T0528②∶7，夹细砂灰陶。手制。管状，中部略圆鼓，两端面不平，中部偏一侧一直径0.4厘米的穿孔。长4.1、最大腹径1.5厘米（图一一三，13）。H121∶1，泥质灰陶。手制。管状，两端面不平，偏一侧一直径0.2～0.3厘米的穿孔。长2.8、最大腹径1.2厘米（图一一三，7；图版一三，1，右2）。H121：2，夹细砂灰陶。手制。略残，管状，一端略细小且残，偏一侧一直径0.4～0.7厘米的穿孔。长3.8、最大腹径1.7厘米（图一一三，3）。T0328③：3，夹细砂灰褐陶。手制。管状，中部较两端粗，两端面不平，中部偏一侧一直径0.4厘米的穿孔。长3、最大腹径1.5厘米（图一一三，5；图版一三，1，左2）。Y1：2，夹细砂灰褐陶。手制。管状，两端稍细，中部一直径0.5厘米的穿孔。长4.3、最大腹径1.3厘米（图一一三，12）。

B型 6件。梭状。T0434②：1，泥质灰陶。手制。梭状，中部明显较两端粗，上、下端面平整，中部一直径0.4～0.6厘米的穿孔。长2.9、最大腹径1.6厘米（图一一四，6）。T0434③：1，泥质红褐陶。手制。梭状，较细，上下端面平整，中部一直径0.6厘米的穿孔。长3.7、最大腹径1.5厘米（图一一四，3）。T0528②：1，夹细砂红褐陶。手制。梭状，中部圆鼓，两端较细，两端面不平，中部一直径0.6厘米的穿孔。长4.2、最大腹径2厘米（图一一四，2）。T0428③：1，夹砂灰褐陶。手制。梭状，两端面较平，中部一直径0.2～0.4厘米的穿孔。长3.2、最大腹径1.9厘米（图一一四，4）。T0227③：2，泥质红褐陶。手制。梭状，一端面较另一端面略大，中部偏一侧一直径0.8厘米的穿孔。长6.2、最大腹径3厘米（图一一四，1）。T0602①：1，夹细砂灰褐陶。手制。略残，梭状，中部圆鼓，两端面不平略长尖状，中部一直径0.4厘米的穿孔。长5.2、最大腹径3厘米（图一一四，5）。

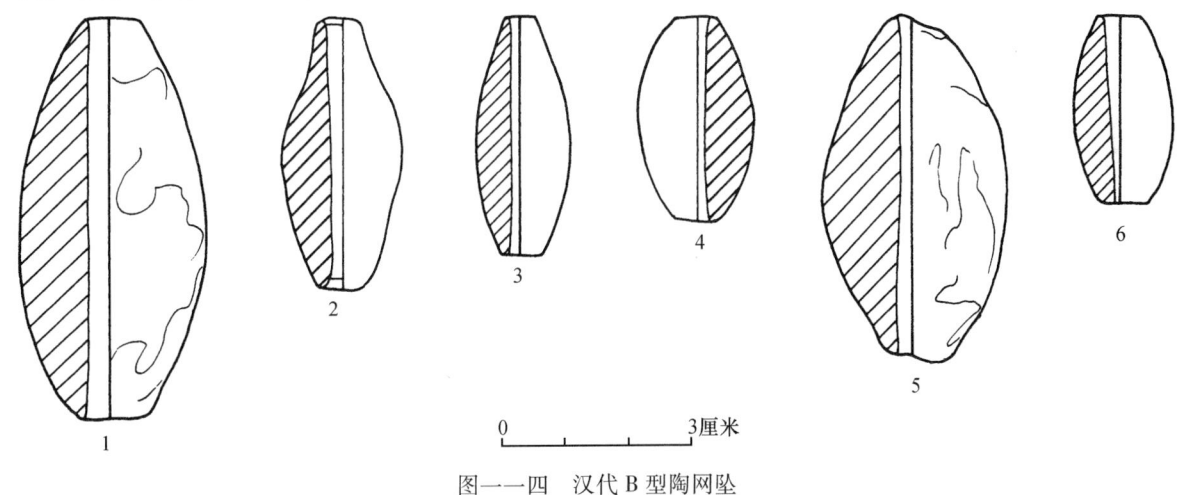

图一一四 汉代B型陶网坠
1. T0227③：2 2. T0528②：1 3. T0434③：1 4. T0428③：1 5. T0602①：1 6. T0434②：1

C型 3件。长方形。H100：1，略夹细砂灰褐陶。手制。略呈长方形，正面刻一宽0.4厘米的竖槽，两侧近两端各刻一浅槽。长3.7、宽1.6、厚0.8厘米（图一一五，2；图版一三，2中）。T0734③：1，泥质灰陶。手制。略呈长方形，正面和背面各刻一较深的V形槽，两侧面近两端各刻一较浅的凹槽。长5、宽1.2～1.5、厚1.4厘米（图一一五，3；图版一三，2右）。T0410②：1，泥质灰陶。手制。呈长方形，正面和底面各刻一宽0.6厘米的凹槽，两侧仅两端各刻一较深的V形槽。长4.7、宽1.9、厚1.3厘米（图一一五，1；图版一三，2左）。

D型　4件。球形。H16∶1，泥质灰褐陶。手制。略呈球形，体侧一圆凸棱，一端小弧面，一端小平面，中部一0.6~0.9厘米的扁圆形穿孔。长4.8、最大腹径5.7厘米（图一一六，3）。H5∶1，泥质灰陶。手制。呈竖球体形，两端略平，中部一直径1厘米的竖向穿孔。长4.5、最大腹径4.1厘米（图一一六，2）。T0328③∶2，泥质红陶。手制。球状，刻一字，中部一直径0.6厘米的竖向穿孔。长3.1、最大腹径3.5厘米（图一一六，4）。H130∶1，泥质红陶。手制。呈扁球状，中部一直径0.5厘米的穿孔。长4.2、最大腹径3.9厘米（图一一六，1）。

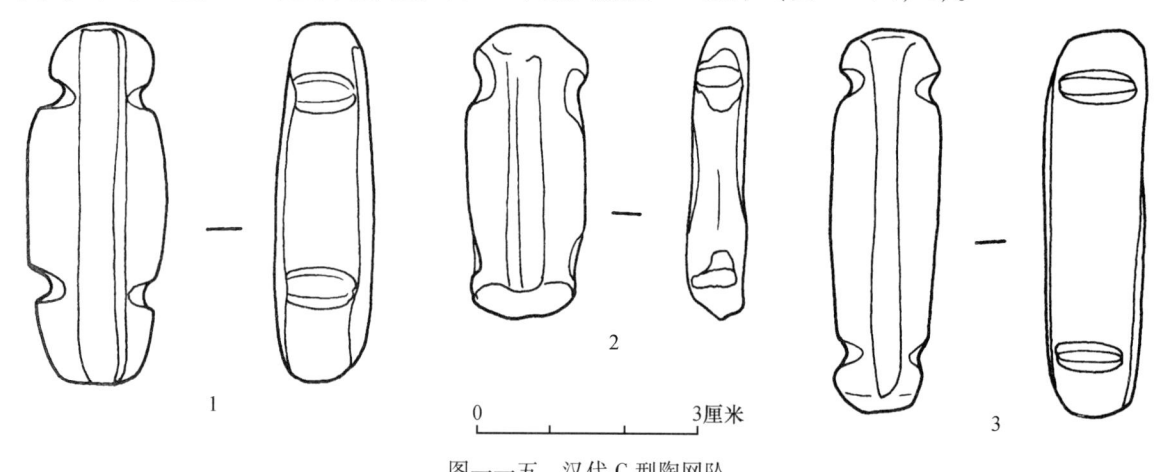

图一一五　汉代C型陶网坠
1. T0410②∶1　2. H100∶1　3. T0734③∶1

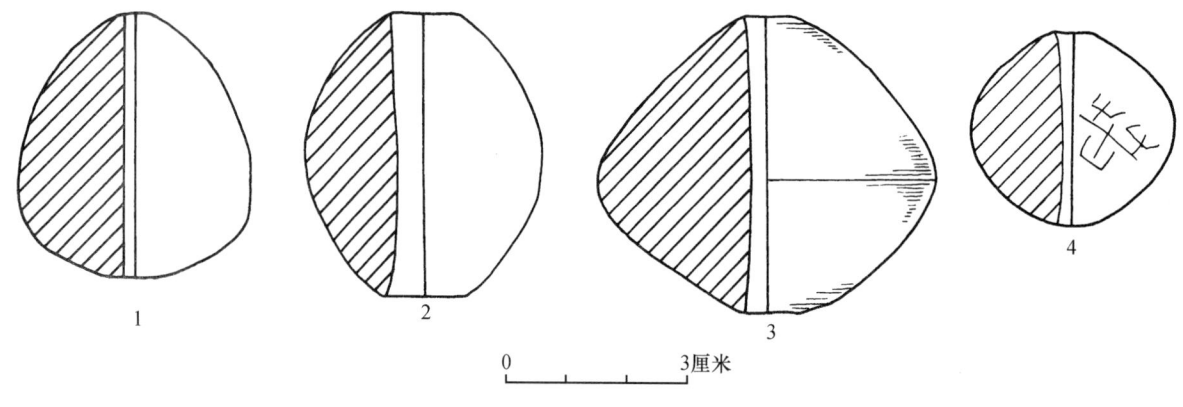

图一一六　汉代D型陶网坠
1. H130∶1　2. H5∶1　3. H16∶1　4. T0328③∶2

纺轮　8件。根据形制的不同，可分二型。

A型　7件。鼓状。T0609②B∶1，泥质灰陶。轮制。鼓状，两端面略小，中部一直径0.7厘米的竖向穿孔。直径3.4~4、高1.9厘米（图一一七，4；图版一三，3左）。H94∶1，泥质红褐陶。轮制。鼓状，侧面中部有一凸棱，两端面较小，中部一直径0.4厘米的穿孔。直径2.5~2.8、高1厘米（图一一七，1；图版一三，4，左2）。H121∶3，略夹细砂深灰陶。轮制。

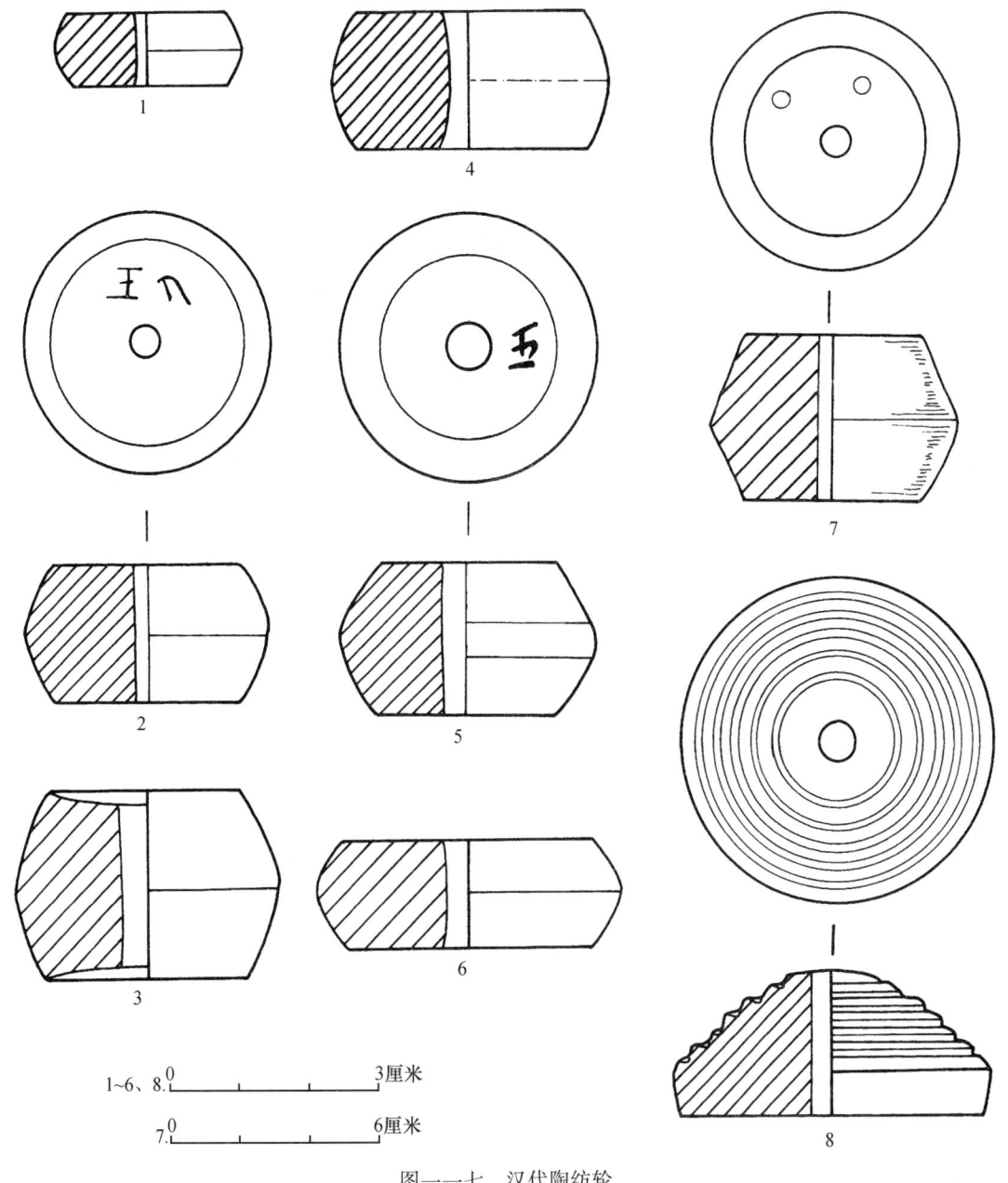

图一一七　汉代陶纺轮

1~7. A 型（H94:1、H121:3、T0227③:3、T0609②B:1、T0427②:2、T0633②:3、T0427③:1）　8. B 型（H39:2）

鼓状，体侧一横线凸棱，两端面较平，中部一直径0.7厘米的竖向穿孔，其中一面刻"王入"二字。直径2.6~3.6、高1.9厘米（图一一七，2；图版一四；2、3，右）。T0427②:2，略夹细砂深灰陶。轮制。鼓状，侧面中部一横线圆凸棱，两端面光滑平整，刻一"五"字，中部一直径0.6厘米的穿孔。直径2.6~3.8、高2.1厘米（图一一七，5；图版一三，4，左1）。T0633②:3，泥质灰褐陶。轮制。鼓状，通体光滑，侧面中部一周细凸棱，两端面中部一直径0.8厘米的竖向穿孔。直径3.6~4.4、高1.5厘米（图一一七，6；图版一三，4，右1）。

T0227③:3，泥质灰褐陶。轮制。鼓状，侧面中部一周圆凸棱，两端凹面，中部一直径0.9厘米的竖向穿孔。直径3~3.9、高2.6厘米（图一一七，3；图版一三，3中）。T0427③:1，泥质红陶。轮制。鼓状，侧面中部一周凸棱，两端面较平，中部一直径0.7厘米的穿孔，其中一端面钻两个直径0.3厘米的竖穴。直径5.4~7.2、高4.6厘米（图一一七，7；图版一四，2、3，左）。

B型　1件。锥体形。H39:2，泥质灰陶。轮制。锥体形，正面饰六周逐周渐小的凹弦纹，底面光滑平整，中部一直径0.8厘米的竖向穿孔。直径4.4~4.6、高2厘米（图一一七，8；图版一三，4，右2）。

建筑材料　建筑材料有瓦当、砖、瓦等。

瓦当　5件。皆残。均为卷云纹瓦当，但当面纹饰略有差异。T0404②B:1，泥质灰陶。模制。残，外缘为低平的宽凸棱；当心圆形略弧，饰乳钉纹；其外由双竖细凸棱分隔成相等的四区，每区饰卷云纹；其外为一周细凸棱纹带。直径15.6、缘宽1.5、当面厚1.8厘米（图一一八，1；图版一四，4）。T0510③:1，泥质灰陶。模制。残，外缘为宽平的高凸棱；当心为素面半圆球形；外区由太阳纹分隔为八小区，每区饰一卷云纹并点缀乳钉纹；其外一周细窄的凸棱。直径14.8、缘宽1、当面厚1.6厘米（图一一九，1；图版一四，5）。T0604②B:1，泥质灰陶。模制。残，外缘为低平的宽凸棱；当心圆形略弧，饰网格纹；外区由单凸棱分隔为八小区，每区饰勾连的卷云纹并点缀乳钉纹；其外为一周细凸棱。直径15.6、缘宽1.2、厚2

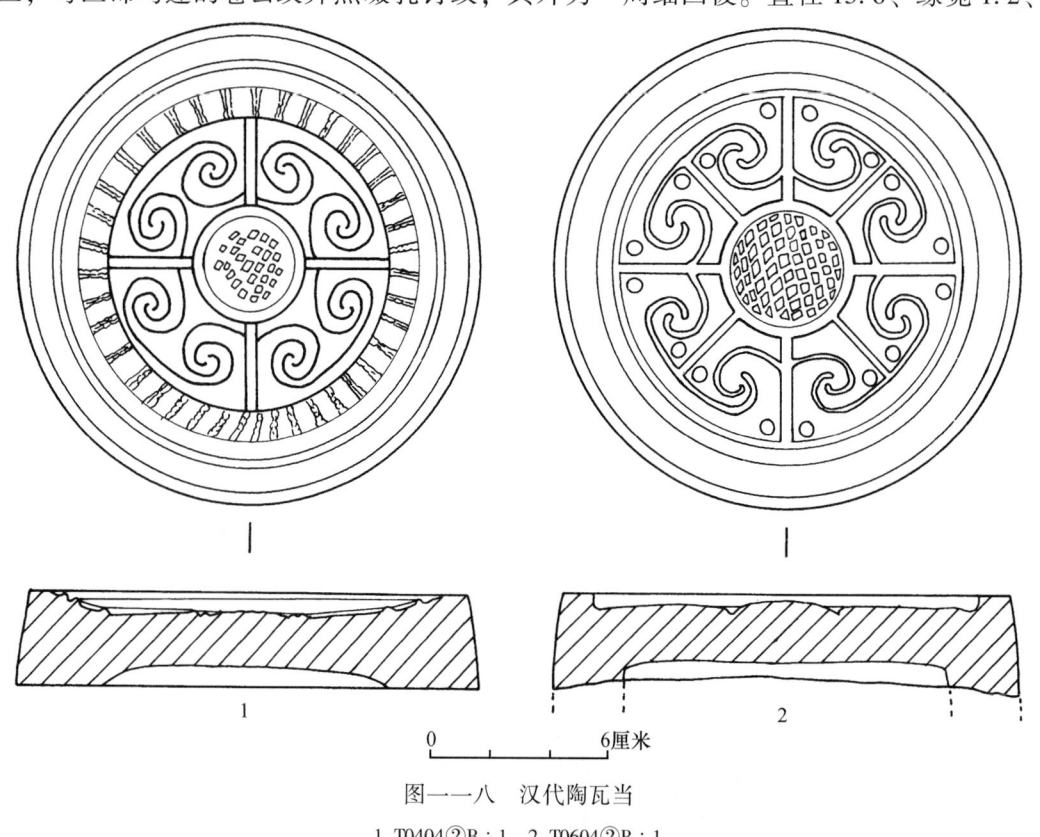

图一一八　汉代陶瓦当
1. T0404②B:1　2. T0604②B:1

厘米（图一一八，2）。Y2∶5，泥质灰陶。模制。残，外缘为高凸棱；当心与外区由X形纹饰带分隔，当心素面呈圆球形高凸；外区由双竖凸棱分隔为四区，每区饰卷云纹。直径16.6、缘宽0.8、厚1.3厘米（图一一九，2）。H43∶2，泥质灰陶，略夹细砂。模制。残存少部，外缘为较高的凸棱；外区残存一窝状卷云纹，其间饰一较大的乳钉纹。残径6.4、缘宽1.2、厚1.2厘米（图一一九，3）。

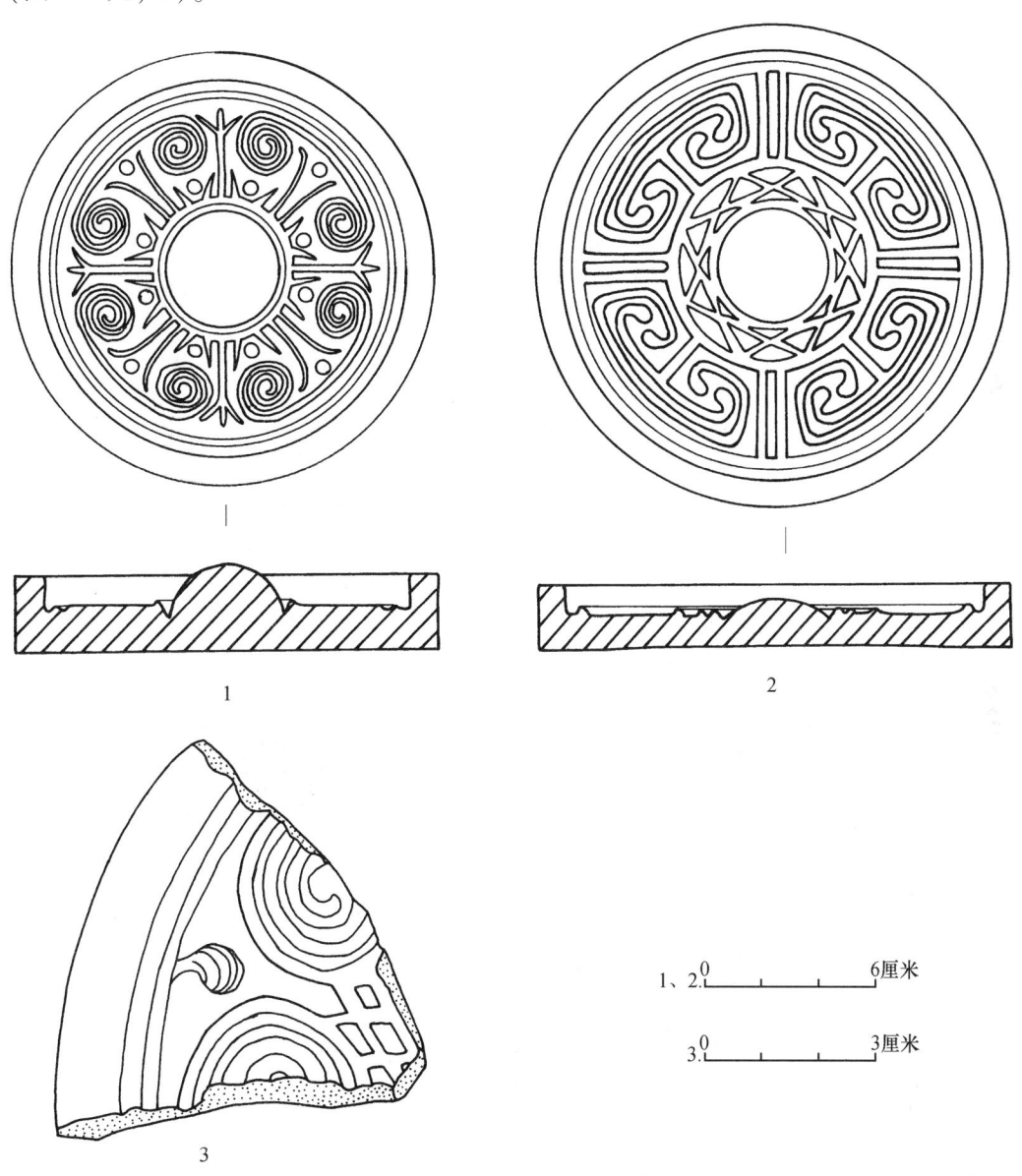

图一一九 汉代陶瓦当
1. T0510③∶1 2. Y2∶5 3. H43∶2

砖　均为条砖，出土较少，大多残碎。砖的纹饰有三种：绳纹、手印纹和菱形纹。绳纹均纵向，系模拍模印而成，手印纹直接在砖的一面模印人的手印，系制砖工人直接在湿的砖坯上印手印而成，之所以要印此纹饰，是砌砖墙时为了增加砖之间的黏合力。菱形纹饰于条砖的侧面，此种纹饰在汉砖室墓中常见，因此这种砖可能主要用于修建墓葬。一端有榫头、一端有卯眼的弧形砖，在水井的井壁中见到，这种砖可能主要用于砌筑井壁。根据形制的不同，分为二型。

A型　长方形。J1∶19，泥质灰陶。模制。略呈长方形。一侧面饰菱形纹，一面饰斜向绳纹。长34.4、宽15~16.4、厚6厘米（图一二〇；图版一五，1、2）。H74∶1，泥质灰陶。模制。略残，呈长方形，制作粗糙。一面印一右手印纹。长31.4、宽15.4、厚4厘米（图一二一；图版一五，3）。J1∶8，泥质灰陶。模制。平面略呈长方形。一面饰绳纹，一侧面饰菱形纹。长35.5、宽16~16.4、厚6厘米（图一二二；图版一五，4、5）。

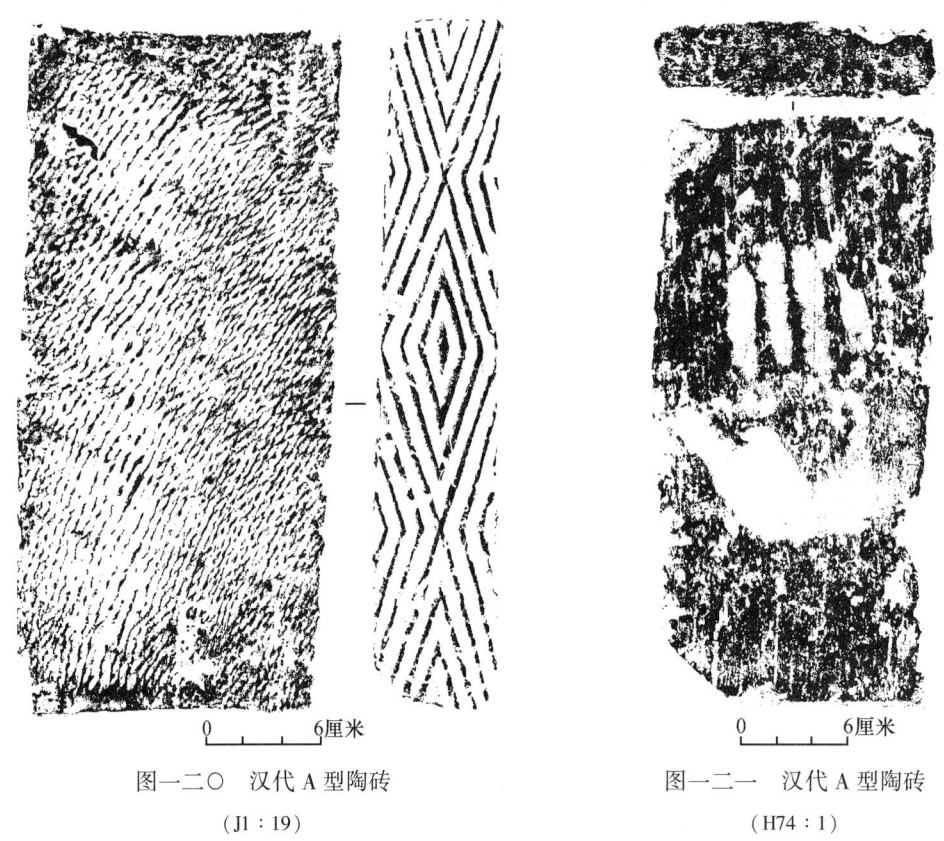

图一二〇　汉代A型陶砖（J1∶19）　　　　图一二一　汉代A型陶砖（H74∶1）

B型　弧形。J1∶10，泥质灰陶。模制。呈弧面长方形，一端面中部一半圆形卯眼，另一端面一半圆形榫头。凹面饰绳纹。长34.4、宽16.8、厚4厘米（图一二三）。H75∶1，泥质灰陶。模制。呈弧面长方形，一端面中部一半圆形的榫头，另一端面中部一半圆形的卯眼。凸面饰细密的绳纹。长34.4、宽15.8、厚5厘米（图一二四；图版一五，6、7）。

瓦　有板瓦、筒瓦和弧形瓦，除瓦棺葬中发现有完整的板瓦外，遗址中出土的均为残片。筒瓦和弧形瓦较少。

筒瓦　完整或能复原者4件。长短不一。H62∶1，泥质灰陶。轮制。筒瓦凹面饰布纹，凸面饰较粗的绳纹，其中仅底端8厘米长的一段素面。从外向内切割，两侧面有宽0.1~0.8厘米的切割痕。长39.6、宽14、厚1、覆高6.8厘米（图一二五）。H21∶2，夹细砂灰陶。轮制。

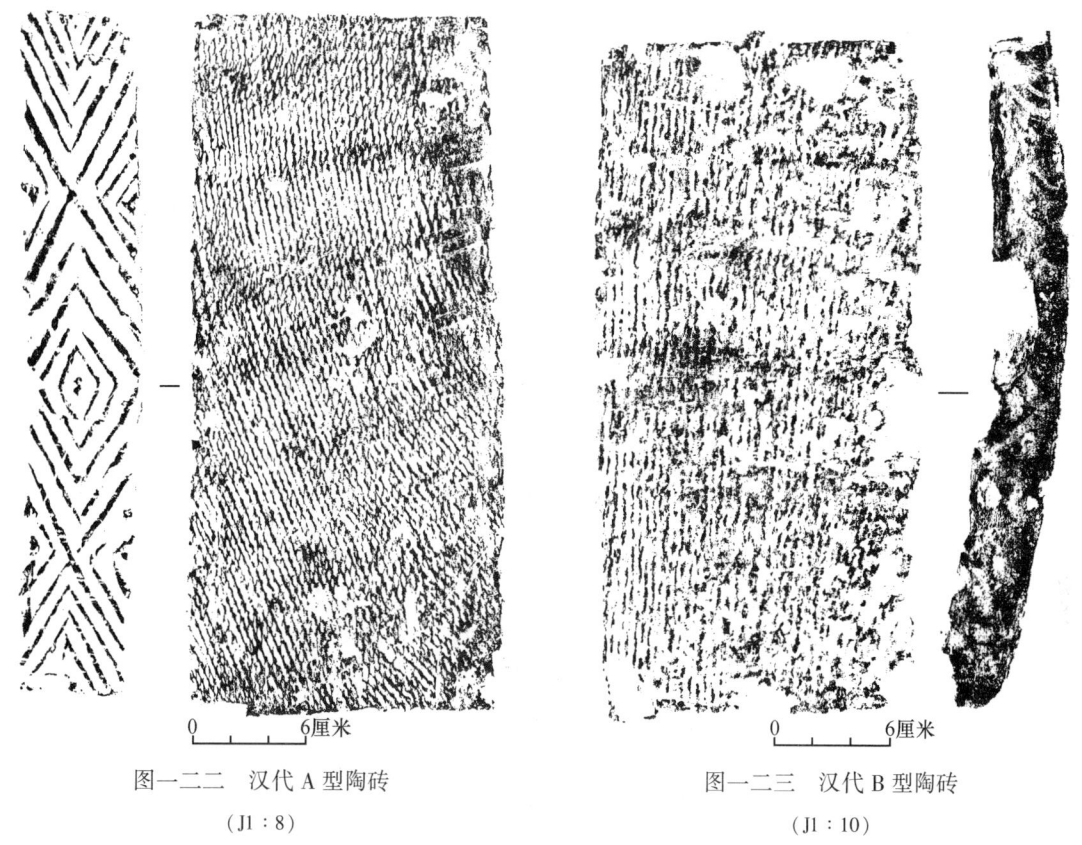

图一二二　汉代 A 型陶砖
（J1∶8）

图一二三　汉代 B 型陶砖
（J1∶10）

凹面不平，凸面饰绳纹。两侧留存从外向内宽 0.2～0.6 厘米的切割痕。长 50.5、宽 18.5、厚 2.3、覆高 9.5 厘米（图一二六）。T0427③∶2，夹细砂灰褐陶。轮制。凹面饰蜂窝状的锥刺纹，近底端刮削较薄，宽 7.5 厘米；凸面饰绳纹。从外向内切割，两侧留存切割痕。长 48、宽 16.8、厚 3.4、覆高 8.4 厘米（图一二七）。T0427③∶3，陶质、陶色和纹饰与 T0427③∶2 同。长 45.6、宽 16.2、覆高 8.6 厘米（图一二八）。

弧形瓦　1 件。H62∶3，夹砂灰陶。手制。残，呈圆弧状，厚重。凸面饰细密的绳纹；凹面粗糙，饰较细的绳纹，因刮抹仅存局部，一侧压印圆角长方形纹形成的斜向条纹。两侧刮抹平整。残长 70.8、宽 30.4、厚 2 厘米（图一二九）。

筒瓦的凸面均为纵向绳纹，一端 8 厘米左右长的一段素面，此段可能是瓦之间的相叠部，而绳纹清晰较深，系用模拍制作时一次性拍打形成，如 H62∶1。板瓦凸面也均是绳纹，有的绳纹细密，有的较粗，以后者为主。

制陶工具　出土较多，有口沿规、模拍、支垫等。

口沿规　1 件。H43∶1，泥质灰陶。从轮制的陶器口沿部切割烧制而成，两侧留存明显的切割痕，肩部切割面刮磨光滑。口沿直领，平沿略凹，束颈，可能用以检测成型的同类陶器。长 5.8、宽 2.8～3.2、高 3.1 厘米（图一三○，3；图版一六，1）。

模拍　4 件。有圆形、长方形、圆角方形和锥体形。

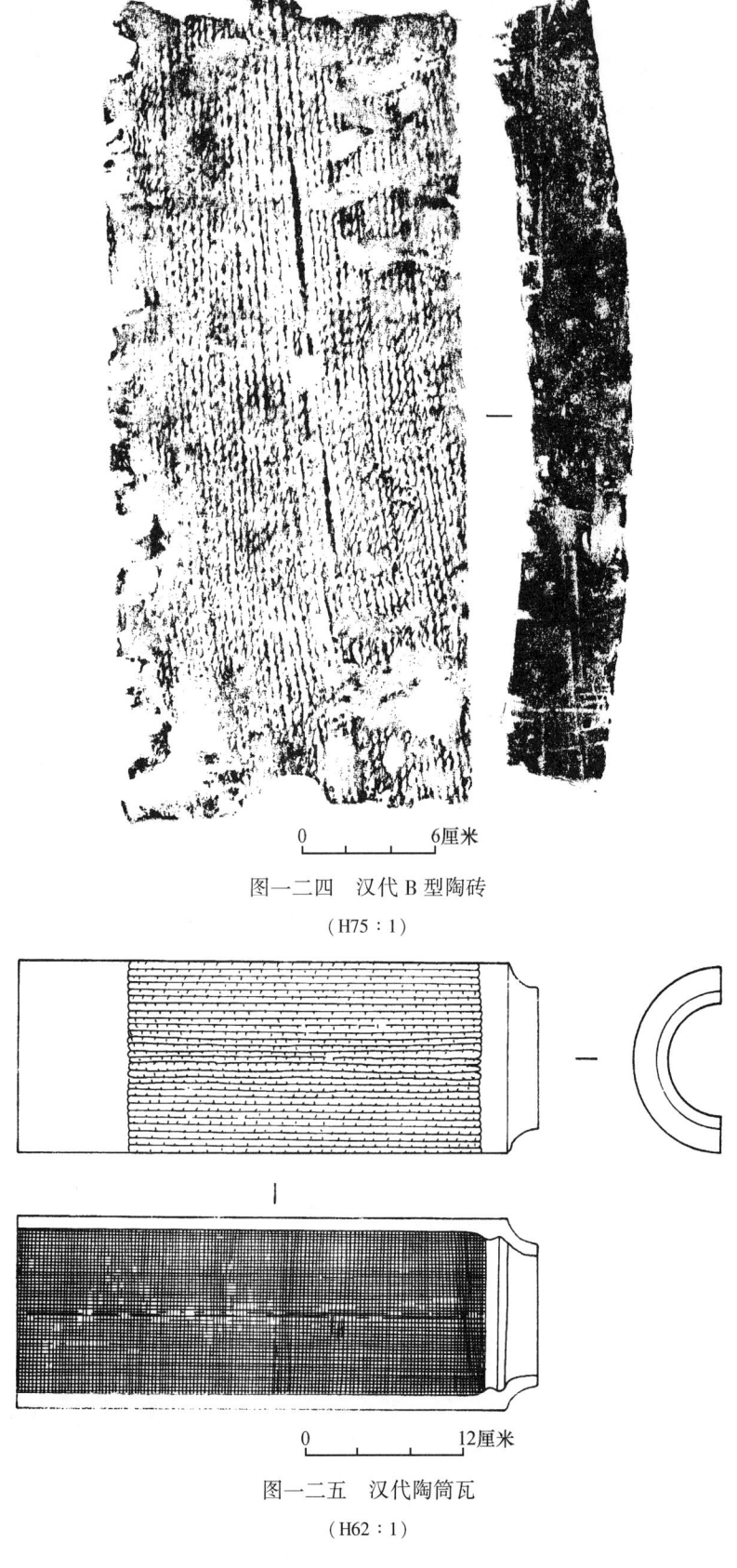

图一二四　汉代 B 型陶砖

(H75:1)

图一二五　汉代陶筒瓦

(H62:1)

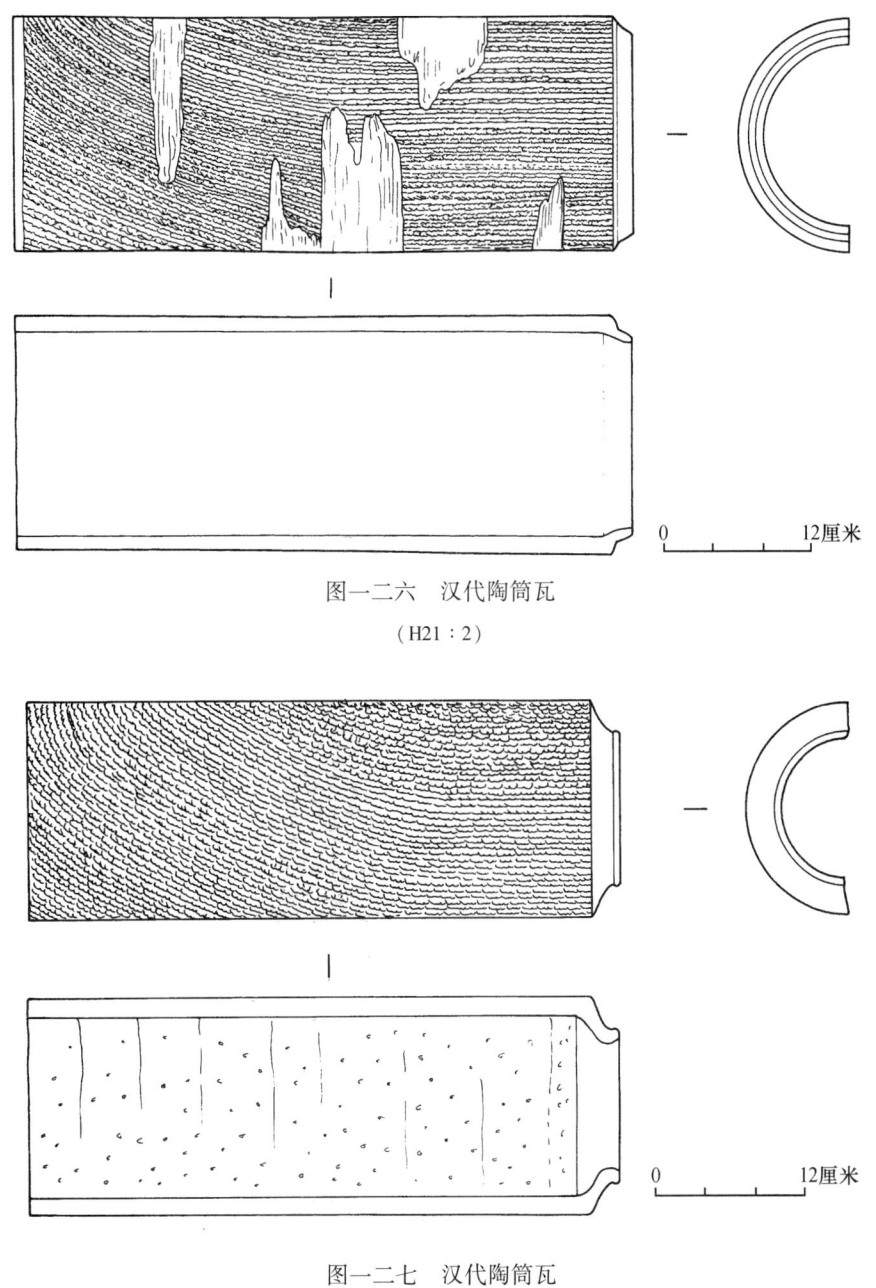

图一二六　汉代陶筒瓦
（H21∶2）

图一二七　汉代陶筒瓦
（T0427③∶2）

长方形模拍　1件。T0406②B∶1，夹砂灰褐陶。手制。残，平面略呈长方形。底面饰粗绳纹。鼻状纽，中部一直径0.9厘米的横向穿孔。残长8.5、宽6、高4厘米（图一三〇，1；图版一六，3、4）。

圆形模拍　1件。Y2∶4，夹细砂灰陶。手制。柄残失，呈半圆球形，底面光滑。直径9.8、残高3厘米（图一三一，3；图版一六，5、6）。

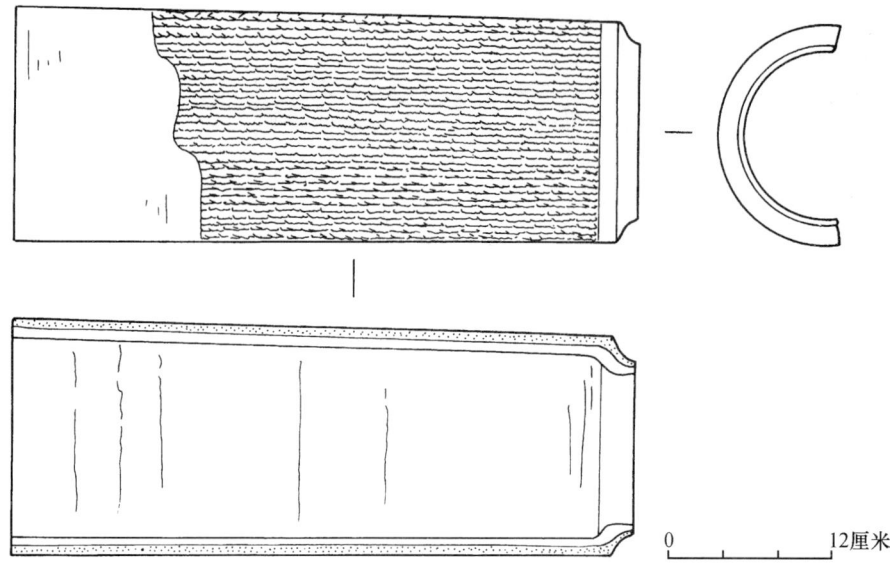

图一二八 汉代陶筒瓦
（T0427③∶3）

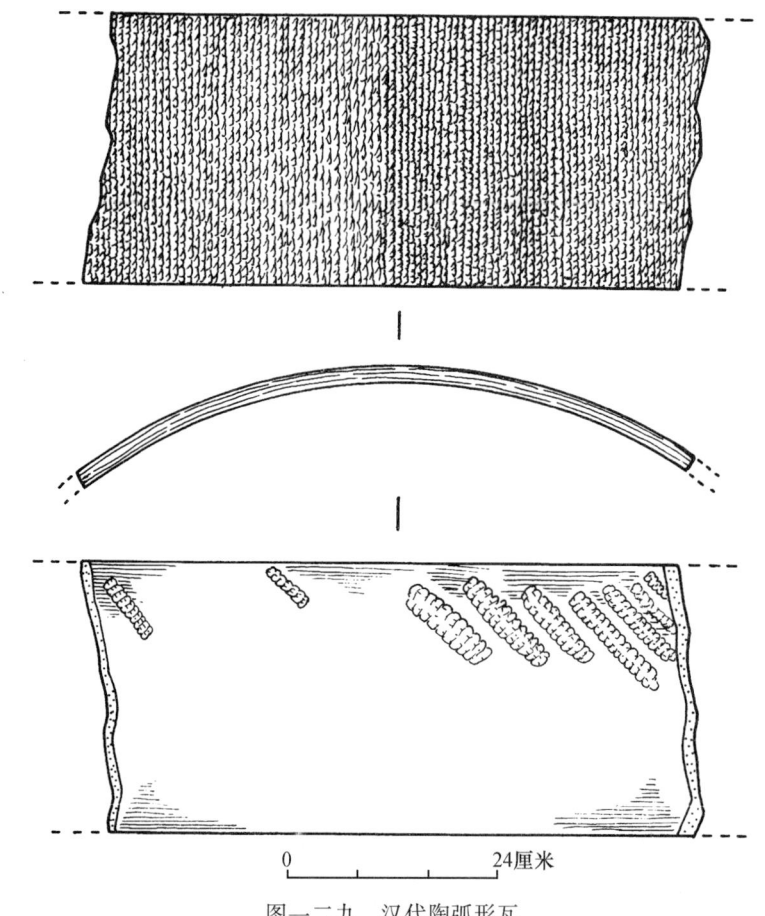

图一二九 汉代陶弧形瓦
（H62∶3）

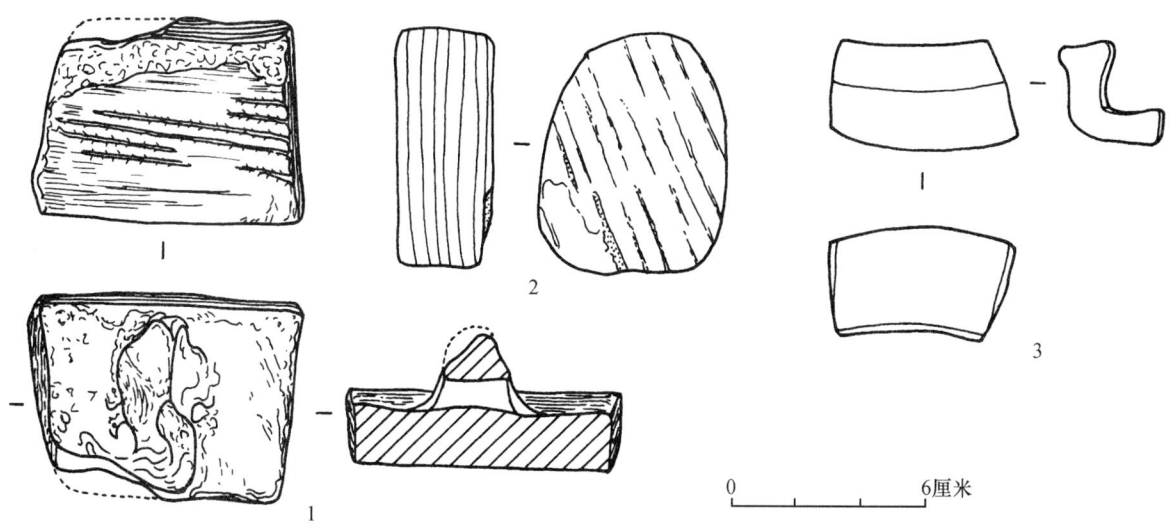

图一三〇　汉代制陶工具

1. 陶模拍（T0406②B∶1）　2. 石模拍（H82∶2）　3. 陶口沿规（H43∶1）

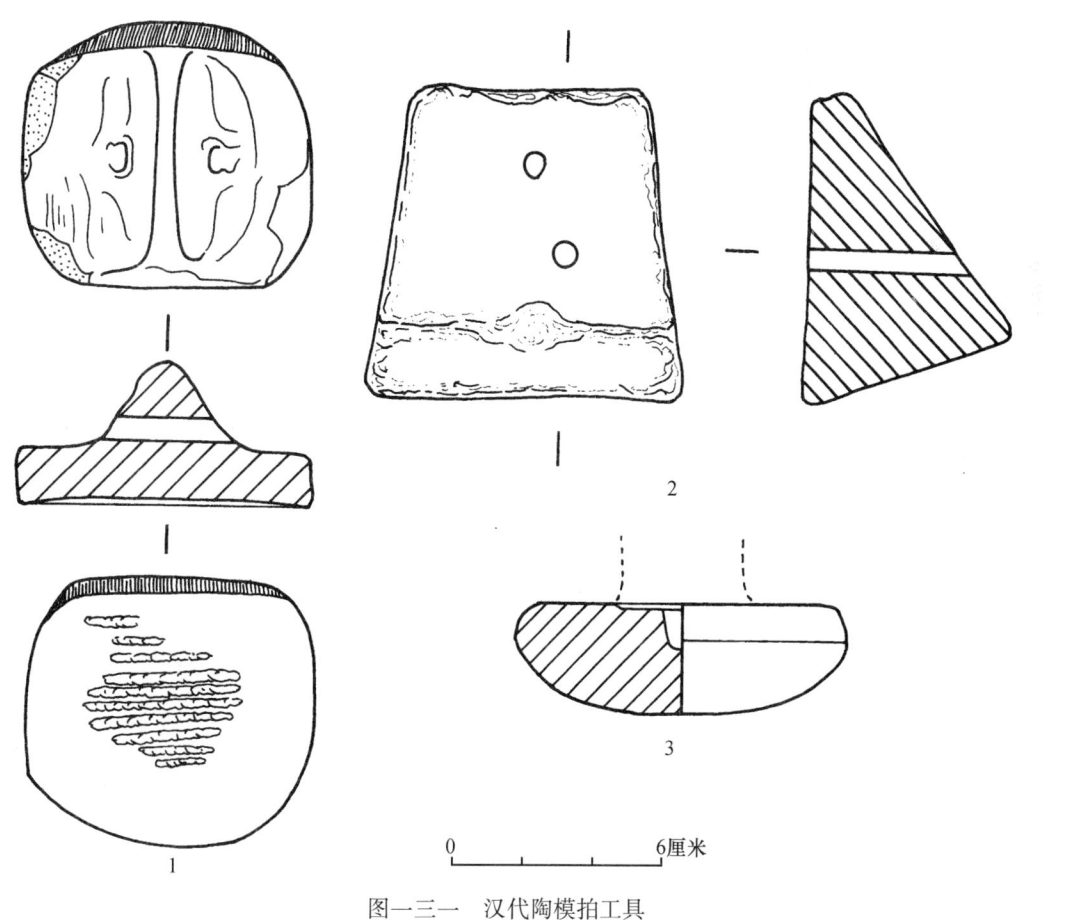

图一三一　汉代陶模拍工具

1. Y2∶10　2. H16∶2　3. Y2∶4

圆角方形模拍　1件。Y2：10，泥质灰陶，火候较高。手制。平面略呈圆角方形，底面较平，中部饰粗绳纹。正面粘接鼻状纽，纽中部一直径0.7厘米的横向穿孔。长8.4、宽7.4、高4厘米（图一三一，1；图版一六，7、8）。

锥体形模拍　1件。H16：2，夹细砂灰褐陶。手制。略残，呈长方形锥体状，底面长方形，粗糙不平；侧面略呈等腰三角形；正面有两个直径0.7厘米的穿孔。长8.8、宽6.2、高8.2厘米（图一三一，2；图版一六，2）。

支垫　出土较多，大多残。根据形制的不同，可分二型。

A型　5件。半环状。Y2：9，夹细砂灰陶。手制。呈半环状，侧面凹凸不平，正面和底面倾斜。正面饰绳纹。径7、宽2.4厘米（图一三二，1；图版一七，1左）。H2：2，泥质灰陶。手制。呈扁半圆形，侧面略凹，正面和底面倾斜。正面饰细绳纹。径10.4、宽3.2厘米（图一三二，2）。Y1：3，泥质深灰陶。手制。略呈半圆形，侧面内凹呈较深的U形槽；正面和底面倾斜略凹。正面饰绳纹。径10、宽3.2厘米（图一三二，3）。G1：3，夹细砂灰陶。手制。呈半圆形，侧面凸凹不平。正面和底面倾斜。正面饰细绳纹。径8、宽3.6厘米（图一三二，4；图版一七，1右）。T0505②B：1，夹细砂灰褐陶。手制。残，侧面不平，正面和底面倾斜。通体饰细绳纹。径7.8、宽3.6厘米（图一三三，2；图版一七，1中）。

B型　1件。圆台状。T0227③：5，夹砂红褐陶。轮制。呈圆台形，两面均倾斜。通体饰粗绳纹。直径5.4、高2~3.6厘米（图一三三，1）。

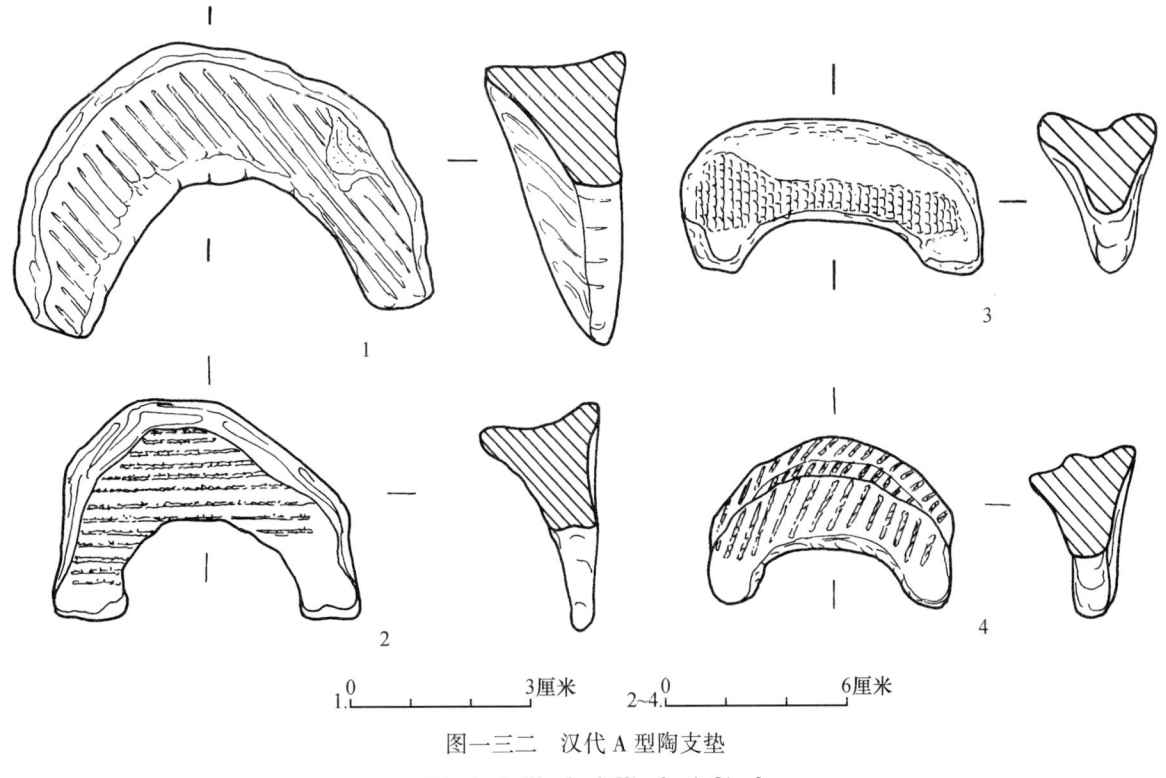

图一三二　汉代A型陶支垫
1. Y2：9　2. H2：2　3. Y1：3　4. G1：3

另外出土汉代陶器有瓮盖、壶盖、鼎耳、杯、圆陶片、螺髻饰、陶器刻文等，数量均很少。

瓮盖　1件。H135：2，泥质灰陶。轮制。残，斗笠状，中部圆鼓，周沿向下略倾斜。外表饰竖向绳纹，周沿因刮抹绳纹模糊。直径33.6、高7.2厘米（图一三四）。

壶盖　1件。H37：3，泥质灰陶。轮制。残，口部子母口状，顶弧面。残径11、残高2.4厘米（图一三五，2）。

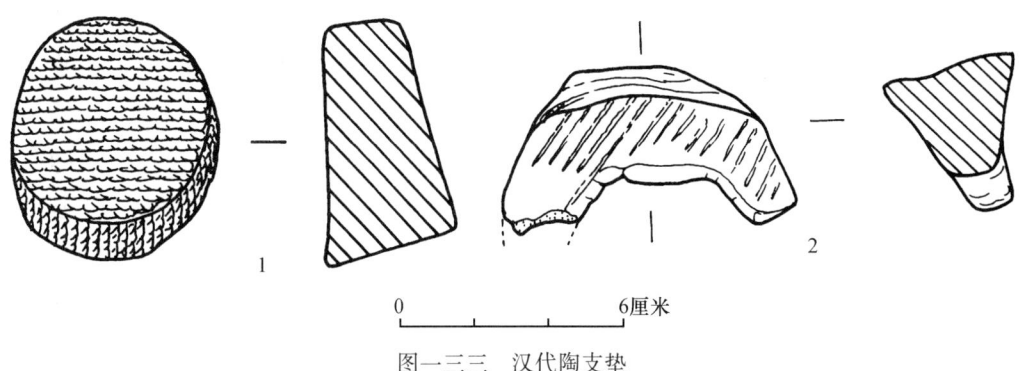

图一三三　汉代陶支垫

1. B型（T0227③：5）　2. A型（T0505②B：1）

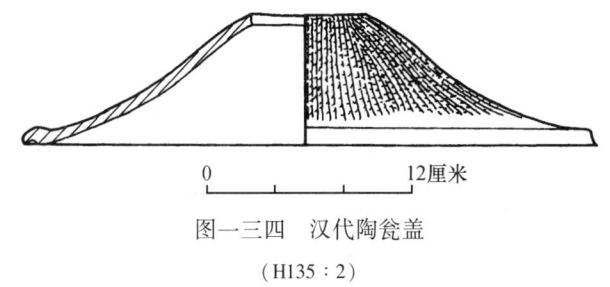

图一三四　汉代陶瓮盖

（H135：2）

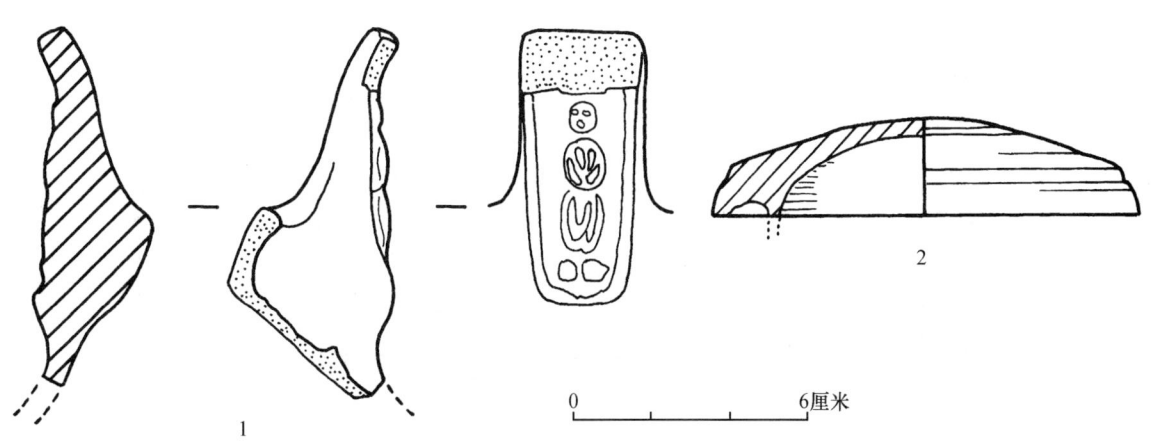

图一三五　汉代陶器

1. 鼎耳（T0104②B：3）　2. 壶盖（H37：3）

鼎耳 1件。T0104②B：3，釉陶，胎为泥质红陶，陶质细腻，火候较高近瓷胎，釉草绿色，厚薄均匀。鼎轮制，敞口，平沿，圆角方唇。耳模制，呈纵长方形，耳面内凹，饰一站立、双手抱胸的人物。耳粘贴于鼎颈部高于口沿。残高9厘米（图一三五，1）。

杯 1件。T0227③：1，夹细砂红褐陶。手制。敛口，尖圆唇，折肩，斜腹，平底。制作粗糙。口径2.6、底径2.4、高3.6厘米（图一三六，4）。

夯 1件。T0205②B：1，泥质红陶。手制。残，呈方台体，侧面呈梯形，顶面中部一直径4、深8.4厘米的竖穴以安装木柄。边长11.2~14、高12.8厘米（图一三六，3；图版一七，2）。

圆陶片 出土较多，大多由陶器残片打制形成，有的略加磨光。H100：7，由夹细砂绳纹红褐陶器残片打制而成。平面呈圆形，局部磨光。直径3.8、厚1.1厘米（图一三六，1；图版一七，3右）。Y2：8，由夹细砂麻点纹红褐陶器残片打磨而成。圆饼状，周缘粗糙。直径3.1、厚1.1厘米（图一三六，2；图版一七，3左）。

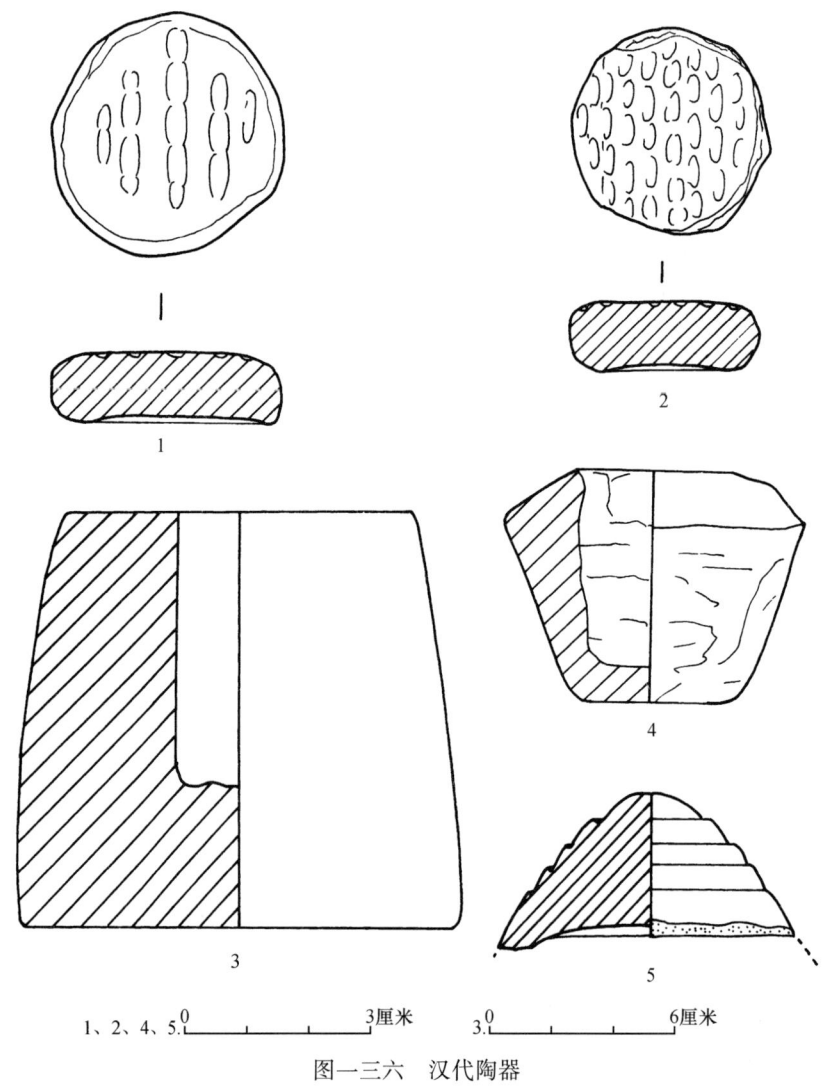

图一三六 汉代陶器

1、2. 圆陶片（H100：7、Y2：8） 3. 夯（T0205②B：1） 4. 杯（T0227③：1） 5. 螺髻饰（H44：1）

螺髻饰 1件。H44：1，泥质红陶。轮制。螺髻形。残径4.9、残高2.3厘米（图一三六，5）。

陶器刻文 1件。H58：1，在泥质灰陶片上刻一"杨"字，其中木字旁上部残失。长5.8、宽2.6厘米（图版一七，4）。

2. 木器

由于不易保存之故，木器出土非常少，仅有线梭和桃核，出土于井内。

线梭 1件。J1：1，手制。两端呈方形椎体，中部挖空为四个柱状棱与两端相连；两端内壁有圆形凹窝，曾经应装木周。长33.6厘米（图一三七，1；图版一七，6）。

桃核 1枚。J1：11，核较小且完整，为毛桃核。长2.6厘米（图一三八，2；图版一七，5）。

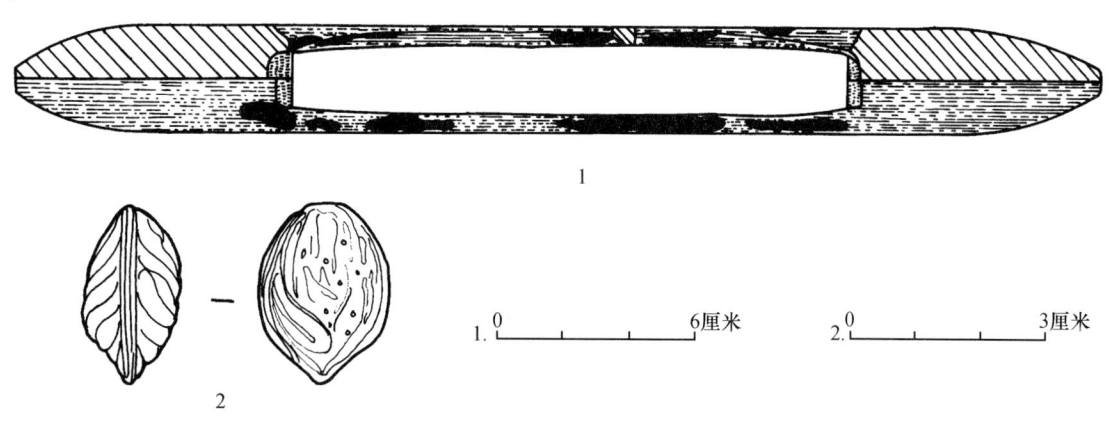

图一三七 汉代木器

1. 木梭（J1：1） 2. 桃核（J1：11）

3. 铜器

铜器出土较少，仅有带钩和盖弓帽。

带钩 1件。H42：1，琵琶状，腹部较宽，饰卷云纹，纽铆钉状，钩呈反方向鸭首状。长4.2厘米（图一三八，1）。

盖弓帽 1件。H154：3，中部略细，呈筒状，残。残径0.7、腹径0.5、残长3.1厘米（图一三八，2）。

4. 铜钱

上宝盖遗址出土汉代铜钱共16枚，大多锈蚀不清，有半两、五铢和新莽时期的铜钱。

半两钱 6枚。圆形方穿，正面和背面均无边郭和穿郭。根据字体笔画的不同，可分二型。

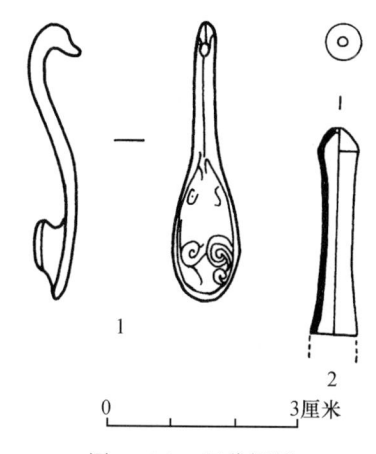

图一三八 汉代铜器

1. 带钩（H42：1） 2. 盖弓帽（H154：3）

A型 2枚。"两"字下笔宽扁。根据字体笔画的不同，可分二亚型。

Aa型 1枚。"两"字内二"人"字纵长。H7：1，"半"字上笔弧折，上横划长于下横划；两字宽扁，上横划较短，二"人"字略长。直径2.6、穿宽0.8厘米（图一三九，1；图版一八，1、2，左上）。

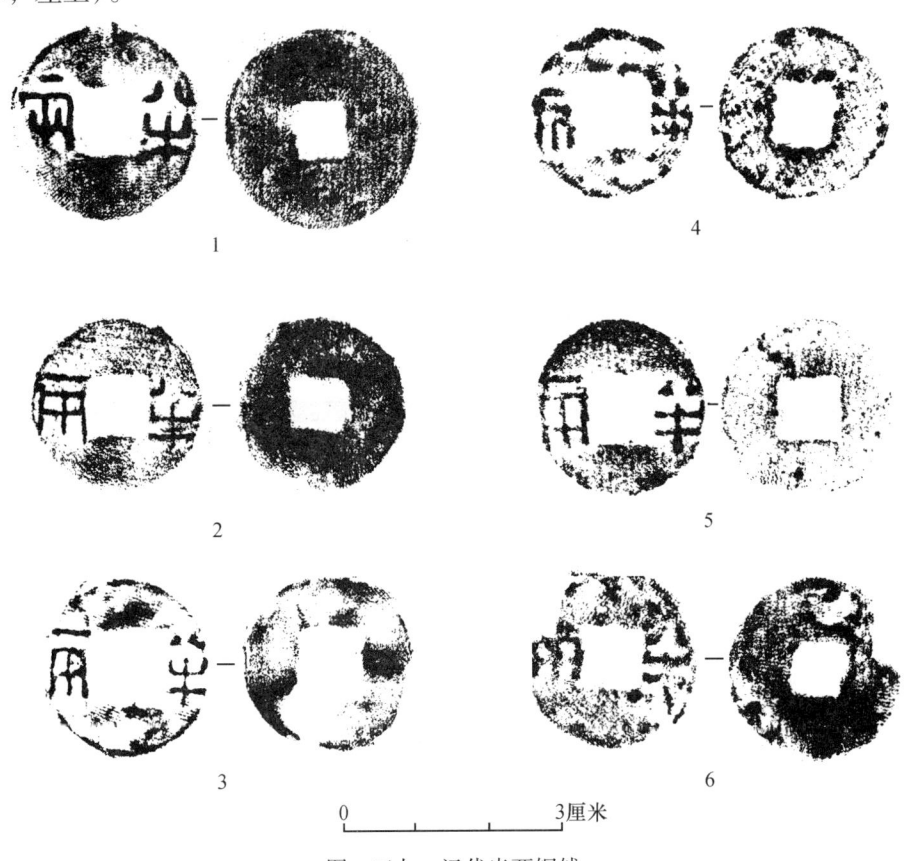

图一三九　汉代半两铜钱

1. Aa型（H7：1）　2. Ab型（T0102③：1）　3、4. Ba型（H59：1、H67：1）
5. Bb型（T0403①：1）　6. 其他（H121：5）

Ab型 1枚。"两"字内二"人"字呈相连的一横划。T0102③：1，"半"字上笔弧折较长，下横划与上横划几乎等长；"两"字宽扁，上横划较长，左、右竖笔上出头，下部略外撇，"两"字内的"人"字呈一横划。直径2.3、穿宽0.8厘米（图一三九，2；图版一八，1、2，下中）。

B型 3枚。"两"字纵长。根据字体笔画的不同，可分二亚型。

Ba型 2枚。"两"字内的二"人"字呈相连的两点。H59：1，"半"字上笔弧折较短；"两"字纵长，上笔宽于下笔，二"人"字呈相连的两点。直径2.3、穿宽1厘米（图一三九，3；图版一八，1、2，上中）。H67：1，"半"字上笔较短；"两"字纵长，二"人"字略靠上呈相连的两点。直径2.2、穿宽0.9厘米（图一三九，4；图版一八，1、2，上右）。

Bb型 1枚。"两"字内的二"人"字呈相连的一横划。T0403①：1，"半"字上笔弧折较短;"两"字纵长,上横划略短,二"人"字呈相连的一横划。直径2.3、穿宽0.9厘米(图一三九,5;图版一八,1、2,下右)。

另出土1枚半两钱(H121∶5)严重锈蚀,字迹模糊,具体形制不详。直径2.3、穿宽0.7厘米(图一三九,6;图版一八,1、2,左下)。

五铢钱 8枚。锈蚀较严重,圆形方穿,正、背面均有细窄的边郭,穿郭背面清晰,正面在穿的上部有郭。根据字体笔画的不同,可分三型。

A型 2枚。铢字"金"旁上笔呈三角形,"朱"旁上部方折。T0327③∶2,"五"字略宽,二交划弧曲稍甚;"铢"字之"金"旁上笔呈三角形,"朱"字上笔方折较短,末笔弧折。直径2.4、穿宽1厘米(图一四〇,1;图版一九,1、2,右2)。T0528②∶8,字迹清晰,字迹、形制与T0327③∶2相同。直径2.4、穿宽1厘米(图一四〇,2;图版一九,3右;图版一九,4,右2)。

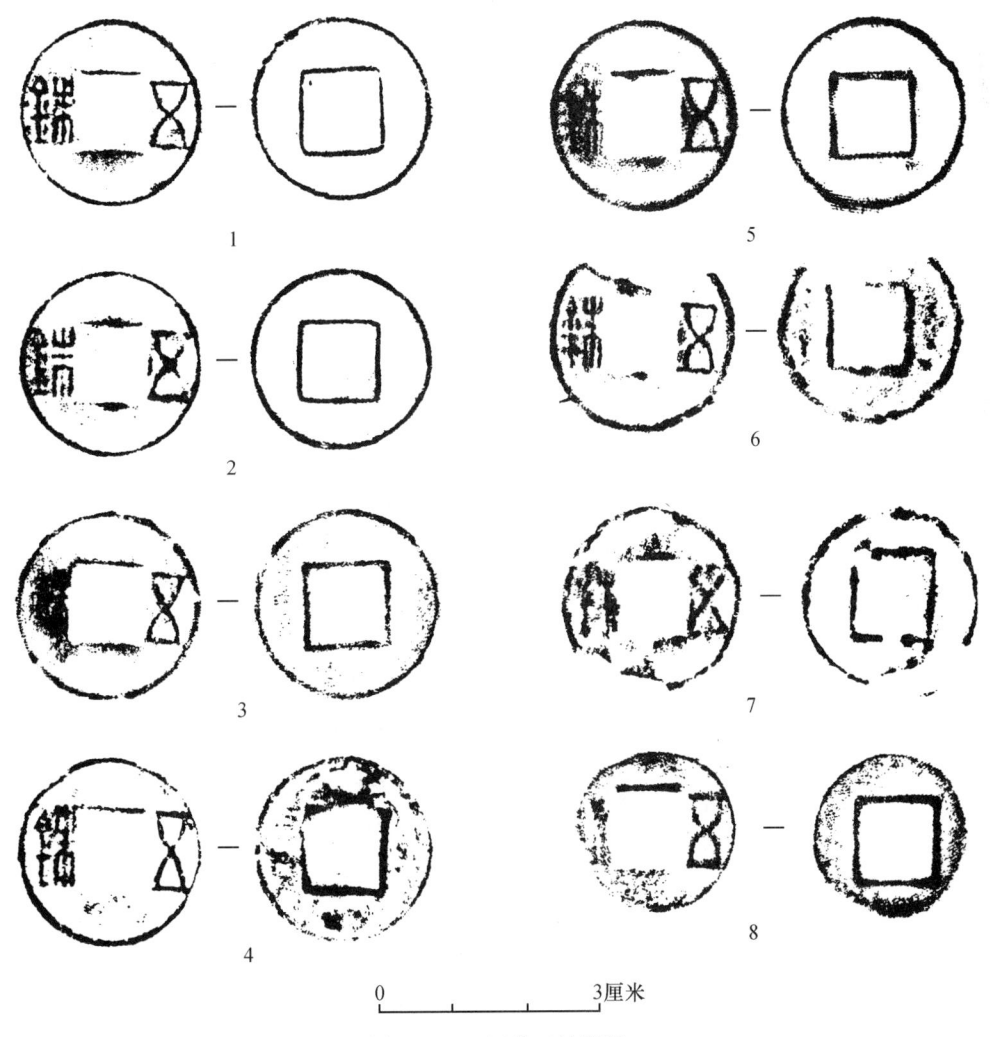

图一四〇 汉代五铢铜钱

1、2. A型(T0327③∶2、T0528②∶8) 3、5、7. 其他(Y1∶4、H43∶7、H67∶2) 4、6. B型(H53∶1、M9∶2) 8. C型(T0633②∶1)

B型　2枚。铢字"金"旁上笔呈镞尖形，即三角形的底边小方折，"朱"旁上部方折或弧折。H53：1，字迹较清晰。"五"字二交划弧折；"铢"字之"金"旁上笔呈镞尖形，"朱"旁上笔方折较长，末笔弧折。直径2.5、穿宽1.1厘米（图一四〇，4；图版一九，1、2，左2）。M9：2，上部残失。"五"字二交划弧曲；"铢"字之"金"旁上笔呈镞尖形，"朱"旁上笔弧折，末笔弧折。直径2.5、穿宽1厘米（图一四〇，6；图版一九，4，左1）。

C型　1枚。磨边五铢。T0633②：1，边郭被剪仅存残迹。正面穿上有郭，背面穿郭清晰。"五"字二交划弧曲；"铢"字模糊不清。直径2.1、穿宽1.1厘米（图一四〇，8；图版一九，1、2，左1）。

另3枚铜钱锈蚀较重，难以分型。H43：7，"五"字稍显纵长，二交划弧曲；"铢"字严重锈蚀。直径2.5、穿宽1厘米（图一四〇，5；图版一九，3左；图版一九，4，左2）。H67：2，左下残失，经火烧呈黑色。"五"字二交划较直，"铢"字模糊不清。直径2.4、穿宽1厘米（图一四〇，7；图版一九，1、2，右1）。Y1：4，"五"字清晰，二交划弧折；"铢"字之左边严重锈蚀，"朱"字上笔方折，末笔圆折。直径2.5、穿宽1厘米（图一四〇，3；图版一九，4，右1）。

新莽时期的铜钱仅出土2枚，有货泉和大泉五十，均出土于灰坑中。

货泉　1枚。H121：4，正、背面均有边郭和穿郭；"货泉"二字篆体，略模糊。正面因打压略凹。直径2、穿宽0.8厘米（图一四一，2）。

大泉五十　1枚。H128：4，正、背面均有边郭和穿郭，其中正面较背面之宽、高；"大泉五十"四字篆体，字体较清晰。直径2.7、穿宽0.9厘米（图一四一，1）。

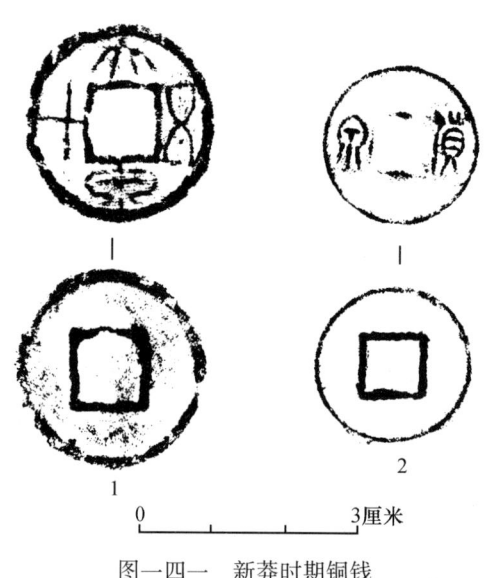

图一四一　新莽时期铜钱
1. 大泉五十（H128：4）　2. 货泉（H121：4）

5. 石器

石器有凿、斧、砧、刀、球等，出土数量较少。

凿　2件。H82∶1，磨制。上端残失，双面刃，通体较光滑。残长6.6、残宽1.2厘米（图一四二，3）。H152∶1，磨制。呈长方形，较薄，单面刃，通体光滑，制作精细。长6.2、宽2.6～3、厚0.5厘米（图一四二，1）。

斧　1件。T0205②A∶1，用石坯加工而成。一面为自然面，另一面为剥离面，刃部因使用而崩裂。长6.7、宽4.7～5.5、厚0.2～1厘米（图一四二，4）。

球　1件。T0408②C∶1，自然球状砾石，有使用痕。径6.8～7.4厘米（图一四二，5）。

模拍　1件。H82∶2，磨制。呈扁圆形，一面打磨光滑。径5.8～7.1、厚3.1厘米（图一三〇，2）。

砧　1件。H90∶2，天然鹅卵石，呈靴底状，一面因打制工具形成扁圆形的浅穴。长13、宽5.6～8、厚3厘米（图一四二，2）。

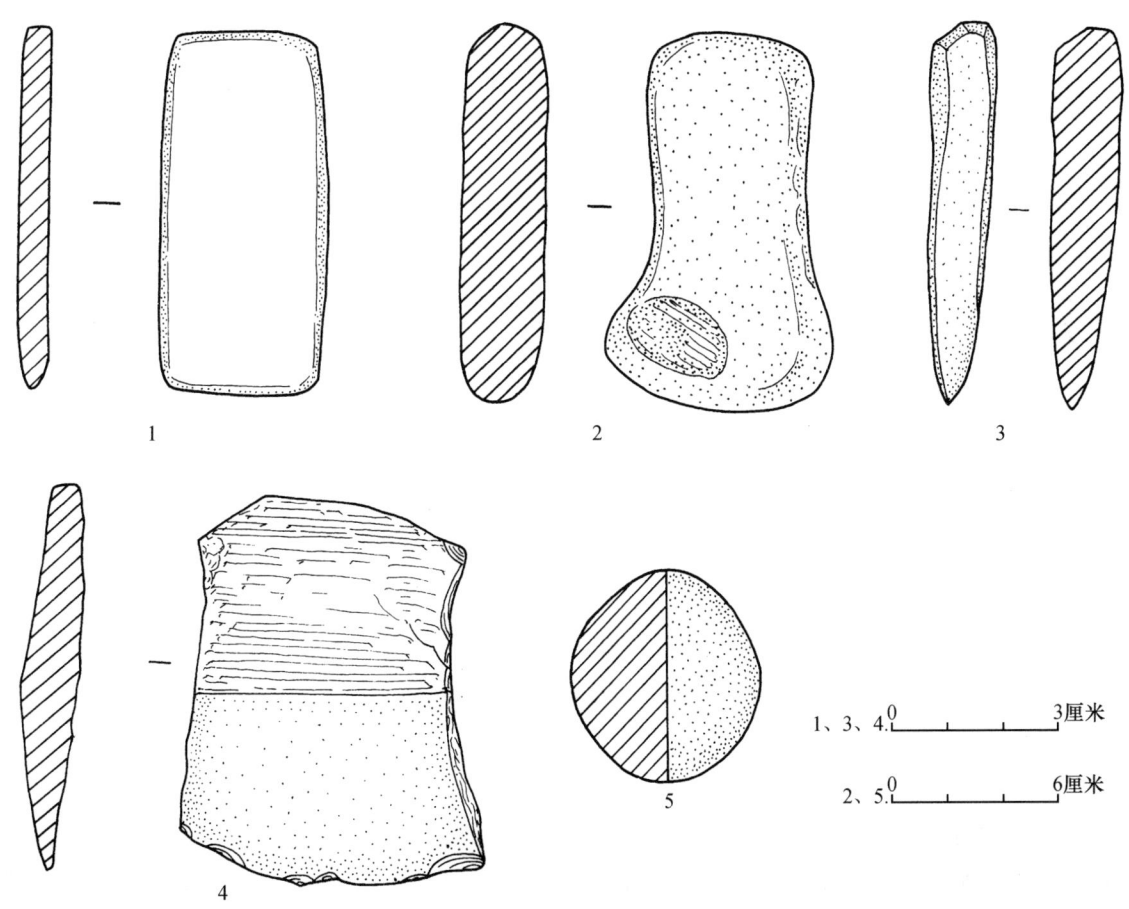

图一四二　汉代石器

1、3. 凿（H152∶1、H82∶1）　2. 砧（H90∶2）　4. 斧（T0205②A∶1）　5. 球（T0408②C∶1）

（三）瓮（瓦）棺葬

瓮（瓦）棺葬完整者共 14 座，另外在灰坑及地层内还发现残瓮棺葬具 9 套（图一四三）。主要分布于遗址西北部、沿江一线，用于埋葬夭折儿童，部分骸骨年龄属婴幼儿。其埋葬方式为根据瓮棺大小先挖一土圹，将瓮棺放置其内，然后堆土掩埋。有单座零星埋葬的，也有集中一处埋葬的，部分间还存在打破关系。其中瓦棺葬 1 座，瓦棺与瓮棺并葬 1 座，其他均为瓮棺葬。瓮棺葬又分为瓮上扣盆、瓮上扣盖以及瓮上扣瓦三种。除一座内发现 2 枚五铢铜钱外，其他墓未见随葬品。埋葬所用葬具大小有别，小者如双耳陶罐；大者有瓮、盆，均为日用器物；盖形如斗笠，做瓮棺的盖时顶部多凿一孔洞，可能为灵魂出入的通道。

1. 瓦棺葬

瓦棺葬发现 M1 一座。

M1　位于 T0202 北部。开口于第 2B 层下。基本为东西向，方向 88°。开口距地表深 0.45 米。墓圹平面呈长方形，东西长 1.34、南北宽 1.2、深 0.6 米。葬具为 6 块板瓦拼合而成，状似木棺，上下两块为完整板瓦相扣；前后及两侧板瓦均用板瓦残片，瓦面向外。棺内葬一婴儿，仅存头骨残片，酥化严重。经鉴定是一幼儿[①]（图一四四，1；图版二〇）。

瓦棺　1 件。M1:1，两块板瓦相扣形成。泥质灰青陶。轮制。凸面模拍绳纹，凹面大口端至中部模印网格纹。两侧有从内向外宽 0.1～0.7 厘米的切割痕。长 54.4、宽 40.8～44、厚 1.6、覆高 10.8 厘米（图一四四，2；图一四五）。

2. 瓮棺和瓦棺合葬

瓮棺和瓦棺合葬发现 M5 一座。

M5　位于 T0227 西南部。开口于第 3 层下。基本为南北向，方向 10°。开口距地表深 0.5 米。墓圹平面呈梯形，墓圹南北长 1.2、宽 0.64～0.84、深 0.8 米。瓮棺位于土圹南部，倒置，用盆封口，即瓮在最下部，其上倒置盆。瓦棺位于瓮底上部，由两件完整的筒瓦相扣而成，瓦头朝北。瓦棺内有一婴儿骨架，保存相对较好，头朝南，面向不清，属侧身屈肢葬。瓮棺内人骨仅存骸骨残段，具体葬式不详。经鉴定，瓦棺内为一幼儿。两墓内均未见随葬品（图一四六，1；图版二一，1）。

瓮棺　1 件。M5:1，由盖和瓮组合形成。盖为覆盆。M5:1-1，泥质深灰陶。轮制。敛口，平折沿，尖圆唇，深腹，腹上部外折，下部斜直，平底。折腹部为一凸棱，外壁饰斜向细绳纹，大部模糊。口径 43.2、底径 17.6、高 24 厘米。棺部为瓮。M5:1-2，泥质浅灰陶。轮制。敛口，窄平沿，斜方唇，束颈，肩部微凸，圆折肩，圆鼓部位于中部偏上，其下弧收，平底。

[①] 由湖北省文物考古研究所周蜜鉴定，下同。

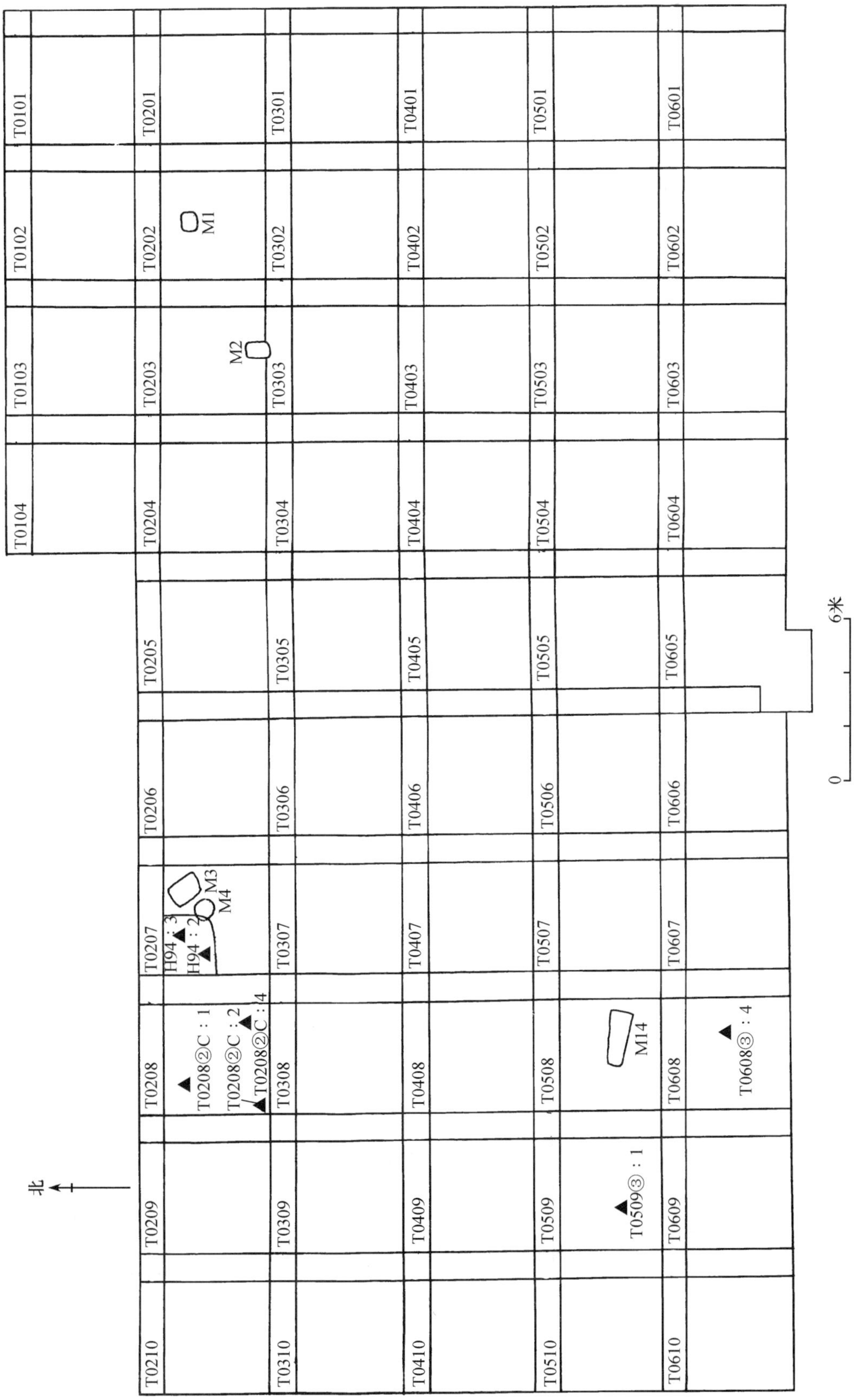

图一四三 汉代瓮棺葬分布图（a）

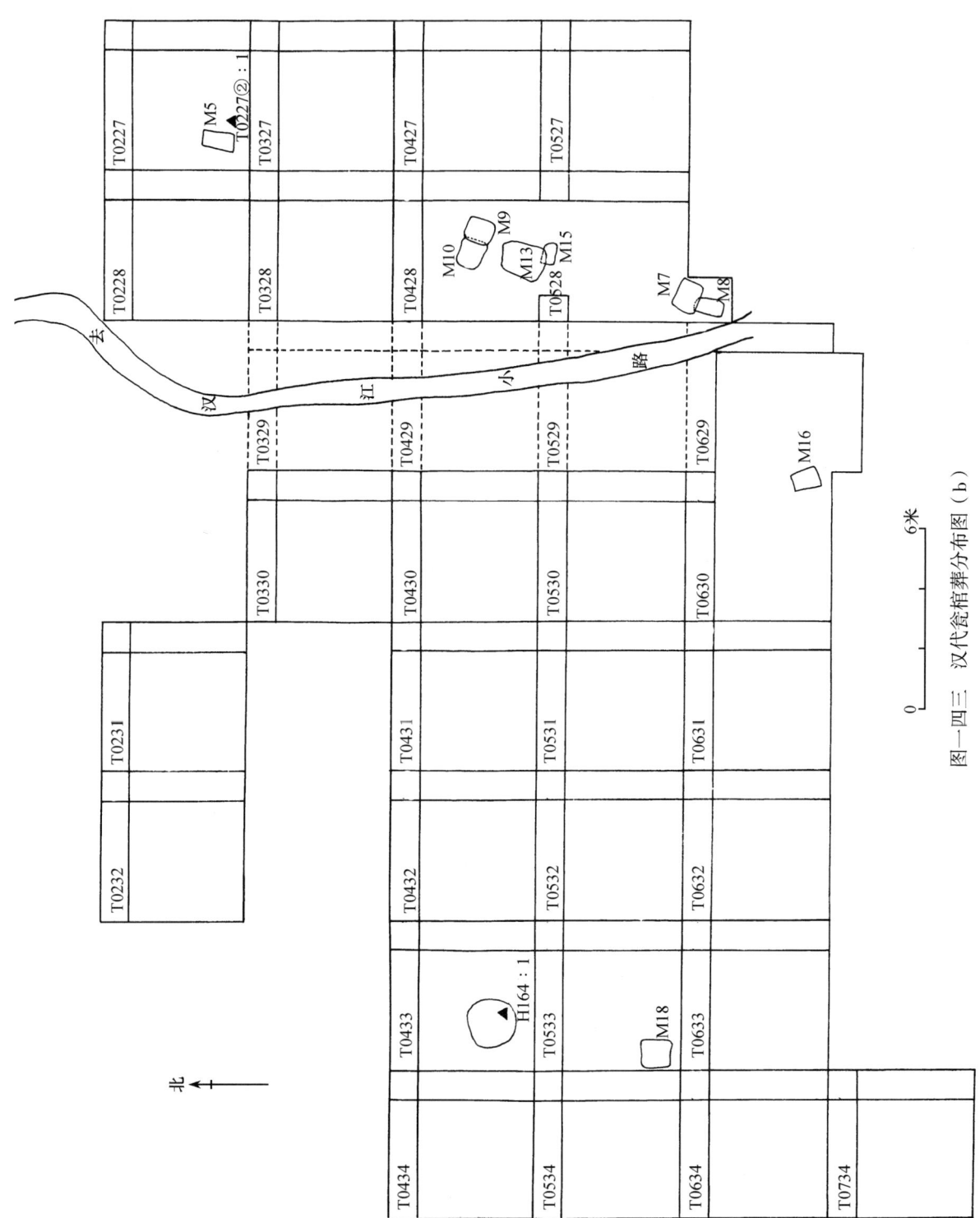

图一四三 汉代瓮棺葬分布图（b）

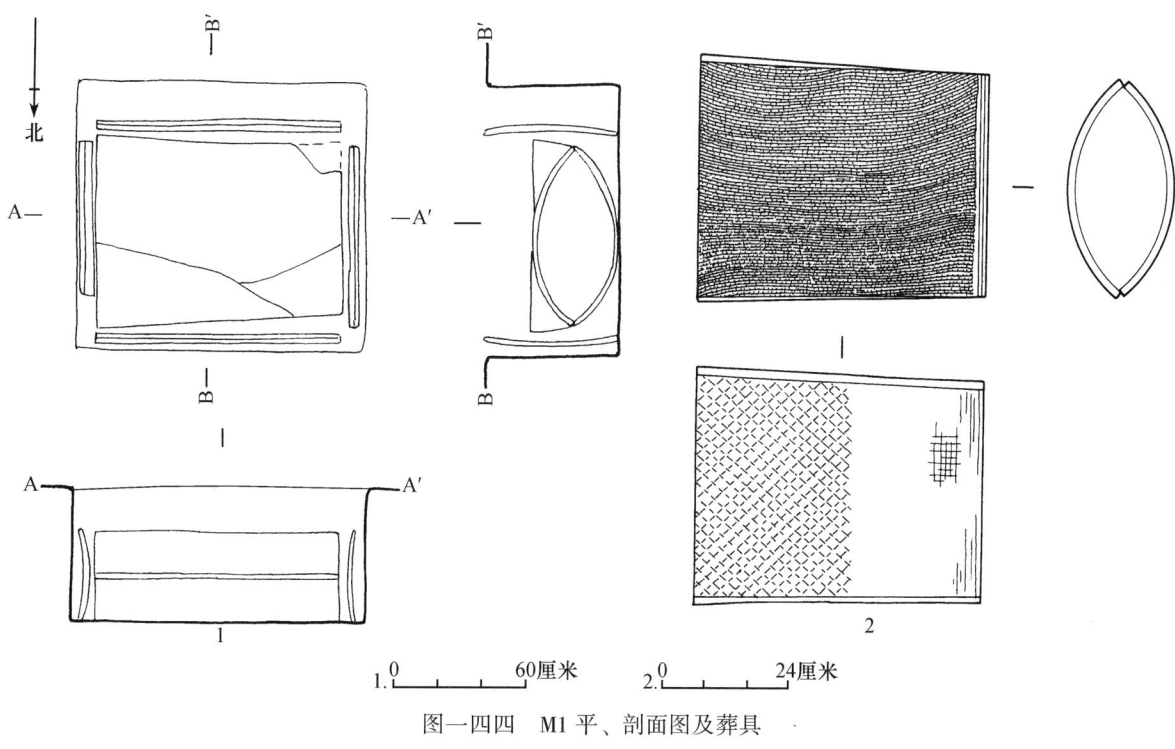

图一四四　M1 平、剖面图及葬具
1. 平、剖面图　2. 瓦棺（M1∶1）

图一四五　M1 板瓦纹饰拓片（局部）

外壁饰五周宽窄不一的绳纹带。口径28.8、最大腹径60.8、底径23.6、高48厘米。通高68厘米（图一四六，2；图版二一，2）。

瓦棺　1件。M5：2，由两块筒瓦相扣而成，其中一块残。M5：2-1，泥质青灰陶。轮制。凹面饰布纹，凸面中部饰粗绳纹，其两侧较为粗糙。两侧留存宽0.2~0.8厘米从外向内的切割痕。长46、宽17.2、厚1.6厘米（图一四六，3）。M5：2-2，泥质青灰陶。轮制。残。凹面饰布纹，凸面中部瓦头端饰粗绳纹，其余素面，应是筒瓦扣压部分。两侧留存宽0.2~0.8厘米从外向内的切割痕。残长37.6、宽16、厚2厘米（图一四六，4）。

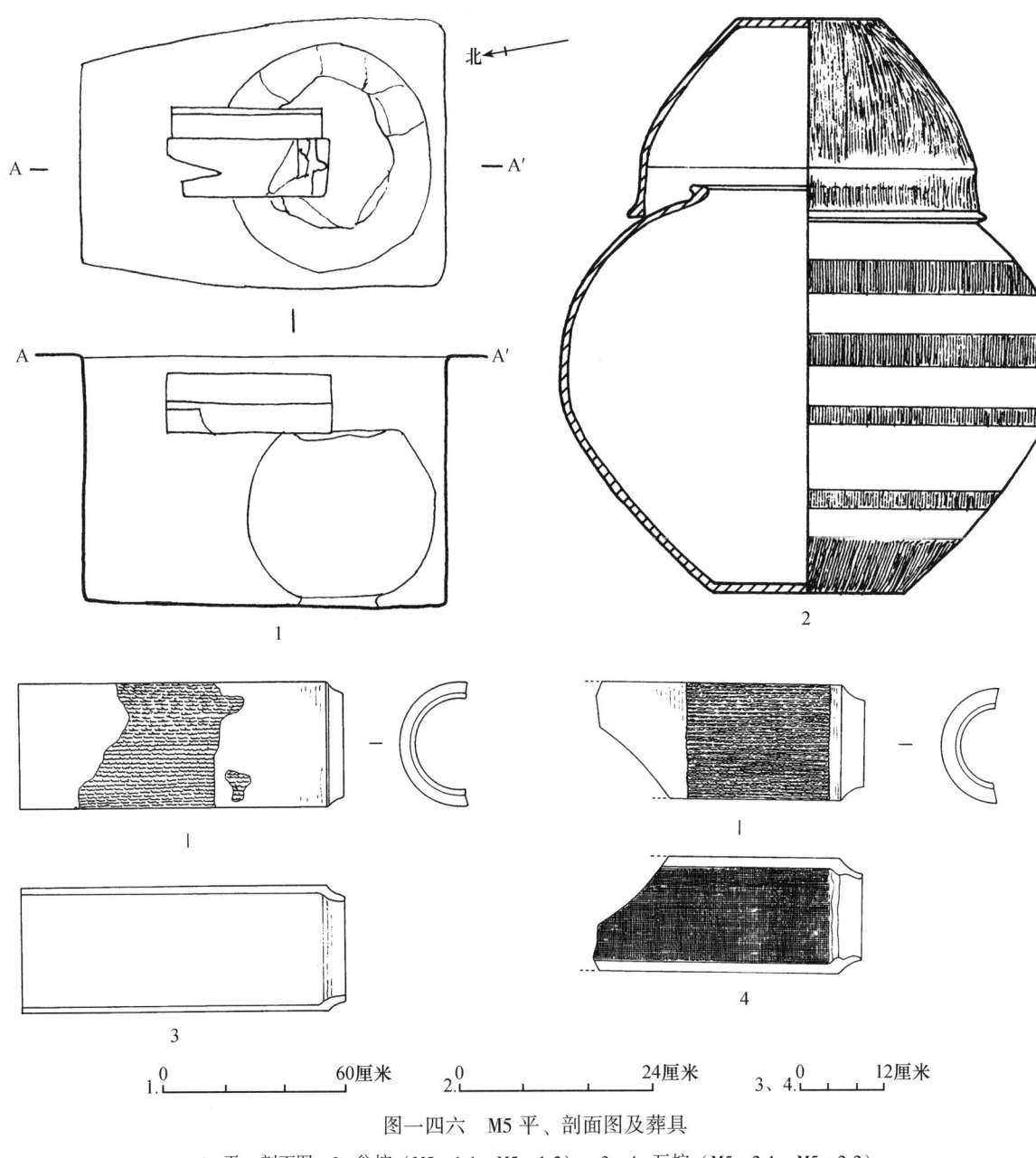

图一四六　M5平、剖面图及葬具
1. 平、剖面图　2. 瓮棺（M5：1-1、M5：1-2）　3、4. 瓦棺（M5：2-1、M5：2-2）

3. 瓮棺葬

瓮棺葬发现12座。封口有瓦、盆、盖三种。

（1）瓮上扣瓦瓮棺葬

瓮上扣瓦瓮棺葬发现2座，单人葬，为M15、M10。

M15 位于T0528北隔梁下。开口于第2层下，打破H121，被M13打破。东西向，方向102°。开口距地表深0.35米。墓圹平面呈长方形，东西长1.6、南北宽0.8、深0.88米。瓮棺由瓮和板瓦组成，瓮侧置，瓮口朝东，用两块残断的绳纹板瓦封口。瓮内人骨严重残朽，仅残存部分头骨（图一四七，1）。

瓮棺 1件。M15：1、M15：2，由瓦和瓮组合而成。瓦为板瓦，覆盖于瓮口上。M15：1，泥质青灰陶。轮制。残存中部，凸面饰粗绳纹，凹面亦饰粗绳纹，较模糊，两侧面刮抹呈水波纹。残长56、宽28.8、厚1.6厘米。棺为瓮，完整。M15：2，泥质灰陶。轮制。敛口，斜方沿，沿面内凹外削，圆方唇，束颈，广肩略鼓，圆折肩，鼓腹，平底。肩部和腹部饰四周1.2厘米宽的竖向绳纹带，腹下部饰竖向细绳纹。口径26.8、最大腹径68、底径24、高62.4厘米。通高68.4厘米（图一四七，2）。

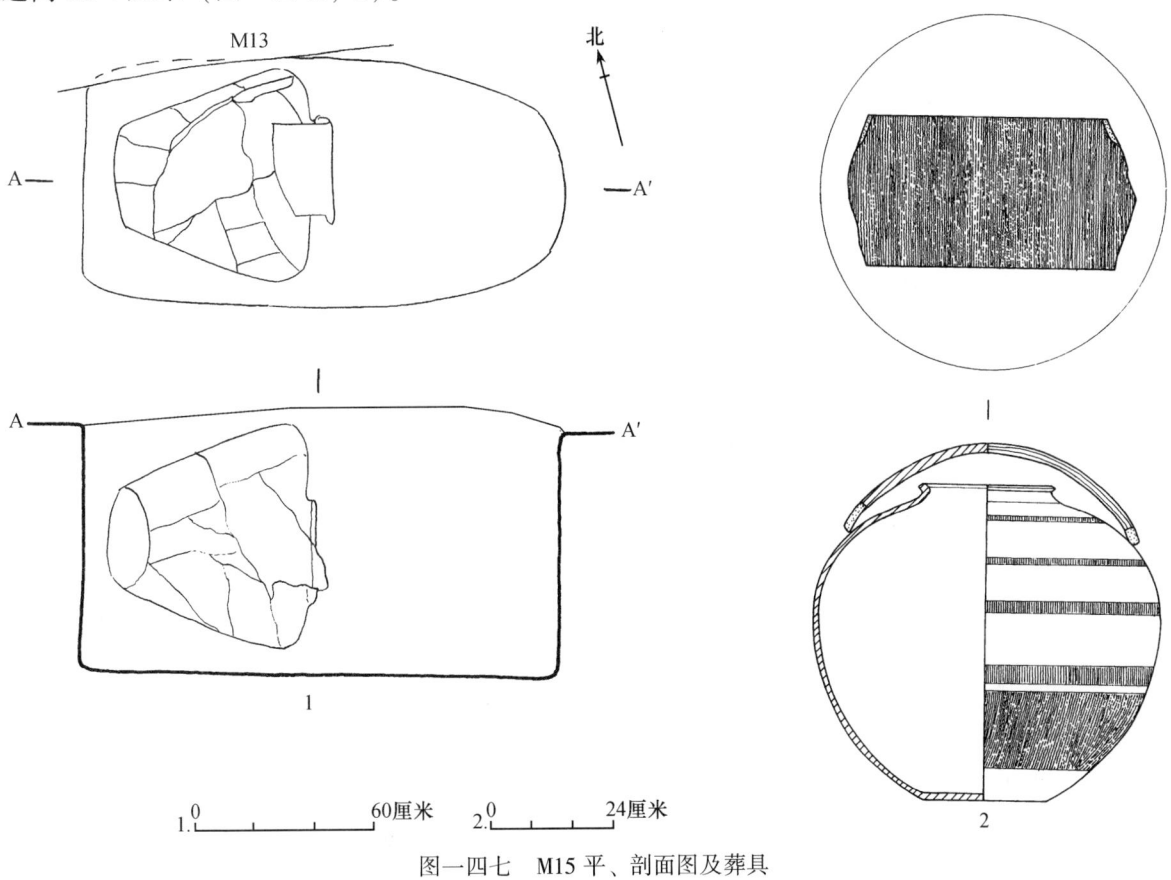

图一四七 M15平、剖面图及葬具
1. 平、剖面图 2. 瓮棺（M15：1、M15：2）

M10 位于 T0428 中部。开口于第 2 层下，被 M9 打破。方向 207°。开口距地表深 0.8 米。墓圹平面呈近方形，长 1.18、宽 1.06、深 0.8 米。四壁做工较粗，未发现工具痕迹，底部较平。墓底距地表深 1.6 米。瓮棺侧置，瓮口朝西南；用板瓦残片封口。瓮棺内有小孩骨架 1 具，严重朽化，但只残留部分肢骨，年龄、性别和葬式不详。墓圹内填土为灰褐色，土质较硬，内包含有汉代瓦片、石块、黑木炭颗粒等（图一四八；图版二二，1）。

瓮棺　1 件。M10∶1、M10∶2，由盖和瓮配套组成。盖，M10∶1，泥质灰陶。为板瓦残片，两侧切割面刻划水波纹，凸面饰粗绳纹。残长 48.8、宽 27.2、厚 2 厘米。瓮，M10∶2，泥质灰陶。轮制。敛口，方唇，溜肩，鼓腹，平底。沿面饰绳纹，外壁饰竖向绳纹，仅腹下部素面。肩腹间粘贴竖向双耳。口径 32、最大腹径 65.6、底径 28、高 60 厘米。通高 66.4 厘米（图一四八，2；图版二二，3）。

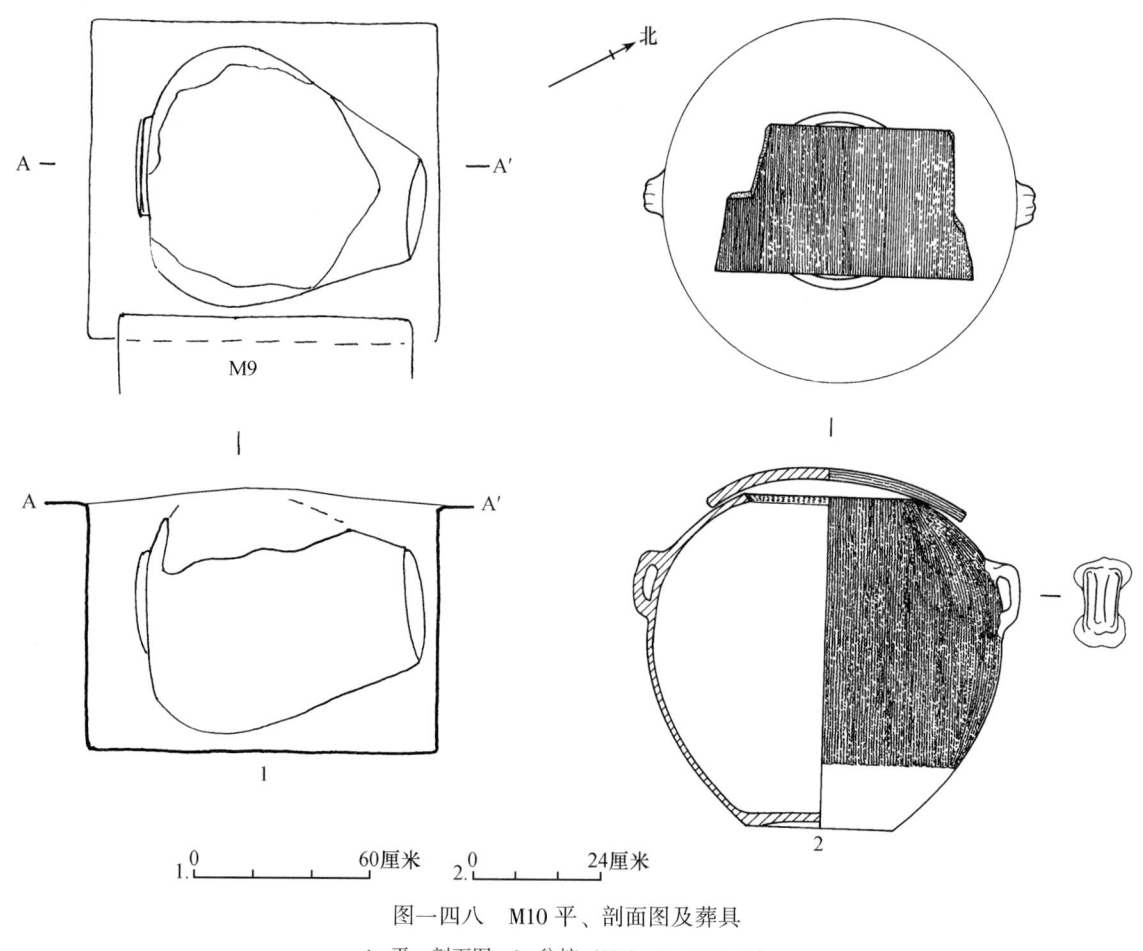

图一四八　M10 平、剖面图及葬具
1. 平、剖面图　2. 瓮棺（M10∶1、M10∶2）

（2）瓮上扣盆瓮棺葬

瓮上扣盆瓮棺葬发现 7 座。有单人葬，如 M2、M14、M16、M18；也有并葬，如 M7、M9、M13。

M2 位于T0203南部及T0303北隔梁下。开口于第2B层下，被H151打破。南北向，方向365°。开口距地表深0.5米。墓圹平面呈长方形，南北长2、东西宽1.04~1.3、深1.1米。瓮棺位于土圹南部，侧置，瓮口朝北，用盆封口。盆和瓮均为实用器。瓮棺内骸骨严重朽化，仅残存一小块（图一四九，1；图版二三，1）。

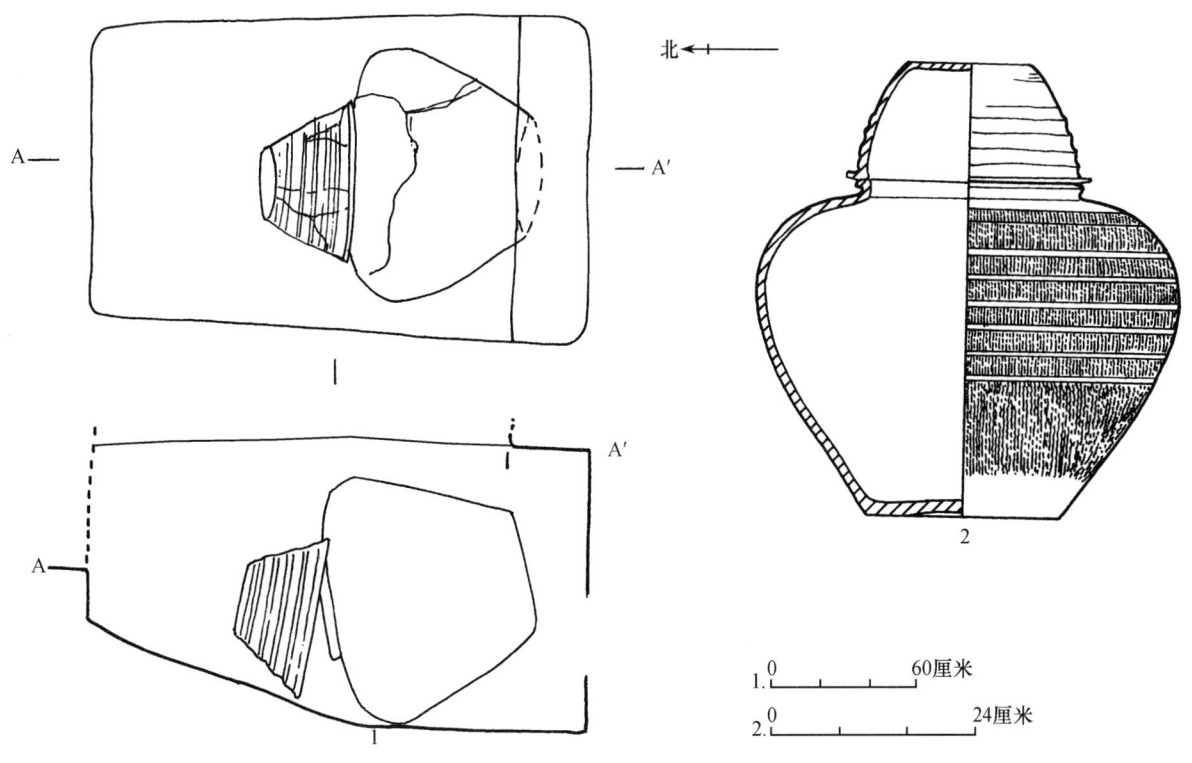

图一四九　M2平、剖面图及葬具
1. 平、剖面图　2. 瓮棺（M2:1、M2:2）

瓮棺　1件。M2:1、M2:2，由盖和瓮配套组成。盖，M2:1，为覆盆，泥质深灰陶。轮制。敛口，外宽折沿，深腹略鼓，平底。腹中上部饰五周较粗的凹弦纹。口径28.8、底径15.2、高13.2厘米。瓮，M2:2，泥质深灰陶。直口，窄平沿，方唇，束颈，鼓肩，最大径位于腹中部偏上，平底略凹，器形较低矮。肩中部饰一周凹弦纹，其下至腹中上部饰竖向绳纹，其上刮划六周间距不一的凹弦纹。口径27.2、最大腹径48.8、底径23.6、高38厘米。通高51.2厘米（图一四九，2；图版二三，2、3）。

M13　位于T0428南部及T0528北隔梁下。开口于第2层下，打破M15及生土。南北向，方向104°。开口距地表深0.75米。墓圹平面呈长方形，南北长1.6、东西宽1.2、深0.84~1.16米。西壁略外弧，其他三壁较直，做工较细致，未发现工具痕迹。底部呈台阶状，南端高于北端0.32米。墓底距地表深1.91米。瓮棺发现2件，分别编号M13北和M13南，位于土圹中偏南，均侧置，瓮口朝东，用盆封口，均为实用器，其中南部瓮棺高于北部瓮棺。瓮棺内均发现骸骨，严重朽化，仅存骸骨残段，具体年龄、性别和具体葬式不详（图一五〇，1；图版二四，1）。

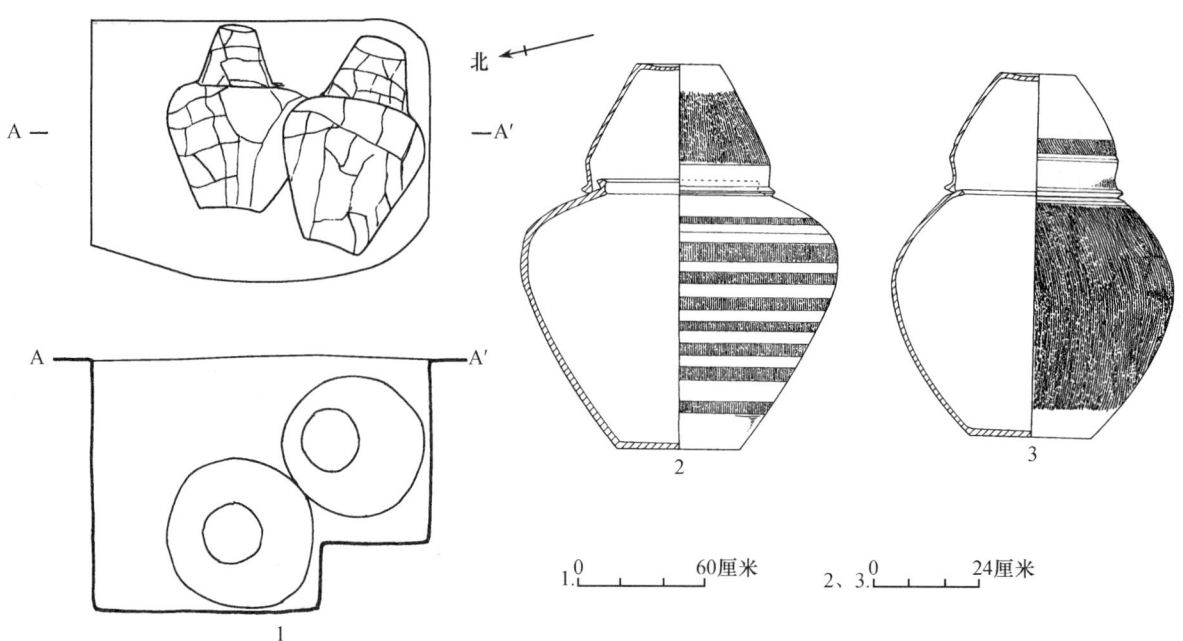

图一五〇 M13 平、剖面图及葬具
1. 平、剖面图 2. 南部瓮棺（M13 南∶1） 3. 北部瓮棺（M13 北∶1）

瓮棺 2件。M13北∶1，由盖和瓮配套组成。均泥质灰陶，轮制。盖，M13北∶1-1，为覆盆，敛口，宽折沿，沿外缘略凹呈子母口状，尖圆唇，深腹，腹上部略鼓，平底略凹。鼓腹部饰一周凸弦纹，其下原饰竖向绳纹，因制陶刮抹仅局部清晰。口径40.4、最大腹径38、底径16.8、高25.6厘米。瓮，M13北∶1-2，敛口，斜唇饰绳纹，溜肩，鼓腹，平底。圆鼓部在腹中部。器表大部饰斜向绳纹。器形略显瘦高。口径33.6、最大腹径63.6、底径26.4、高53.6厘米。通高80厘米（图一五〇，3；图版二四，2）。M13南∶1，由盖和瓮配套组成，均泥质灰陶，轮制，盖较瓮陶色略深。盖，M13南∶1-1，为覆盆，敛口，窄折沿，沿外缘低凹略呈子母口状，尖圆唇，深腹，腹上部略鼓，平底中部略凹。腹中上部饰斜向细密的绳纹。口径43.2、最大腹径41.6、底径19.2、高28.8厘米。瓮，M13南∶1-2，直口，沿内削外凹，外缘略呈子母口状，方唇，广肩，平底。肩部和腹部饰竖向细绳纹带。口径36、最大腹径72、底径28、高59.2厘米。通高84.8厘米（图一五〇，2；图版二四，3）。

M14 位于T0508中部。开口于第3层下。东西向，方向280°。开口距地表深0.9米。墓圹平面呈梯形，东端较宽，东西长1.9、南北宽0.56~0.84、深0.66米。瓮棺侧置于土圹东部，瓮口朝西，用盆封口，出土时相对完整，均为实用器。瓮内骸骨严重朽化，仅残存零星碎骨，经鉴定为一幼儿（图一五一，1；图版二五，1）。

瓮棺 1件。M14∶1、M14∶2，由封口盖和瓮配套组成。均为泥质灰陶，轮制。封口盖为覆盆，M14∶1，敛口，宽外折沿，尖圆唇，深腹，腹上部略鼓，平底微凹。腹上部饰一周凹弦纹，中部饰竖向绳纹，较模糊。口径56.4、最大腹径50.4、底径24.8、高32厘米。棺为瓮，

M14∶2，敛口，卷沿，圆唇，束颈，溜肩，肩腹间方折，鼓肩，平底。沿面饰一周凹弦纹，外壁饰竖向绳纹，因刮抹局部模糊。肩部烧制后刻名"杨口中"，应是人名。口径32、最大腹径72.8、底径30.4、高52.4厘米。通高82厘米（图一五一，2；图版二五，2、3）。

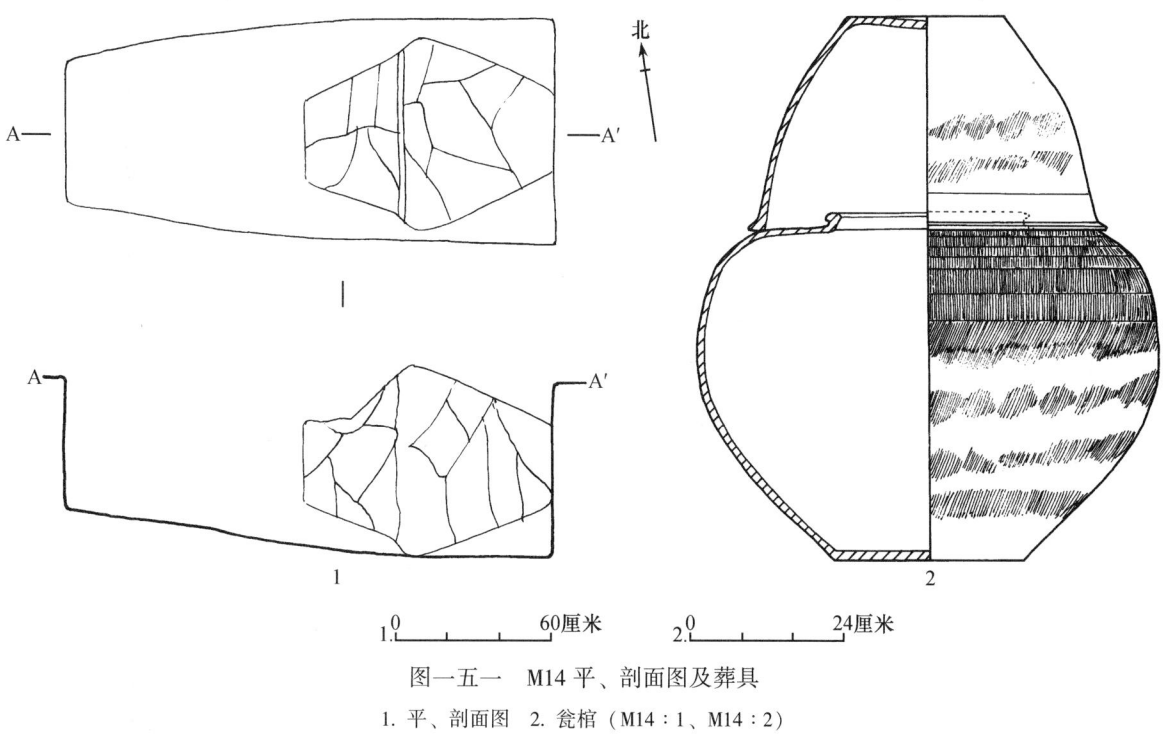

图一五一　M14平、剖面图及葬具
1. 平、剖面图　2. 瓮棺（M14∶1、M14∶2）

M16　位于T0629西壁下偏南及T0630东隔梁下。开口于第2层下。南北向，方向349°。开口距地表深0.66米。墓圹平面呈梯形，南北长2.1、南端东西宽1.4、北端东西宽1.2、深0.8米。四壁较直，做工较粗，未发现工具痕迹，底部较平。墓底距地表深1.46米。填土为棕灰色土，土质较硬，包含物较少，有零星黑木炭颗粒等。瓮棺置于墓圹东南部，口朝上，用盆封口，出土时残碎，可能系后代犁地所致，均为实用器。瓮棺内有骨架1具，只残留部分肢骨及脊椎骨，性别、年龄和具体葬式不详。从骸骨推测可能为一小孩（图一五二，1；图版二六，1）。

瓮棺　1件。M16∶1、M16∶2，由盖和瓮配套组成。均为泥质深灰陶，轮制。盖，M16∶1，为覆盆，略敛口，宽外折沿，斜方唇，深腹，平底略内凹。腹中上部饰间距不一的凹弦纹，其下器壁饰绳纹。口径38.4、底径16、高12.8厘米。瓮为棺，M16∶2，略敞口，卷沿，斜方唇，束颈，圆鼓肩，肩腹间圆鼓，其下斜收，小平底。肩部和腹中上部饰竖向绳纹，后刮抹五周弦纹带，腹下部饰横向绳纹。口径20.8、最大腹径48、底径16、高36.8厘米。通高44.8厘米（图一五二，2；图版二六，2、3）。

M7　位于T0528西南部及其南壁下。开口于第2层下，打破M8，与M8属并葬墓。东西向，方向115°。开口距地表深0.4米。墓圹平面呈梯形，西端略宽，东西长2.2、南北宽

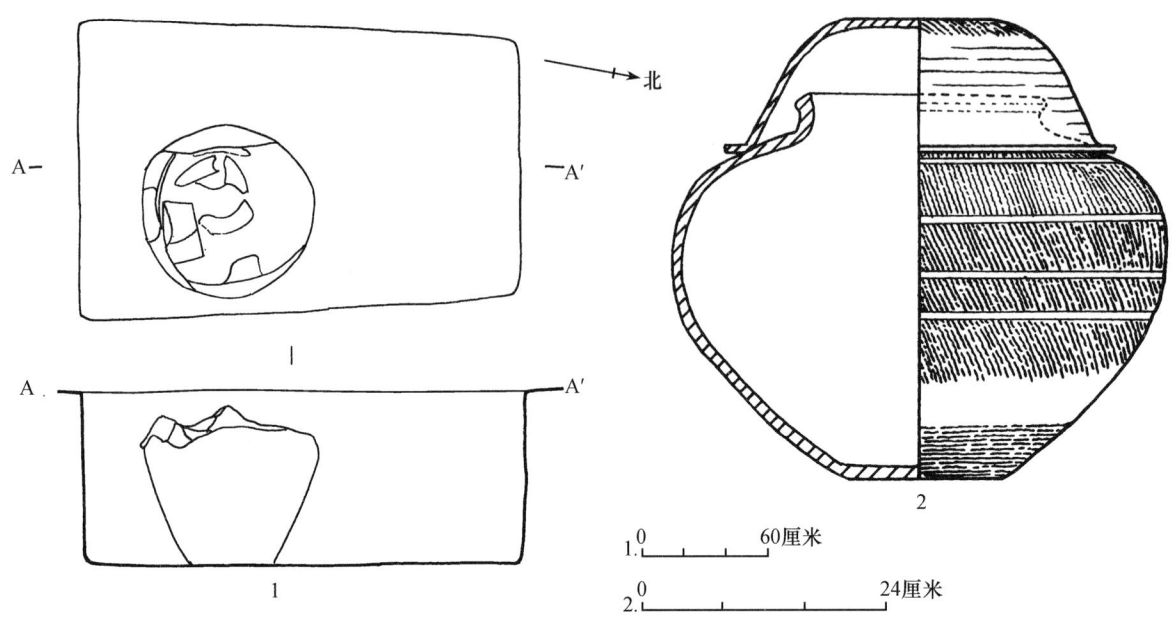

图一五二　M16 平、剖面图及葬具
1. 平、剖面图　2. 瓮棺（M16：1、M16：2）

1.4~1.66、深 1.4 米。瓮棺侧斜置于墓圹西南部，瓮口朝东，用盆封口，均为实用器，出土时已残破。瓮内出土数段肢骨，葬式不详（图一五三，1；图版二七，1）。

瓮棺　1件。M7：1、M7：2，由盖和瓮配套组成。盖，M7：1，为覆盆，泥质灰褐陶。轮制。敛口，宽外折沿，尖圆唇，深腹，腹上部略鼓，平底。沿面饰一周凹弦纹，鼓腹部饰一周凸弦纹，腹中部偏上饰竖向绳纹。口径 42.4、最大腹径 42.4、底径 15.2、高 22.8 厘米。瓮为棺，M7：2，泥质深灰陶。轮制。器形较为底矮，敛口，卷沿，尖唇，鼓肩，平底。肩部饰一周、腹部饰两周宽 1.2 厘米的竖向绳纹。口径 32、最大腹径 75.2、底径 24.8、高 57.6 厘米。通高 78.4 厘米（图一五三，2；图版二七，2）。

M9　位于 T0428 东部。开口于第 2 层下，打破 M10 及 H128，与 M10 属并葬墓。方向 205°。开口距地表深 0.8 米。墓圹平面略呈方形，长 0.98、宽 0.9、深 0.6 米。瓮棺下部置于墓圹中部，被严重破坏，出土时封口盆倒扣于瓮底，从出土情形分析，应是后人破坏所致，瓮棺原竖置，口朝上，用盆封口，均为实用器。瓮棺内骸骨严重残朽，仅存部分肢骨，具体年龄、葬式不详。瓮内积土中出土五铢铜钱 2 枚，均残（图一五四，1；图版二二，1）。

瓮棺　1件。M9：1、M9：2，由盖和瓮配套组成。均为泥质灰陶，轮制。盖，M9：1，为覆盆，敛口，折沿，沿外缘略高，方唇，深腹，腹上部略鼓，平底内凹。沿面饰一周凹弦纹，鼓腹以下饰凹弦纹，大部断续、模糊。口径 37.2、最大腹径 34.4、底径 17.6、高 19.2 厘米。瓮，M9：2，敛口，方唇，鼓肩，肩腹间近方折，鼓腹部位于中部偏上，平底。肩部和腹部饰竖向粗绳纹，肩部因刮抹残存局部。口径 28.8、最大腹径 65.5、底径 25.5、高 49.6 厘米。通高 66.4 厘米（图一五四，2；图版二二，2）。

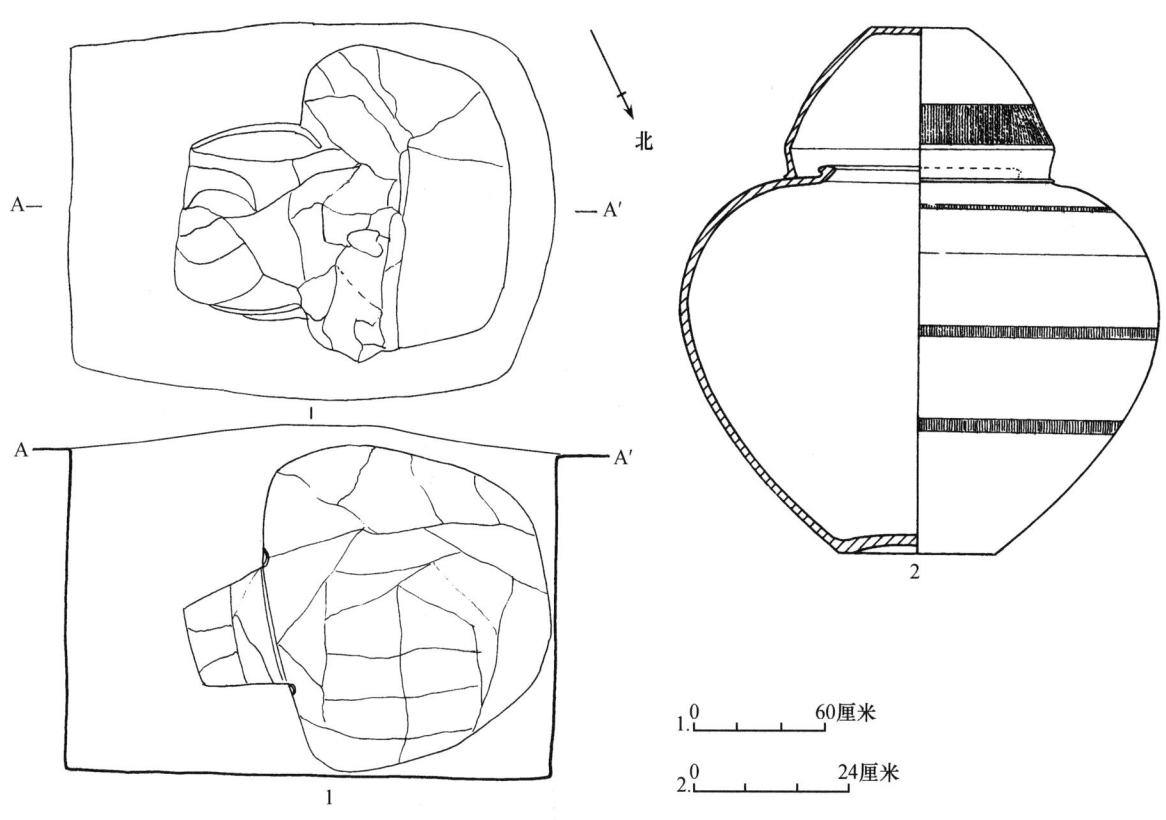

图一五三 M7 平、剖面图及葬具
1. 平、剖面图 2. 瓮棺（M7:1、M7:2）

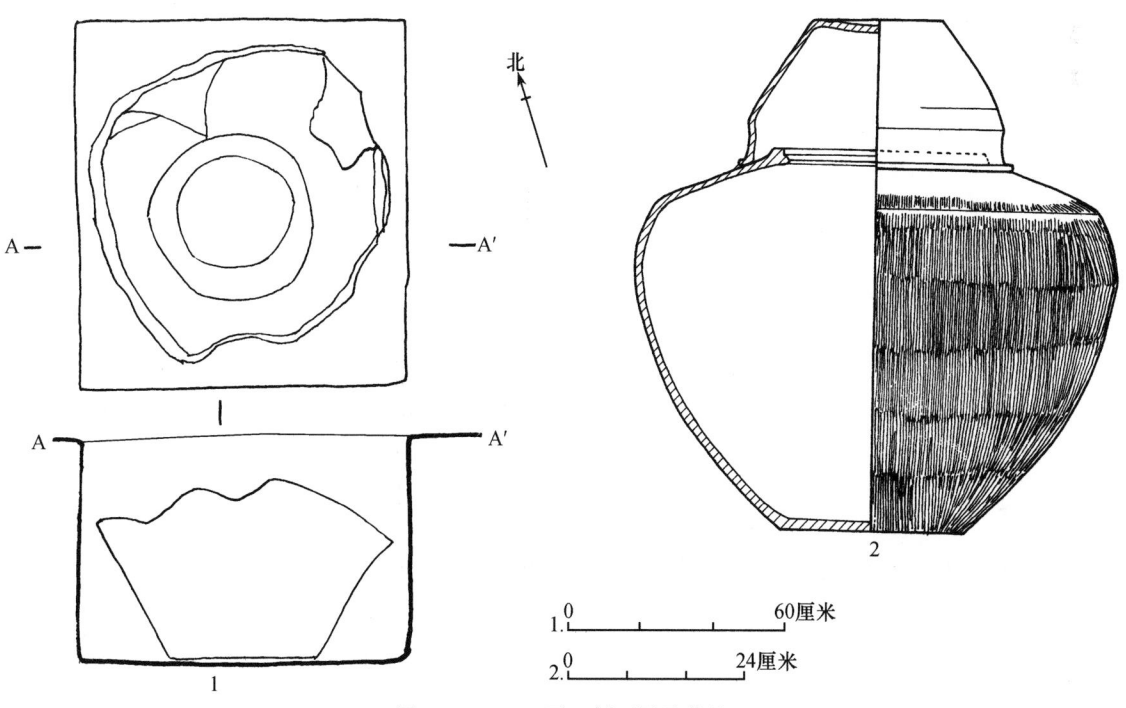

图一五四 M9 平、剖面图及葬具
1. 平、剖面图 2. 瓮棺（M9:1、M9:2）

M18 位于T0533西南角。开口于第2层下。方向360°。开口距地表深0.3米。墓圹平面呈方形，边长0.9、深0.7米。瓮棺竖向置于墓圹内，瓮口朝上，用陶盆封口，出土时仅存少数残片，难以复原。从出土情形分析，可能系后人犁地时破坏所致。瓮内人骨已朽，仅存少部骨渣，具体年龄、葬式不详（图一五五，1）。

瓮棺 1件。M18：1、M18：2，由盖和瓮配套组成。盖，M18：1，为覆盆。泥质灰陶。轮制。残存口沿，敞口，外折沿，圆唇，折腹。残存部分原饰竖向绳纹，因刮抹仅沿下一周清晰，其余仅存局部。口径42.4、残高14.4厘米（图一五五，2）。瓮为棺，M18：2，泥质灰陶。轮制。直口，圆沿，束颈，圆肩，腹中部外鼓，腹下部急收，平底。腹部饰二周较宽的附加堆纹，其上压印浅竖条纹。腹部原饰竖向绳纹，因刮抹仅局部清晰。口径32、最大腹径66.4、底径29.6、高50.4厘米（图一五五，2；图版三一，3）。

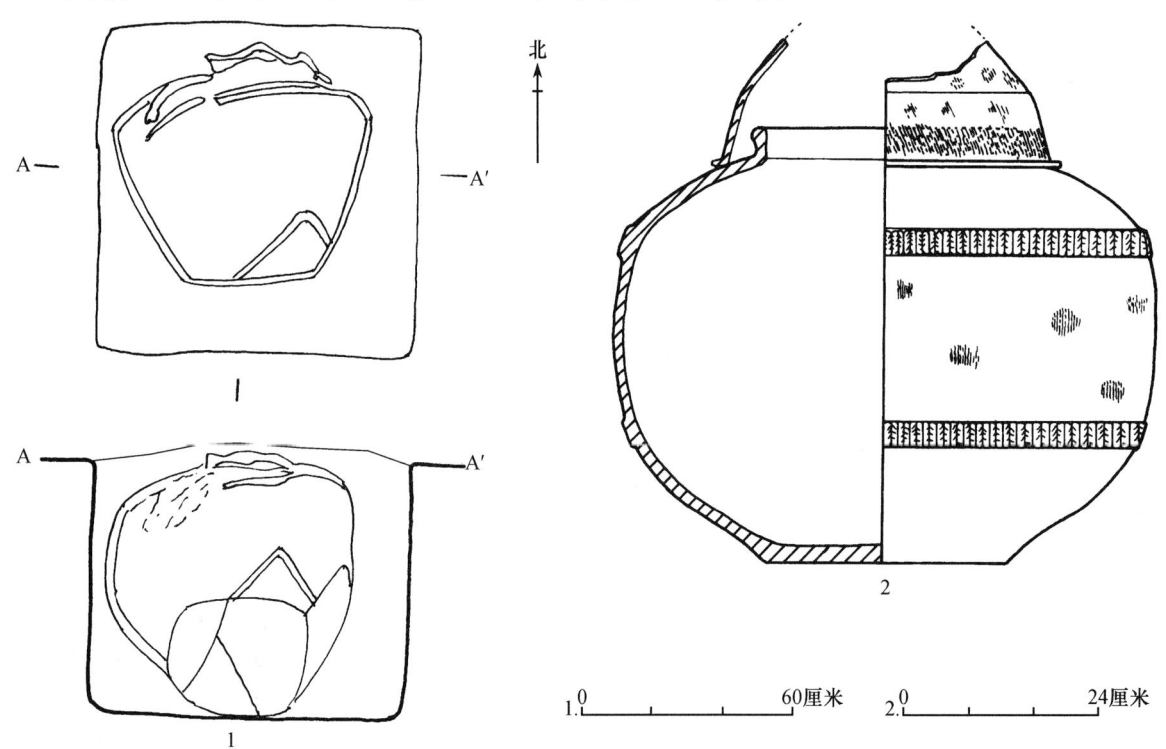

图一五五 M18平、剖面图及葬具
1. 平、剖面图 2. 瓮棺（M18：1、M18：2）

（3）瓮上扣盖瓮棺葬

瓮上扣盖瓮棺葬发现3座，单人葬，为M3、M4、M8。

M3 位于T0207东北部。开口于第2C层下。南北向，方向330°。开口距地表深0.55米。墓圹平面呈长方形，南北长1.16、东西宽0.9、深0.6米。瓮棺侧置于墓圹中部，瓮口朝西，用盖封口，出土时残碎，均为实用器。瓮内骸骨严重残朽，仅存零星骨渣（图一五六，1；图版二八，1）。

瓮棺　1件。M3∶1、M3∶2，由盖和瓮配套组成。均为泥质灰陶，轮制。盖，M3∶1，呈草帽形，中部圆鼓。中部凿一最大径5.6厘米的穿孔，系烧制后所凿。饰竖向绳纹，周缘素面。口径36.8、高10厘米。瓮为棺，M3∶2，器形略显低矮、圆鼓，敛口，卷沿，沿外侧低凹略呈子母口状，圆鼓肩，肩腹间圆折，腹最大径在腹中部偏上，平底略凹。肩部饰一周、腹部饰四周宽1.5厘米的绳纹带。口径28.4、最大腹径68、底径24、高56.8厘米。通高65.6厘米（图一五六，2；图版二八，2）。

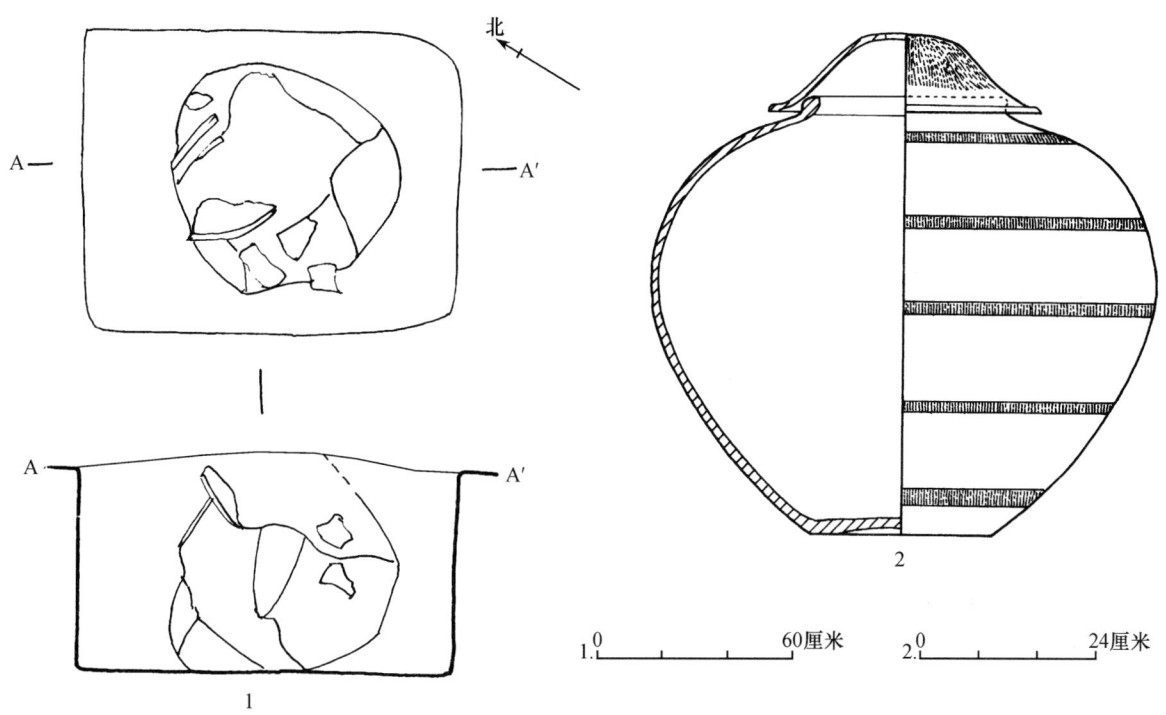

图一五六　M3 平、剖面图及葬具
1. 平、剖面图　2. 瓮棺（M3∶1、M3∶2）

M4　位于T0207东北部。开口于第2C层下，被H94打破。方向87°。开口距地表深0.55米。墓圹平面呈椭圆形，口径0.72~0.84、深0.44米。瓮棺侧置于墓圹中部，瓮口朝西，用盖封口，出土时被毁严重，仅存三分之一强。瓮棺内骸骨严重朽化，仅残存零星骨渣（图一五七，1；图版二八，1）。

瓮棺　1件。M4∶1、M4∶2，由盖和瓮配套组成。盖，M4∶1，泥质深灰陶。轮制。草帽形，中部圆鼓，外缘平折或斜折，顶部凿一最大径6.4厘米的穿孔，系烧制后因需所凿。外壁饰竖向、斜向绳纹，因刮抹较模糊。口径35.2、高8.8厘米。瓮为棺，M4∶2，泥质灰褐陶。轮制。器形低矮，直口，方唇，溜肩，束颈，鼓腹，平底。腹部原饰竖向绳纹，因刮抹仅存局部。口径26.4、最大腹径46.4、底径25.6、高36厘米。通高43.2厘米（图一五七，2；图版二八，3）。

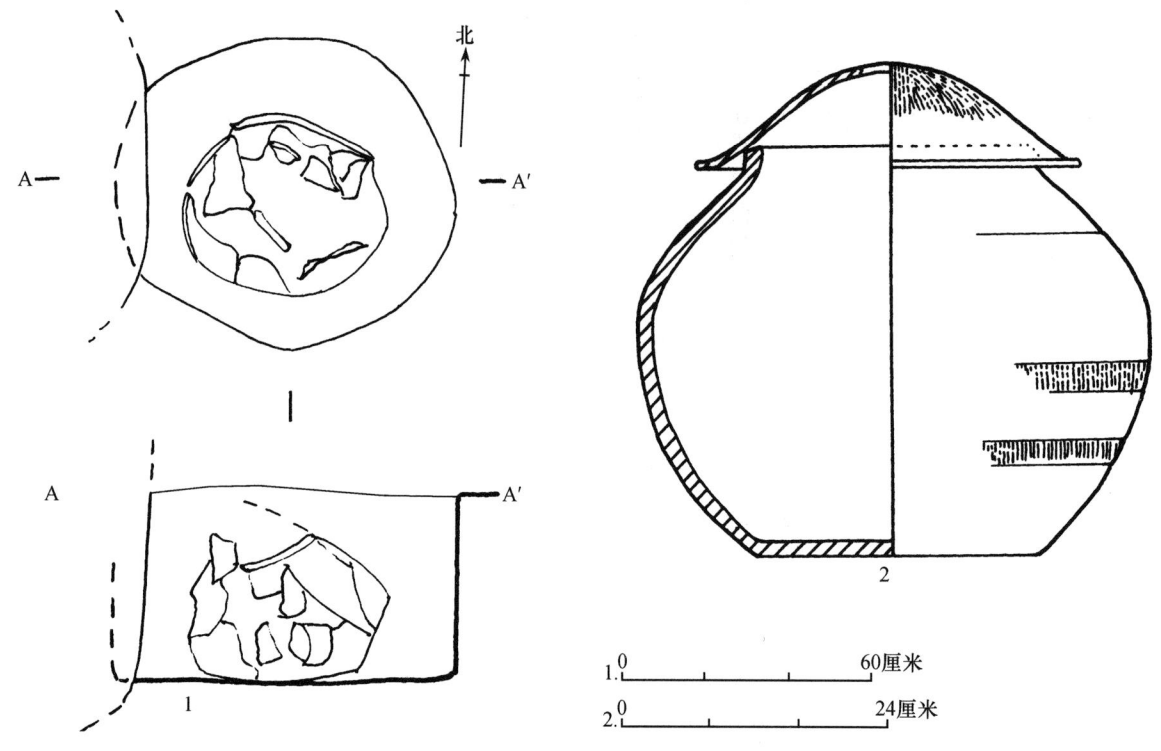

图一五七　M4 平、剖面图及葬具
1. 平、剖面图　2. 瓮棺（M4∶1、M4∶2）

M8　位于 T0528 处南壁下。开口于第 2 层下，被 M7 打破北部。南北向，方向 21°。开口距地表深 0.35 米。墓圹平面呈长方形，南北长 1.1、东西宽 0.6、深 0.5 米。四壁壁面较直，做工较粗糙，未发现工具痕迹，底部较平。墓底部距地表深 0.85 米。填土为棕褐色泛灰土，较硬，内包含有汉代瓦片、残陶片等。瓮棺位于墓圹南部，出土时已严重破坏，从残存部位分析，当时瓮棺应是侧置，瓮口向北；原用盖封口，出土于瓮口两侧，系扰动移位所致。瓮棺内骸骨严重残朽，仅发现一小块头骨，为一小孩颅骨残片，具体性别、年龄和葬式不详（图一五八，1；图版二九，1）。

瓮棺　1 件。M8∶1、M8∶2，由盖和瓮配套组成。均为泥质陶，轮制。盖，M8∶1，浅灰色。盖草帽形，中部圆鼓较高，周缘斜伸，顶部凿一直径 5.5 厘米的穿孔，系烧制后因需所凿。外壁原饰竖向绳纹，后刀削成竖向长条，绳纹残存局部且较模糊。口径 40.8、高 11.2 厘米。瓮，M8∶2，深灰色，敛口，卷沿，圆唇，束颈，溜肩，肩腹间圆折，垂腹，平底，腹底间圆折。近底部饰横向绳纹，其上饰弦断绳纹。口径 24.8、最大腹径 50.4、底径 30.4、高 35.6 厘米。通高 44.8 厘米（图一五八，2；图版二九，2、3）。

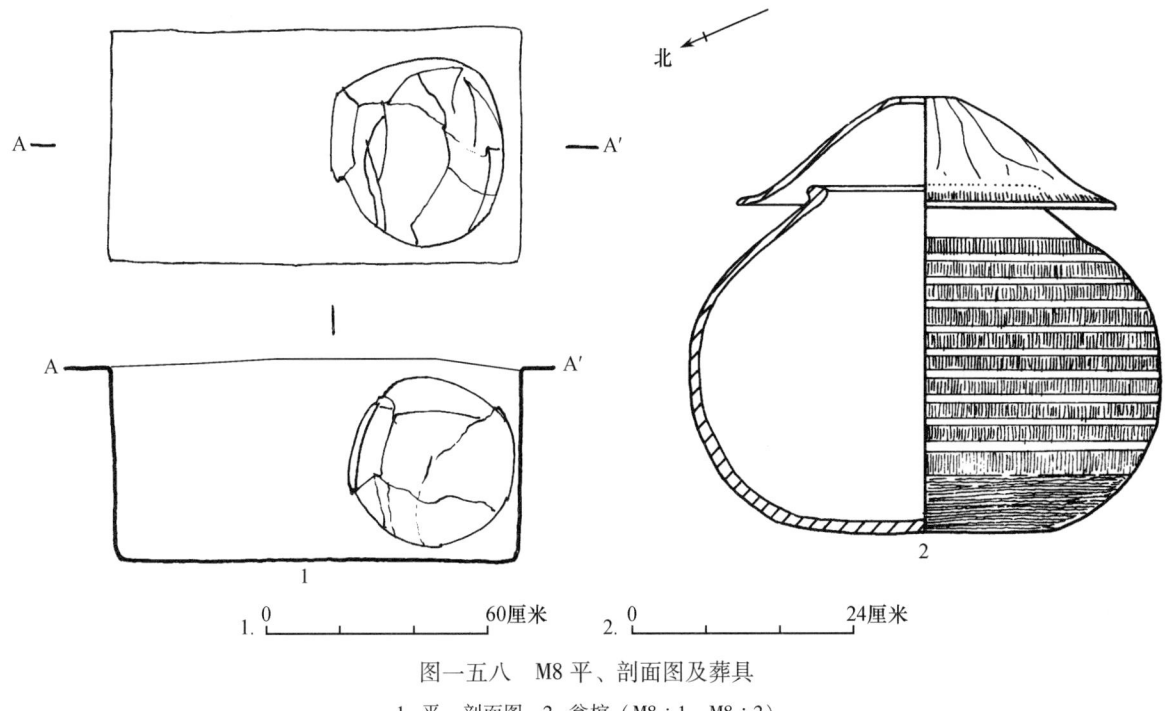

图一五八 M8 平、剖面图及葬具
1. 平、剖面图 2. 瓮棺（M8：1、M8：2）

（四）遗址中出土的瓮棺

在地层及汉代灰坑内发现瓮棺葬残迹 9 处。但未发现土圹墓室或墓室坑壁不明显，可能是利用了洼地地形，就地掩埋。保存状况相对较差。瓮上扣盖的有 7 座，瓮上扣盆的有 2 座。T0208 内三座及 H94 内两座属并葬墓，其他属单人葬。

1. 瓮和盖配套瓮棺

瓮和盖相配套组成的瓮棺共 7 件，分别有 H164：1[①]，T0208②C：2，T0208②C：4、T0208②C：3，T0608③：4，H94：2，H94：3，T0208②C：1。

H164：1，出土于 H164 中，出土时双耳罐和盖分离，双耳罐破碎呈一片，盖仅存半部，从出土情况分析系后人将原墓葬破坏后扔弃于坑内。修复后由于盖和罐配套、并且罐内残存少量的颅骨残块，故将其归于瓮棺。经鉴定为一 50 岁左右的成年人，系某种形式的迁葬。盖，H164：1-1，泥质深灰陶。轮制。呈草帽形，中部圆鼓，周缘较宽略向下倾斜，顶部凿一直径 4.8 厘米的扁圆形穿孔，系烧制后所凿。圆鼓部饰横向、斜向绳纹，周缘原饰竖向绳纹，因刮抹仅存残迹。口径 25.6、高 7.8 厘米。双耳罐，H164：1-2，泥质灰陶。轮制。口略扁，折沿，方唇，领较高，溜肩，腹中部偏下略鼓，底部内凹。肩部粘贴双竖耳，耳下器壁凹陷。沿面饰一周凹弦纹，腹中

---

① 此瓮棺系后人放入明清灰坑 H164 中。

部至领部饰弦断斜向绳纹,腹下部饰横向绳纹。口径18、最大腹径30.8、底径12.8、高27厘米。通高34厘米(图一五九,2;图版三〇,1)。

T0208②C:2,出土于T0208第2C层,出土时破碎,仅存三分之一多,复原后盖和瓮配套,与发掘的瓮棺葬的瓮棺一致,故将其归为瓮棺。盖,T0208②C:2-1,泥质灰陶。轮制。草帽形,中部圆鼓,周缘卷边向下倾斜,顶部敲凿一边长4.8厘米的三角形穿孔,系烧制后敲凿。外壁饰斜向竖绳纹,仅圆鼓部上部较清晰,其余因刮抹模糊不清。口径29.6、高7.2厘米。瓮,T0208②C:2-2,泥质黑皮灰陶。轮制。直口,平沿略向下倾斜,方唇,束颈,弧肩较宽,肩腹间圆鼓,斜腹,平底略凹。肩部和腹部各压印宽2.4厘米的一周清晰、匀称的竖向绳纹带,腹部原饰竖向绳纹,因制作时刮抹仅腹下部清晰。口径28、最大腹径67.2、底径28.8、高46.8厘米。通高53.6厘米(图一五九,1;图版三一,1)。

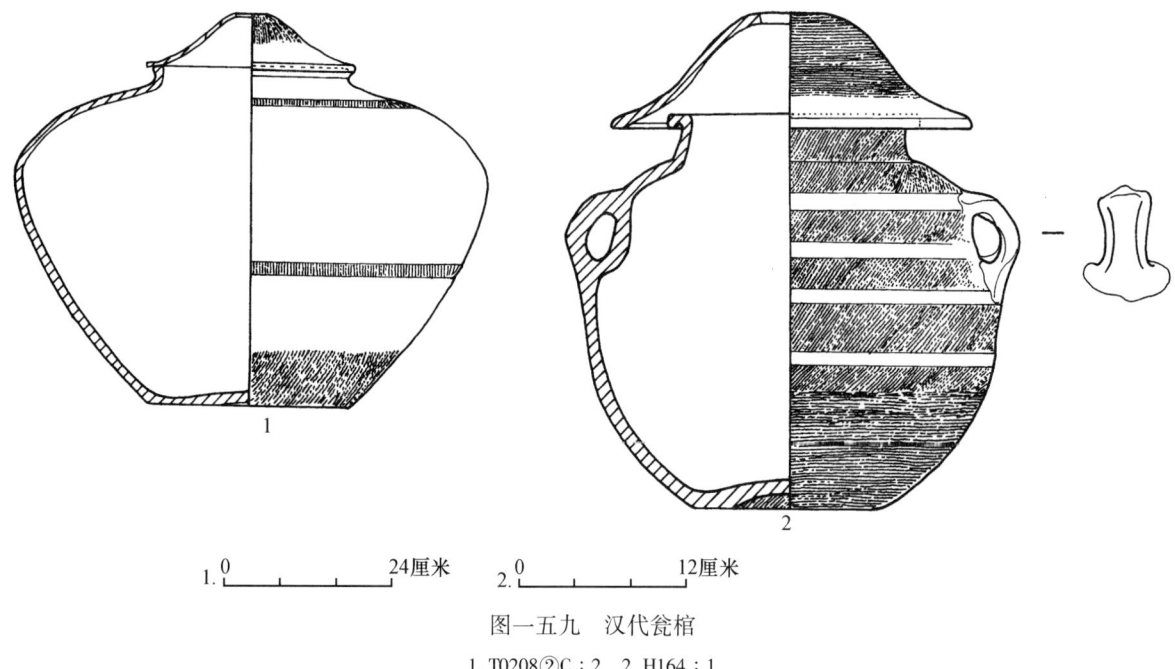

图一五九 汉代瓮棺
1. T0208②C:2 2. H164:1

T0208②C:4、T0208②C:3,出土于T0208第2C层,出土情形与T0208②C:2相同,由盖和瓮配套组成,出土时分离,残存约三分之二。盖,T0208②C:4,泥质灰陶。轮制。草帽形,中部圆鼓,周缘较窄向下倾斜,顶部敲凿一边长2.4厘米的方形穿孔,系烧制后所凿。外壁饰细密的竖向绳纹。口径36、高8.4厘米。棺为瓮,系实用器。T0208②C:3,泥质灰陶。轮制。器形较大,直口,窄平沿外侧略低平,尖圆唇,束颈,圆鼓肩,深斜弧腹,平底。颈部饰一周竖向绳纹;肩部刮抹器壁形成宽1.2厘米的一周,其上饰竖向绳纹;腹上部饰一周附加堆纹,其上饰斜向格状纹;腹中部刮抹器壁形成三周宽1.2厘米的凹弦纹带,其上饰竖向绳纹;腹下部绳纹带宽3.6厘米,与中部绳纹带制作方法相同。口径29.6、最大腹径76、底径22.4、高64厘米。通高72.4厘米(图一六〇,1)。

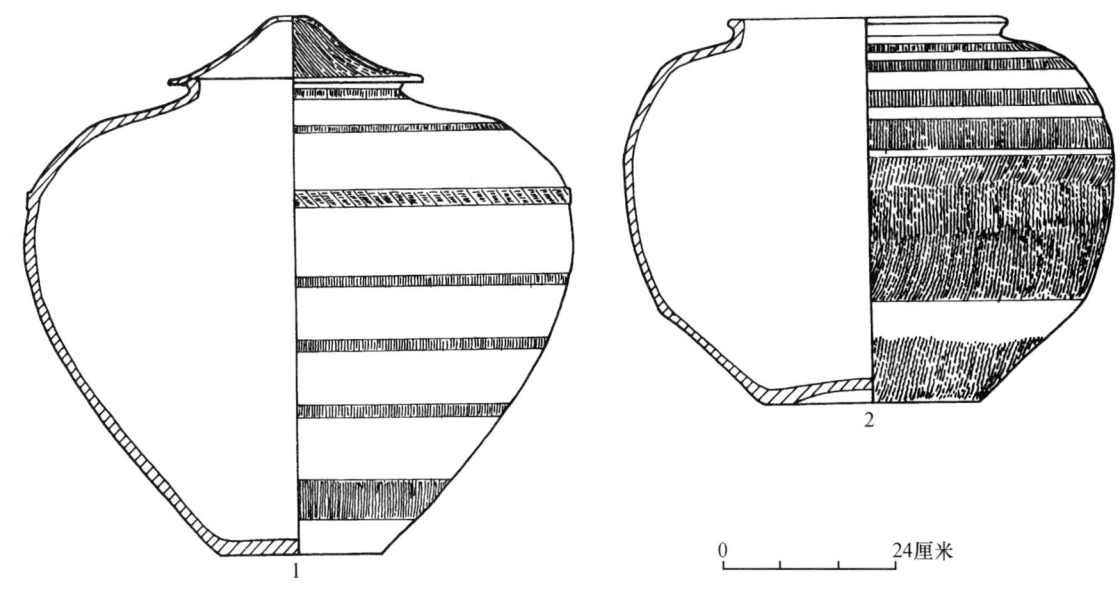

图一六〇 汉代瓮棺
1. T0208②C：4、T0208②C：3 2. T0608③：4

H94：2、H94：3，出土于H94中，出土时两者侧置，盖残碎，系后人因某种原因将原瓮棺葬破坏后扔弃于灰坑中，均由盖和瓮组成，盖的顶部凿一穿孔。

H94：2 盖，泥质浅灰陶，瓮泥质深灰陶。轮制。盖，H94：2-1，草帽形，中部圆鼓，顶部敲凿一直径5.5厘米的穿孔，系烧制后所凿，周缘较窄。外壁饰交错绳纹和竖向绳纹，因刮抹周缘绳纹较模糊。口径36、高8厘米。瓮，H94：2-2，敛口略扁，卷沿，圆唇，溜肩，鼓腹位于腹上部，凹底。肩部至腹中部偏下饰弦断绳纹。口径26、最大腹径56、底径25.6、高52厘米。通高58厘米（图一六一，1；图版三二，1）。

H94：3 盖，H94：3-1，泥质灰陶。手制。草帽形，圆凸部较高，周缘较窄，顶部凿一不规则四边形穿孔，长4.8、宽3.2厘米，系烧制后因需所凿。外壁原饰绳纹，圆凸部下部刀削呈连续的长条形纹。口径35.2、高8.8厘米。瓮，H94：3-2，泥质灰陶。轮制。直口，方唇，矮直领，广肩，肩腹间圆鼓，腹中上部弧腹，下部急收成斜直腹。外壁饰斜绳纹，腹下部因刮抹残存局部。绳纹系圆角方形模拍拍印形制，在器壁留存椭圆形或圆角方形浅凹面。口径29.6、最大腹径57.6、底径26.4、高45.6厘米。通高54.4厘米（图一六一，2；图版三二，2）。

T0208②C：1，出土情形与标本T0208②C：2相同，但该瓮棺破坏尤甚，残存少部，仅盖能复原，顶部凿一穿孔。盖，T0208②C：1-1，泥质灰陶。轮制。呈斗笠状，中部圆鼓，周沿较窄向下倾斜，顶部敲凿一方形的穿孔，系烧制后所凿。外壁饰竖向绳纹，局部压印麻点纹，其中大部因制陶时刮抹仅存残迹。口径37.6、高10厘米（图一六二，2）。瓮，T0208②C：1-2，泥质灰陶。轮制。残存肩部以下。腹上部圆鼓，凹底。肩腹间先刮器壁形成宽2.8厘米的一周附加堆纹带，其上压印扁圆点纹，腹中部饰三周宽2厘米的竖向绳纹带，腹下部饰一周宽4厘米和一周宽2厘米的竖向绳纹带。底径27.2、残高48.8厘米（图一六二，1）。

T0608③：4，出于T0608第3层，被严重破坏。盖呈斗笠状，仅存少量的碎片。瓮残存三分之二，能够复原。泥质灰陶。轮制。直口，窄平沿，圆唇，束颈，窄斜肩，肩腹间圆折，腹中部至肩部略弧近直，腹下部斜急收，凹底。外壁饰弦断绳纹。口径38.8、最大腹径68、底径29.6、高52.4厘米（图一六〇，2；图版三一，4）。

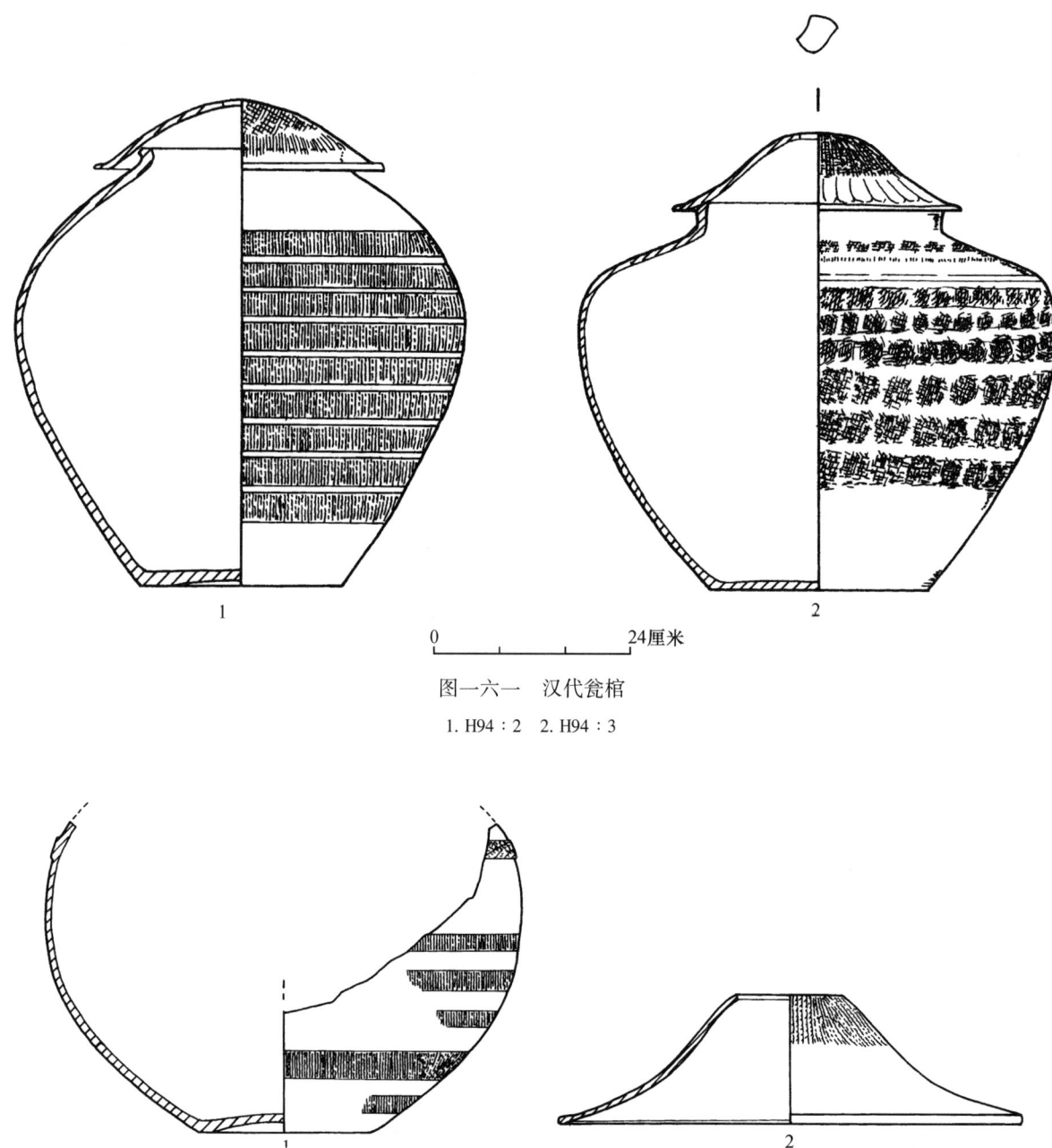

图一六一　汉代瓮棺
1. H94：2　2. H94：3

图一六二　汉代瓮棺
1. 瓮（T0208②C：1-2）　2. 盖（T0208②C：1-1）

2. 瓮和盆组成的瓮棺

由盆和瓮组成的瓮棺共 2 件，均出土于地层中，分别为 T0509③:1、T0227②:1。

T0509③:1，出土于 T0509 第 3 层，出土时破碎，复原后由盖和盆配套组成，均为实用器。盖，T0509③:1-1，泥质灰陶。轮制。覆盆，敛口，平折沿下倾，尖唇，折腹，平底。折腹部位于腹上部。外壁原饰竖向绳纹，因制陶时刮抹仅局部清晰。口径 42.4、底径 20.8、高 13.6 厘米。瓮，T0509③:1-2，泥质灰陶。轮制。敛口，卷沿略呈脊状，圆唇，矮领，广肩，肩腹间圆折，深腹，平底。肩部、腹上部和中部各饰一周宽 2.4 厘米的竖向绳纹带，腹下部饰竖向绳纹。口径 26.4、底径 24.8、高 45.6 厘米。通高 56 厘米（图一六三，1；图版三一，2）。

T0227②:1，出土于 T0227 第 2 层，出土时严重破碎，碎片达到 150 多片，碎片间有少量的碎骨，复原后由盖和瓮配套组成。盖，T0227②:1-1，泥质深灰陶。轮制。覆盆，敛口，宽折沿，沿外缘略低，尖唇，折腹，凹底。内壁饰暗纹；外壁折腹上部饰竖向绳纹，大部因刮抹模糊，折腹下部饰连续相叠的凹弦纹。口径 33.6、最大腹径 31.6、底径 18、高 7.2 厘米。瓮，T0227②:1-2，系实用器。泥质深灰陶。轮制。敛口，卷沿，沿面外缘刮抹较低，溜肩，肩腹间圆折，平底。腹中部以上饰五周弦断斜向绳纹，腹下部原饰横向绳纹，因刮抹残存局部。口径 21.2、最大腹径 38.8、底径 16.8、高 26.8 厘米。通高 31.2 厘米（图一六三，2；图版三〇，2）。

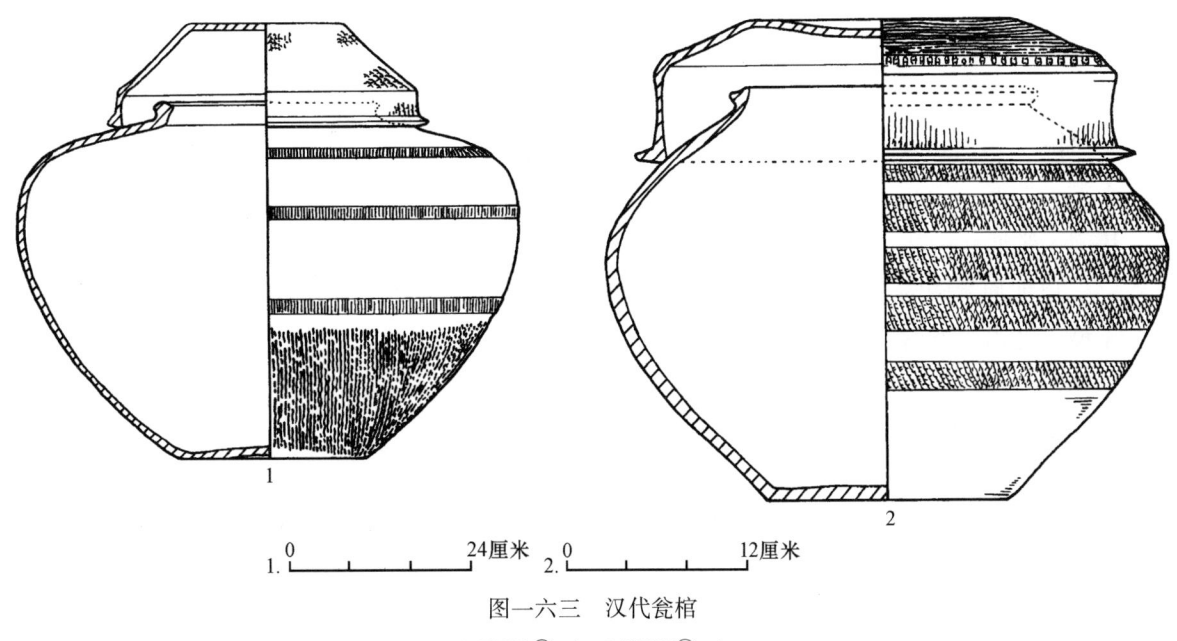

图一六三　汉代瓮棺
1. T0509③:1　2. T0227②:1

（五）小　　结

两汉时期的遗迹以灰坑为主，其次有井、窑、沟等，未发现房址等建筑遗迹。出土遗物以陶器为主，其次为铜钱、石器、木器等。另外，在遗址中发现了数量较多的瓮（瓦）棺葬。本节主要对遗址中出土的遗物和瓮棺葬进行总结，然后对它们进行时代方面的判定。

1. 两汉遗物及其特征

上宝盖遗址两汉时期的遗物有陶器、铜钱、石器和木器等，本节主要讨论和总结时代特征较明显的陶器和铜钱。

（1）陶器

陶器主要为日常用器，除器耳等为手制粘接外，其余器形均轮制，主要器形有罐、盆、甑、瓮、纺轮、模拍等，另出土数量较多的圆陶片。

高领罐　均为泥质灰陶。根据口沿形制的不同，可分三型。

A 型　敞口。根据领部的不同，可分二亚型。

Aa 型　高斜领。

Ab 型　近直领。

B 型　低领。

C 型　近直口。

双耳罐　出土较多，完整和能复原者较少。根据底部形制的不同，可分二型。

A 型　凹底。

B 型　平底。

盆　以泥质灰陶为主。均为轮制，大多残。根据形制的不同，可分六型。

A 型　宽沿，方唇。根据腹部形状的不同，可分二型。

Aa 型　鼓腹。

Ab 型　腹上部内凹。

B 型　敞口。

C 型　平折沿，尖圆唇。根据折沿形制的不同，可分二亚型。

Ca 型　平折沿。

Cb 型　平折沿外侧低平。

D 型　宽厚平折沿。根据腹部形制的不同，可分二亚型。

Da 型　鼓腹。

Db 型　折腹。

E 型　宽厚平折沿，方唇。

F型 宽沿下倾。

甑 均为泥质灰陶，陶质细腻，轮制。除1件复原外，还出土一些甑箅。由于盆的口沿和甑的口沿相同，因此，可能有部分甑的残片整理时均归到盆类。复原者仅H39∶1。

瓮 均残，未出完整器。陶质有泥质和夹砂、蚌二种，以前者为主。均轮制。根据口沿形制的不同，可分四型。

A型 敞口，斜直领。依据唇部的不同，可分二亚型。

Aa型 圆唇。

Ab型 凹唇。

B型 短直领，脊状唇。

C型 敞口，矮领。根据口沿形制的不同，可分二亚型。

Ca型 平沿。

Cb型 领部和肩间刮抹呈凹槽。

D型 敛口。根据口沿形制的不同，可分二亚型。

Da型 圆沿，沿和肩间刮一凹槽。

Db型 尖圆沿。

鸳鸯火锅 仅出土H102∶4一件。

网坠 根据形制的不同，可分四型。

A型 管状。

B型 梭状。

C型 长方形。

D型 球状。

缸 仅出土H150∶1一件。

纺轮 根据形制的不同，可分二型。

A型 鼓状。

B型 锥体形。

建筑材料 有瓦当和砖、瓦等。

瓦当 皆残。均为卷云纹瓦当，但当面纹饰略有差异。

砖 均为条砖，出土较少，大多残碎。根据形制的不同，可分二型。

A型 长方形。

B型 弧形。

瓦 有板瓦、筒瓦和弧形瓦，除瓦棺葬中发现有完整的板瓦外，遗址中出土的均为残片。筒瓦和弧形瓦较少。

筒瓦 完整或能复原者4件。长短不一。

弧形瓦 1件。

制陶工具 出土较多，有口沿规、模拍、支垫等。模拍有圆形、长方形、圆角方形和锥体形。

支垫　出土较多，大多残。根据形制的不同，可分二型。

A 型　半环状。

B 型　圆台状。

（2）铜钱

上宝盖遗址出土汉代铜钱共16枚，大多锈蚀不清，有半两、五铢和新莽时期的铜钱。

半两钱　6枚。圆形方穿，正面和背面均无边郭和穿郭。根据字体笔画的不同，可分二型。

A 型　2枚。"两"字下笔宽扁。根据字体笔画的不同，可分二亚型。

Aa 型　1枚。"两"字内二"人"字纵长。

Ab 型　1枚。"两"字内二"人"字呈相连的一横划。

B 型　3枚。"两"字纵长。根据字体笔画的不同，可分二亚型。

Ba 型　2枚。"两"字内的二"人"字呈相连的两点。

Bb 型　1枚。"两"字内的二"人"字呈相连的一横划。

另出土一枚半两（H121∶5）严重锈蚀，字迹模糊，具体形制不详。

五铢钱　8枚。锈蚀较严重，圆形方穿，正、背面均有细窄的边郭，穿郭背面清晰，正面在穿的上部有郭。根据字体笔画的不同，可分为三型。

A 型　2枚。铢字"金"旁上笔呈三角形，"朱"旁上部方折。

B 型　2枚。铢字"金"旁上笔呈镞尖形，即三角形的底边小方折，"朱"旁上部方折或弧折。

C 型　1枚。剪轮五铢。

另有3枚铜钱锈蚀严重，难以分型。

新莽时期的铜钱仅出土2枚，有货泉和大泉五十，均出土于灰坑中。

2. 两汉时期遗存（不含瓮棺葬）分期

对一个遗址进行考古分期一般从地层叠压关系入手，结合遗物的考古类型学序列和并参照具有明显时代特征的遗物进行排列分期，但上宝盖遗址的地层除汉代文化层一层外（东部发掘区第3层、西部发掘区第4层），其他地层对两汉遗存的分期没有参照意义；出土两汉时期的陶器也较少且残碎，难以序列化分式排队找出陶器的发展演变规律；铜钱具有一定的时代意义，但大多数出土于灰坑和晚期地层中，对两汉时期的遗存进行分期难度较大。但是，湖北省两汉时期的考古成果显著，本文主要根据上宝盖遗址的出土遗物和已知具有明确时代特征的遗物进行比较，先确定上宝盖遗址两汉时期某类遗存的时代，然后归纳总结对两汉时期的遗存进行分期。

(1) 主要陶器的时代特征

1) 高领罐和双耳罐的时代特征

上宝盖遗址出土的高领罐以肩部以上的口沿部为主，由于高领罐的口沿和双耳罐的口沿形制基本相同，其变化规律也基本一致，而高领罐的时代判断主要是通过与已发现汉墓双耳罐的比较，因此将高领罐和双耳罐放在一起以比较、判断其时代。

高领罐分为 A、B、C 三型。Aa 型罐敞口、窄平折沿、高领、圆鼓肩，这种特征与襄阳王坡西汉墓V式双耳罐的口沿部至肩部的形制相同，此型双耳罐出现并流行于三期六段即西汉晚期[1]。Ab 型罐敞口、卷沿、高领、圆肩，与襄阳王坡东汉墓I式双耳罐的口部至肩部形制基本相同，此型罐出现并流行于一期一段和二段，即东汉早期[2]。C 型罐近直口、高直领，与秭归土地湾出土的I式瓮的形制基本相同，此式瓮出现并流行于西汉晚期[3]，由于 C 型罐的领部较土地湾I式瓮的领高，C 型罐的时代可能较其略早，达到西汉中期。

A 型和 B 型双耳罐敞口、领部较高、圆肩，器形较矮，与襄阳王坡东汉墓I式双耳罐的形制相同，此式罐在襄阳王坡墓地出现和流行于东汉早期[4]。

2) 盆的时代特征

盆是上宝盖遗址两汉陶器的主要器形，出土残片和形制较多，但能复原者较少，仅 C 型复原 3 件，由于其他各型盆均为口沿并残碎，与它们对比的资料也较少，因此，对盆的时代的讨论主要对已复原 C 型盆时代的判断。C 型盆为敛口，折沿，折腹，折腹部位于腹上部，平底较大。分为 Ca、Cb 二亚型。Ca 型平折沿，折腹部至平沿间的器壁刮抹略低，这种形制与秭归土地湾出土的II式盂的形制相同，该式盂出现和流行的年代在王莽前后；Cb 型平折沿外侧刮抹略低，与秭归土地湾 AaI式、AaII式盆的形制和风格一致，腹部形制与II式盂的形制相同[5]，说明 C 型盆的时代当在王莽前后。

3) 铜钱的时代

两汉时期出土的铜钱有半两、五铢和新莽时期钱币。半两共出土 6 枚，分为 A、B 二型。A 型分为 Aa、Ab 二亚型。Aa 型"两"字内二"人"字纵长，与洛阳烧沟汉墓II型半两钱大小和笔画相同，属于吕后半两；Ab 型和 Bb 型"两"字内的"人"简化为一横线，属于文帝半两[6]。五铢钱共出土 8 枚，分为 A、B、C 三型。A 型铜钱"五"字较宽扁，"铢"字"金"旁上笔呈三角形，"朱"旁上笔方折，与洛阳烧沟汉墓III型铜钱的大小、字体笔画基本一致，此

---

[1] 湖北省文物考古研究所、襄樊市考古队、襄阳区文物管理处：《襄阳王坡东周秦汉墓》，科学出版社，2005 年，第 326 页，图二四七 B；第 331、332 页。
[2] 湖北省文物考古研究所、襄樊市考古队、襄阳区文物管理处：《襄阳王坡东周秦汉墓》，科学出版社，2005 年，第 394 页，图二九〇；第 390、401 页。
[3] 国务院三峡工程建设委员会办公室、国家文物局：《秭归土地湾》，科学出版社，2006 年，图三五四。
[4] 湖北省文物考古研究所、襄樊市考古队、襄阳区文物管理处：《襄阳王坡东周秦汉墓》，科学出版社，2005 年，第 394 页，图二九〇；第 390、401 页。
[5] 国务院三峡工程建设委员会办公室、国家文物局：《秭归土地湾》，科学出版社，2006 年，图三五四。
[6] 中国社会科学院考古研究所：《洛阳烧沟汉墓》，科学出版社，1959 年，第 215~223 页。

型铜钱出现于东汉早期，流行于东汉中期；B型铜钱"铢"字之"金"旁呈镞尖形，"朱"字上笔方折或方折，与洛阳烧沟汉墓Ⅱ型铜钱的字体和钱径大小基本一致，属于汉武帝及以后的西汉时期；C型属于磨边五铢，在洛阳烧沟汉墓中属于东汉晚期[1]。新莽钱币有大泉五十和货泉，大泉五十始铸于王莽摄政中；货泉铸造于地皇元年，但根据墓葬出土资料，王莽钱币的流通下限至东汉中期以前，中期以后渐少[2]。

（2）分期

根据出土遗物和地层关系，上宝盖遗址两汉时期遗存分为三期，西汉中晚期、新莽至东汉早期、东汉中晚期。

第一期，西汉中晚期。由于T0102第3层（统一地层第4层）出土了1枚西汉文帝时期的半两铜钱，第3层及其下的灰坑未见晚期遗物，因此，第3层及其以下的灰坑应属于西汉时期。在第3层和其下的灰坑中，未见具有明显西汉早期特征的陶器如茧形壶等。因此，尽管出土了吕后时期和文帝时期的半两，考虑到铜钱的流通时间较长之故，将其时代上限定于西汉中期较为合适，又根据比较研究，高领罐的时代，属于西汉中期和晚期，因此将其下限定于西汉晚期。代表性的遗迹有第4层及第3层下（统一地层第4层）开口的灰坑和出土半两铜钱而未出晚期遗物、第3层和第2层（统一地层第3层）下口的灰坑。第4层及第3层下（指统一地层第4层）的灰坑有H21、H24、H97、H110、H112、H116、H117、H118、H140、H141、H142等。第3层和第2层（统一地层第3层）下口的灰坑并出土半两钱和西汉中晚期陶器的灰坑有H7、H55、H67、H100等。

第二期，新莽前后。我们将出土新莽铜钱和东汉早期陶器的遗迹归于王莽至东汉早期，典型灰坑有H37、H38、H39、H49、H102、H121、H128以及J1、Y2等。

第三期，东汉时期。我们将除西汉中晚期和新莽前后的汉代灰坑归于东汉时期，代表性的灰坑有H11、H13、H14、H22、H35、H40、H42、H44、H51、H53、H63、H101、H114、H124、H125、H126、H127、H129、H130、H131以及Y1等。

3. 瓮（瓦）棺葬及其分期（包括瓮棺）

上宝盖遗址共发现汉代瓮（瓦）棺葬14座，其中单独瓦棺葬1座，瓦棺和瓮棺合葬1座，其余均为瓮棺。另外在地层和灰坑中发现瓮棺9套，系后期扰乱所致。由于瓦棺所用的板瓦较残并且少，难以进行类型学的分析，这里重点将瓮棺、双耳罐及其封口盆、封口盖分型分析，包括在地层和灰坑中发现的瓮棺及其封口盆、封口盖。

（1）瓮棺

瓮棺（包括双耳罐）共发现23件，根据形制的不同，可分四型。

A型　9件。矮领瓮棺。根据口部的不同，可分三亚型。

---

[1] 中国社会科学院考古研究所：《洛阳烧沟汉墓》，科学出版社，1959年，第215~223页。
[2] 中国社会科学院考古研究所：《洛阳烧沟汉墓》，科学出版社，1959年，第226页。

Aa 型　3 件。直口，窄平折沿。根据肩部和腹部的不同，可分二式。

Ⅰ式：2 件。圆鼓肩，腹中部以下斜急收，平底或平底略凹，腹最大径在腹上部。M2：2、T0208②C：3。

Ⅱ式：1 件。肩部至腹中部圆鼓，平底内凹，最大径在腹中部。T0608③：4。

Ab 型　5 件。直口，方唇或弧方唇。根据腹部的不同，可分三式。

Ⅰ式：1 件。肩和腹部圆鼓，腹部呈扁球状。M18：2。

Ⅱ式：1 件。溜肩，鼓腹，腹最大径在腹中部偏上，腹下部缓收。M4：2。

Ⅲ式：3 件。广肩，肩腹间圆鼓，下部斜收，腹最大径在肩腹间。M13 南：1-2、T0208②C：2-2、H94：3-2。

Ac 型　1 件。略敞口，斜方唇。M16：2。

B 型　9 件。敛口有沿瓮棺。根据口沿形制的不同，可分三亚型。

Ba 型　1 件。窄平沿。M5：1-2。

Bb 型　7 件。卷圆沿，有的沿面外侧刮抹略低。根据肩部和腹部的不同，可分三式。

Ⅰ式：1 件。溜肩，垂腹，腹最大径在腹下部，大平底。M8：2。

Ⅱ式：2 件。溜肩，鼓腹，腹最大径在腹中上部。H94：2-2、T0227②：1-2。

Ⅲ式：4 件。圆鼓肩，腹最大径在腹上部。M3：2、M7：2、M14：2、T0509③：1-2。

Bc 型　1 件。斜方沿，球形腹。M15：2。

C 型　3 件。敛口无沿瓮棺。根据腹部形制的不同，可分二亚型。

Ca 型　2 件。纵向扁球形腹，有的腹部粘贴竖向双耳。M10：2、M13 北：1-2。

Cb 型　1 件。圆鼓肩，腹最大径在腹上部。M9：2。

D 型　1 件。瓮棺为双耳罐为棺。H164：1-2。

另外，T0208②C：1-2，瓮棺仅存肩部以下，呈球形腹，腹部形制和纹饰与 Bc 型瓮棺相同，可能属于 Bc 型。

(2) 封口用具

封口用具有板瓦、盆和盖三种。由于板瓦均用较大块的残片，这里主要介绍盆和盖。

盆　11 件。根据腹部形制的不同，可分二型。

A 型　9 件。折腹。根据沿面的不同，可分二亚型。

Aa 型　5 件。平折沿。M18：1、M5：1-1、M7：1、M9：1、M14：1。

Ab 型　4 件。平折沿下倾。T0227②：1-1、T0509③：1-1、M13 南：1-1、M13 北：1-1。

B 型　2 件。斜腹，折沿略下倾。M16：1、M2：1。

盖　9 件。盖呈草帽形。根据顶部的不同，可分二型。

A 型　2 件。封口盖顶部弧凸，腹部较浅。M4：1、H94：2-1。

B 型　7 件。封口盖顶部较平。根据顶部形制的不同，可分二式。

Ⅰ式：3 件。顶部小平底。M8：1、T0208②C：2-1、T0208②C：4。

Ⅱ式：4件。顶部平底较宽，深腹。M3：1、H94：3-1、H164：1-1、T0208②C：1-1。

（3）分期

由于瓮棺葬和瓮棺未发现具有明显时代标志的器物或文字题记，这给汉代瓮棺的分期带来了一定的困难。但是，湖北地区两汉考古取得了丰硕的成果，本文试图将上宝盖遗址发现的汉代瓮棺葬具和湖北地区已发现的汉代同类型遗物进行比较，以推定上宝盖遗址汉代瓮棺葬具的相对时间，以期对上宝盖遗址汉代瓮棺葬进行分期研究。

上宝盖遗址汉代AaⅠ式瓮矮直领，窄平沿，肩部至腹中部偏下圆鼓，下部斜收，其肩部和腹部形制与襄阳王坡西汉墓M155出土的Ⅱ式瓮形制相同，甚至腹部的纹饰也相同，仅口沿略有差异，可能是地域不同所致。该式瓮在襄阳王坡汉墓中归属于一期二段，即西汉早期后段[1]，那么AaⅠ式瓮的时代应该与其相当。

AaⅡ式瓮矮直领，窄平沿，圆鼓肩，斜直腹，深腹，平底较小，其肩部至底部的形制与当阳岱家山汉墓M49出土的BⅠ式瓮形制基本相同，仅口沿形制略有差异，可能系地域差异所致。该式瓮在岱家山汉墓中归属于一期一段，流通于西汉中期早晚段[2]。那么，AaⅡ式瓮的时代大致与其相当。

AbⅠ式瓮矮领，直口，腹部圆鼓呈扁球状，这种形制与襄阳王坡西汉墓M155出土的Ⅱ式瓮形制相同，甚至腹部的纹饰也完全一致，该式瓮在襄阳王坡汉墓中归属于一期二段，即西汉早期后段[3]，那么AbⅠ式瓮的时代应该与其相当。

AbⅡ式瓮矮直领，直口，溜肩，平底较大，其形制与当阳岱家山汉墓M21出土的AaⅠ式敛口罐形制相同。该式罐在岱家山汉墓中归属于一期一段，即西汉中期早晚段[4]。那么，AbⅡ式瓮的时代也应在西汉中期。

AbⅢ式瓮矮直领，肩腹间圆鼓，斜腹，平底，其形制与襄阳王坡东汉墓M173出土的Ⅱ式瓮形制相近，也与当阳岱家山汉墓M11出土的BⅡ式罐形制相近。Ⅱ式瓮在王坡东汉墓中属于东汉早期后段[5]，BⅡ式罐在岱家山汉墓中归属于二期四段，即东汉中期稍靠后[6]，由于上宝盖遗址AbⅢ式瓮的形制更接近岱家山汉墓的BⅡ式罐，故将其时代定在东汉中期偏晚。

Ac型瓮矮领，敞口，圆鼓肩，腹下部斜收，平底，其形制与当阳岱家山汉墓M47出土的BⅠ式瓮肩部和腹部的形制相同，仅口沿略有差异。BⅠ式瓮在当阳岱家山汉墓中归属于二期三段，即东汉早期[7]，与其形制基本相同的Ac型瓮的时代与其当接近。

---

[1] 湖北省文物考古研究所、襄樊市考古队、襄阳区文物管理处：《襄阳王坡东周秦汉墓》，科学出版社，2005年，第273页，图二〇三，2；第331、332页。

[2] 湖北省宜昌博物馆：《当阳岱家山楚汉墓》，科学出版社，2006年，第217页，图一二九，6；第453页，附表二；第407页。

[3] 湖北省文物考古研究所、襄樊市考古队、襄阳区文物管理处：《襄阳王坡东周秦汉墓》，科学出版社，2005年，第273页，图二〇三，2；第331、332页。

[4] 湖北省宜昌博物馆：《当阳岱家山楚汉墓》，科学出版社，2006年，第211页，图一八七，5；第453页，附表二；第407页。

[5] 湖北省文物考古研究所、襄樊市考古队、襄阳区文物管理处：《襄阳王坡东周秦汉墓》，科学出版社，2005年，第362页，图二六六，1；第401页。

[6] 湖北省宜昌博物馆：《当阳岱家山楚汉墓》，科学出版社，2006年，第294页，图二六〇，2、3；第453页，附表二。

[7] 湖北省宜昌博物馆：《当阳岱家山楚汉墓》，科学出版社，2006年，第253页，图二二二，5；第453页，附表二；第407页。

Ba 型瓮敛口，窄平沿，腹上部和肩部圆鼓，下部斜收，其肩腹形制与秭归土地湾 W32 出土的陶瓿形制一致，该墓出土的瓿在分期表中属于Ⅱ式，具体时代在新莽前后[①]。

BbⅠ式瓮敛口，卷沿，溜肩，腹部外鼓，平底较大，其形制与襄阳王坡西汉墓 M85 出土的Ⅱ式瓮腹部形制相同，仅口沿略有不同。Ⅱ式瓮在王坡西汉墓中归属于二期三段，即西汉中期前段[②]，则 BbⅠ式瓮的时代应与其相当。

BbⅡ式瓮敛口，卷沿，溜肩，腹中部外鼓，器形较高，其形制与当阳岱家山汉墓 M21 出土的 AaⅠ式敛口罐形制相同，该式罐在岱家山汉墓归属于一期一段，即西汉中期早晚段[③]，则两者的时代当基本相当。

BbⅢ式瓮敛口，卷沿，肩腹间圆鼓，腹中下部斜收，平底或平底略凹，其形制与襄阳王坡Ⅰ式瓮的形制相同，该式瓮主要流行于一期二段即东汉早期后段[④]；也与岱家山汉墓 BⅡ式瓮（M68∶5）的形制相同，该式瓮在岱家山流行于二期四段即东汉中期靠后[⑤]，由于在岱家山与 BⅡ式瓮肩、腹形制相同的罐的时代大都在东汉前段或晚段，综合襄阳王坡墓地Ⅰ式瓮的时代，将 BbⅢ式瓮的时代定在东汉中期。

Bc 型瓮斜方沿，球形腹，这种形制与西安医疗设备厂汉墓群 M187 出土的Ⅰ式罐的腹部形制基本一致，由于Ⅰ式罐在西安地区的时代上限在武帝元狩五年前后，下限在宣帝神爵二年左右[⑥]，Bc 型瓮的时代大致与其相当，当在西汉中期。

Ca 型瓮敛口，溜肩，鼓腹部位于中部略偏上，有的腹部粘贴双竖耳，这种形制与秭归土地湾 W11 出土的瓮棺形制相同，该墓在土地湾遗存分期中属于二期，即新莽前后[⑦]，Ca 型瓮棺的时代与其大致相同。

Cb 型瓮敛口，圆鼓肩，腹最大径在腹上部，这种瓮的腹部形制与 BbⅢ式瓮的腹部形制相同，其时代也当与其相当，在东汉中期。

D 型瓮棺为双耳罐，敛口，平折沿，领部较高呈喇叭筒状，肩部偏下粘贴双竖耳，与襄阳王坡西汉 M160 出土的Ⅳ式双耳罐形制接近，该墓归属于二期三段即西汉中期前段[⑧]，D 型瓮棺的时代与其大致相当。

由于 AaⅠ式、AbⅠ式瓮的腹部形制与西安地区Ⅰ式矮领罐的形制相同，而该式罐在西安地区主要流行于西汉中期，综合考虑上宝盖遗址汉代遗存的分期，将 AaⅠ式、AbⅠ式瓮棺的

---

① 国务院三峡工程建设委员会办公室、国家文物局：《秭归土地湾》，科学出版社，2006 年，第 231 页，图三〇三，2。
② 湖北省文物考古研究所、襄樊市考古队、襄阳区文物管理处：《襄阳王坡东周秦汉墓》，科学出版社，2005 年，第 273 页，图二〇三，1；第 331、332 页。
③ 河北省宜昌博物馆：《当阳岱家山楚汉墓》，科学出版社，2006 年，第 211 页，图一八七，4；第 453 页，附表二；第 407 页。
④ 湖北省文物考古研究所、襄樊市考古队、襄阳区文物管理处：《襄阳王坡东周秦汉墓》，科学出版社，2005 年，第 395 页，东汉墓葬日用陶器演变图；第 401 页。
⑤ 河北省宜昌博物馆：《当阳岱家山楚汉墓》，科学出版社，2006 年，表二；第 407 页。
⑥ 西安市文物考古保护所、郑州大学考古专业：《长安汉墓》，陕西人民出版社，2004 年，第 106 页，图五八，7；第 833 页，图四七四；第 828 页。
⑦ 国务院三峡工程建设委员会办公室、国家文物局：《秭归土地湾》，科学出版社，2006 年，第 220 页，图二八九，2。
⑧ 湖北省文物考古研究所、襄樊市考古队、襄阳区文物管理处：《襄阳王坡东周秦汉墓》，科学出版社，2005 年，第 267 页，图一九八，6；第 331 页。

时代定为西汉中期较为合适。M13 北：1 属于新莽前后，M13 南：1 属于东汉中期，由于二者为合葬，因此，以东汉中期为准，将 M13 定为东汉中期。

根据上文分析，我们根据形制将汉代瓮棺分为三期（表五）：

一期：瓮棺形制有 AaⅠ式、AbⅠ式、AaⅡ式、AbⅡ式、BbⅠ式、BbⅡ式、Bc 型、D 型，时代上限在西汉中期，下限在西汉晚期。

二期：瓮棺形制有 Ba 型、Ca 型、Ac 型，时代约新莽前后，即西汉晚期至东汉早期。

三期：瓮棺形制有 AbⅢ式、BbⅢ式、Cb 型，时代约为东汉中期。

在瓮棺葬中，发现了两组打破关系的墓，分别为 W9→W10、W13→W15，W9 和 W13 属于东汉中期，W10 和 W15 分别属于一期和二期，间接证明上述分期的合理性。

表五　汉代瓮棺葬、瓮棺分期表

期别	形制	瓮棺葬	瓮棺葬具（地层或灰坑中出土）
一期	AaⅠ、AbⅠ、AaⅡ、AbⅡ、BbⅠ、BbⅡ、Bc、D	M2、M18、M4、M8、M15	T0208②C：3、T0608③：4、H94：2、T0227②：1、H164：1、T0208②C：1
二期	Ba、Ca、Ac	M5、M10、M16	
三期	AbⅢ、BbⅢ、Cb	M13 北、M13 南、M3、M7、M14、M9	T0208②C：2、H94：3、T0509③：1、

六、明清时期遗存

（一）遗　迹

属于这一时期的遗迹主要包括灰坑、房址、散水路面等（图一六四）。出土遗物主要为青花瓷片、明清铜钱等物，部分青花瓷片圈足底部有款，器形主要为碗、盘、盅、盏、缸等日用器皿。

1. 灰坑

明清时期的灰坑共发现 24 座，坑形有圆形、长方形、椭圆形以及不规则形等类型。形制较大的可能为制陶取土形成，形制较规整的圆形坑可能为窖穴。大部坑内填土为浅黄色淤沙土，包含物较少，有些包含有石块、瓦片以及青花瓷片等物。如 H107，开口于第 2C 层下，打破汉代灰坑 H141。开口平面呈不规则圆形，坑壁略斜，平底。口径 2.23~2.8、底径 1.1~2.3、深 1.3 米（图一六五）。填土呈浅黄色，土质松软，出土青花瓷碗、灰陶罐、豆、盆残片。坑内还出土纺织用骨质分线刀 2 枚。此坑应属取土坑。

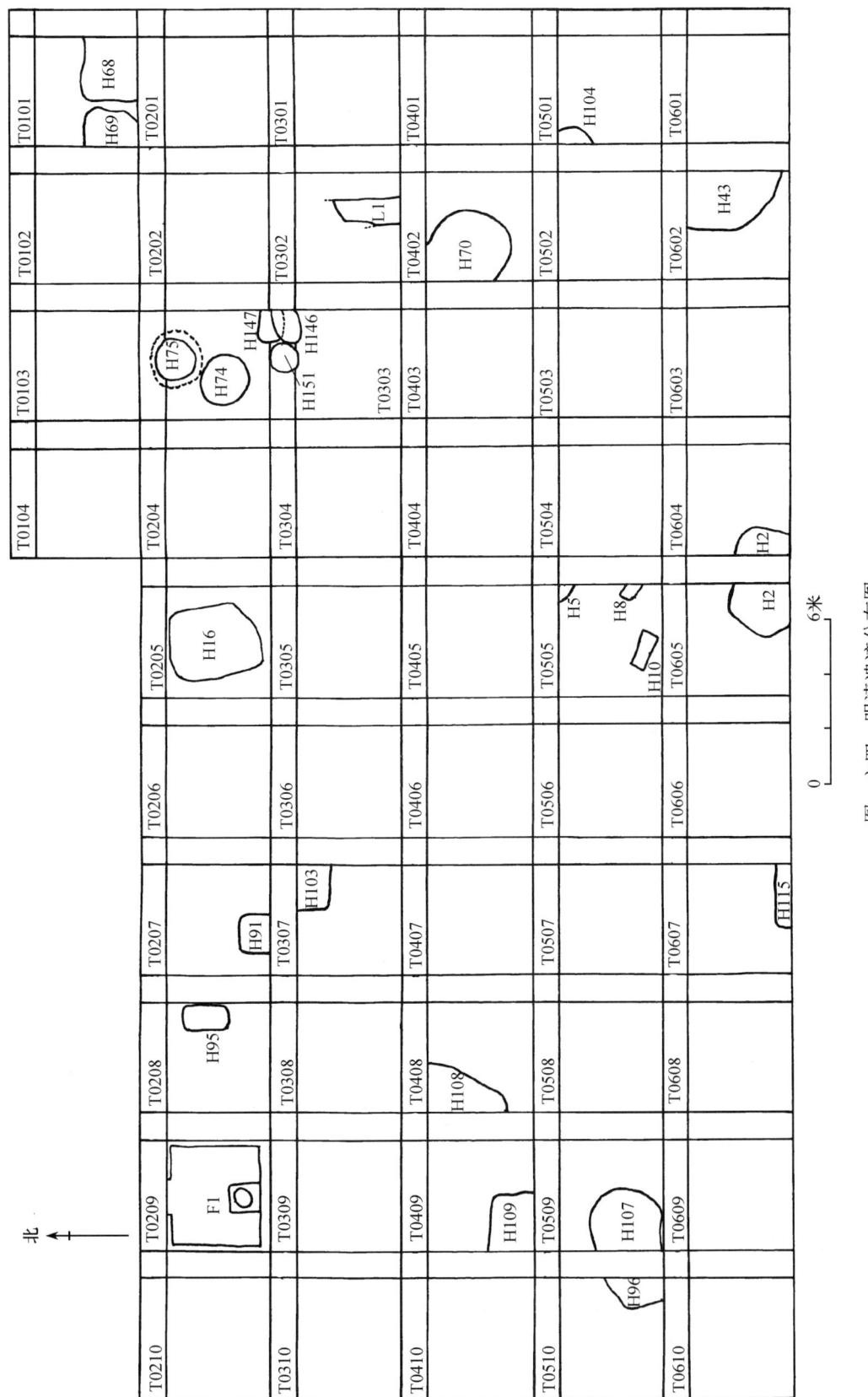

图一六四 明清遗迹分布图

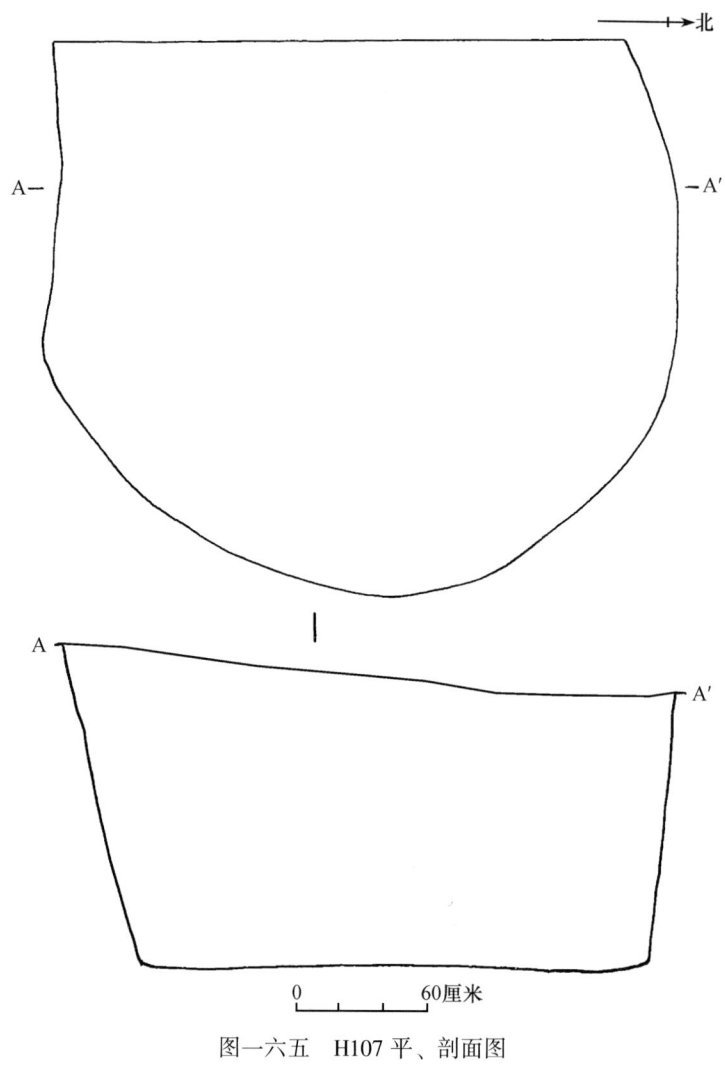

图一六五　H107 平、剖面图

2. 房址

房址发现 1 座。

F1　位于 T0209。残存版筑墙基。单间，南北向，方向 2°。东西宽 4.08、南北进深 3.95 米。门朝北开，门道宽 1.2 米，墙基宽 0.24、残高 0.15~0.48 米，房内踩踏面厚 0.02 米，其上发现有青花瓷片等明清遗物（图一六六）。在房内南部，有一土坯垒砌的灶台，保存较好，与现代该地农村土灶台无异。该房址临近江边断崖，其内及上部主要为淤土堆积，估计应为汉江涨水毁弃。

3. 散水路面

发现 1 处，其系用直径 5 厘米左右的河卵石纵立排列，两侧用灰陶条砖镶边，铺设排水槽。因保存较少，整体布局未详。L1，位于 T0302 中部，南北向，残长 2.45、路宽 1.05、距地表深 0.15 米（图一六七）。

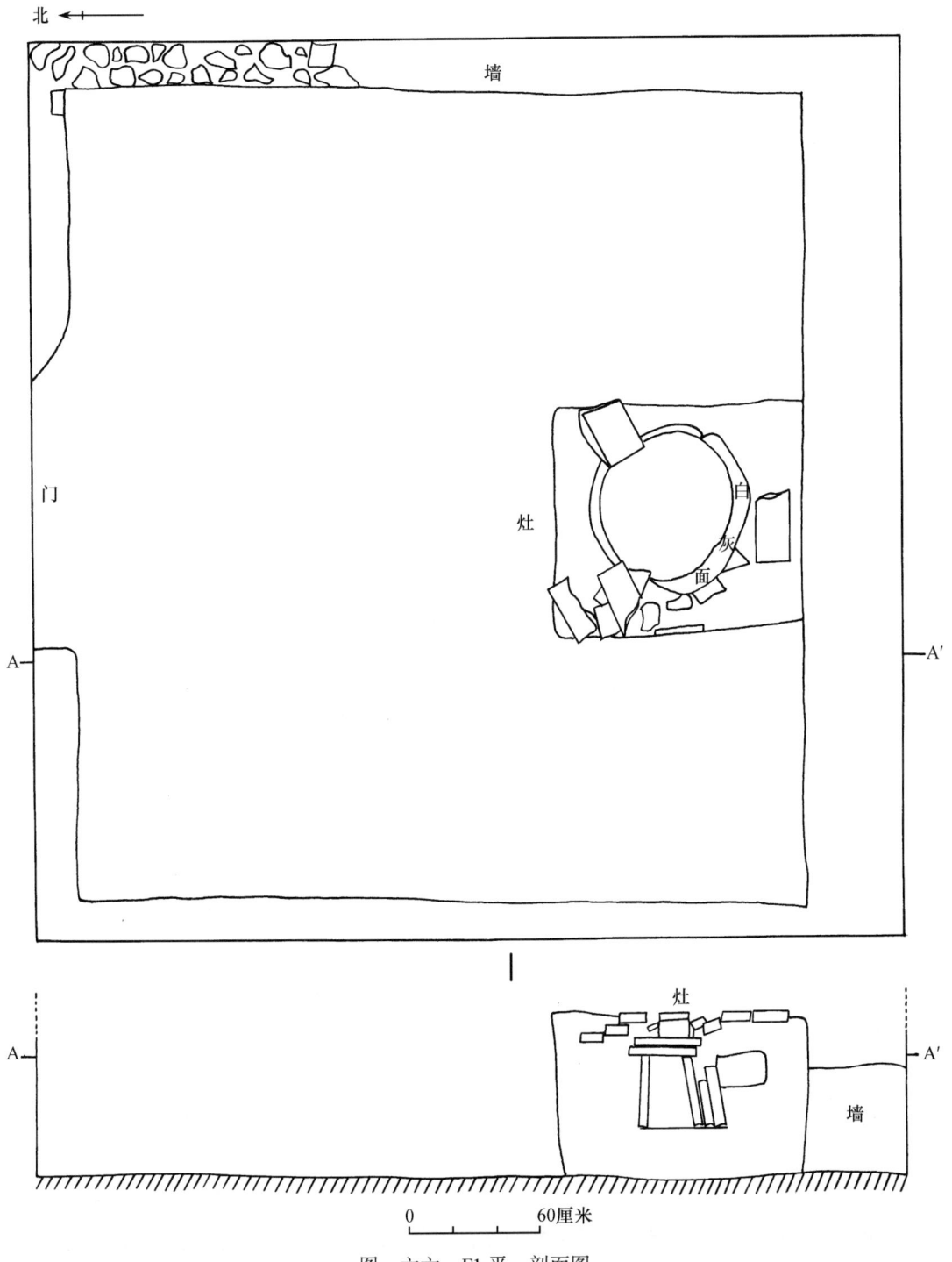

图一六六 F1 平、剖面图

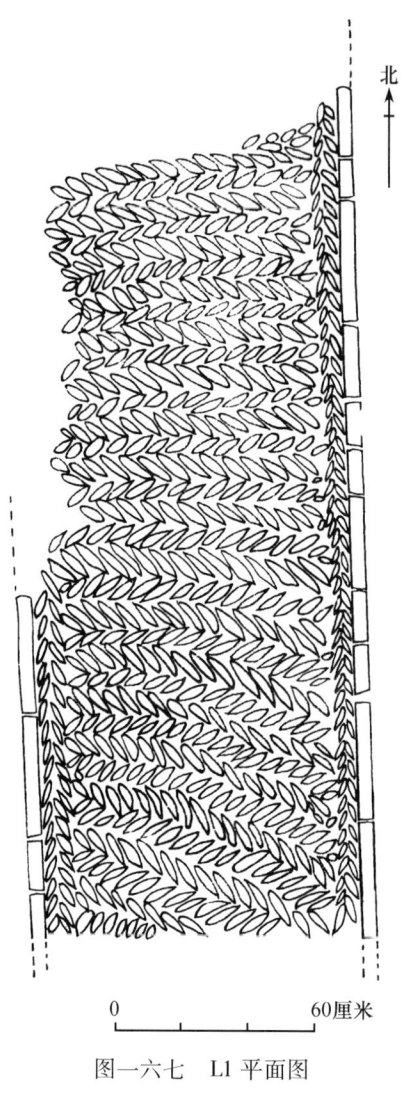

图一六七　L1 平面图

（二）遗　　物

1. 陶器

陶器发现火锅和灯等，出土较少。

火锅　1件。T0328②：4，泥质黑皮陶。由盖、锅、火膛和座等四部分组成，各部分均为轮制，粘接而成。盖圆形，中部有一直径7.8厘米的圆孔与火膛套接，正面饰两周凹弦纹及一周凸棱纹，底面临边缘有一周凹槽以与锅沿套接。锅体呈盆形，敛口，平沿，圆唇，束颈，鼓腹，底中部套接圆筒状火膛，火膛壁较薄，向上逐渐细小，顶部残。火膛底部有三个长方形的炉箅。座呈圆筒状，平底，开长方形的火门，正对火门有一直径1厘米的圆孔，既可盛灰又可通风，增强火力。口径20.4、底径12.2、座高4.6、通高18厘米（图一六八；图版三二，3、4）。

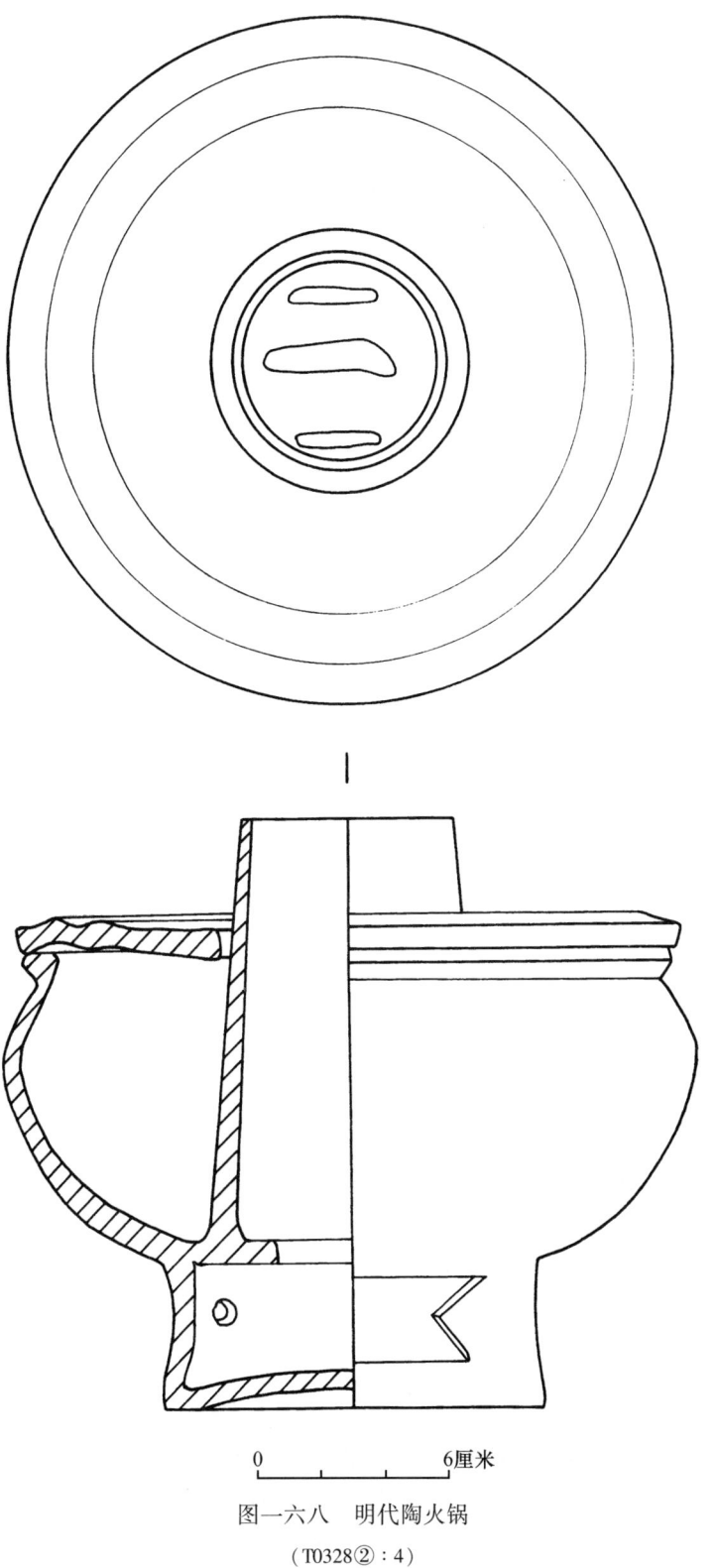

图一六八 明代陶火锅
(T0328②:4)

灯　2件。均残。T0404②B∶2，泥质红褐黑皮陶。轮制。灯碗残失，座覆钟状，柄柱状，中空。残口径4、残横径4~9.6、底径11.4、残高11.2厘米（图一六九，2）。T0427②∶1，泥质灰褐黑皮陶。灯碗残失，柄柱状，球形腹，中空，座覆钟状。细颈饰对称的龙纹。残口径2.4、残横径2~7、底径7.6厘米（图一六九，1）。

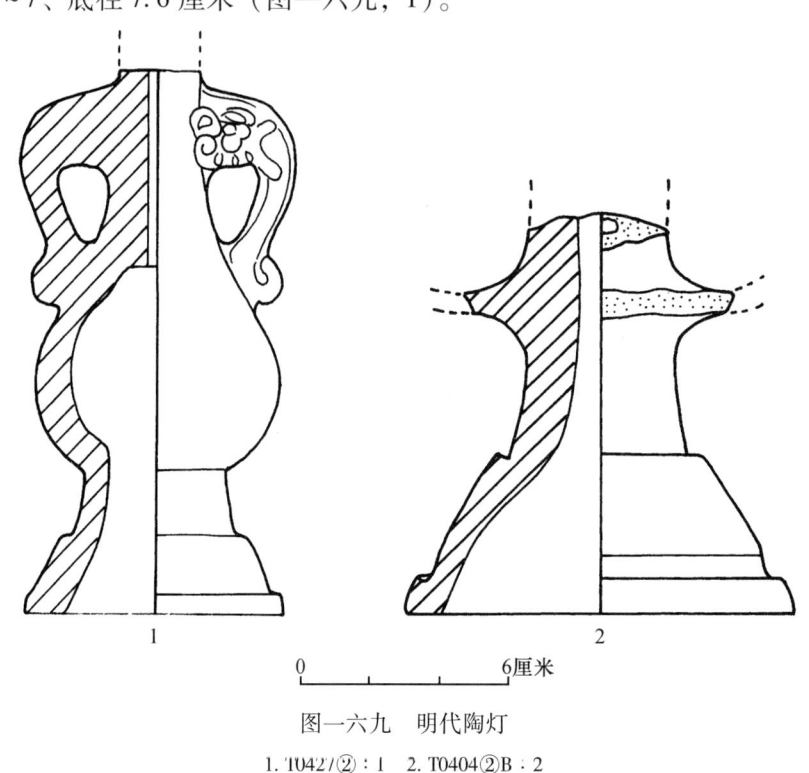

图一六九　明代陶灯
1. T0427②∶1　2. T0404②B∶2

2. 瓷器

瓷器可复原者共20件，器形主要为盘、碗、盏、盅等日用器皿，另有一些残盘底、碗底、盏底等出土。以青花瓷为主，另有少数白釉、褐釉、蓝釉等单色品种。青花瓷大多数为灰白胎、胎质细腻，胎上施有一层红褐色化妆土，器表施釉多数为满釉，青花瓷底色为青白色，釉上青花大多呈蓝黑色，色较黯淡，纹饰多为写意的花草、楼阁纹，部分器底草书有"大明年制"等写款或标识窑口的花押款识。

碗　12件。均为残片。根据形制的不同，可分四型。

A型　4件。侈口，尖唇，弧腹较深，圈足。T0304②B∶1，灰白色胎，胎质细腻，红褐色化妆土，内外壁挂半釉。内壁素面，外壁饰花草纹，极为抽象。口径23.4、足径8.4、高10.2厘米（图一七〇，1）。T0632②∶1，胎白色细腻，青花釉色泛黑，足棱底部露胎。下腹略垂，圈足较高。内壁重圈纹内绘花草纹，外壁弦纹间绘楼阁、卷云及花草纹。口径14.4、足径6.2、高7.2厘米（图一七〇，2）。T0533②∶2，胎白色细腻，青花釉色泛黑，通体挂釉，仅足露胎。内、外底重圈纹内绘一花草纹，内壁上部饰花草双弦纹带，外壁饰花草纹，花纹流畅细腻。口径 16.4、足径 7.6、高 8.6 厘米（图一七〇，3）。T0504②B：4，胎灰白色较细腻，青花釉色呈蓝黑色。内外壁均绘花草纹。口径 13.7、足径 6.8、高 7 厘米（图一七〇，4）。

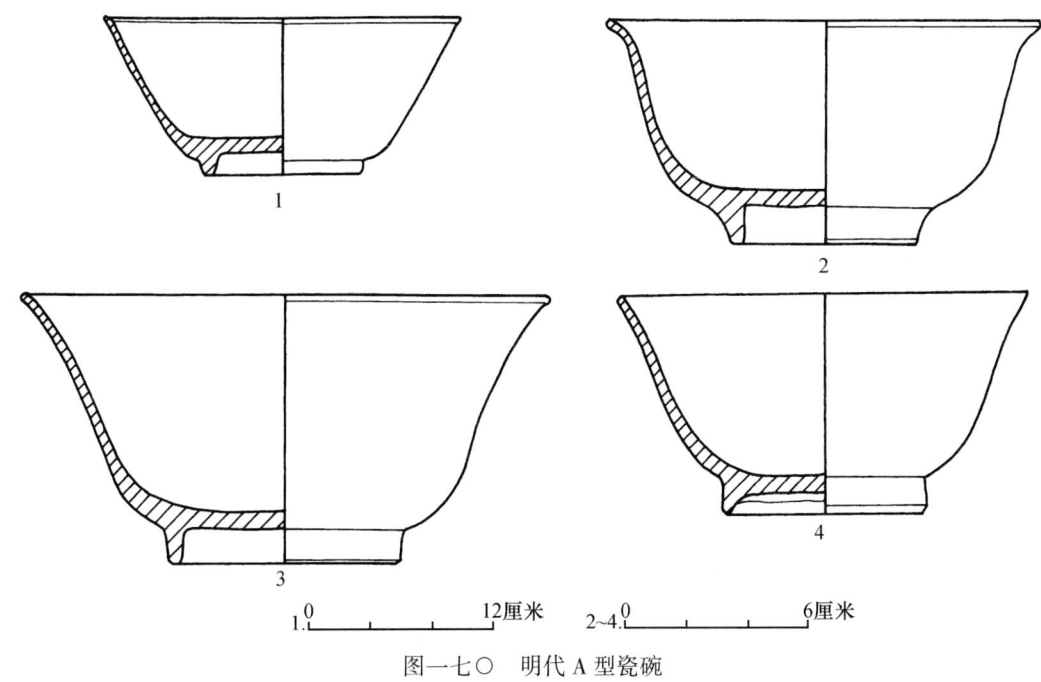

图一七〇　明代 A 型瓷碗
1. T0304②B：1　2. T0632②：1　3. T0533②：2　4. T0504②B：4

B 型　4 件。敞口，圆唇，斜弧腹，腹较浅，矮圈足。其中 1 件为白瓷，其余为青花。H164：2，灰褐色胎，白色釉，内壁全挂釉，外壁半釉，内底有叠烧痕迹。口径 16.1、足径 6.2、高 5.8 厘米（图一七一，1）。T0530②：1，胎白色细腻，青花釉泛黑，除足跟外，内外满釉。内底重圈纹内饰抽象的花草纹，内外口沿部饰 X 形纹带。口径 12.5、足径 5.3、高 4.4 厘米（图一七一，4）。T0328②：3，胎灰白色，青花釉色呈蓝黑色；叠烧，内底有 1.5 厘米宽的一周露胎。圈足较厚，足底略垂。内壁近底部压印一周竖线纹，外壁绘简练的花草纹。外足心一乳钉纹，内底绘 X 形纹。口径 15.4、足径 7.4、高 6.1 厘米（图一七一，2）。T0404②B：4，胎灰白色，青花釉色泛黑，通体挂釉。内底绘花草纹，口沿部绘一周弦纹，外底绘重圈纹。口径 11.8、足径 5.9、高 3.2 厘米（图一七一，3）。

C 型　1 件。敞口，侈沿，弧腹，腹下部略垂，高圈足。F1：1，灰白色胎，青花釉色呈黑色，红褐色化妆土，通体挂釉，仅足底露胎。尖圆唇。内底及外壁绘花草纹。口径 14.6、足径 5.6、高 6 厘米（图一七二，2）。

D 型　3 件。敞口，弧腹。H109：1，灰白色釉，除圈足外通体挂釉。圆唇，圈足，足底有乳凸。口径 12、足径 5.6、高 6.4 厘米（图一七二，3）。T0104②B：2，胎白色细腻，红褐色化妆土，青花釉色泛黑，腹下部露胎。圆唇，圈足。内外口沿及底部饰重圈纹、弦纹。口径 13.2、足径 5.8、高 6 厘米（图一七二，1）。T0328②：2，红褐色胎，褐色釉，釉面粗黏，口沿施釉较厚，外壁下部未施釉。平沿，假圈足。口径 15.6、底径 9.6、高 10 厘米（图一七二，4）。

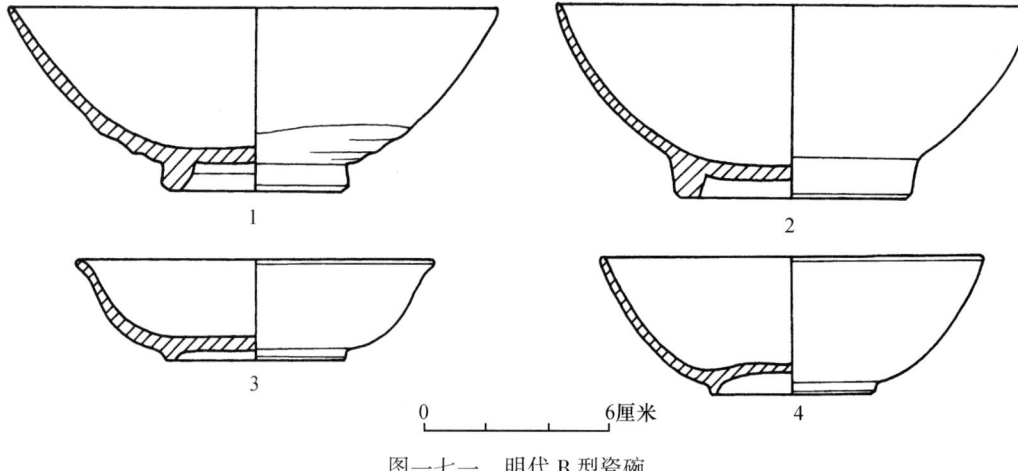

图一七一　明代 B 型瓷碗

1. H164：2　2. T0328②：3　3. T0404②B：4　4. T0530②：1

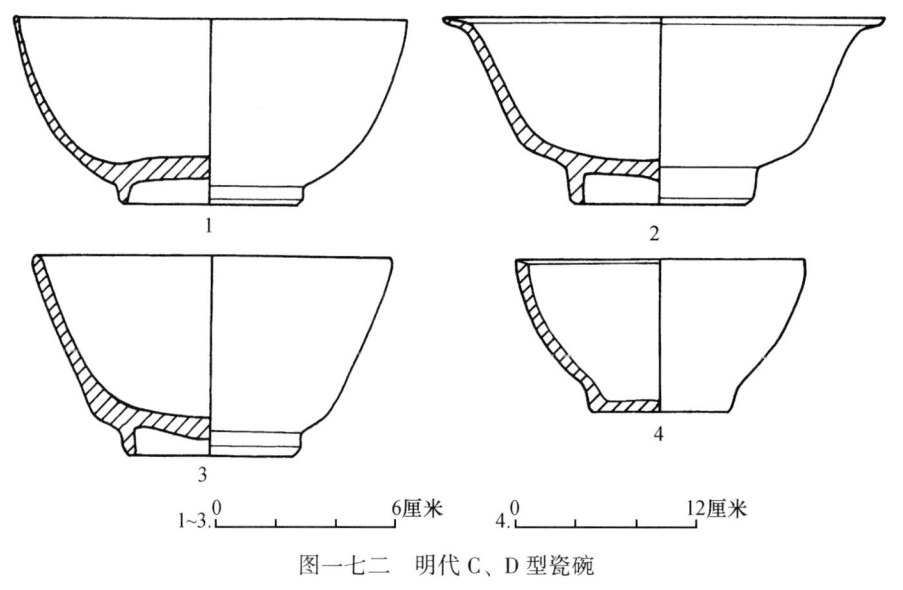

图一七二　明代 C、D 型瓷碗

1、3、4. D 型（T0104②B：2、H109：1、T0328②：2）　2. C 型（F1：1）

盏　4件。根据形制的不同，可分三型。

A 型　2件。侈口，尖唇，斜直腹，圈足。H109：2，胎灰白色较细腻，内壁白釉青花，釉色泛黑，外壁黑釉。内壁口沿处饰重圈纹，内底重圈纹内饰花草纹。口径8、足径3.8、高3.8厘米（图一七三，1）。T0632②：2，胎白色细腻，青花釉色泛蓝灰色，足底露胎。内底较大，宽圈足，足外撇。内外口沿饰重圈纹，内底饰雁状纹，腹底间饰竹节纹，近口沿部饰重圈纹，外壁饰抽象花草纹。口径9.8、足径4.2、高5.1厘米（图一七三，2）。

B 型　1件。敞口，尖圆唇，深腹，高圈足。T0533②：3，胎红褐色细腻，青花釉色泛蓝，足露胎。内底及外壁饰写意花草纹，外底重圈纹内画一方块戳记。口径8、足径3.6、高4.7厘米（图一七四，1）。

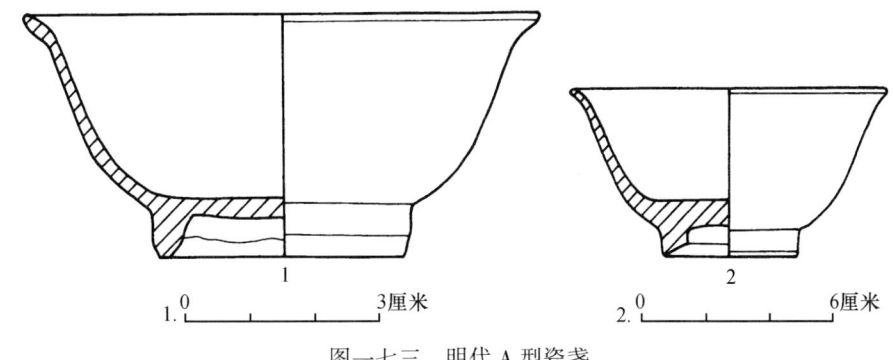

图一七三 明代 A 型瓷盏
1. H109：2 2. T0632②：2

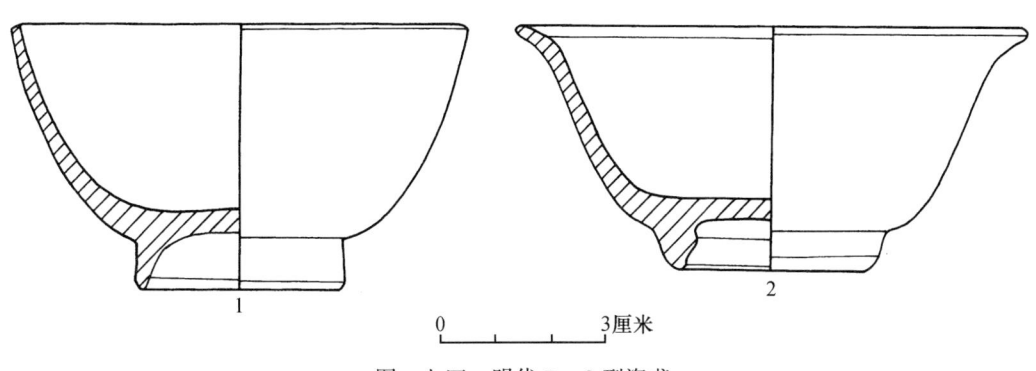

图一七四 明代 B、C 型瓷盏
1. B 型（T0533②：3） 2. C 型（T0104②B：1）

C 型 1件。敞口，宽斜沿，尖圆唇，弧腹，高圈足。T0104②B：1，胎红褐色细腻，青花釉色泛黑，足底露胎。内底及外壁饰写意花草纹。口径 9.2、足径 3.4、高 4.3 厘米（图一七四，2）。

盅 4件。根据形制的不同，可分二型。

A 型 2件。敞口，圆唇，弧腹，宽圈足。H107：1，胎灰白细腻，内壁挂青白釉，外壁挂深蓝釉，足底无釉。口径 5.5、足径 1.3、高 2.8 厘米（图一七五，1）。H107：6，胎白色细腻，内壁挂青白釉，外壁挂蓝釉，足底露胎。足棱较宽。口径 5.3、足径 2.3、高 2.7 厘米（图一七五，2）。

B 型 2件。侈口，斜方唇，斜腹，圈足。T0328②：1，胎白色细腻，青花泛黑，通体挂釉，足底露胎。内底饰一"天"字纹，内壁饰不连贯的弧线纹，外壁饰花草纹。口径 5.6、足径 2.8、高 2.8 厘米（图一七五，4）。T0533②：1，胎白色细腻，青花泛黑，通体挂釉，仅口沿部露胎。内底饰点状纹，外壁饰细点及花草纹。口径 4.8、足径 2.3、高 4.8 厘米（图一七五，3）。

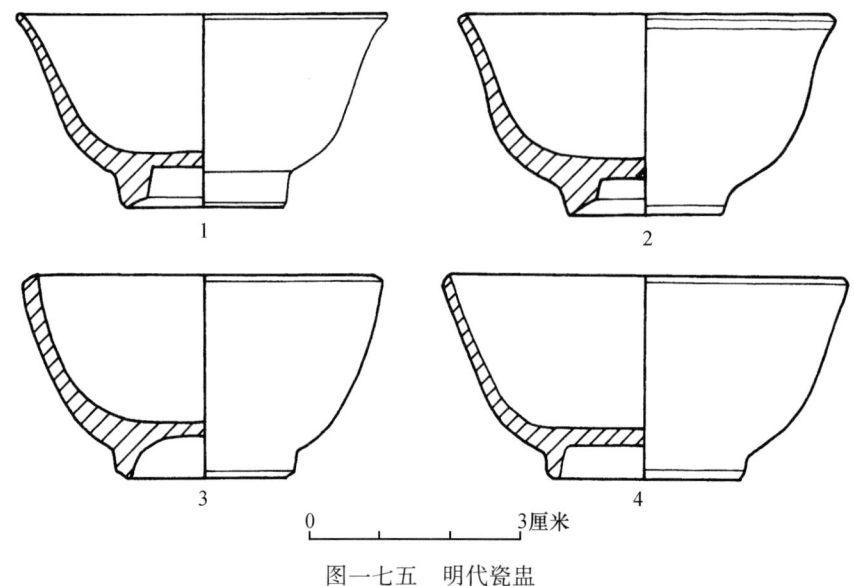

图一七五 明代瓷盅
1、2. A 型（H107∶1、H107∶6） 3、4. B 型（T0533②∶1、T0328②∶1）

盘底 1 件。T0404②B∶3，胎白色细腻，青花蓝色。内底圆圈纹内隔区绘花草纹，外底重圈纹内绘一方形款识。残长 10、残宽 7.8 厘米。

碗底 出土数量较多。H107∶4，矮圈足，底面略鼓。胎白色细腻，通体挂釉，青花泛黑。内底重圈纹内饰"寿"字。足径 5、残高 1.5 厘米。T0504②B∶2，宽圈足。胎灰白细腻，通体施釉。外底心有乳凸，内底粗线未连接弦纹，外底绘粗线重圈纹。足径 7、残高 3.5 厘米。H107∶5，高圈足，内底略弧。胎白色较粗，通体施青白釉，青花泛黑。内底及外壁绘写意花草纹。足径 6.2、残高 2.6 厘米。T0604②B∶3，高圈足，足棱窄薄。胎白色细腻，施青白釉，青花泛黑。内底绘果实纹，外底重圈纹内有花押。足径 3.2、残高 2.1 厘米。T0533②∶4，内底略弧，圈足。胎白色细腻，施青白色釉，青花色较淡。内底绘蝌蚪状纹，外底重圈纹内有花押。足径 5.6、残高 3.2 厘米。T0427②∶3，圈足，底较厚，底面微鼓。胎白色细腻，施青白釉，青花泛黑。内底重圈纹内绘花草纹，外底粗线圈纹内草书"大明年造"四字。足径 4.9、残高 2 厘米。T0504②B∶1，矮圈足，底较厚，底面微塌。胎灰白细腻，青花色较淡。内底绘花草纹，外底重圈纹。足径 4.8、残高 2.7 厘米。H16∶4，高圈足。胎白色细腻，施青白釉，青花泛蓝。内底绘花草纹，外底重圈纹内绘花草纹。足径 3.4、残高 2 厘米。T0505②B∶3，内弧底，圈足，足墙外撇。胎白色细腻，施青白釉。内底绘繁缛的花草纹，外壁下交绘单圈纹。足径 2.8、残高 1.6 厘米。T0632②∶3，内底较大，底面微鼓，圈足。胎白色细腻，施青白釉，青花泛黑。内底重圈纹内绘花草纹，外底重圈纹内草书"大明年造"款识。足径 4.2、残高 2.2 厘米。T0604②B∶4，胎灰黄较粗，施白釉，青花泛黑。高圈足。内底墨绘写意蝴蝶纹。足径 5.6、残高 2.6 厘米。

盏底　出土数量也较多。T0404②B：5，高圈足，内底略弧。胎白色细腻，施青白釉，青花泛黑。内底绘花草纹，外底绘重圈纹。足径3.2、残高2.8厘米。T0427②：3，矮圈足，底面较厚、略垂。胎白色细腻，施青白釉，青花泛黑。内底绘花草纹，外底草书"大明年造"款识。足径3.4、残高1.2厘米。H16：3，高圈足。胎白色细腻，施白釉。内底绘扁圆形纹，外底绘花草纹。足径3.6、残高2.6厘米。T0632②：4，圈足较高。胎白色细腻，施白釉，青花泛黑。内底绘青花花草纹，外底书"大明年造"四字款。足径3.2、残高2.6厘米。T0632②：5，胎白色细腻，施白釉，青花泛黑。内底绘青花花瓣纹，外底一"寿"字。足径3.4、残高2.8厘米。

3. 骨器

分线刀　2件。H107：2，由切割的骨片刮磨而成。平面呈长方形，单面刃，打磨光滑，中部钻一直径0.1厘米的孔眼。长5.2、宽1.6、厚0.2厘米（图一七六，1）。H107：3，由薄骨片磨制而成，一侧中部钻一直径0.2厘米的穿孔。一面略残。长5、宽1.7、厚0.2厘米（图一七六，2）。

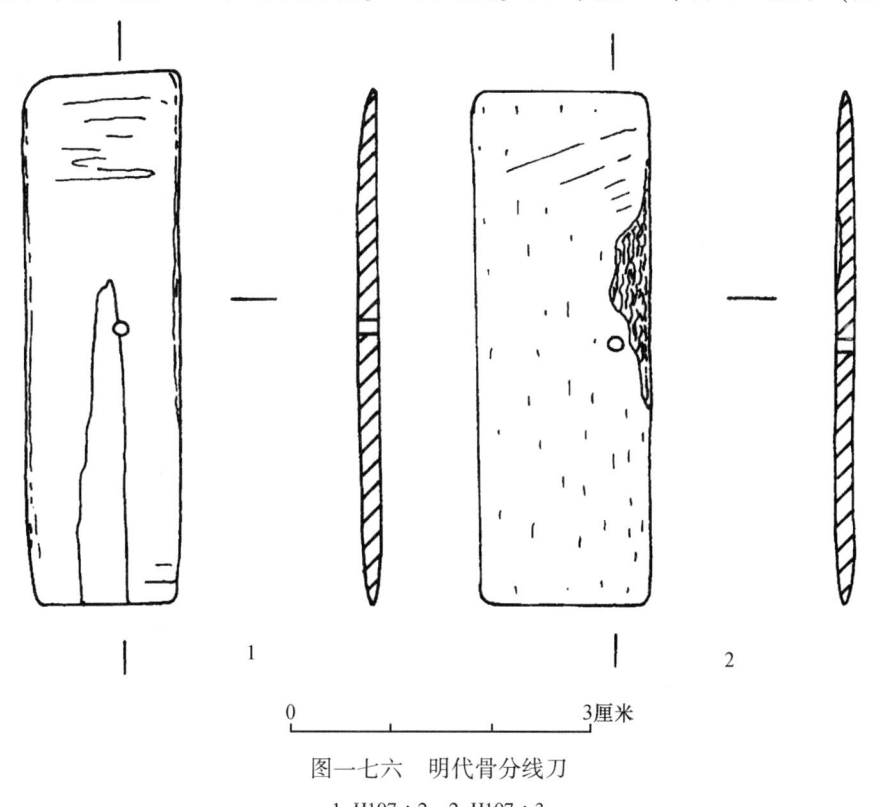

图一七六　明代骨分线刀
1. H107：2　2. H107：3

4. 铜器

铜器出土较少，有铜簪和铜饰件等。

簪　1件。G2：1，残，呈长条形。残长13.1、直径0.2厘米（图一七七，1）。

铜饰　1件。T0629②：1，呈铜镞状，一端锥体形，尖部残失；一端细圆柱体。残长1.9厘米（图一七七，2）。

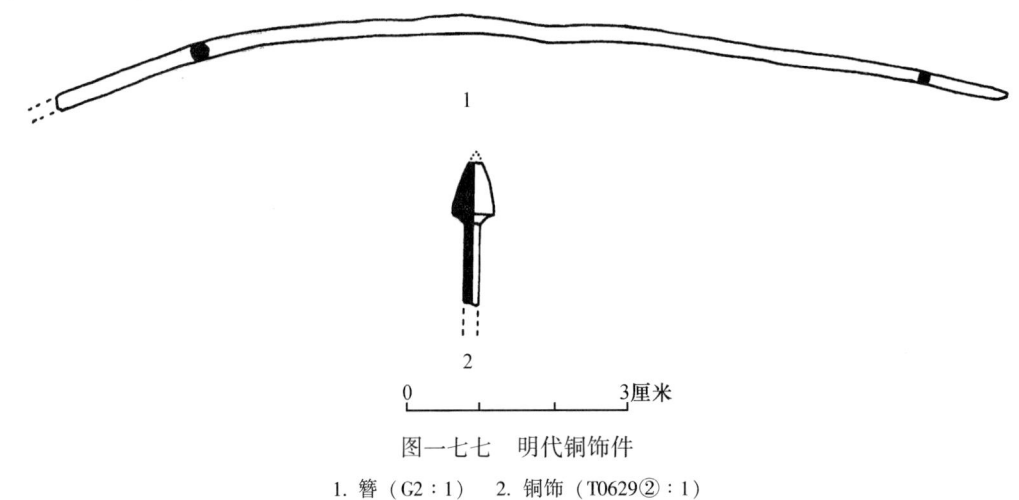

图一七七　明代铜饰件
1. 簪（G2：1）　2. 铜饰（T0629②：1）

5. 铜钱

出土清代铜钱2枚，分别为嘉庆通宝和同治通宝。

嘉庆通宝　1枚。T0427②：4，"嘉庆通宝"四字楷体，因锈蚀较模糊。直径1.8、穿宽0.6厘米。

同治通宝　1枚。T0528②：5，"同治通宝"四字楷体，钱体轻薄，字迹较模糊。直径2、穿宽0.7厘米。

另出土铁钱1枚，因锈蚀字体不清。T0228②：1，圆形方穿，正、背面均有边郭。直径2.4、穿宽0.6厘米。

（三）小　　结

上宝盖遗址明清时期遗存破坏较为严重，遗迹以灰坑为主，未见完整的房址，遗物以瓷器为主，陶器、铜器、骨器等很少。瓷器以青花瓷器为主，另有少量白釉、褐釉、蓝釉等单色瓷器。器形有碗、盏、盘、盅等，均为生活用器，完整或能复原者很少，大多为残片。青花瓷片数量较多，大多数为灰白胎，胎质细腻，胎上施有一层红褐色化妆土，器表施釉多数为满釉，青花瓷底色为青白色，釉上青花大多呈蓝黑色，色较黯淡，纹饰多为写意的花草、楼阁纹，部分器底草书"大明年制"等写款或标识窑口的花押款识。应为地方民窑烧制，对研究今郧县地区明代瓷器的烧制技术、经济和文化等提供了较为重要的资料。

七、战国、汉代墓葬出土人骨研究

由于埋藏环境对人骨标本的影响以及因埋藏日久而积压变形，墓内人骨保存情况欠佳。多数标本残损严重，仅能提取到少量颅骨和体骨的残片或残段。墓葬中颅骨标本均无法进行系统的人类学测量研究，其他骨骼部分亦多残缺不全。因此，我们仅能从对标本进行详细的形态观察入手，对该批人骨材料提出有关性别、年龄以及某些骨骼上所反映出的病理现象的鉴定意见。

（一）材料与方法

可供观察和鉴定的人骨标本共计7例，发掘者认为分别属于战国时期和汉代。该批资料的研究对探讨汉江上游两周和汉代的聚落形态以及同时代的考古学文化等都具有十分重要的意义。

本文对该批人骨标本的观察、测量及性别与年龄鉴定主要依据邵象清[1]和吴汝康、吴新智等[2]提出的鉴定及测量标准。在做年龄鉴定时，我们主要通过观察牙齿的萌出、磨耗程度以及骨化点的出现和四肢长骨骨骺的愈合程度等来进行综合判断。一般来说古代居民饮食相对粗糙，牙齿的磨耗相对现代人更为严重。因此，对于那些仅依据牙齿的磨耗程度来判断年龄的个体，我们通常采用从根据现代人牙齿磨耗程度制定的等级标准得出的判断结果中减去5岁的方法来推断古代居民的年龄。

（二）性别与年龄

本报告所鉴定的古代人骨标本共计7例，其中包括男性个体2例、儿童3例以及性别不详的成年个体2例。现将对上述标本的观察和鉴定结果以墓葬及灰坑为单位依次叙述如下。

M1 汉墓。幼儿，性别不详。骨骼保存较差，残留额骨、上颌骨残片及左侧肱骨和锁骨残段，未见牙齿保留。

M5 汉墓。幼儿，性别不详。墓内仅提取到细碎的头骨残片、下颌骨及下肢骨残段，未见牙齿。

M6 东周墓葬。男性，年龄在50岁左右。人骨保存情况欠佳，仅见颅骨残片8片、下颌骨残段、右侧锁骨中段、右侧桡骨、左侧髋骨中段和部分肱骨、尺骨、股骨及腓骨的残段可供观察。该个体颅骨骨壁较厚，乳突大小中等，枕外隆突不明显。下颌支较宽，下颌角粗糙且明

---

[1] 邵象清：《人体测量手册》，上海辞书出版社，1985年，第34~131页。
[2] 席焕久、陈昭：《人体测量方法》（第二版），科学出版社，2010年，第51~141页。

显外翻，颏部呈方形。坐骨大切迹较窄而深，四肢长骨较为粗壮，肌肉附丽线发育较为显著。

墓内采集到人类恒齿14颗，9颗尚在颌骨之上，5颗散落在颅骨四周。该例标本上颌左侧第一臼齿（M^1）咬合面齿冠水平磨耗，齿质暴露区完全融合，但环绕四周的釉质环仍完整，中央釉质岛虽模糊但仍然存在，呈V级磨耗。上颌左、右侧第二臼齿（M^2）咬合面各有3个大的齿质暴露，其中两个齿质暴露区相互融合，均属Ⅳ级磨耗。上颌左、右侧第一前臼齿（P^1）和第二前臼齿（P^2）磨耗程度相同，均表现为出现两个大的齿质暴露区且相互融合。

该个体上颌左、右侧第一前臼齿（P^1）和第二前臼齿（P^2）齿根近中方向靠近齿颈处均可见椭圆形龋齿病灶；上颌左侧及下颌右侧犬齿（C）整个齿冠几乎龋蚀殆。上颌右侧第一臼齿（M^1）生前脱落，齿槽部分闭合，该颗牙齿颊侧根处呈现出一个大而深的空洞。下颌左、右侧第一前臼齿（P_1）至第二臼齿（M_2）均于生前脱落，齿槽完全闭合。下颌右侧第二臼齿（M_2）生前脱落，齿槽因炎症已经失去了原有的正常形态结构，齿槽内的齿根齿槽间隔消失。残留的上、下颌牙齿的齿根均有约二分之一暴露在齿槽窝外，齿槽嵴明显吸收、萎缩。下颌两侧第三臼齿（M_3）先天缺失。综合上述病理现象的观察可知，墓主人生前患有较为严重的龋齿、牙周病、根尖脓肿及齿槽脓肿等口腔疾病。

M11 东周墓葬。成年，性别不详。墓内人骨残破严重，采集到颅骨碎片11片以及肱骨、尺骨、股骨和胫骨残段，未见牙齿保存。从骨骼残骸上看，该个体冠状缝清晰可见，矢状缝开始愈合，人字缝外板的左右三角部、中央部和外下部均较清晰。结合四肢骨骼骨骺愈合程度判断，墓主人已成年。该例标本右侧眶上缘稍显厚钝，眉弓发育不明显，四肢长骨较为粗壮。由于保存的骨骼较少，且主要性别特征缺失，故性别不明。

M12 东周墓葬。男性，年龄在50岁左右。人骨保存情况不佳，墓内采集到左侧额骨残片2片、左右侧顶骨残片各1片、两侧颞骨残片及一个残破的下颌骨（左侧下颌支保存完整，右侧下颌支缺失）。可供观察的人类恒齿共计9颗，分别为下颌右侧侧门齿（I_2）、左侧犬齿（C）、左右侧第一前臼齿（P_1）、第二前臼齿（P_2）、第一臼齿（M_1）和左侧第二臼齿（M_2）。其中仅有2颗散，其余7颗均附着于下颌骨上。四肢骨骼保留有左右侧肱骨中段、右侧尺骨上段、左侧桡骨中段、右侧桡骨、右侧股骨中段、左侧胫骨下段及两侧腓骨中段。此外还采集到残破的左侧髋骨。

该标本颅骨骨壁较厚，眶上缘厚钝，乳突较大。下颌骨粗壮，下颌支宽阔，下颌角外翻。坐骨大切迹窄而深，髋臼较大而深，四肢长骨粗壮，肌肉附丽线发育显著。

该个体下颌右侧侧门齿（I_2）齿质大片状暴露，但围绕齿冠的环状釉质仍完整存在。左、右侧第一臼齿（M_1）整个咬合面齿质大片状暴露，周围的釉质环大致完整，磨耗程度为V级。下颌左侧第二臼齿（M_2）咬合面上三个齿质暴露区互相融合，出现咬合面中央釉质岛，属于Ⅳ级磨耗。

该例标本左侧第一前臼齿（P_1）齿根远中方向、第二前臼齿（P_2）齿根近中方向靠近齿颈处各有一个较深的椭圆形龋齿病灶，下颌左侧第一臼齿（M_1）颊侧近齿颈处龋洞已穿髓。下颌右侧第二臼齿（M_2）、第三臼齿（M_3）和下颌左侧第三臼齿（M_3）已于生前脱落，齿槽闭合。

保留下来的下颌骨齿槽萎缩，齿根暴露在齿槽以外 2～3 毫米，齿槽间隔整体轮廓出现破损，呈现出从颊侧向舌侧扩展的浅凹陷状骨质缺失。由此推测，该例个体生前患有龋齿和牙周疾病。

M14　汉墓。幼儿，性别不详。骨骼保存极差，仅余部分无法复原的头骨碎片和上下颌残片，未见牙齿保存。

H164　人骨保存情况不佳。仅保留颅骨碎片 7 片，采集到下颌右侧第一臼齿（M_1）一颗。该例个体颅骨骨壁较厚，乳突中等大小，枕外隆突明显。矢状缝及人字缝均已完全愈合，下颌第一臼齿（M_1）咬合面齿质暴露严重，周围的釉质环大致完整。推测该例标本年龄在 50 岁左右，性别不明。

（三）身高推测

利用人体四肢长骨最大长推算得出的身高数值可以作为了解人群体质状况的一项重要参考。但是，根据长骨推算身高会受到种族、年龄、性别以及个体差异的影响，因此该项数值只能是死者生前身高的近似值[①]。

本文依据人骨标本肢骨最大长的测量结果，采用黄种人身高推算公式[②]对上宝盖遗址东周居民的身高进行了估测。由于墓葬中出土的人体骨骼腐蚀严重，因此我们仅能对 M12 中保存比较完整的右侧桡骨进行测量，进而推算出其身高。该例标本右侧桡骨最大长 26.55 厘米，经计算，墓主人身高约 187.13 厘米。

（四）病理现象

对考古发掘出土的古人骨标本进行古病理方面的观察和鉴定可以为考古学者提供许多有关古代人类及社会的重要信息，在探索古代居民的体质健康水平，食性与生活方式，体质与自然环境、生活、社会条件之间的关系等问题方面具有重要作用[③]。

口腔疾病是一种非常古老的疾病，在古代人群中发病率较高。常见的口腔疾病主要包括龋齿、牙周病、齿槽脓肿和根尖脓肿等。古代人类口腔疾病的流行情况在某种程度上反映了人类生存环境的改变和社会文化的发展[④]。

本文对郧县上宝盖遗址东周墓葬中出土人骨牙齿的龋齿、牙周病、根尖脓肿、齿槽脓肿和生前牙齿先天缺失等项目进行了细致的观察并分别记录如下。

---

① 朱泓、魏东、李法军等：《体质人类学》，高等教育出版社，2004 年，第 152 页。
② 陈世贤：《法医骨学》，群众出版社，1980 年，第 227 页。
③ 韩康信：《骨骼人类学的鉴定对考古研究的作用》，《考古与文物》1985 年第 3 期。
④ 张璇、韩迎星、邵金陵：《古代人类口腔疾病流行概况》，《牙体牙髓牙周病学杂志》2005 年第 8 期。

1. 龋齿

龋齿又称蛀牙，是一种在以口腔细菌为主的多种因素综合作用下发生的牙体硬组织慢性进行性破坏疾病[①]。根据龋齿病灶在牙面上的位置，可以分为颌面龋、邻面龋、根面龋和大面积龋四个类型[②]。标本中患龋齿的个体共计 2 例（M6 和 M12），以颌面龋与邻面龋为多。

2. 牙周病

牙周病是指侵犯牙龈和牙周组织的慢性炎症，其主要特征为齿槽萎缩以致使牙根明显暴露[③]。标本中患有牙周病的个体共计 2 例（M6 和 M12），由于该遗址出土人骨材料保存情况欠佳，上、下颌骨残存的标本例数较少，因此我们可以推测，该地区居民牙周病实际患病个体数目要高于本文的统计数值。

3. 根尖脓肿

根尖脓肿是指牙根炎症延伸至牙根部，在根尖周围形成脓肿并累及颌骨，令齿槽骨受损伤而形成空洞，牙齿脱落后可见局部齿槽吸收痕迹的病理状况[④]。标本中患根尖脓肿的个体仅 1 例（M6），该例标本上颌右侧第一臼齿（M^1）虽于生前脱落，但齿根颊侧面仍可见到由脓肿导致的牙床骨骼表面的窦口，且窦口外缘圆钝，齿槽明显萎缩吸收，疑为牙周病或龋齿病变所致。

4. 齿槽脓肿

齿槽脓肿多由龋齿或牙周病引起，当微生物聚积在牙髓腔内引发感染，大量死亡的细胞和细菌聚积形成脓肿，龋齿和牙周病均可导致脓肿的形成[⑤]。标本中患齿槽脓肿者仅一例（M6），病灶位于该个体下颌右侧臼齿处。

5. 先天缺失

牙齿人类学的研究表明，人类第三臼齿先天缺失是人类演化过程中颌骨和牙齿退化现象的一个部分。一般认为，较高的第三臼齿先天缺失出现率是蒙古人种特有的体质特征之一[⑥]。上宝盖遗址内发现 1 例下颌两侧第三臼齿先天缺失标本（M6），因数量稀少，故尚难证明此现象在该地区古代居民中存在明显的上下颌、左右侧及性别上的差异。

[①] 杨佑成、王海潮：《口腔科学》，人民军医出版社，1999 年，第 27~29 页。
[②] 李瑞玉、黄金芳、韩陆：《下王岗新石器时代人类的牙病》，《人类学学报》1991 年第 3 期。
[③] 吴秦川：《口腔病》，世界图书出版公司，2004 年，第 66~68 页。
[④] 张敬雷：《青海省西宁市陶家寨汉晋时期墓地人骨研究》，吉林大学博士论文，2008 年，第 135 页。
[⑤] 夏洛特·罗伯茨、基思·曼彻斯特编著，张桦译：《疾病考古学》，山东画报出版社，2010 年，第 76、77 页。
[⑥] 刘武、曾祥龙：《第三臼齿退化及其在人类演化上的意义》，《人类学学报》1996 年第 3 期。

（五）小　　结

通过对湖北省郧县上宝盖遗址墓葬中出土的人骨进行观察、鉴定和初步研究，得出以下几点结论：上宝盖遗址东周时期居民多死于中年期（36～55岁），汉代瓮棺内所葬居民均死于幼儿期（3～6岁）；遗址中战国时期居民颅骨额部均比较宽阔，矢状缝结构较简单，鼻根部扁平无凹陷，这些都显示出蒙古人种的某些特征；该地区古代居民口腔疾病发病率较高，以龋齿和牙周病为主。

八、结　　语

郧县上宝盖遗址包含西周、东周、两汉和明清四个时期的文化遗存，上文对四个时期的文化遗存做了较为简略的介绍，本节根据上文对四个时期的文化遗存的介绍再对其作一定的归纳和总结。

（一）西周遗存及其陶釜的发现

上宝盖遗址本次发掘面积较小，发现的西周遗存较少，遗迹仅为5个灰坑，陶器也出土较少，器形较为单一，主要有鬲、釜、瓮、罐、盆等。但是，通过与湖北省和陕西省同时期的遗存尤其是陶器的比较，上宝盖遗址西周遗存所表现的文化既有楚文化的特征，又有中原西周文化的特征。由于位于汉江上游地区，这对研究汉江上游西周时期文化遗存提供了较为重要的资料。

另外，在本次发掘的西周遗存中，出土了陶釜，其特征为敞口、折沿上倾或卷折沿，束颈，无肩，这种特征与宝鸡市谭家村春秋墓葬出土的陶釜形制相同或相近，而与有明显肩部的秦式釜形制有别。陶釜在湖北省同期文化中鲜有发现，但在襄阳王坡东周秦汉墓中多有出土[1]，其形制与秦釜形制完全一致，属于秦文化或受秦文化影响所形成，而与上宝盖遗址出土的西周时期陶釜完全有别，不属于一个系统。据研究，这种陶釜属于另一个文化系统，其可能起源于今四川省巴蜀文化[2]。上宝盖遗址西周釜较今四川省发现的同类釜时代早，说明此类釜的起源或许在今汉江上游一带，这对探寻此类釜的起源提供了一定的线索。

（二）东周遗存及其发现

上宝盖遗址东周遗存较西周遗存分布面积大，遗存和遗迹也较西周丰富，遗迹主要有灰坑和墓葬，遗物主要有鬲、罐、盂、豆等。在东周遗存中一个有趣的现象是陶鬲的鬲足出土较

---

[1] 湖北省文物考古研究所、襄樊市考古队、襄阳区文物管理所：《襄阳王坡东周秦汉墓》，科学出版社，2005年，参见第65～217页战国晚期至秦代墓葬。
[2] 滕铭予：《论秦釜》，《考古》1995年第8期。

多,但口沿很少;没有发现秦式釜。通过对墓葬和出土遗物的比较研究,该遗存主要属于楚文化的范畴,秦文化可能还未影响到该地或影响甚微。

(三) 两汉时期遗存

两汉时期遗存较东周遗存分布面积大,遗物更丰富。遗迹主要以灰坑为主,还有窑和井等,尽管出土了大量的板瓦、筒瓦残片和少量的瓦当残片,但还是未发现房屋基址,说明居住基址可能没有较深的夯土台基,其居住遗迹被后期破坏。另外出土了数量较多的瓦棺葬、瓮棺葬和瓮棺。说明发掘区是两汉时期的主要生活、生产区。这里对水井、瓦棺和瓮棺葬做一简要的总结。

1. 水井

水井发现一口(J1),深15.5米,内径0.9米,井内水位线距开口深13.85米,土圹竖井直径1.06~1.94米。井的砌筑方法为:先挖掘一个直径1.06~1.94米的漏斗状竖井,然后用砖围箍,井壁上部用菱形纹条砖平箍,井壁下部用弧形榫卯条砖侧箍,井壁和土圹壁间用杂物和土填实。在底部发现有朽烂木板,可能用来澄滤井水。

根据我们对井壁的观察,原来井的水位线距开口深13.85米,说明当时井内水深1.8米,但当我们清理到水井底部时,仅为黏稠的泥浆,清理完毕2月后,用线锤测量井水深仅为0.26米,也就是说两个月后井内存水仅0.26米深,完全没有使用价值。由于水井与地下水位线的高低相关,这说明当时的地下水位比现在高许多,这或许对研究当地的水文提供一定的可比较资料。

2. 瓦棺葬

瓦棺葬发现2座,一座为M1,一座为M5的上部,系与瓮棺合葬。两座墓均有墓圹,前者由两块板瓦扣合,前后及两侧用残板瓦封挡,状似木棺,其内为幼儿骸骨;后者由两块筒瓦扣合形成,置于瓮棺的上部,内置幼儿骸骨,头朝南。瓦棺葬在汉代襄阳地区也有发现,如在襄阳东津洪山头遗址汉代地层中发现了瓦棺葬,WM1用板瓦扣合,两侧用残板瓦封挡;WM2用筒瓦扣合形成瓦棺,其内均置小骸骨一具,从描述分析应是婴幼儿骸骨[①],这说明瓦棺可能是葬婴幼儿的一种专门葬具,具有一定的普遍性。

3. 瓮棺葬

完整的瓮棺葬发现13座,其中1座和瓦棺合葬,另外,在地层和晚期灰坑中发现汉代瓮棺9件,大部分残碎,除H164棺内的骸骨较大外,其余瓮棺内仅发现少量的骨渣,由于瓮棺系瓮棺葬破坏后所致,因此这里我们将其归于瓮棺葬的系列讨论。先将瓮棺葬的相关情况统计如表六。

根据表六,瓮棺葬的墓圹形制有椭圆形、方形、长方形和梯形,其中椭圆形1座,方形3

---

① 襄樊市考古队、襄樊市文物管理处:《襄阳东津洪山头遗址发掘简报》,《江汉考古》1999年第4期。

座，长方形5座，梯形4座，以长方形和梯形为主，方形次之，圆形较少。墓圹的方向除椭圆形和方形难以判断外，南北向者6座，东西向者3座，说明墓圹的形制和方向没有明显规制，具有随意的特性。

瓮棺的结构组合，有瓮—盆、瓮—盖、瓮—瓦组合，其中瓮棺除1座为双耳罐外，其余均为瓮。瓮—盆组合有11例，瓮—盖组合有10例，瓮—板瓦组合有2例，以瓮—盆组合及瓮—盖组合为主，瓮—瓦组合较少。

瓮棺在墓圹内的放置，有倒扣、侧置、竖置三种。其中倒扣1例，侧置9例，竖置4例，以侧置为主，竖置较少，倒扣仅1例。瓮口的朝向，朝下1例，朝北2例，朝东4例，朝西3例，朝上3例，朝西南1例，瓮口的朝向有东、北、西、西南、上、下，唯独未见朝南者。

瓮棺及其封口盆、盖、板瓦从器形分析，均是实用器或建筑材料。封口盖从大小和功能分析，应是当时瓮的盖，系贮藏食物之用，其顶部原是封顶的，由于封盖瓮棺的原因特意在其顶部凿一扁圆形或三角形的穿孔。用板瓦封顶因其弧形形制，不会封盖严实、一定留有空隙。用盆封口，由于出土时均残碎，在修复时未能很好地辨认，是否也凿有一定的穿孔目前难以判定，但从所有封口盖的顶部都凿有穿孔分析，其中部分应是凿有穿孔的。

表六　瓮棺葬、瓮棺组合统计表

编号	墓圹形制	墓圹方向	瓮棺组合	瓮棺放置方法	骸骨年龄	备注
M5	梯形	南北向	瓮—盆	倒扣，瓮口朝下	幼儿	合葬
M2	长方形	南北向	瓮—盆	侧置，瓮口朝北		
M13北	长方形	南北向	瓮—盆	侧置，瓮口朝东		合葬
M13南	长方形	南北向	瓮—盆	侧置，瓮口朝东		
M14	梯形	东西向	瓮—盆	侧置，瓮口朝西	幼儿	
M16	梯形	南北向	瓮—盆	竖置，瓮口朝上		
M7	梯形	东西向	瓮—盆	侧置，瓮口朝东		
M9	方形		瓮—盆	竖置，瓮口朝上		
M18	方形		瓮—盆	竖置，瓮口朝上		
M3	长方形	南北向	瓮—盖	侧置，瓮口朝西		
M4	椭圆形		瓮—盖	竖置，瓮口朝西		
M8	长方形	南北向	瓮—盖	侧置，瓮口朝北		
M10	方形		瓮—板瓦	侧置，瓮口朝西南		
M15	长方形	东西向	瓮—板瓦	侧置，瓮口朝东		
H164：1			双耳罐—盖		50左右	
T0208②C：1			瓮—盖			
T0208②C：2			瓮—盖			
T0208②C：4、3			瓮—盖			
H94：2			瓮—盖			
H94：3			瓮—盖			
T0608③：4			瓮—盖			
T0509③：1			瓮—盆			
T0227②：1			瓮—盆			

瓮棺内的骸骨，除H164∶1瓮棺内装的骸骨经鉴定为50岁左右的成年人外，能鉴定者仅2例，均为幼儿，其余的均为碎骨渣，有的清理时发现仅呈碎骨粒，系骨骼朽化所致，从此判断瓮棺应主要是埋葬婴幼儿的葬具。而H164∶1瓮棺由于是双耳罐，容积小，容纳不下一具成年人的骸骨，应是某种形式的迁葬，而且仅葬颅骨。

瓮棺均出土于遗址内，具有小集中大分散的特征，除H164∶1内的骸骨外，未发现成年人的墓葬，说明成年人有专门的墓地。在我国秦汉时期考古发现的瓮棺葬中，瓮棺葬地的选择有三种：一为在居住地或居住地附近，如秭归土地湾发现的瓮棺葬即是这种情况；其二为与其他类型的墓葬混杂在一起，只不过使用了不同的葬具，如洛阳涧西的14座瓮棺葬，与陶棺葬、瓦棺葬、砖棺葬混杂在一起，但使用了不同的葬具①，应是将婴幼儿墓葬葬入成年人的墓地；其三为丛葬墓地，如辽阳三道壕的348座丛葬墓地，分布在一条长120、宽6～12.5米的土冈上，疏密不一，存在着分组现象。墓地南面是三道壕聚落遗址，北面是汉代成人墓地，相距200～300米，这说明三道壕瓮棺墓地可能是三道壕汉代聚落的儿童墓地②。上宝盖遗址汉代瓮棺葬应属于第一种，可能是儿童因未行"成年礼"而不能埋入公共墓地，在"魂"、"魄"信仰的支配下选定适合埋葬儿童的一种特殊葬法。

瓮棺葬在我国新石器时代已有较多发现，汉代瓮棺葬发现者也不少。在湖北省秭归土地湾汉代地层中出土了30余座瓮棺葬，均是实用器，用鹅卵石封口③，与上宝盖遗址主要用实用盆、盖封口有别。用鹅卵石封口，尽管报告中没有提及是否专门留有一定的空隙，但据推测，用鹅卵石封口其口部不可能封盖严实，应有一定的空隙，这种情况与上宝盖遗址瓮棺葬封口盖的顶部凿一穿孔的情形相同，是新石器时代瓮棺葬在瓮棺的某一部位凿一穿孔供灵魂出入通道的延续，如仰韶文化半坡类型的瓮棺葬凿有穿孔，河南龙山文化、湖北屈家岭文化等的瓮棺上凿有穿孔，而这种在瓮棺或封口部凿穿孔的行为在汉代其他地方瓮棺上少见。这种穿孔行为应与人们相信"灵魂不死"的观念相关。"灵魂不死"信仰在原始社会已经盛行，如上述新石器时代瓮棺上凿穿孔的行为应是这种信仰的体现。在汉代，"魂"、"魄"观念成为当时人们的普遍信仰，"魂"轻灵为气升天、"魄"凝重随尸骸入地的观念在当时社会有相当的信仰，上宝盖遗址汉代瓮棺封口盖上凿穿孔的行为应是这种信仰的真实体现。

（四）明清时期遗存及反映的聚落破坏问题

明清时期遗存尽管较少且单一，但分布面积较大，其中西部发掘堆积较厚，东部发掘区堆积较薄，西部发掘区的地层较为统一，根据对遗址地层的统一，东部发掘区缺失一层，即缺失西部发掘区的第3层——明清时期文化层，而东部的第3层相当于西部发掘区的第4层。此层为何缺失，通过本次发掘我们认为与不同时期人们的破坏相关。

---

① 河南省文物局文物工作队：《一九五五年洛阳涧西区小型汉墓发掘报告》，《考古》1959年第2期。
② 陈大为：《辽阳三道壕儿童瓮棺墓群发掘简报》，《考古通讯》1956年第2期。
③ 国务院三峡工程建设委员会办公室、国家文物局：《秭归土地湾》，科学出版社，2006年，第205页。

由于不同时期的人们均选择在地势较为平坦的汉江一级台地上生息，上宝盖遗址的地理位置及其环境具备不同时期人们生息的地理环境条件，后期人们对前期遗存的破坏是当然之事，如有的西周灰坑被不同时期的灰坑所打破，仅存少部，原来的形制及其深度难以判断，未发现西周时期的居住遗迹；东周时期的灰坑和墓葬也存在这种情况，也未发现居住遗址；汉代的灰坑较多，有的被明清时期的遗迹破坏殆尽，瓮棺葬有的被破坏并且置于灰坑或扔弃，尽管发现了大量的板瓦、筒瓦和少量的瓦当，但还是未发现汉代的居住遗迹，这应是后代人们在此住居生息所致。上宝盖遗址东部发掘区第3层（统一地层）的缺失，从发掘清理的情形判断应是后来者因某种需要在此地取土所致，而这种破坏应是对东部发掘区最大的一次破坏。

执笔：朱存世　王仁芳　郭家龙
　　　黄旭初　周　蜜

附表一　地层统计表

探方号	地层号	相当于标准地层层位	相当于相邻探方地层	时代
T0101	①	①	T0102①	现代
	②B	③B	T0102②B	明清
	③	④	T0102③	汉代
T0102	①	①	T0103①	现代
	②B	③B	T0103②B	明清
	③	④	T0103③	汉代
T0103	①	①	T0102①	现代
	②B	③B	T0102②B	明清
	③	④	T0102③	汉代
T0104	①	①	T0103①	现代
	②A	③A	T0205②A	明清
	②B	③B	T0205②B	明清
	③	④	T0103③	汉代
T0201	①	①	T0202①	现代
	②B	③B	T0202②B	明清
T0202	①	①	T0203①	现代
	②B	③B	T0203②B	明清
	③	④	T0203③	汉代
T0203	①	①	T0202①	现代
	②B	③B	T0202②B	明清
	③	④	T0202③	汉代
T0204	①	①	T0205①	现代
	②A	③A	T0205②A	明清
	②B	③B	T0205②B	明清
T0205	①	①	T0204①	现代
	②A	③A	T0204②A	明清
	②B	③B	T0204②B	明清
	②C	③C	T0206②C	明清
T0206	①	①	T0207①	现代
	②A	③A	T0205②A	明清
	②B	③B	T0207②B	明清
	②C	③C	T0207②C	明清
T0207	①	①	T0208①	现代
	②B	③B	T0208②B	明清
	②C	③C	T0208②C	明清
T0208	①	①	T0209①	现代
	②B	③B	T0209②B	明清
	②C	③C	T0209②C	明清

续表

探方号	地层号	相当于标准地层层位	相当于相邻探方地层	时代
T0209	①	①	T0208①	现代
	②B	③B	T0208②B	明清
	②C	③C	T0208②C	明清
T0210	①	①	T0310①	现代
	②	③B	T0310②	明清
	③	③B	T0310③、④	明清
	④	③C	T0310⑤	明清
T0227	①	①	T0228①	现代
	②	②	T0228②	近现代
	③	④	T0228③	汉代
T0228	①	①	T0227①	现代
	②	②	T0227②	近现代
	③	④	T0227③	汉代
T0231	①	①	T0232①	现代
	②	②	T0232②	近现代
	③	③B	T0232④	明清
T0232	①	①	T0231①	现代
	②	②	T0231②	近现代
	③	③B	T0231③	明清
	④	③B	T0231③	明清
	⑤	③B		明清
T0301	①	①	T0302①	现代
	②B	③B	T0201②B	明清
T0302	①	①	T0301①	现代
T0303	①	①	T0302①	现代
	②B	③B	T0302②B	明清
T0304	①	①	T0305①	现代
	②B	③B	T0305②B	明清
	②C	③C	T0305②C	明清
T0305	①	①	T0306①	现代
	②A	③A	T0306②A	明清
	②B	③B	T0306②B	明清
	②C	③C	T0306②C	明清
T0306	①	①	T0307①	现代
	②A	③A	T0305②A	明清
	②B	③B	T0305②B	明清
	②C	③C	T0305②C	明清

续表

探方号	地层号	相当于标准地层层位	相当于相邻探方地层	时代
T0307	①	①	T0308①	现代
	②B	③B	T0308②B	明清
	②C	③C	T0308②C	明清
T0308	①	①	T0309①	现代
	②B	③B	T0309②B	明清
	②C	③C	T0309②C	明清
T0309	①	①	T0308①	现代
	②B	③B	T0308②B	明清
	②C	③C	T0308②C	明清
T0310	①	①	T0410①	现代
	②	③B	T0410②	明清
	③	③B	T0410③	明清
	④	③B	T0410④	明清
	⑤	③C	T0410⑤	明清
	⑥	③C	T0410⑥	明清
	⑦	③C	T0410⑦	明清
	⑧	③C	T0410⑧	明清
T0327	①	①	T0328①	现代
	②	②	T0328②	近现代
	③	②	T0328②	近现代
	④	④	T0328③	汉代
T0328	①	①	T0327①	现代
	②	②	T0327②、③	近现代
	③	④	T0327④	汉代
T0330	①	①	T0430①	现代
	②	②	T0430②	近现代
	③	③B	T0430③	明清
T0401	①	①	T0402①	现代
T0402	①	①	T0403①	现代
T0403	①	①	T0404①	现代
T0404	①	①	T0405①	现代
	②B	③B	T0405②B	明清
	②C	③C	T0405②C	明清
T0405	①	①	T0404①	现代
	②B	③B	T0404②B	明清
	②C	③C	T0404②C	明清
T0406	①	①	T0407①	现代

续表

探方号	地层号	相当于标准地层层位	相当于相邻探方地层	时代
T0406	②B	③B	T0407②B	明清
	②C	③C	T0407②C	明清
	③	④	T0506③	汉代
T0407	①	①	T0408①	现代
	②B	③B	T0408②B	明清
	②C	③C	T0408②C	明清
T0408	①	①	T0409①	现代
	②B	③B	T0409②B	明清
	②C	③C	T0409②C	明清
T0409	①	①	T0408①	现代
	②B	③B	T0408②B	明清
	②C	③C	T0408②C	明清
	③	④	T0509③	汉代
T0410	①	①	T0310①	明清
	②	③B	T0310②	明清
	③	③B	T0310③	明清
	④	③B	T0310④	明清
	⑤	③C	T0310⑤	明清
	⑥	③C	T0310⑥	明清
	⑦	③C	T0310⑦	明清
	⑧	③C	T0310⑧	明清
T0427	①	①	T0428①	现代
	②	②	T0428②	近现代
	③	②	T0428②	近现代
	④	④	T0428③	汉代
T0428	①	①	T0427①	现代
	②	②	T0427②、③	近现代
	③	④	T0427④	汉代
T0430	①	①	T0431①	现代
	②	②	T0431②	近现代
	③	③B	T0431③	明清
T0431	①	①	T0432①	现代
	②	②	T0432②	近现代
	③	③B	T0432③	明清
T0432	①	①	T0433①	现代
	②	②	T0433②	近现代
	③	③B	T0433③	明清

续表

探方号	地层号	相当于标准地层层位	相当于相邻探方地层	时代
T0433	①	①	T0434①	现代
	②	②	T0434②	近现代
	③	③B	T0434③	明清
T0434	①	①	T0433①	现代
	②	②	T0433②	近现代
	③	③B	T0433③	明清
T0501	①	①	T0502①	现代
T0502	①	①	T0503①	现代
T0503	①	①	T0504①	现代
T0504	①	①	T0505①	现代
	②B	③B	T0505②B	明清
	③	④	T0505③	汉代
T0505	①	①	T0506①	现代
	②B	③B	T0506②B	明清
	③	④	T0506③	汉代
T0506	①	①	T0507①	现代
	②B	③B	T0507②B	明清
	③	④	T0507③	汉代
T0507	①	①	T0508①	现代
	②B	③B	T0508②B	明清
	②C	③C	T0508②C	明清
	③	④	T0508③	汉代
T0508	①	①	T0509①	现代
	②B	③B	T0509②B	明清
	②C	③C	T0509②C	明清
	③	④	T0509③	汉代
T0509	①	①	T0510①	现代
	②B	③B	T0510②A、②B	明清
	②C	③C	T0510②C	明清
	③	④	T0510③	汉代
T0510	①	①	T0509①	现代
	②A	③B	T0509②B	明清
	②B	③B	T0509②B	明清
	②C	③C	T0509②C	明清
	③	④	T0509③	汉代
T0527	①	①	T0528①	现代
	②	②	T0528②	近现代

续表

探方号	地层号	相当于标准地层层位	相当于相邻探方地层	时代
T0528	①	①	T0527①	现代
	②	②	T0527②	近现代
T0530	①	①	T0531①	现代
	②	②	T0531②	近现代
T0531	①	①	T0532①	现代
	②	②	T0532②	近现代
	③	③B	T0431③	明清
T0532	①	①	T0533①	现代
	②	②	T0533②	近现代
T0533	①	①	T0534①	现代
	②	②	T0534②	近现代
T0534	①	①	T0533①	现代
	②	②	T0533②	近现代
	③	③B	T0434③	明清
T0602	①	①	T0603①	现代
T0603	①	①	T0604①	现代
T0604	①	①	T0605①	现代
	②B	③B	T0605②B	明清
T0605	①	①	T0606①	现代
	②B	③B	T0606②B	明清
	③	④	T0606③	汉代
T0606	①	①	T0607①	现代
	②B	③B	T0607②B	明清
	③	④	T0607③	汉代
T0607	①	①	T0608①	现代
	②B	③B	T0608②B	明清
	②C	③C	T0608②C	明清
	③	④	T0608③	汉代
T0608	①	①	T0609①	现代
	②B	③B	T0609②B	明清
	②C	③C	T0609②C	明清
	③	④	T0609③	汉代
T0609	①	①	T0610①	现代
	②B	③B	T0610②B	明清
	②C	③C	T0610②C	明清
	③	④	T0610③	汉代
T0610	①	①	T0609①	现代

续表

探方号	地层号	相当于标准地层层位	相当于相邻探方地层	时代
T0610	②B	③B	T0609②B	明清
	②C	③C	T0609②C	明清
	③	④	T0609③	汉代
T0629	①	①	T0630①	现代
	②	②	T0630②	近现代
T0630	①	①	T0631①	现代
	②	②	T0631②A、②B	近现代
T0631	①	①	T0632①	现代
	②A	②	T0632②	近现代
	②B	②	T0632②	近现代
T0632	①	①	T0633①	现代
	②	②	T0633②	近现代
T0633	①	①	T0634①	现代
	②	②	T0634②	近现代
T0634	①	①	T0633①	现代
	②	②	T0633②	近现代
T0734	①	①	T0634①	现代
	②	②	T0634②	近现代
	③	②	T0634②	近现代
TG1	①	①	T0734①	现代
	②	②	T0734②	近现代

附表二 灰坑、灰沟统计表

编号	所在探方	开口层位	统一地层开口层位后开口层位	打破关系	形状 开口	形状 坑壁	形状 坑底	口径（米）长	口径（米）宽	底径（米）长	底径（米）宽	开口深度（米）	坑深（米）	填土	包含物	时代
H1	T0405、T0505	第2B层下	第3B层下	被H11、H15打破	椭圆形	近直	平底	2.85	1.65	2.75	1.5	0.3~0.35	0.35	灰褐色，土质松散	少量绳纹及素面陶片，器形包括钵、罐、豆等	东周
H2	T0604、T0605	第2B层下	第3B层下	打破H3、H9及生土	不规则形	较直	较平	3.9	2.2~2.4	3.9	2.2~2.4	0.2~0.4	0.3~0.5	褐色含沙，土质松散	少量绳纹瓦片、青花瓷片、红烧土	明清
H3	T0605	第2B层下	第3B层下	打破H4及生土，被H2打破	长方形	较直	较平	1.8	0.7	1.78	0.68	0.15~0.4	0.1~0.15	深褐色，土质略硬	大量绳纹瓦片、陶片、石块、白灰等	汉代
H4	T0605	第2B层下	第3B层下	打破H13及生土，被H3打破	长方形	较直	较平	1.6	0.68	1.6	0.68	0.15~0.4	1	深褐色，土质略硬	大量绳纹瓦片、陶片、石块等	汉代
H5	T0505	第2B层下	第3B层下	打破第3层及生土	圆形	略斜	平底	0.5	0.5	0.45	0.45	0.48	0.35	黄褐色，土质略硬	少量绳纹瓦片	明清
H6	T0604、T0605	第2B层下	第3B层下	打破H9及生土，被H2打破	椭圆形	南北斜、东西直	高低不平	2.88	0.3~1.2	2.8	0.3~1	0.3~0.35	0.4~0.43	灰褐色，土质略硬	大量绳纹瓦片、陶片、石块等	汉代
H7	T0404	第2B层下	第3B层下	打破生土	圆形	斜收	平底	2.5	2.5	2	2	0.45	0.6	灰褐色，土质纯净	少量陶片	西汉中晚期
H8	T0505	第2B层下	第3B层下	打破H14、第3层及生土	长方形	直壁	平底	0.72	0.55	0.72	0.55	0.5	0.54	灰褐色，土质略硬	少量绳纹瓦片	明清
H9	T0605	H2、H6底部			不规则圆形	较直	较平	0.75	0.64	0.74	0.62	0.85	0.24	黑褐色，土质略硬	无	明清
H10	T0505	第2B层下	第3B层下	打破第3层及生土、打破Z1	长方形	较直	平底	1.35	0.6~0.7	1.3	0.5~0.6	0.42	0.8	黑褐色，土质纯净	绳纹瓦片及青花瓷片等	明清
H11	T0505	第2B层下	第3B层下	打破H1、第3层及生土	圆角长方形	不规整	平底	1.45	1.3	1.32	1.18	0.5	0.75	浅灰色，土质略硬	大量绳纹瓦片、陶支垫等	东汉
H12	T0405	第2B层下	第3B层下	打破生土	圆形	直壁	平底	1.1	1.1	1	1	0.45	0.3	灰褐色，土质松散	绳纹灰陶片及泥质红陶片等	汉代

续表

编号	所在探方	开口层位	统一地层后开口层位	打破关系	形状 开口	形状 坑壁	形状 坑底	口径（米）长	口径（米）宽	底径（米）长	底径（米）宽	开口深度（米）	坑深（米）	填土	包含物	时代
H13	T0605	第1层下	第1层下	打破第3层及生土，被H4打破	长方形	直壁	较平	1.34	0.4~0.5	1.33	0.4~0.48	0.16	0.34~0.4	深褐色，土质略硬	少量绳纹瓦片、石块等	东汉
H14	T0505	第2B层下	第3B层下	打破第3层及生土，被H8打破	长方形	较直	略凹	1.85	0.74	1.8	0.68	0.52	0.5	灰褐色	绳纹板瓦残片及夹砂红褐陶釜等	东汉
H15	T0405	第2B层下	第3B层下	打破H1及生土	圆形	直壁	平底	0.5	0.5	0.5	0.5	0.2~0.3	0.15	灰褐色，土质松散	烧土颗粒，无陶片	汉代
H16	T0205	第2B层下	第3B层下	打破H17、H18、H19及生土	圆角方形	不平整	高低不平	3.44	2.14~2.46	3	2~2.2	0.75~1.4	1~1.22	灰黄色，土质松软	大量绳纹瓦片、青花瓷片、陶纺轮等	明清
H17	T0205	第2C层下	第3C层下	打破生土，被H16及现代坑打破	长方形	较规整	较平	2.5	0.88~1.08	2.02	0.48~0.54	1~1.55	0.36~1.16	上层褐色，较硬；下层灰色，较软	上层含大量瓦片、陶片，下层含陶罐残底	汉代
H18	T0205	第2B层下	第3B层下	打破生土，被H16打破	长方形	凹凸不平	尖状底	1.18	0.9	1.1	0.5	0.83~0.92	0.34~0.92	灰褐色，土质松软	大量绳纹瓦片、陶罐底、蚌壳	汉代
H19	T0205	第2B层下	第3B层下	打破生土，被H16打破	长方形	不规整	较平	3.6~3.7	0.74~0.82	3.6	0.74	1.25~1.4	0.38	褐色，较硬	大量绳纹瓦片、陶罐口沿、石块等	东周
H20	T0306	第2C层下	第3C层下	打破生土	不规则形	略斜	平底	1.46	1.3	1.4	1.22	0.65	0.25	灰土	少量绳纹瓦片	汉代
H21	T0103	第3层下	第4层下	打破生土	长方形	较直	近平	1.56	0.7	1.4	0.7	0.6~0.7	0.5	浅灰色，土质较硬	绳纹瓦片、陶片等	西汉中晚期
H22	T0103	第2B层下	第3B层下	打破第3层及生土	椭圆形	直壁	近平	1.34	0.43	1.3	0.4	0.35~0.45	0.74	灰黄色，土质疏松	少量细绳纹陶片，包括陶罐口沿等	东汉
H23	T0404	第2B层下	第3B层下	打破生土	长方形	斜收	平底	2	0.45	1.9	0.4	0.45	0.3	黑褐色，土质松散	绳纹板瓦残片及灰陶陶片等	汉代

续表

编号	所在探方	开口层位	统一地层后开口层位	打破关系	形状开口	形状坑壁	形状坑底	口径（米）长	口径（米）宽	底径（米）长	底径（米）宽	开口深度（米）	坑深（米）	填土	包含物	时代
H24	T0103	第3层下	第4层下	打破生土	长方形	微斜	近平	1.4	0.66~0.84	1.34	0.66~0.84	0.65~0.7	0.5	浅灰色，土质较硬	大量绳纹筒瓦、板瓦残片及陶片	西汉中晚期
H25	T0103	第3层下	第4层下	打破生土	椭圆形	微斜	近平	2.5	2.4	2.4	2.3	0.85~0.9	0.4	灰黄色，土质坚硬	绳纹夹砂罐口沿残片等	东周
H26	T0603	第1层下	第1层下	打破生土	长方形	较斜	近平	1.86	0.52	1.4	0.52	0.05	0.5	深灰色，土质疏松	少量绳纹及素面灰陶片	汉代
H27	T0603	第1层下	第1层下	打破生土	不规则长方形	微斜	近平	0.84	0.52	0.7	0.45	0.15~0.2	0.26~0.3	灰色，土质较软	绳纹夹砂灰陶及素面泥制红陶片	汉代
H28	T0304	第2C层下	第3C层下	打破生土	椭圆形	微斜	近平	0.94	0.5	0.7	0.35	0.6~0.7	0.2~0.3	浅灰色，土质较硬	少量绳纹陶片、瓦片等	汉代
H29	T0104、T0204	第2B层下	第3B层下	打破生土	椭圆形	微斜	平整	2.8	1.58	2.5	1.2	0.3~0.45	0.6	灰色，土质疏松	少量绳纹罐口沿残片	西周
H31	T0603	第1层下	第1层下	打破H32及生土	椭圆形	较斜	锅底状	0.82	0.8	—	—	0.15	0.4	浅灰色，土质较硬	夹砂灰陶绳纹片、瓦片	汉代
H32	T0603	第1层下	第1层下	打破生土，被H31打破	椭圆形	微斜	近平	0.72	0.53	0.54	0.43	0.15	0.45	浅黄色、烧土炭，夹木	石块、绳纹瓦片	汉代
H33	T0603	第1层下	第1层下	打破生土	椭圆形	较斜	近平	1.7	1.5	0.7	0.65	0.15	0.95	浅灰色，土质较硬	大量绳纹陶片、瓦片	汉代
H34	T0603	第1层下	第1层下	打破生土	椭圆形	微斜	近平	0.9	0.8	0.75	0.6	0.15	0.4	深灰色，土质疏松	绳纹陶片、瓦片，素面灰陶罐口沿	汉代
H35	T0504	第2B层下	第3B层下	打破第3层及生土	圆形	较直	略弧	0.75	0.75	0.64	0.64	0.45	0.72	浅黄色，土质疏松	少量绳纹筒瓦、板瓦残片	东汉

续表

编号	所在探方	开口层位	统一地层后开口层位	打破关系	形状 开口	形状 坑壁	形状 坑底	口径（米）长	口径（米）宽	底径（米）长	底径（米）宽	开口深度（米）	坑深（米）	填土	包含物	时代
H36	T0306	第2C层下	第3C层下	打破生土	不规则四边形	斜坡状	平底	1.7	1.45	1.43	1.22	0.8	0.4	棕褐色，土质略硬	少量绳纹瓦片及素面灰陶片等	汉代
H37	T0504	第2B层下	第3B层下	打破H38、H39	长方形	略斜	平底	1.94	0.7~0.82	1.86	0.53~0.58	0.52	0.5	花土，土质松软	少量绳纹瓦片及灰陶片等	新莽前后
H38	T0504	第2B层下	第3B层下	被H37打破，打破H39	长方形	较直	平底	1.76	0.68	1.7	0.6	0.55	0.85	松散的灰土，底部含灰烬	绳纹瓦片、灰陶豆柄、罐口沿	新莽前后
H39	T0504	第2B层下	第3B层下	被H37、H38打破	略呈椭圆形	不规则	平底	1.54	1.02	1.14	0.72	0.68	0.68	灰土	绳纹陶片、器形有盆、高等	新莽前后
H40	T0504	第2B层下	第3B层下	打破第3层及生土	圆形	斜壁	斜坡底	1.1	0.85	0.58	0.4	0.45	0.5	棕褐色，土质疏松	绳纹板瓦、素面灰陶罐残片	东汉
H41	T0606	第2B层下	第3B层下	打破生土，被近代坑打破	圆形	略斜	平底	1.02	0.62	0.92	0.48	0.4	0.45	浅灰色，土质略硬	少量绳纹瓦片	汉代
H42	T0606	第2B层下	第3B层下	打破第3层及生土	圆形	斜壁	平底	1.2	1.05	0.83	0.75	0.3	0.72	灰褐色，土质疏松	绳纹瓦片、灰陶高领罐残片、铜带钩	东汉
H43	T0602	第2B层下	第1层下	打破生土	不规则圆形	直壁	平底	3.5	3.5	3.5	3.5	0.1~0.15	1.4	黑土，土质疏松	素面瓦片等	东汉
H44	T0606	第2B层下	第1层下	打破第3层及H57打破	圆形	斜壁	圆底	0.9	0.52	—	—	0.35	0.42	灰褐色，土质较硬	青花瓷片、瓦片等	明清
H45	T0503	第1层下	第1层下	打破生土，被H57打破	椭圆形	微斜	锅底状	3.65	2.3	—	—	0.1~0.2	0.3~0.74	浅灰色，土质疏松	少量绳纹陶片、瓦片等	汉代
H46	T0503	第1层下	第1层下	打破生土	不规则长方形	较直	近平	1.06	0.5~0.65	1.06	0.5~0.65	0.1~0.15	0.26	浅灰色，土质较硬	少量绳纹陶片、瓦片等	汉代
H47	T0503	第1层下	第1层下	打破生土	椭圆形	微斜	锅底状	1.3	0.55	—	—	0.15~0.2	0.6	浅灰色，土质疏松	少量绳纹灰陶片、泥质红陶片等	汉代

续表

编号	所在探方	开口层位	统一地层后开口层位	打破关系	形状 开口	形状 坑壁	形状 坑底	口径（米）长	口径（米）宽	底径（米）长	底径（米）宽	开口深度（米）	坑深（米）	填土	包含物	时代
H48	T0503	第1层下	第1层下	打破生土	椭圆形	微斜	近平	2.3	1.5	1.5	1.2	0.1~0.15	0.9	深灰色，土质疏松	泥质绳纹陶片，瓦片等	汉代
H49	T0403	第1层下	第1层下	打破生土	圆形	斜收	平底	1.5	1.2	0.65	0.65	0.1	0.5	灰褐色，土质松散	陶罐底及板瓦残片等	新莽前后
H50	T0602	第1层下	第1层下	打破生土	圆形	直壁	平底	0.75	0.75	0.6	0.6	0.1~0.15	0.3	灰褐色，土质松散	少量绳纹板瓦残片等	汉代
H51	T0102	第2B层下	第3B层下	打破第3层及生土	圆形	弧形	锅底状	1.1	0.9	0.95	0.8	0.4~0.45	0.4	灰褐色，土质较硬	绳纹瓦片、陶罐口沿残片、石块等	东汉
H52	T0102	第2B层下	第3B层下	打破生土	梯形	较直	较平	0.8~0.9	0.7~0.8	0.7~0.82	0.67~0.78	0.4~0.45	0.4	灰褐色，土质硬	绳纹筒、板瓦、兽骨等	汉代
H53	T0204	第2B层下	第3B层下	打破生土	圆形	肉收	高低不平	2.06	0.8	1.2	0.65	0.45~0.75	0.8~1.2	灰褐色，较软	石块、瓦片、五铢铜钱等	东汉
H54	T0203、T0204	第2B层下	第3B层下	打破H55、H85、H149及生土，被H74打破	圆角长方形	不规整	较平	3.2	1.14~1.38	3.2	0.54	0.38~0.55	0.82	土层黄灰色，较松；下层深褐色，软	绳纹瓦片、陶片等	汉代
H55	T0204	第2B层下	第3B层下	打破H56及生土，被H54打破	椭圆形	凹凸不平	东高西低	1.7	1	1.32	0.7	0.4~0.9	0.2~0.7	灰褐色，较硬	少许绳纹瓦片、陶片、石块等	西汉中晚期
H56	T0204	第2B层下	第3B层下	打破生土，被H54、H55打破	长方形	不规整	较平	2.5	0.9	2.5	0.5	0.55	1.24~1.84	上层灰褐色，松软；下层浅灰，含烧土、木炭	上层含大量绳纹瓦片，下层含少量陶片	西周
H57	T0502	第1层下	第1层下	打破H45及生土	椭圆形	较直	近平	1.46	0.1~0.8	1.45	0.1~0.75	0.15~0.2	0.34	浅灰色，土质疏松	大量绳纹陶片、瓦片、器形有甑、罐	汉代

续表

编号	所在探方	开口层位	统一地层后开口层位	打破关系	形状 开口	形状 坑壁	形状 坑底	口径（米）长	口径（米）宽	底径（米）长	底径（米）宽	开口深度（米）	坑深（米）	填土	包含物	时代
H58	T0502	第1层下	第1层下	打破生土	长方形	微斜	近平	2.3	0.8~1	2.2	0.7~0.9	0.15	0.28~0.4	深灰色，夹木炭、烧土等	绳纹陶片、瓦片等	汉代
H59	T0401	第1层下	第1层下	打破生土	长方形	直壁	平底	1.5	0.74~0.86	1.5	0.75~0.85	0.1~0.15	0.7	黑褐色，土质松散	陶罐及板瓦残片、铜钱等	西汉中晚期
H60	T0401	第1层下	第1层下	打破生土	长方形	直壁	平底	1.66	0.45~0.54	1.65	0.45~0.55	0.1~0.15	0.2	灰褐色，土质松散	无	汉代
H61	T0403	第1层下	第1层下	打破生土	刀把形	直壁	平底	2.1	1.5	2.1	0.5~1.1	0.1	0.44	浅灰色，土质较硬	少量板瓦残片	汉代
H62	T0403	第1层下	第1层下	打破生土	长方形	直壁	平底	2.7	0.45	2.7	0.45	0.1	0.4	黑灰色，土质松散	大量板瓦残片	汉代
H63	T0406	第2B层下	第3B层下	打破第3层及生土	圆形	较直	平底	0.8	0.55	0.7	0.45	0.3	0.55	棕褐色，土质疏松	含烧土颗粒及数片绳纹瓦片	东汉
H64	T0406	第3层下	第4层下	打破生土，被近代水沟打破	略呈三角形	斜坡状	高低不平	1.3	1.8	1.12	1.72	0.6	0.26	灰褐色，土质略松	出土陶片均为夹砂褐陶，器形有鬲、盆等	西周
H66	T0202	第2B层下	第3B层下	打破G1及生土	不规则形	内收	略平	1.9	0.75~0.8	1.8	0.7~0.77	0.25~0.3	0.54~0.64	灰褐色，含木炭，土质硬	包含大量绳纹瓦片及陶片	汉代
H67	T0201、T0202	第2B层下	第3B层下	打破生土	不规则梯形	直壁	近平	2.7	0.5~1.3	2.7	0.5~1.3	0.2	0.84~0.92	上层灰褐色，土质松软；下层浅灰，土质较硬	上层包含大量绳纹瓦片及陶片，下层包含陶釜、高、盆等残片	西汉中晚期
H68	T0101	第2B层下	第3B层下	打破第3层及生土	不规则正方形	较直	近平	2.3	2.2	2.3	2.2	0.3~0.35	1.15	浅黄色沙土，土质疏松	素面灰陶板瓦等	明清
H69	T0101	第2B层下	第3B层下	打破第3层及生土	椭圆形	微斜	近平	2.1	1.4	2	1.3	0.35~0.45	0.74	浅黄色沙土，土质疏松	绳纹及泥质瓦片	明清

续表

编号	所在探方	开口层位	统一地层后开口层位	打破关系	形状 开口	形状 坑壁	形状 坑底	口径（米）长	口径（米）宽	底径（米）长	底径（米）宽	开口深度（米）	坑深（米）	填土	包含物	时代
H70	T0402	第1层下	第1层下	打破生土	椭圆形	斜收	圆底	3.2	2.8	—	—	0.15	1	灰褐色，土质较硬	瓷片、陶片等	明清
H71	T0202	第2B层下	第3B层下	打破H72及生土	圆形	较直	较平	0.44	0.4	0.34	0.3	0.22	0.4	褐色，较硬	少量绳纹瓦片、石块等	汉代
H72	T0202、T0302	第2B层下	第3B层下	打破H73及生土，被H71打破	不规则形	折收	锅底状	0.76~2.14	0.92	1.2	0.7	0.3	0.94	上层浅灰褐硬；下层深褐色，较软	上层多绳纹瓦片，下层含灰陶片	汉代
H73	T0202、T0203	第2B层下	第3B层下	被H72、H147及沙沟打破	不规则形	凹凸不平	较平	3.66~3.9	1.24~2	3.1	1.05~1.8	0.3	1.2	上层灰较硬；下层灰褐色，土质较软	上层多绳纹瓦片，下层含陶片、木炭颗粒	汉代
H74	T0203	第2B层下	第3B层下	打破H54、H85、H149及生土	圆形	直壁	较平	1.8	1.8	1.8	1.8	0.42	0.94	棕褐色，较软	大量石块、砖片、瓦片	明清
H75	T0203	第2B层下	第3B层下	打破H87及生土	圆形	外弧	较平	1.6	1.6	2.2	2.2	0.4	1.04	棕褐色，较硬	石块、素面及印纹砖块、陶片、瓷片	明清
H76	T0101	第3层下	第4层下	打破H83及生土	椭圆形	较直	近平	3.2	1.7	3.1	1.7	0.55~0.65	0.74~0.8	浅黄泛灰，土质坚硬	出土绳纹陶片、瓦片等	汉代
H77	T0301	第2B层下	第3B层下	打破H82及生土	圆形	斜壁	圆底	0.66	0.66	0.6	0.6	0.25	0.67	灰褐色，土质松散	泥质灰陶罐、盆残片	汉代
H78	T0301	第2B层下	第3B层下	打破H82及生土	圆形	斜壁	圆底	1	1	0.5	0.5	0.25	0.45	浅灰色，土质松散	绳纹瓦片	汉代
H79	T0301	第2B层下	第3B层下	打破生土	圆形	直壁	圆底	0.9	0.9	0.8	0.8	0.25~0.4	0.4	浅黄灰色，土质松散	泥质灰陶片	汉代

续表

编号	所在探方	开口层位	统一地层后开口层位	打破关系	形状 开口	形状 坑壁	形状 坑底	口径（米）长	口径（米）宽	底径 长	底径 宽	开口深度（米）	坑深（米）	填土	包含物	时代
H80	T0206	第2C层下	第3C层下	打破生土，打破H86	长方形	微斜	东高西低	1.25	0.5	1.14	0.37	0.8	0.62~0.72	浅黄色，土质疏松	石块、绳纹筒瓦、板瓦残片	汉代
H81	T0206	第2C层下	第3C层下	打破生土	长方形	斜壁	平底	1.8	1.26	1.54	0.55	1.02~1.25	1.25	浅灰色，土质疏松	绳纹瓦片、兽骨	汉代
H82	T0301、T0201	第2B层下	第3B层下	打破生土，被H77、H78打破	不规则圆形	直壁	平底	1.5	1.5	1.4	1.4	0.25	0.9	灰褐色，松散，含草木灰	少量绳纹陶片、石器等	汉代
H83	T0101	H76下		打破生土	椭圆形	斜坡	锅底状	2.14	1.7	—	—	1.4	0.5	浅灰色泛黄，土质坚硬	少量绳纹盆、高口沿残片、兽骨等	西周
H84	T0206	第2C层下	第3C层下	打破生土	略呈长方形	不规则	凹凸不平	1.56	0.9	—	—	1.05	0.5	浅灰色，土质松散	少量绳纹板瓦残片	汉代
H85	T0203、T0204	第2B层下	第3B层下	被H54打破，打破H78打破	不规则圆形	微外弧	南高北低	0.9	0.9	1.06	1.05~1.8	0.4	0.9~1	上层灰褐色，较硬；下层灰烬，松散	上层多绳纹瓦片、石块，下层含陶片、瓦片、石块	汉代
H86	T0206	第2C层下	第3C层下	打破生土，被H80打破	不规则圆形	弧形	东高西低	0.65	0.55	0.62	0.54	0.8	1.1	黄褐色，土质较硬	少量绳纹板瓦残片	汉代
H87	T0203	第2B层下	第3B层下	打破生土，被H74、H75打破	圆形	较直	较平	1.8	1.8	1.8	1.8	0.45	0.6	灰褐色，土质较硬	大量石块、釜、高等残片	西周
H88	T0201	第2B层下	第3B层下	打破生土	梯形	斜壁	较平	0.88~1.56	1.24~1.46	0.86~1.32	0.84~1.02	0.2~0.75	0.7~1.3	灰褐色，松散	绳纹瓦片、陶片、石块等	汉代
H89	T0201	第2C层下	第3C层下	打破生土	椭圆形	内收	圜底	0.9	0.34~0.55	0.7	0.25~0.3	0.25	0.4	灰褐色，松软	少量绳纹瓦片、瓦当、陶片、石块等	汉代
H91	T0207	第2C层下	第3C层下	打破H92及生土	长方形	微斜	近平	1.45	1.2	1.3	1.2	0.5~0.75	0.5~0.85	浅灰色，土质较硬	绳纹瓦片、瓷棺残片及小石块、瓷片等	明清

续表

编号	所在探方	开口层位	统一地层开口层位	打破关系	形状 开口	形状 坑壁	形状 坑底	口径（米）长	口径（米）宽	底径（米）长	底径（米）宽	开口深度（米）	坑深（米）	填土	包含物	时代
H92	T0207	第2C层下	第3C层下	打破生土，被H91打破	不规则长方形	不规则	微弧	1.8	0.75	1.8	0.75	0.5~0.6	0.75	深灰色，土质疏松	绳纹瓦片、陶片、小石块等	汉代
H93	T0610	第3层下	第4层下	打破生土	长条形	近直	南高北低	2.38	0.82~1.02	2.32	0.78~0.96	0.85	0.2~0.3	灰褐色，土质略硬	夹砂红陶鬲足、灰陶豆柄、罐残片等	汉代
H94	T0207	第2C层下	第3C层下	打破M4及生土	不规则正方形	较斜	近平	2.2	2	2.1	2	0.55~0.75	0.65~0.7	浅灰色，土质疏松	残陶罐及陶盖各2件、纺轮1件	汉代
H95	T0208	第2C层下	第3C层下	打破生土	长方形	直壁	平底	1.74	0.96	1.74	0.96	0.15	0.2	灰褐色，土质疏松	瓷片、陶片	明清
H96	T0510	第2C层下	第3C层下	打破H99	不规则形	斜壁	平底	2.26	1.12	1.56	0.62	0.95	1.05	浅黄色沙土	少量灰陶绳纹瓦片以及青花瓷片	明清
H97	T0510	第3层下	第4层下	打破生土	圆形	略斜	平底	2.4	2.4	2.38	2.38	1.1	0.8~0.98	灰褐色，土质松软	绳纹筒瓦、板瓦以及灰陶豆、罐、盆	西汉中晚期
H98	T0510	第3层下	第4层下	打破H99及生土	圆形	斜坡状	平底	2.02	2.02	1.1	1.1	1.15	1.22	灰褐色，夹木炭颗粒	绳纹筒瓦、板瓦及灰陶罐、瓮、壶等	东周
H99	T0510	第3层下	第4层下	被H96、H98打破，打破生土	不规则形	斜壁	斜坡状	1.44	—	—	—	1.48	0.7	灰褐色	绳纹筒瓦、板瓦以及灰陶瓮、罐残片	东周
H100	T0609	第2C层下	第3C层下	打破H114	不规则四边形	略斜	斜坡状	1.62	1.3	1.5	1.12	0.45	0.46	灰土	网坠、答垫具、盆、罐、绳纹瓦片等	西汉中晚期
H101	T0609	第2C层下	第3C层下	打破第3层及生土	长方形	近直	平底	1.7	0.6~0.7	1.68	0.55~0.65	0.58	0.65	黄灰色，土质松散	有少量绳纹筒瓦及灰陶罐残片	东汉
H102	T0609	第2C层下	第3C层下	打破第3层及生土	略呈圆形	略斜	平底	1.38	1.16	1.2	1.08	0.55	0.4	灰黄色，土质疏松	鸳鸯火锅、双耳罐、网坠、绳纹瓦片等	新莽前后
H103	T0307	第2C层下	第3C层下	打破生土	不规则正方形	微斜	近平	1.65	1.25	1.55	1.15	0.65	0.3	浅黄泛灰，土质较硬	瓷片、绳纹瓦片、小石块等	明清

续表

编号	所在探方	开口层位	统一地层后开口层位	打破关系	形状-开口	形状-坑壁	形状-坑底	口径（米）长	口径（米）宽	底径（米）长	底径（米）宽	开口深度（米）	坑深（米）	填土	包含物	时代
H104	T0501	第1层下	第1层下	打破生土	椭圆形	微斜	近平	1.3	0.65	1.3	0.63	0.2	0.2	浅黄色，土质疏松	含烧土、木炭，无其他包含物	明清
H105	T0501	第1层下	第1层下	打破生土	长方形	微斜	近平	3.85	0.45~0.5	0.85	0.45~0.48	0.2	0.2	浅褐色，土质疏松	石块、绳纹瓦片	汉代
H106	T0501	第1层下	第1层下	打破生土	长方形	近直	近平	0.95	0.5	0.93	0.48	0.2	0.25	浅黄色灰土	石块、陶片、瓦片	汉代
H107	T0509	第2C层下	第3层下	打破第3层及生土；打破H141	圆形	略斜	平底	2.8	2.23	2.3	1.1	0.7	1.3	浅黄色，土质较软	青花瓷片、灰陶罐、豆、盆等	明清
H108	T0408	第2C层下	第3层下	打破Y2及生土	不规则长方形	较斜	锅底状	2.9	1.8	—	—	1	1.3	浅黄色，土质疏松	青花瓷片、骨器2件	明清
H109	T0409	第2C层下	第3层下	打破生土	不规则正方形	微斜	近平	1.65	1.25	1.55	1.15	0.65	0.3	浅黄泛灰，土质较硬	绳纹陶片、绳纹瓦片等	明清
H110	T0507	第3层下	第4层下	打破生土	长方形	较直	平底	2.35	1.55	2.35	1.55	0.65	0.7	灰褐色，土质较硬	瓷片、绳纹瓦片及陶罐残片	西汉中晚期
H111	T0608	第3层下	第4层下	打破生土	不规则形	不规整	斜坡状	2.7	1.1	2.4	0.8	0.9	1.08	灰土，土质松软	少量绳纹瓦片、小石块	东周
H112	T0508	第3层下	第4层下	打破H142及生土	圆形	微斜	近斜	0.8~0.85	0.8~0.85	0.5	0.5	1.1	0.3	浅灰色，土质疏松	绳纹筒、板瓦及灰陶瓮、罐、盆、甑等	西汉中晚期
H113	T0508	第2C层下	第3层下	打破H142及生土	椭圆形	微斜	近平	1.55	0.6	1.45	0.6	0.45	0.7	深灰色，土质疏松	绳纹陶片、瓦片	汉代
H114	T0609	第2C层下	第3层下	打破第3层及生土，被H100打破	圆形	较直	平底	1.98	1.9	1.95	1.88	0.52	1.4	黄灰色，含沙，略硬，较纯净	少量瓦片、板瓦残片、陶片等	东汉

续表

编号	所在探方	开口层位	统一地层后开口层位	打破关系	形状 开口	形状 坑壁	形状 坑底	口径(米) 长	口径(米) 宽	底径(米) 长	底径(米) 宽	开口深度(米)	坑深(米)	填土	包含物	时代
H115	T0607	第2B层下	第3B层下	打破第3层及生土	椭圆形	微斜	近平	2.35	0.6	2.33	0.55	0.25~0.55	0.3~0.75	浅灰色，土质较硬	绳纹陶片及青花瓷片等	明清
H116	T0509	第3层下	第4层下	打破H117及生土	圆形	斜坡状	锅底状	1.4	—	—	—	1.15	0.9	黄灰色，土质疏松	有少量绳纹筒瓦、板瓦残片、兽骨等	西汉中晚期
H117	T0509	第3层下	第4层下	打破H141及生土，被H116打破	不规则圆形	斜壁	平底	1.42	1.2	1.08	1.05	1.25	0.46	浅灰色，土质疏松	绳纹瓦片及灰陶盆、罐等	西汉中晚期
H118	T0509	第3层下	第4层下	打破H141及生土	圆形	斜坡状	圜底	1.5	1.15	—	—	1.1	0.8	黄灰色，土质疏松	少量灰陶绳纹板瓦及灰陶罐残片	西汉中晚期
H119	T0508	第3层下	第4层下	打破H120及生土	椭圆形	微斜	近平	1.6	1.3	1.5	1.2	0.9	0.4~0.45	灰色，含烧土、木炭，土质较硬	绳纹瓦片及陶片	东周
H120	T0508	第3层下	第4层下	打破生土，被H119打破	不规则形	微斜	近平	1.4	0.9	1.14	0.75	0.9	0.4	深灰色，土质疏松	绳纹瓦片、陶片等	东周
H121	T0528	第2层下	第2层下	打破生土，被M15打破	长方形	较直	较平	1.6	0.44	1.6	0.44	0.34	0.42	灰褐色，土质较软	绳纹瓦片、陶片、石块、烧土块、纺轮	新莽前后
H122	T0527	第2层下	第2层下	打破生土	长方形	较直	较平	0.66	0.5	0.66	0.5	0.3	0.5	灰褐色，土质较硬	少量绳纹瓦片、陶片、铜钱、木炭颗粒等	汉代
H123	T0527	第2层下	第2层下	打破生土	椭圆形	内收	锅底状	2.08	0.8	—	—	0.5	0.74	灰褐色，土质较软	绳纹瓦片、陶片、石块等	汉代
H124	T0328	第2层下	第2层下	打破第3层及H125及生土	长方形	较直	较平	1.3	0.6	1	0.5	0.45	1.02	上层黑褐色；下层灰褐色，土质较软	绳纹瓦片、陶片、石块、红烧土块、木炭颗粒等	东汉

续表

编号	所在探方	开口层位	统一地层开后口层位	打破关系	形状 开口	形状 坑壁	形状 坑底	口径（米）长	口径（米）宽	底径（米）长	底径（米）宽	开口深度（米）	坑深（米）	填土	包含物	时代
H125	T0328	第2层下	第2层下	打破第3层及生土，被H124打破	长方形	较直	较平	0.84	0.62	0.82	0.62	0.5	1.44	灰褐色，土质较软	绳纹瓦片、陶片、石块、烧土块、木炭颗粒等	东汉
H126	T0328	第2层下	第2层下	打破第3层及生土	椭圆形	较直	较平	1	0.88	1	0.88	0.96	0.96	灰色，土质较硬	绳纹瓦片、陶片、石块、木炭颗粒等	东汉
H127	T0228、T0328	第2层下	第2层下	打破第3层、M11及生土	圆形	内收	较平	1.16	1.16	0.42	0.42	0.8	0.72~0.82	灰褐色，土质较硬	大量绳纹瓦片、陶片、石块等	东汉
H128	T0428	第2层下	第2层下	打破生土；被M9打破	梯形	不规则斜壁	斜坡状	3	0.3~1	—	—	0.9	1.2	深灰色，土质较软	大量绳纹瓦片、陶片、草木灰、烧土块、铜镞2枚	新莽前后
H129	T0227	第2层下	第2层下	打破第3层及生土	梯形	直壁	较平	1.2	0.5~0.6	1.2	0.5~0.6	0.3	1.1	灰褐色，土质较软	大量绳纹瓦片、木炭颗粒、石块及牛角1件	东汉
H130	T0227	第2层下	第2层下	打破第3层及生土	长方形	较直	较平	1.28	0.5	1.28	0.5	0.8	0.56~0.7	灰色，土质较软	大量绳纹瓦片、木炭颗粒、烧土块等	东汉
H131	T0227	第2层下	第2层下	打破第3层及生土	梯形	内收斜壁	较平	1.8	1.1	1	0.32	0.6	0.6	上层灰褐色，较硬；下层浅灰，较软	上层含大量绳纹瓦片，下层含大量木炭颗粒	东汉
H132	T0428	第2层下	第2层下	打破生土	梯形	较直	较平	0.74	0.52~0.6	0.7	0.5~0.6	0.44	0.6	灰褐色，土质较硬	木炭颗粒、石块等	汉代
H133	T0427、T0527	第2层下	第2层下	打破H135及生土	长方形	斜收	略平	1.9	0.86	1.5	0.65	0.55	0.8	灰色，土质松散	绳纹瓦片、石块、木炭颗粒等	汉代
H134	T0427	第3层下	第2层下	打破第4层及生土	长方形	斜收	平底	3.1	0.6	3.02	0.5	0.75	0.6	浅黄色，土质较硬	绳纹陶片、器形有罐、瓿等	西汉中晚期

续表

编号	所在探方	开口层位	统一地层后开口层位	打破关系	形状 开口	形状 坑壁	形状 坑底	口径（米）长	口径（米）宽	底径（米）长	底径（米）宽	开口深度（米）	坑深（米）	填土	包含物	时代
H135	T0327、T0427	第3层下	第2层下	打破第4层、H152及生土，被H133打破	不规则长条形	斜收	槽形	8.2	1.4~2.3	8.2	0.8~1.4	0.85	0.65~1.3	黑褐色，土质较硬	绳纹筒瓦、板瓦及大量灰陶片	西汉中晚期
H136	T0528	第2层下	第2层下	打破生土	长方形	略外弧	较平	0.7	0.5	0.7	0.5	0.42	0.42	黑褐色，土质较硬	大量绳纹瓦片、陶片、木炭颗粒、石块等	西汉中晚期
H137	T0629	第2层下	第2层下	打破M17及生土	不规则长方形	外弧	略平	2.6	0.6~0.75	2.45	0.45~0.52	0.5	0.48	灰褐色，土质较硬	绳纹瓦片、草木灰、烧土块等	汉代
H139	T0327	第3层下	第2层下	打破第4层及生土，被H135打破	圆形	斜收	平底	1.1	1.1	0.7	0.7	0.6	1.55	黑褐色，含黄色水锈痕	少量绳纹瓦片、陶片、器形有盆等	西汉中晚期
H140	T0509	第3层下	第4层下	打破生土	圆形	斜坡状	尖状底	0.95	0.5	—	—	1.1	0.43	灰褐色，夹炭屑	少量灰陶绳纹瓦片	西汉中晚期
H141	T0509	第3层下	第4层下	打破生土、被H107、H117、H118打破	不规则圆形	略斜	近平	1.28	1.24	1.19	1.16	1.15	0.68	黄灰色，土质略硬，较纯净	少量绳纹瓦片	西汉中晚期
H142	T0508	第3层下	第4层下	打破生土、被H112、H113打破	不规则圆形	微斜	近平	1.4	0.8	1.2	0.6	0.8	0.5	浅黄色，土质疏松	绳纹陶片	西汉中晚期
H146	T0303	第2B层下	第3B层下	打破H147及生土	不规则圆形	斜坡状	平底	1.3	1.1	0.82	0.45	0.3	0.6	灰褐色，土质疏松	少量绳纹瓦片以及瓷片、高足等	明清
H147	T0303、T0203	第2B层下	第3B层下	被H146打破；打破H73及生土	圆角长方形	斜坡状	平底	1.02	1.28	0.72	0.68	0.3	0.72	棕褐色，土质略硬	炭屑，无其他包含物	明清

续表

编号	所在探方	开口层位	统一地层开口层位	打破关系	形状 开口	形状 坑壁	形状 坑底	口径（米）长	口径（米）宽	底径（米）长	底径（米）宽	开口深度（米）	坑深（米）	填土	包含物	时代
H149	T0203	H54、H74下		打破生土	圆角长方形	较直	较平	1.4	0.8	1.4	0.8	1.7	0.26	上层灰褐色，较硬；下层深褐色，较软	上层多绳纹瓦片，下层含灰陶片	汉代
H150	T0203	第2B层下	第3B层下	打破生土	长方形	近直	平底	1.05	0.88	1.02	0.84	0.2	0.42	灰褐色	残陶瓮、残陶盆各1件	汉代
H151	T0303	第2B层下	第3B层下	打破M2及生土	不规则圆形	斜坡状	平底	1.2	1.12	0.7	0.62	0.3	0.74	灰褐色，土质疏松	少量灰陶绳纹瓦片等	明清
H152	T0327	第3层下	第2层下	打破第4层及生土，被H135打破	圆形	斜收	平底	1.6	1.6	1	1	0.75	2.4	黄灰色，夹淤土	少量绳纹瓦片、石斧1件	西汉中晚期
H153	T0629	第2层下	第2层下	打破M17及生土	长方形	较直	较平	1.4	0.6	1.4	0.6	0.7	0.28	灰褐色，土质较硬	少量绳纹瓦片、石、陶片、石块等	汉代
H154	T0629	第2层下	第2层下	打破H155、M17及生土	长方形	较直	较平	1.78	0.7	1.9	0.56	0.56	0.86	灰褐色，土质较软	少量绳纹瓦片、石、陶片、石块等	汉代
H155	T0629	第2层下	第2层下	打破生土，被H154打破	长方形	较直	较平	1.8	0.6	1.8	0.6	0.5	0.36	灰褐色，土质较硬	少量绳纹瓦片、石、陶片、石块、黑木炭颗粒等	汉代
H160	T0632	第2层下	第2层下	打破生土	圆形	斜坡	圆底	2.02	1.24	—	—	0.65	0.5	灰褐色，土质疏松	灰陶瓦片等	汉代
H161	T0631	第2B层下	第2层下	打破H162及生土	长条形	略斜	平底	2.8	0.75	2.72	0.7	1.02	0.76	灰褐色，夹炭屑	青花瓷圈足碗底及素面板瓦	汉代
H162	T0631	第2B层下	第2层下	被H161打破，打破生土	长方形	直壁	平底	0.75	0.66	0.74	0.66	1.02	0.5	红褐色，土质较硬	粗绳纹灰陶罐残片、方形穿孔鉴耳	汉代
H164	T0433	第3层下	第3B层下	打破生土	近圆形	直壁	平底	1.65	1.6	1.65	1.6	1	0.3	灰褐色，土质较硬	残瓮棺葬1座、陶网坠、陶片等	明清

续表

编号	所在探方	开口层位	统一地层后开口层位	打破关系	形状 开口	形状 坑壁	形状 坑底	口径（米）长	口径（米）宽	底径（米）长	底径（米）宽	开口深度（米）	坑深（米）	填土	包含物	时代
H165	T0431	第3层下	第3B层下	打破生土	椭圆形	斜收	平底	1.9	1.4	1.5	1.2	1.2	0.4	浅灰色，土质较硬	绳纹瓦片，陶片等	西汉中晚期
H166	T0431	第3层下	第3B层下	打破生土	椭圆形	斜收	锅底状	2	1.6	1.8	1.2	1.25	0.5	黑褐色，土质较硬	绳纹陶片，瓦片，器形有罐、盆等	西汉中晚期
H167	T0430	第3层下	第3B层下	打破生土	椭圆形	微斜	近平	2.95	1.05	2.9	1.01	1.2	0.65	浅灰色，土质较硬	绳纹陶片，瓦片等	西汉中晚期
H168	T0532	第2层下	第2层下	打破生土	椭圆形	较斜	近平	1.7	0.65	1.3	0.35	0.4~0.45	0.3	浅黄色，土质疏松	素面瓦片，石块等	汉代
H169	T0432	第3层下	第3B层下	打破生土	不规则圆形	斜收	平底	1.2	0.95	1.2	0.9	1.2	0.2	浅灰色，土质较硬	绳纹瓦片，陶片等	西汉中晚期
H170	T0531	第3层下	第3B层下	打破生土	椭圆形	较斜	微斜	2.15	1.95	0.8	0.65	0.75	1.4	深灰色，含大量烧土、木炭	灰陶片，瓦片等	西汉中晚期
H171	T0531	第3层下	第3B层下	打破生土	不规则长方形	微斜	近平	3.65	0.85	3.25	0.85	1.75	0.35	浅灰色，土质较硬	素面瓦片，瓦片等	汉代
G1	T0202、T0203	第2B层下	第3B层下	打破生土；被M1、H66打破	不规则形	凹凸不平	东高西低	3.1	0.7~0.86	2.9	0.7~0.86	0.2	0.4~0.6	深褐色，土质较硬	少量瓦片，石块	西汉中晚期
G2	T0201、T0202	第2B层下	第3B层下	打破第3层及生土	长条形	规整	高低不平	8.7	0.25~0.45	8.7	0.25~0.45	0.25~0.3	0.25~0.36	深褐色，土质较硬	少量陶片，瓦片，石块等	汉代

注：如上表所示，共计灰坑158个，西周灰坑5个，东周灰坑8个，汉代灰坑121个，明清灰坑24个

1. H90与H67合并为H67；
2. H137与H138合并为H137；
3. H30、H144、H145、H148、H156、H157、H158、H163为现代坑；
4. H159后期调整为M17；
5. H45和H65合并为H45；
6. H143确定为Y2操作坑

附表三　墓葬登记表

墓号	方向	形制	开口层位	距地表深	尺寸（米）长	尺寸（米）宽	尺寸（米）深	葬具	随葬品	头向	葬式	年龄	性别	时代
M1	88°	瓦棺葬	第2B层下	0.45	1.34	1.2	0.6	6块板瓦拼合而成	无	不详	不详	幼儿		西汉中期—西汉晚期
M2	365°	瓮棺葬	第2B层下	0.5	2	1.04~1.3	1.1	瓮上扣盆	无	不详	不详			西汉中期—西汉晚期
M3	330°	瓮棺葬	第2C层下	0.55	1.16	0.9	0.6	瓮上扣盖	无	不详	不详			东汉中期
M4	87°	瓮棺葬	第2C层下	0.55	0.84	0.72	0.44	瓮上扣盖	无	朝南	不详			西汉中期—西汉晚期
M5	10°	瓮棺、瓦棺合葬	第3层下	0.5	1.2	0.64~0.84	0.8	瓮上扣盆，两筒瓦对扣	无	朝南	不详	幼儿		西汉晚期—东汉早期
M6	161°	竖穴土坑墓	第3层下	0.5	1.5	0.4	0.46	不详	无	朝南	仰身直肢葬	50左右	男	东周
M7	115°	瓮棺葬	第2层下	0.4	2.2	1.4~1.66	1.4	瓮上扣盆	无	不详	不详			东汉中期
M8	21°	瓮棺葬	第2层下	0.35	1.1	0.6	0.5	瓮上扣盖	无	不详	不详			西汉中期—西汉晚期
M9	205°	瓮棺葬	第2层下	0.8	0.98	0.9	0.6	瓮上扣盆	填土中有五铢铜钱2枚	不详	不详			东汉中期
M10	207°	瓮棺葬	第2层下	0.8	1.18	1.06	0.8	瓮上扣瓦	无	不详	不详			西汉中期—西汉晚期
M11	186°	竖穴土坑墓	第3层下	1.1	2.8	1.4~1.46	0.8~1	单棺，已朽	陶壶1件、陶两1件、陶罐1件	朝南	仰身直肢葬	成年	不详	东周
M12	182°	竖穴土坑墓	第3层下	0.8	2.16	0.7~0.76	0.6~0.7	不详	出土中出骨箭镞1件；填土中出骨箭镞2件	朝南	仰身直肢葬	50左右	男	东周

续表

墓号	方向	形制	开口层位	距地表深	尺寸（米） 长	尺寸（米） 宽	尺寸（米） 深	葬具	随葬品	头向	人体骸骨 葬式	人体骸骨 年龄	人体骸骨 性别	时代
M13	104°	瓮棺葬	第2层下	0.75	1.6	1.2	0.84~1.16	瓮上扣盆（2套）	无	不详	不详			东汉中期
M14	280°	瓮棺葬	第3层下	0.9	1.9	0.56~0.84	0.66	瓮上扣盆	无	不详	不详	幼儿	不详	东汉中期
M15	102°	瓮棺葬	第2层下	0.35	1.6	0.8	0.88	瓮上扣瓦	无	不详	不详			西汉中期—西汉晚期
M16	349°	瓮棺葬	第2层下	0.66	2.1	1.2~1.4	0.8	瓮上扣盆	无	不详	不详			西汉晚期—东汉早期
M17	178°	竖穴土坑墓	第2层下	0.6~0.7	2.46	1.64~1.76	2.06	一棺一椁，已朽	陶敦、鼎、壶、豆各2件	朝南	仰身直肢葬			东周
M18	360°	瓮棺葬	第2层下	0.3	0.9	0.9	0.7	瓮上扣盆	无	不详	不详			西汉中期—西汉晚期

附表四　人骨性别、年龄鉴定表

编号	墓号、灰坑号	年代	性别	年龄（岁）
01	M1	汉代	不详	幼儿
02	M5	汉代	不详	幼儿
03	M6	东周	男	50 左右
04	M11	东周	不详	成年
05	M12	东周	男	50 左右
06	M14	汉代	不详	幼儿
07	H164	瓮棺汉代	不详	50 左右

郧县上宝盖遗址 2009 年度发掘报告

长沙市文物考古研究所

一、地理位置与工作概况

上宝盖遗址位于郧县安城镇安城沟村二组汉江南岸的阶地上，东西长约 300 米，南北宽约 50 米，现存面积约 15000 平方米。遗址中心位置地理坐标为东经 110°27′23″、北纬 32°50′01″，海拔 163~172 米（图一）。

2006 年 11 月~2007 年 4 月，宁夏文物考古研究所对该遗址进行了首次考古发掘工作，发掘面积 2100 平方米，发现东周、汉代、明清时期的灰坑、墓葬、窑、井、房址、散水路面等遗迹，出土一大批珍贵文物[1]。

为了全面了解该遗址的文化内涵并配合南水北调工程，长沙市文物考古研究所对该遗址进行了第二次考古发掘工作。此次在勘探的基础上选择在第一次发掘点的东部布方发掘，共布 5 米×5 米的正南北向探方 49 个（图二）。野外勘探及发掘工作从 2009 年 7 月 15 日至 9 月 30 日，前后历时 78 天。共发掘 93 个遗迹单位，其中瓮棺 15 座，瓦棺 7 座，土坑墓 1 座，灰坑 52 个，沟 7 条，窑 2 座，墙基 6 处，坑 1 个，井 2 口。文化内涵较为丰富，时代跨度大，包括新石器时代、东周、汉代、明清等各个时期的文化遗存。本简报重点介绍前三个时期的文化遗存。

二、地层堆积

上宝盖遗址的地层堆积东、西有别，东部较薄，西部较厚，就整个发掘区的地层堆积来看，东部以东周地层为主，西部以汉代地层为主，发现了较多新石器时代的遗物，但未发现该时期的地层。现以 T7 和 T8 的北壁为例说明地层关系如下（图三）。

---

[1] 宁夏文物考古研究所：《郧县上宝盖遗址》，《湖北省南水北调工程重要考古发现 I》，文物出版社，2007 年。

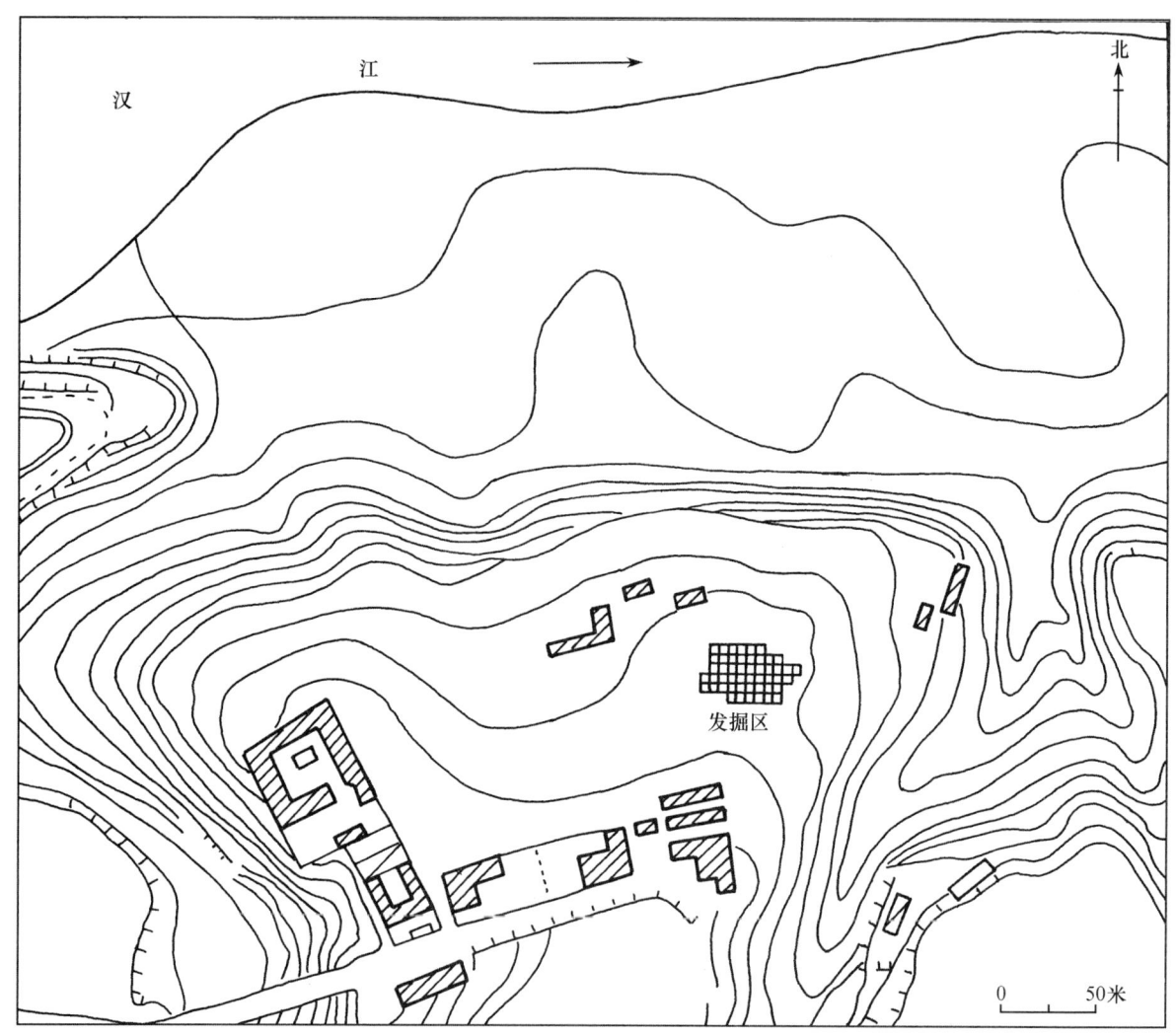

图一　遗址地形及探方分布示意图

第1层：表土层。灰色土，土质松软，颗粒细密。厚0.2~0.35米。该层主要为农业生产耕作扰乱形成，包含有现代砖块儿、碎瓷片。

第2层：明清文化层。灰褐色土，土质松软。厚0.2~0.5米。该层出土有瓷碟、瓷竹节灯、瓷杯、瓷碗等遗物。瓷器多为青花瓷，白瓷、粉彩、酱釉占少数。

第3层：东周地层。灰黑色土，土质松软，颗粒粗。厚0.25~0.35米。出土陶片多饰绳纹，陶质有泥质灰陶、泥质黑皮红陶、夹砂红陶等，器形有鬲、罐、豆等。

通过本次考古发掘可知，上宝盖遗址主要包括明清时期、汉代、东周以及新石器时代等四个时期的遗迹或地层堆积。

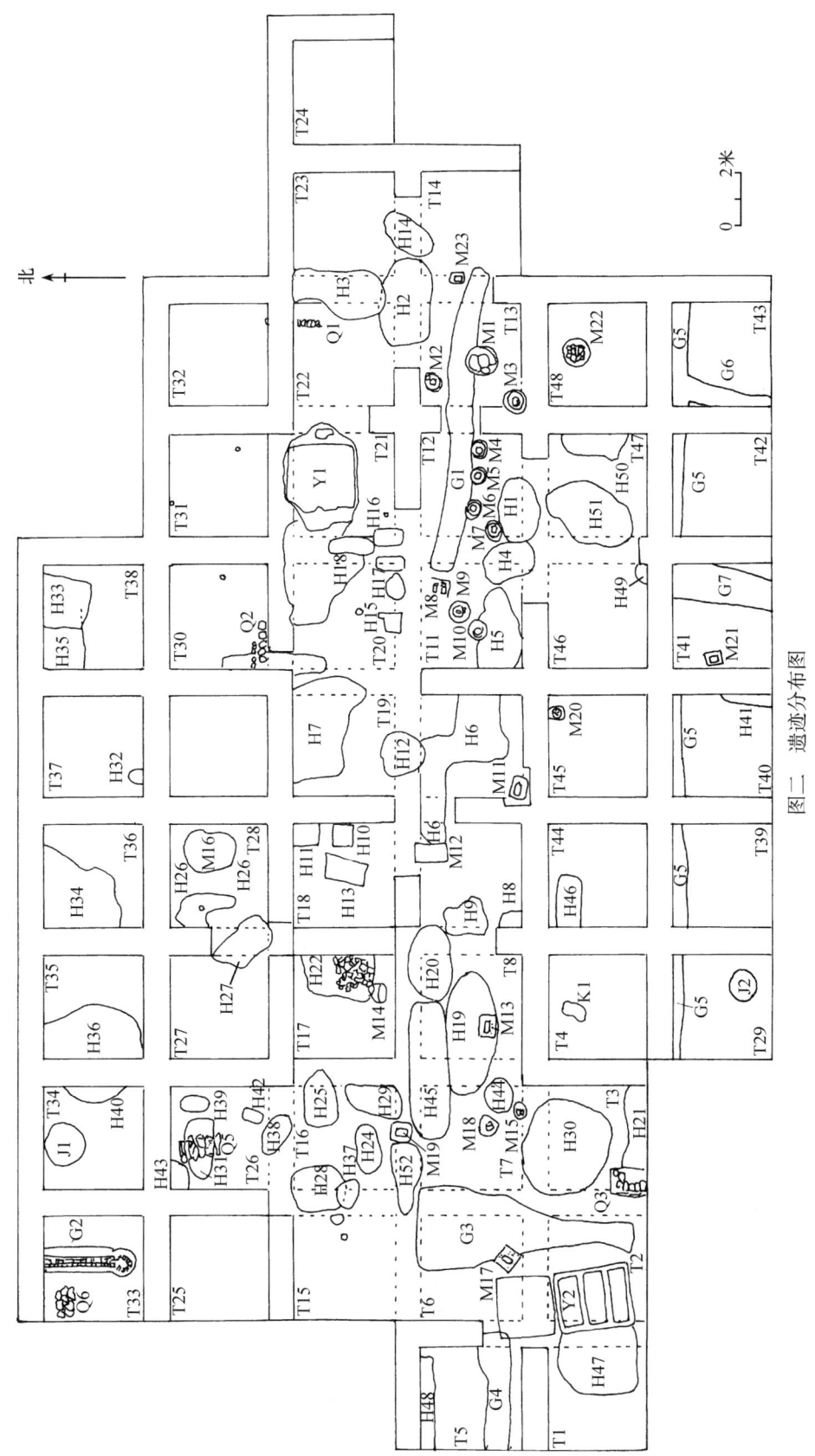

图二 遗迹分布图

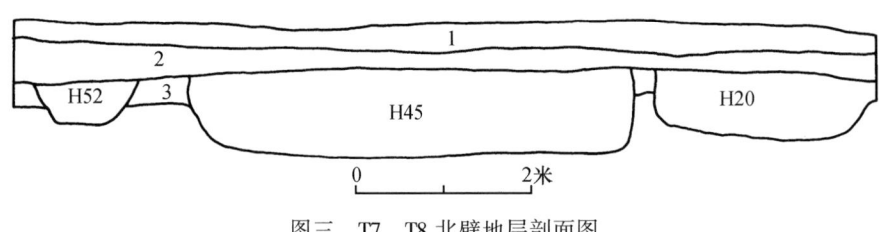

图三　T7、T8 北壁地层剖面图

三、新石器时代文化遗存

（一）遗　　迹

K1　位于 T4 内。开口于第 4 层下。平面呈不规则长方形。长 1.26、宽 0.5、深 0.28 米。坑内填土呈黄褐色，夹杂有灰黑色土，土质紧致，颗粒粗。出土器物有陶盆、陶鼎、陶罐、陶碗、陶小口壶、陶小口瓶、石球、水晶等。陶质有夹砂灰陶、泥质红陶。其中石球、陶小口瓶、水晶均放置在一平底钵内（图四；图版三三，1）。

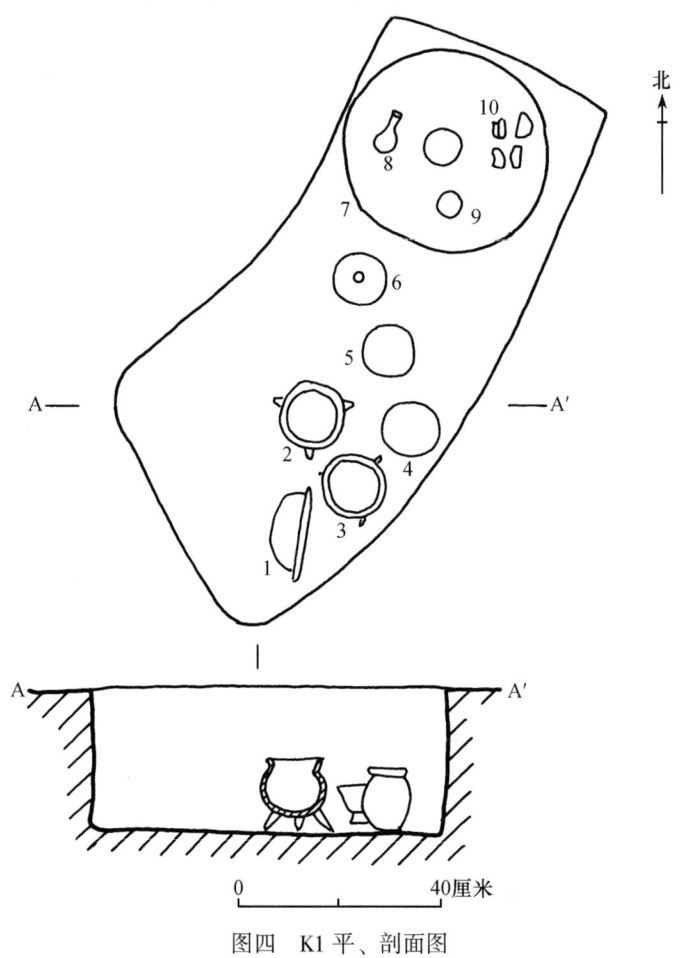

图四　K1 平、剖面图
1. 陶盆　2、3. 陶鼎　4. 陶罐　5. 陶碗　6. 陶小口壶　7. 陶钵　8. 陶小口壶　9. 石球　10. 水晶

（二）遗　　物

新石器时代的遗物除 K1 出土器物之外，大多为采集品，且全为石器，石器散乱分布在各个时期的地层中，采集的石器有 43 件，石斧较多，另有一些小型石器，如刮削器等。

1. 陶器

鼎　2 件。夹砂灰陶。敞口，束颈，罐形腹，圜底，三锥状足外撇。K1∶2，口径 11.2、高 14.4 厘米（图五，7；图版三三，2）。K1∶3，口径 13.2、高 14.8 厘米（图五，8；图版三三，3）。

盆　1 件。泥质红陶。敞口，斜沿，尖唇，弧腹，平底。K1∶1，口径 20.8、高 8 厘米（图五，1；图版三四，7）。

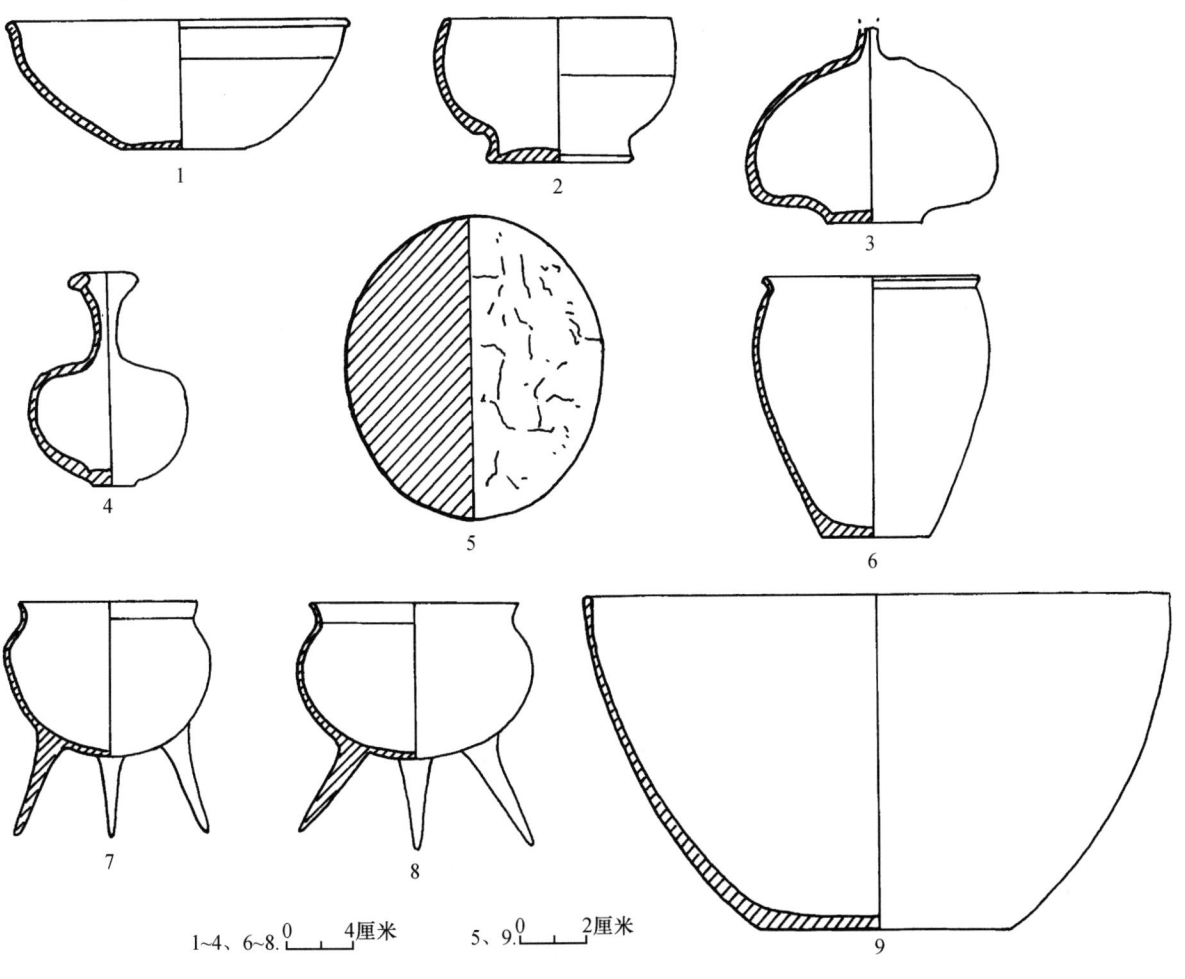

图五　K1 出土器物

1. 陶盆（K1∶1）　2. 陶碗（K1∶5）　3. 陶小口壶（K1∶6）　4. 陶小口瓶（K1∶8）　5. 石球（K1∶9）
6. 陶罐（K1∶4）　7、8. 陶鼎（K1∶2、K1∶3）　9. 陶钵（K1∶7）

罐　1件。夹砂灰陶。侈口，束颈，弧腹斜直，平底。K1∶4，口径12.4、高16厘米（图五，6；图版三四，1）。

碗　1件。泥质红陶。侈口，斜直腹，平底，假圈足。K1∶5，口径14.4、高11.5厘米（图五，2；图版三四，5）。

小口壶　1件。泥质红陶。口小而直，器物腹部似一水盅，腹下部收束成底，底平。K1∶6，残口径1.3、高12厘米（图五，3；图版三四，3）。

钵　1件。蛋壳红陶。敞口，斜弧腹，平底。K1∶7，口径27、高10.4厘米（图五，9；图版三四，6）。

小口瓶　1件。泥质红陶。口沿部似蒜头，细长颈，球状腹，平底。K1∶8，口径4、高12.6厘米（图五，4；图版三四，2）。

2. 石器

球　1件。黑色。鹅卵形，表面光滑，出土时放置在K1∶7内。K1∶9，长径9.2、宽8厘米（图五，5；图版三四，4）。

斧　4件。青石质，质地较软。大部分制作粗糙，正面两侧正向加工，打击点靠近中部，刃部锋利。T30②∶2，长10.4、厚1.8厘米（图六，1；图版三五，1）。T21②∶3，长10.2、厚2.4厘米（图六，2；图版三五，2）。T1②∶1，长11、厚1.6厘米（图六，3）。T47②∶1，制作精细，双面磨制，刃部弧形，有小崩口。长8.5、宽9.6厘米（图六，6；图版三五，3）。

方形器　1件。青石质，质地较软。T21②∶4，器形接近长方形，双面打磨，正面有四个崩口。长7.8、厚1.2厘米（图六，4；图版三五，4）。

刮削器　1件。砾石质，硬度大。T13①∶3，系从一卵石上剥片并加工而成。剥片后在厚端进行磨制。宽6.2、最厚处1厘米（图六，5）。

水晶　3块。K1∶10，青白色，为天然体碎块，形状不规则，无人工加工痕迹，具透明感。最长4.4、最厚2.5厘米。

四、东周遗存

（一）遗　迹

东周时期的遗迹有灰坑、沟、土坑竖井等。

1. 灰坑

H1　位于T12及T47内。开口于第4层下，打破生土层。坑口形状呈长圆形，坑壁斜直，底平缓，形状规则。坑口长2.34、宽1.9米。填土呈黑褐色，土质疏松。出土遗物以陶器为主，另有牛角等。陶质均为泥质灰陶，器形有网坠、盆、罐、钵、筒瓦等。纹饰以绳纹为主，

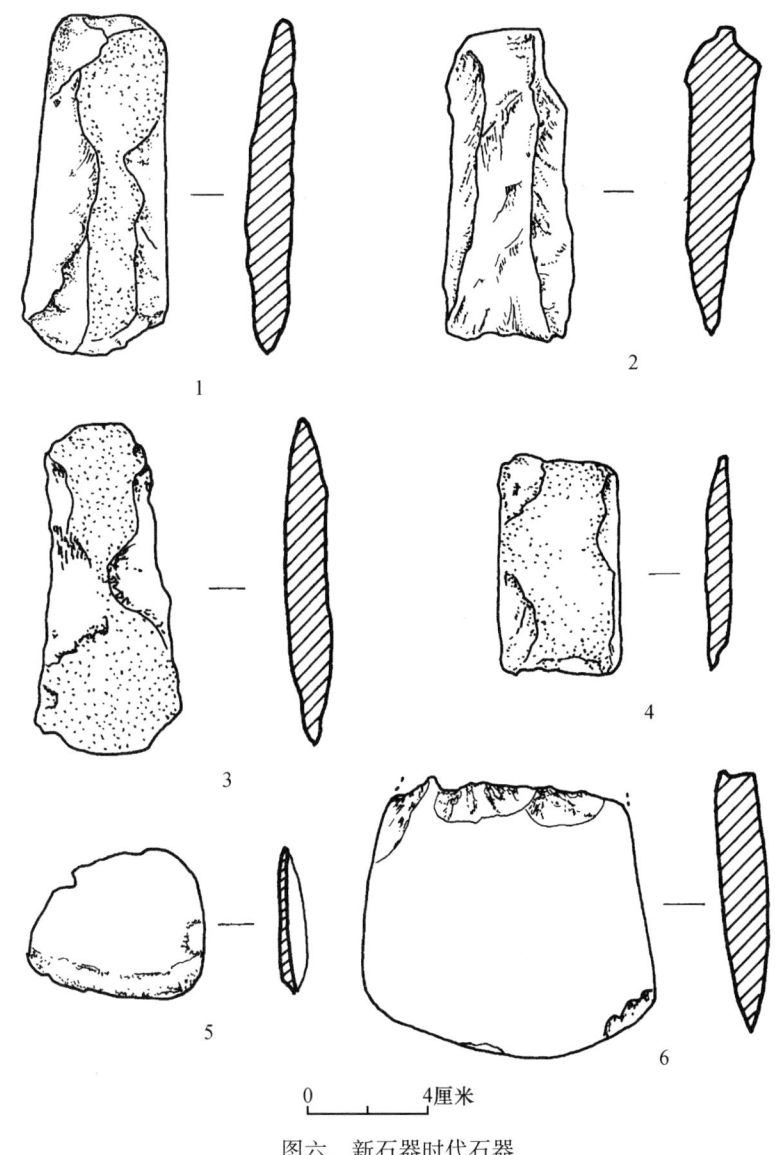

图六 新石器时代石器

1~3、6.斧（T30②:2、T21②:3、T1②:1、T47②:1） 4.方形器（T21②:4） 5.刮削器（T13①:3）

个别器物饰弦纹（图七）。

H2 位于T13及T22内。开口于第4层下，打破生土层，被H3打破。坑口形状不规则，长3.37、宽1.48米。填土呈黑褐色，土质疏松。出土遗物均为陶器，陶质为泥质灰陶，器形有盆、罐、豆、筒瓦、板瓦等（图八）。

H3 位于T22内。开口于第4层下，打破生土层，打破H2。形状不规则，长3.6、宽1.8米。填土呈黑褐色，土质疏松。无出土器物。

H4 位于T11及其东隔梁下。开口于第4层下，打破生土层。坑口形状呈长圆形，长2.36、宽1.44米。填土呈黑褐色，土质疏松。出土器物全部为陶器，陶质有泥质灰陶和泥质红陶两种，其中泥质红陶器为板瓦，泥质灰陶器有罐、钵、盆等，纹饰均为绳纹（图九）。

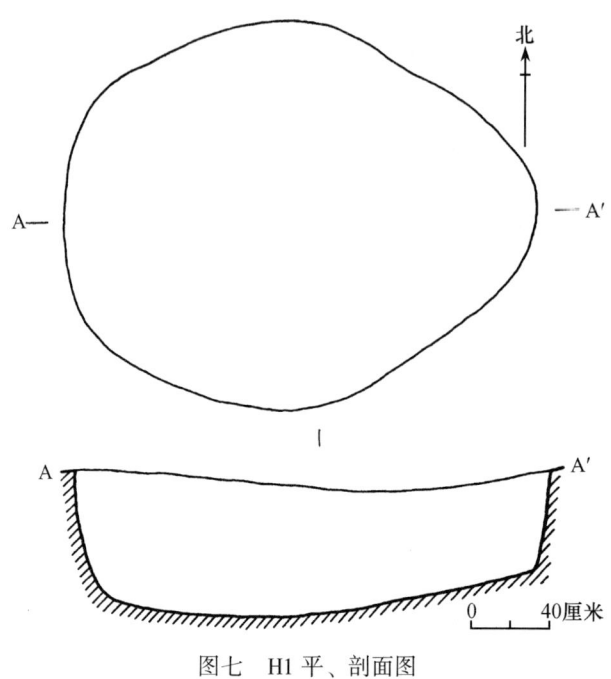

图七　H1 平、剖面图

H5　位于 T10 及 T11 内。开口于第 4 层下，打破生土层。坑口形状不规则，最长 3.45、最宽 2.05 米。填土呈黑褐色，土质疏松。出土遗物全为陶器，陶质均为泥质灰陶，器形有瓮、盆、罐、豆、板瓦等，纹饰有绳纹、方格纹等（图一〇）。

H6　位于 T9 及 T10 内。开口于第 4 层下，打破生土层，被 M12 及 H12 打破。坑口形状不规则。长 5.8、最宽 3.4 米。填土呈黑褐色，土质疏松。出土遗物有动物牙齿、陶器。陶质均为泥质灰陶，器形有盆、高领罐、瓮、板瓦、筒瓦等，纹饰有绳纹、方格纹等。

H7　位于 T19 及 T20 内。开口于第 4 层下，打破生土层。坑口形状不规则，长 3.85、最宽 2.59 米。填土呈黑褐色，土质疏松。出土遗物均为陶器，陶质有泥质红陶和泥质灰陶两种，器形有豆、盆、罐、板瓦、筒瓦等（图一一）。

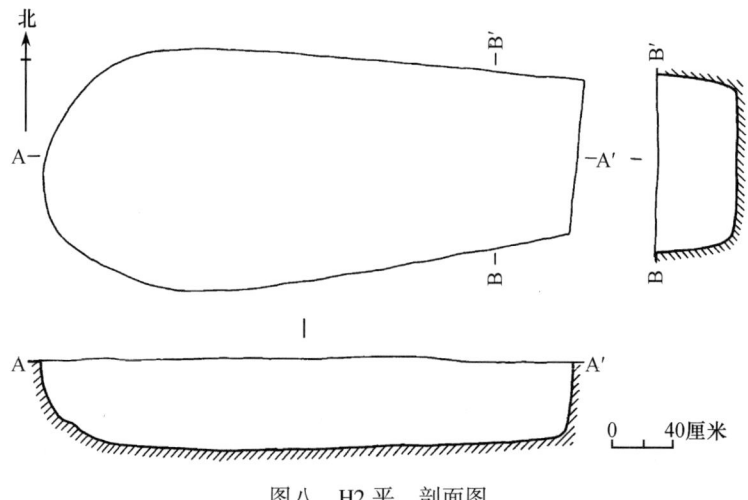

图八　H2 平、剖面图

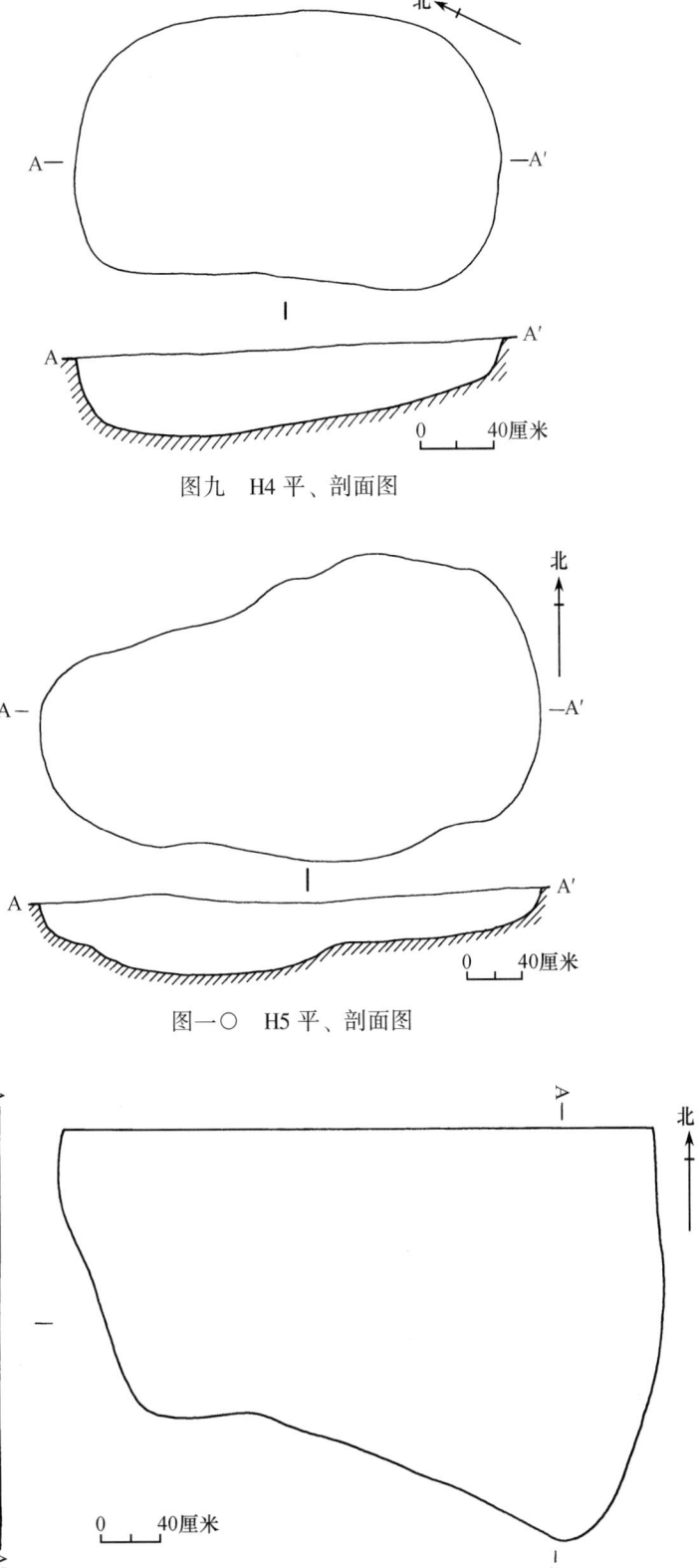

图九 H4 平、剖面图

图一〇 H5 平、剖面图

图一一 H7 平、剖面图

H8　位于T8及T9内。开口于第2层下，打破第3层及生土层。灰坑大致呈长方形，长0.9、宽0.64米。填土呈黑褐色，疏松。无出土器物。

H9　位于T8及T9内。开口于第2层下，打破第3层及生土层。坑口形状不规则，长1.7、宽1.4米。填土呈黑褐色，土质疏松。出土遗物均为陶器，陶质有泥质红陶、泥质灰陶两种，器形多为筒瓦和板瓦。

H10　位于T18内。开口于第3层下，打破生土层。灰坑形状近方形，边长0.9米。填土呈灰黑色，土质疏松。无出土器物。

H13　位于T18内。开口于第3层下，打破生土层。灰坑形状接近长方形，长1.6、宽0.9米。填土呈灰黑色，土质疏松。出土器物有灰陶筒瓦。

H14　位于T14及T23内。开口于第4层下，打破生土层。坑口为扁椭圆形，长1.98、宽1.18米。填土呈黑褐色，土质疏松。出土遗物均为陶器，陶质有泥质红陶和泥质灰陶两种，器形有盆、板瓦、筒瓦等（图一二）。

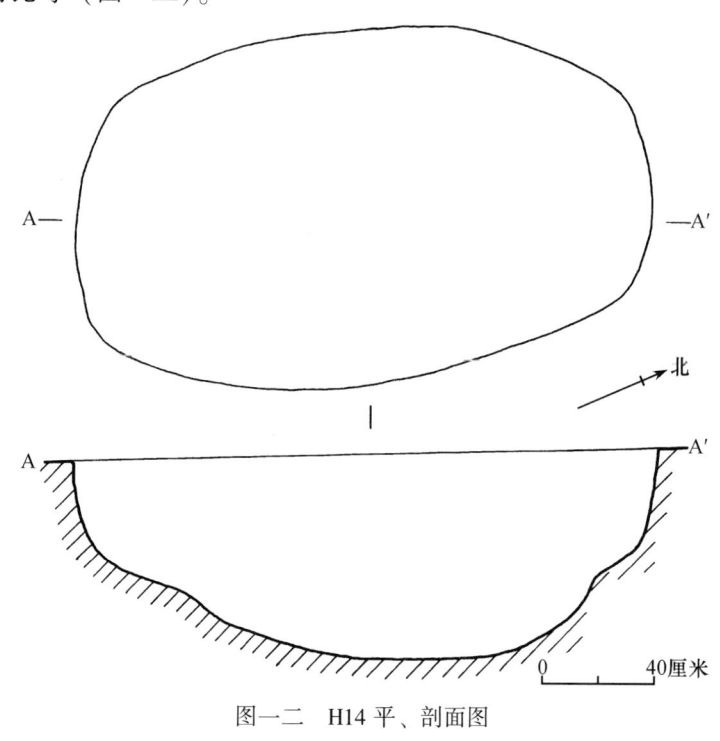

图一二　H14 平、剖面图

H15　位于T11及T20内。开口于第4层下，打破生土层。坑口形状不规则，最长1、最宽0.8米。填土呈灰黑色，土质疏松。无出土器物。

H16　位于T20及T21内。开口于第4层下，打破生土层。坑口接近长方形，长1.5、宽0.6米。填土呈灰黑色，土质疏松。出土遗物均为陶器，陶质有泥质红陶和泥质灰陶两种，器形有筒瓦、板瓦、盆等（图一三）。

H17　位于T11及T20内。开口于第4层下，打破生土层。坑口近圆形，直径1米。填土呈灰黑色，土质疏松。无出土器物。

H29　位于 T7 及 T16 内。开口于第 3 层下，打破生土层。坑口形状不规则，长 2、宽 1.44 米。填土呈灰黑色，土质疏松。出土遗物多为陶器，陶质为夹砂红陶及泥质灰陶，器形有鬲、钵、罐、豆、筒瓦等，另有石器 1 件（图一四）。

H32　位于 T37 内。开口于第 4 层下，打破生土层。坑口形状不规则，最长 0.72、最宽 0.64 米。填土呈灰黑色，土质疏松。出土遗物为陶器，陶质为夹砂红陶，器形为罐（图一五）。

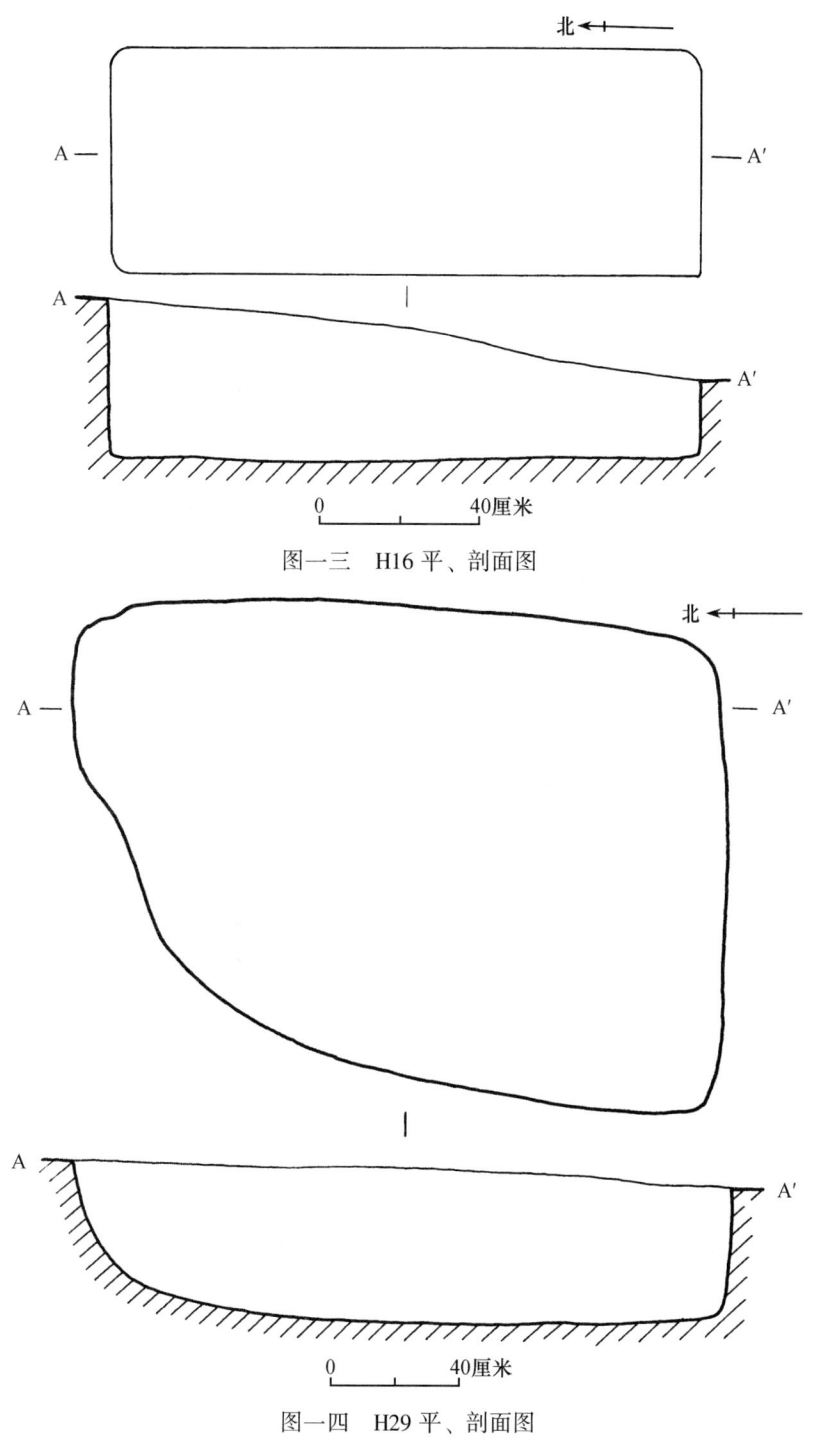

图一三　H16 平、剖面图

图一四　H29 平、剖面图

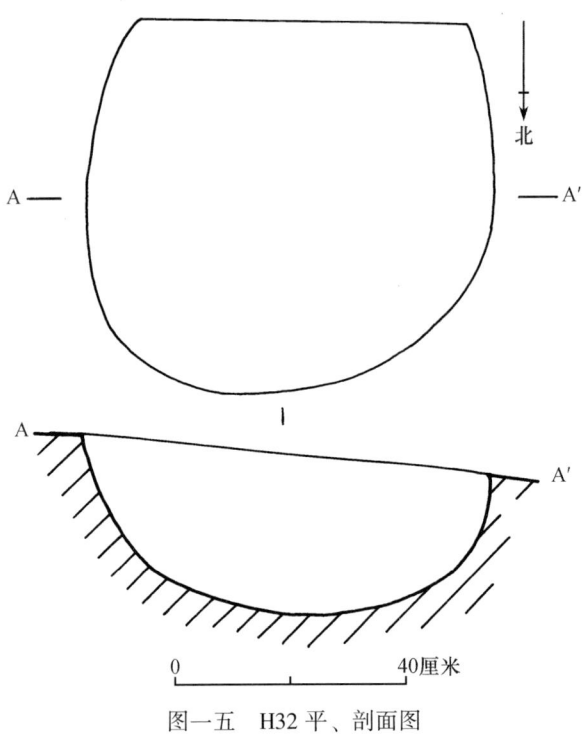

图一五 H32 平、剖面图

H33 位于T38内。开口于第4层下，打破生土层及H35。坑口形状不规则，最长2.38、宽1.95米。填土呈灰黑色，土质疏松。出土遗物为陶器，器形有鬲等（图一六）。

H34 位于T36内。开口于第3层下，打破生土层。坑口形状不规则，最长1.5、最宽1.34米。填土呈灰黑色，土质疏松。出土遗物为夹砂陶器，器形有篦点纹瓮（图一七）。

H35 位于T38内。开口于第4层下，打破生土层，被H33打破。坑口呈不规则长方形，长1.62、宽1.53米。填土呈灰黑色，土质疏松。出土有泥质灰陶罐等遗物。

H45 位于T7及T8内。开口于第2层下，打破第3层及生土层。坑口为圆角长方形，长5.16、宽1.26米。填土分3层：第1层为灰黑土，第2层为黄色土夹灰黑土，第3层为灰黑土。出土遗物均为陶器，陶质有泥质灰陶、泥质红陶，器形有筒瓦、板瓦、罐、豆、盆等（图一八）。

H46 位于T44内。开口于第2层下，打破第4层及生土层。坑口窄长，长1.93、宽0.92米。填土呈灰黑色，夹杂有少量草木灰烬。出土遗物均为陶器，陶质有夹砂红陶、泥质灰陶，器形有鬲、豆、钵等（图一九）。

H48 位于T5内。开口于2层下，打破第3层及生土层。坑口接近长方形，长3.5、宽0.6米。填土呈灰褐色，土质疏松。出土遗物均为陶器，陶质有夹砂红陶、泥质灰陶，器形有鬲、豆、罐、板瓦、筒瓦等（图二〇）。

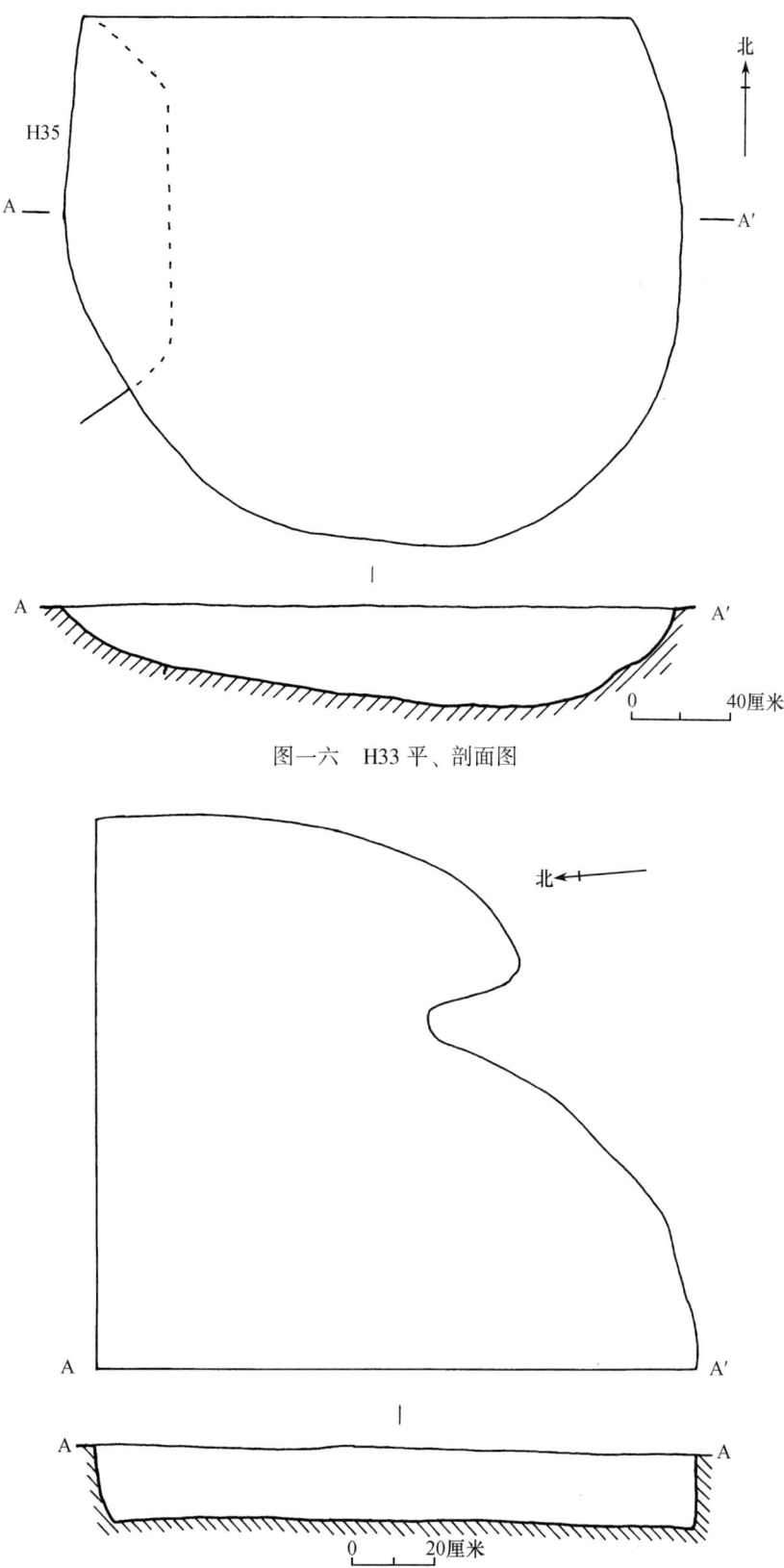

图一六　H33 平、剖面图

图一七　H34 平、剖面图

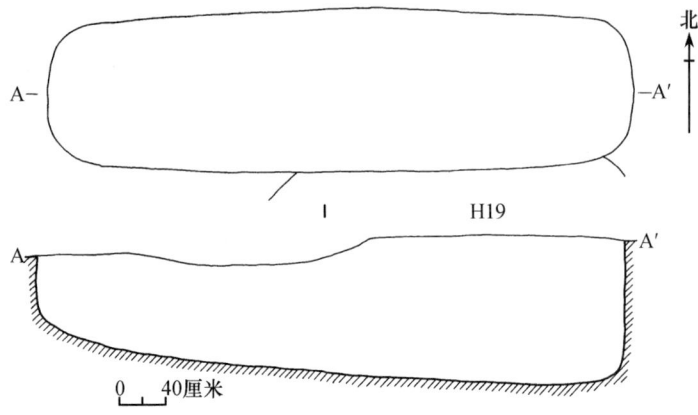

图一八　H45 平、剖面图

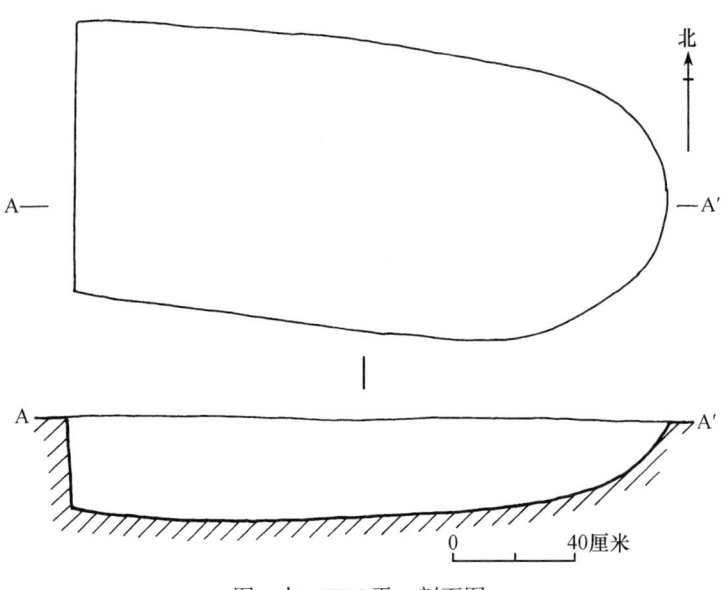

图一九　H46 平、剖面图

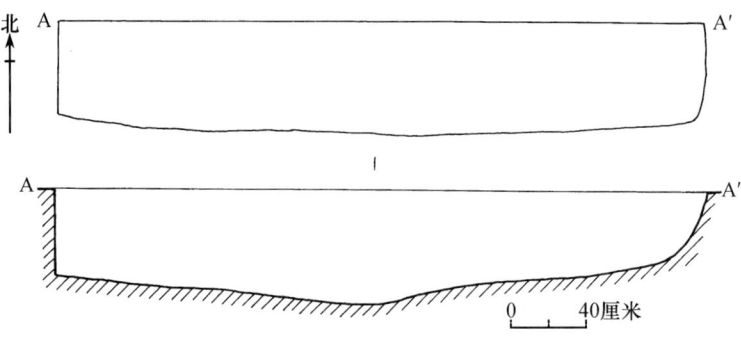

图二〇　H48 平、剖面图

H50　位于T47内。开口于第4层下，打破生土层。坑口形状不规则，最长2.27、最宽0.94米。填土呈灰黑色，土质疏松。出土遗物均为陶器，陶质有泥质灰陶、夹砂红陶，器形有鬲、豆、罐等（图二一）。

H51　位于T47内。开口于第4层下，打破生土层。坑口形状不规则，长3.54、宽3.15米。填土呈灰黑色，土质疏松。出土遗物均为陶器，陶质有泥质灰陶、夹砂红陶，器形有球、豆、盆、鬲、罐等（图二二）。

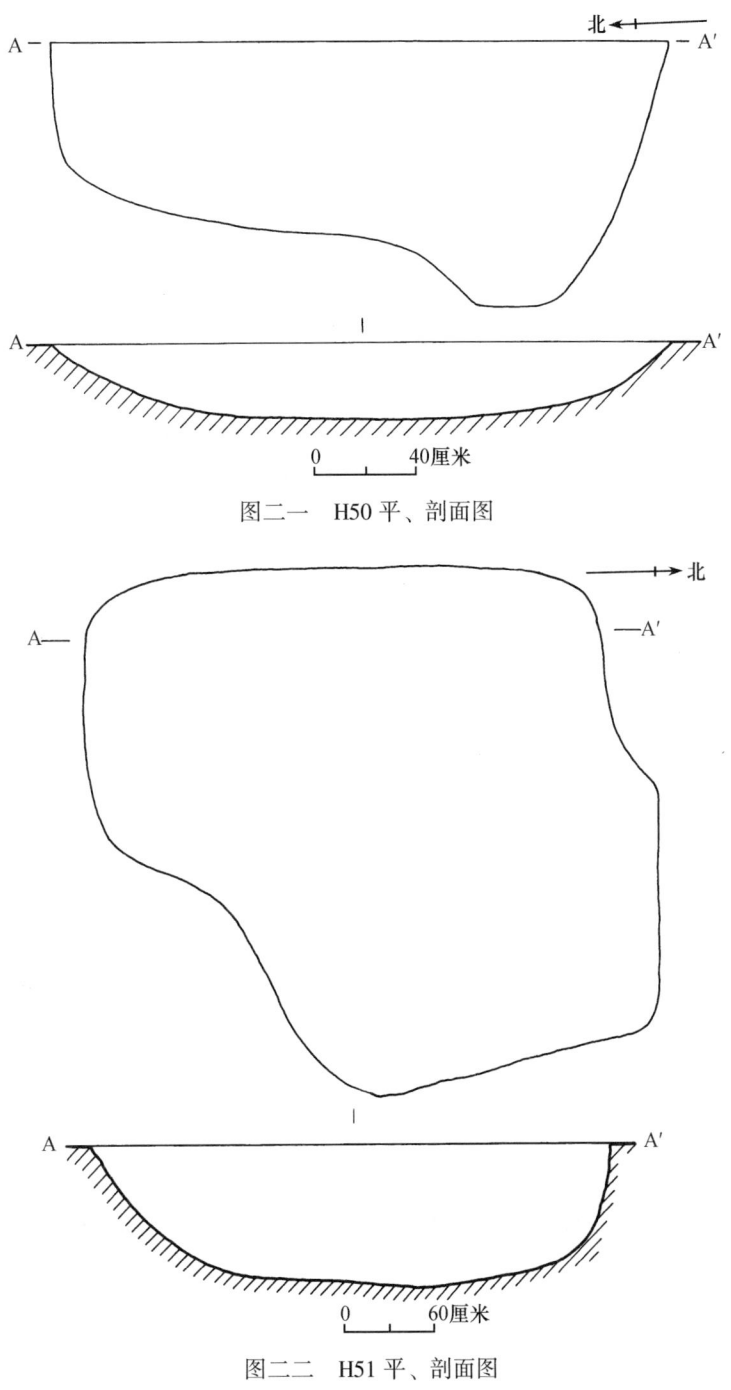

图二一　H50平、剖面图

图二二　H51平、剖面图

2. 沟

G1　分布于 T11、T12、T13、T14 内。开口于第 1 层下，打破生土层。长 12.6、宽 1.22 米。沟内填深灰褐色土，土质疏松。出土器物均为陶器，陶质有泥质灰陶、泥质红陶，器形有罐、盆、板瓦、筒瓦等（图二三）。

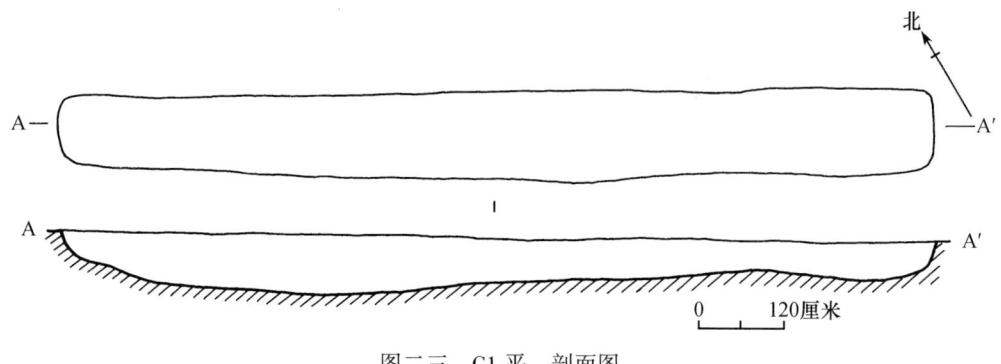

图二三　G1 平、剖面图

G6　分布于 T43 内。开口于第 1 层下，打破第 4 层及生土层，被 G5 打破。长 9.7、宽 1.8 米。沟内填灰褐色土，土质疏松。出土器物均为陶器，陶质有泥质灰陶、夹砂红陶，器形有鬲、鼎、豆、罐等（图二四）。

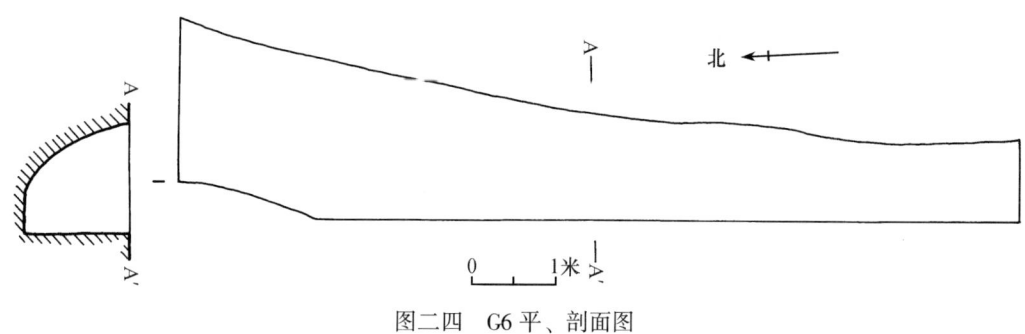

图二四　G6 平、剖面图

G7　分布于 T41 内。开口于第 1 层下，打破第 4 层及生土层。形状狭长，长 4、宽 1.3 米。沟内填灰褐色土，土质疏松。无出土器物。

3. 井

J2　分布于 T29 内。开口于第 4 层下，打破生土层。井口呈圆形。直径 1.4、深 5.4 米。井内填浅黄土，沙性重、疏松、纯净，无明显分层现象。出土器物均为陶器，器形有罐、筒瓦、板瓦等（图二五）。

（二）遗　　物

东周时期的遗物全部为陶器，出土于地层及遗迹中的均比较多。器形有鬲、豆、罐、鼎、缸、支座等，陶质有夹砂红陶、夹砂灰陶、泥质灰陶等。

鬲　上宝盖遗址发现最多的东周器物，大多已经破碎，仅余口沿及鬲足。

鬲口沿　8件，其中H29∶3修复完整。根据口径与腹径的大小关系，可分为二型。

A型　2件。口径小于腹径。夹砂红陶。敞口，折沿，方唇。器表饰弦断细绳纹带。T43④∶1，口径28.4、残高10厘米（图二六，1）。T46④∶3，口径28、残高6.8厘米（图二六，2）。

B型　6件。口径等于或略大于腹径。夹砂红陶。敞口，方唇，溜肩。器表多饰细绳纹。H29∶1，口径34、残高10厘米（图二六，3）。H29∶2，器表饰弦断绳纹。口径34.8、残高12厘米（图二六，4）。T14④∶2，颈部饰绳纹。口径35、残高7.5厘米（图二六，5）。T4④∶1，肩部堆塑弦纹。

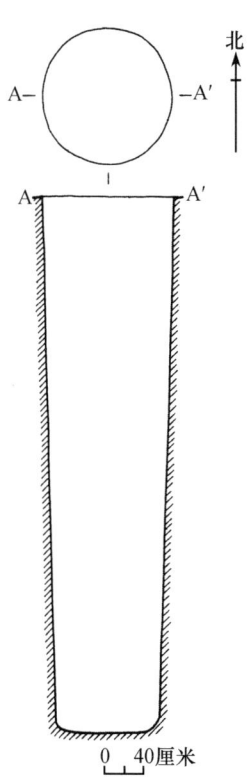

图二五　J2平、剖面图

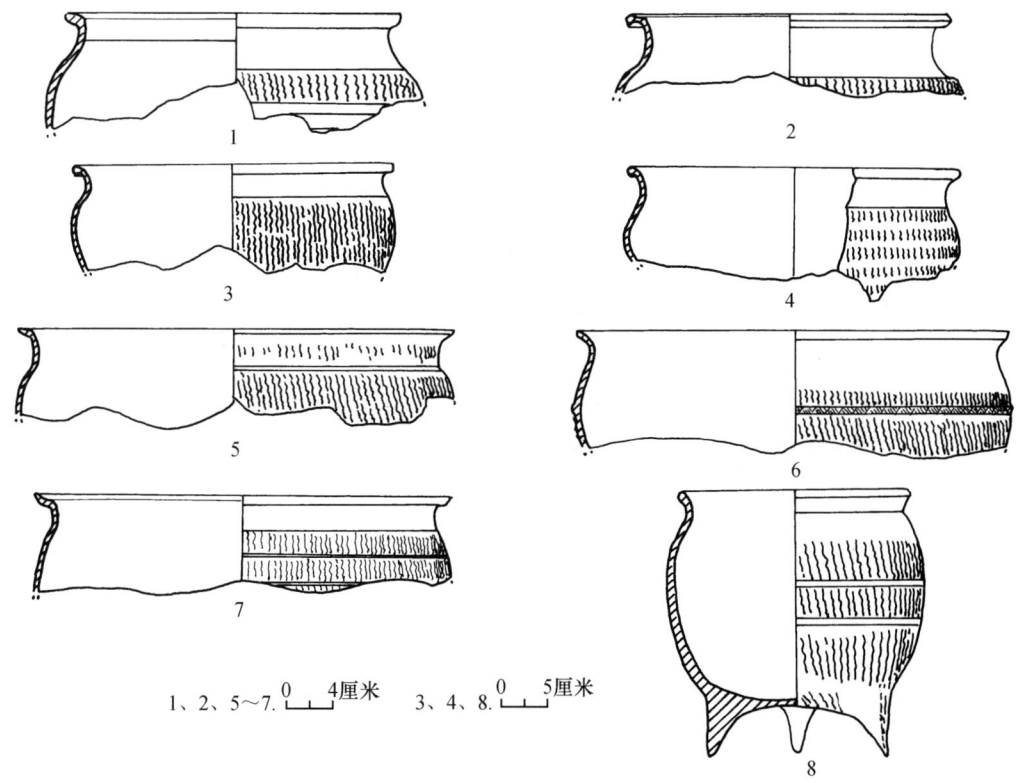

图二六　东周陶鬲口沿

1、2. A型（T43④∶1、T46④∶3）　3~8. B型（H29∶1、H29∶2、T14④∶2、T4④∶1、T15④∶1、H29∶3）

口径 38、残高 12 厘米（图二六，6）。T15④：1，肩腹部饰弦断绳纹。口径 32、残高 7.4 厘米（图二六，7）。H29：3，修复完整。裆部微弧，三足较尖，近锥状。腹部饰弦断绳纹。口径 25、高 29 厘米（图二六，8；图版三六，1）。

鬲足　45 件。多为夹粗砂红陶。根据其形状的不同，可分为二型。

A 型　7 件。锥状足。夹砂红陶。足身收束幅度较大，上饰绳纹。T46④：2，残高 6.4、足径 1 厘米（图二七，1）。H46：1，残高 8.5、足径 1.2 厘米（图二七，2）。

B 型　38 件。柱状足。根据足部高低的不同，可分为二式。

Ⅰ式：9 件。矮足，足上饰绳纹。夹砂红陶。T18②：3，残高 7.4、足径 4 厘米（图二七，3）。T24②：2，残高 8.2、足径 4.4 厘米（图二七，4）。

Ⅱ式：29 件。高足，足上饰绳纹。夹砂红陶。T39④：1，残高 15、足径 4 厘米（图二七，5）。T35④：11，残高 15、足径 3 厘米（图二七，6）。

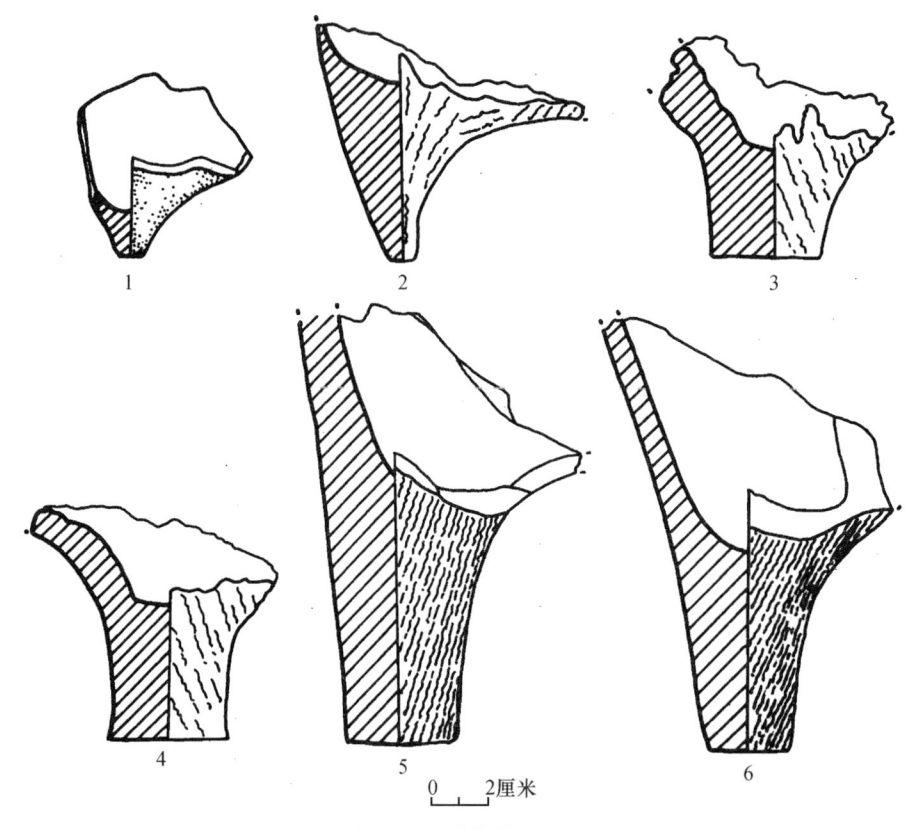

图二七　东周陶鬲足
1、2. A 型（T46④：2、H46：1）　3、4. BⅠ式（T18②：3、T24②：2）　5、6. BⅡ式（T39④：1、T35④：11）

罐　58 件。T31④：1，夹砂红陶。敞口，折沿，尖圆唇，束颈，折肩。口径 26.4、残高 8 厘米（图二八，1）。T24④：1，夹砂红陶。敞口，平沿，方唇，束颈。口径 10.4、残高 4.8 厘米（图二八，3）。

钵　8 件。H29：4，泥质红陶。敞口，平沿，方唇，弧腹。口径 24、残高 7.2 厘米（图二八，2）。

支垫　1件。H7②：1，泥质灰陶。蘑菇状，上部为一握手，下部为一凸起的弧面，弧面光滑，呈黑色。握手直径2.5厘米，弧面部分直径12厘米，高9厘米（图二八，4；图版三六，2）。

鼎足　5件。T26③：2，泥质红陶。蹄足，腿部起四条棱线。残高9.6厘米（图二八，5）。

臼形器　1件。H1：2，泥质灰陶。长圆形，顶端收束，应是一器物或建筑的构件。残高9、直径7厘米（图二八，6）。

缸　2件。泥质灰陶。折沿，方唇，弧腹。器体饰弦断绳纹。T19④：1，敛口。口径47、残高16.3厘米（图二八，7）。T19④：2，侈口。口径47、残高14.4厘米（图二八，8）。

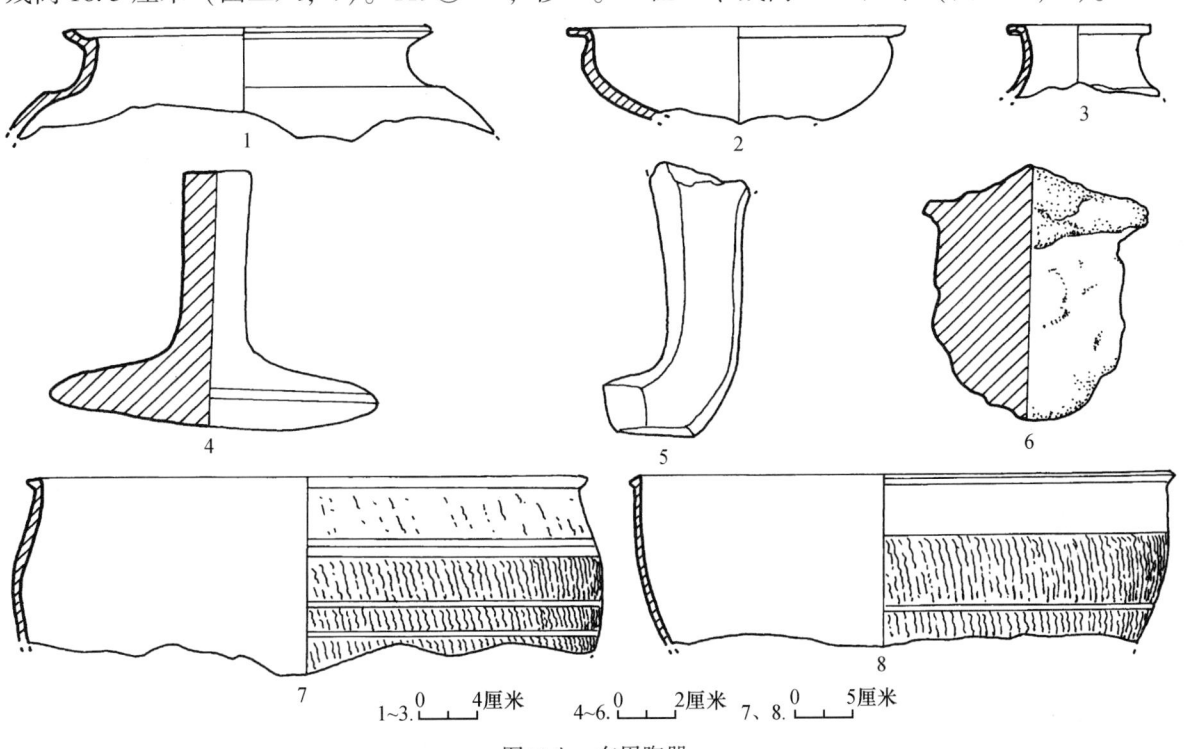

图二八　东周陶器

1、3. 罐（T31④：1、T24④：1）　2. 钵（H29：4）　4. 支垫（H7②：1）　5. 鼎足（T26③：2）
6. 臼形器（H1：2）　7、8. 缸（T19④：1、T19④：2）

五、汉代遗存

（一）遗　迹

汉代遗迹有墓葬、灰坑、沟和井等。

1. 墓葬

可分为瓮棺葬及瓦棺葬两大类，分别介绍如下。

（1）瓮棺葬

瓮棺葬共 15 座，编号分别为 M1～M7、M9、M10、M14～M16、M18、M20、M22，主要分布在发掘区的东南侧。土坑除 1 座为不规则椭圆形外，其余均为圆形，坑口直径一般为 0.4～0.7 米，深 0.5 米左右。葬具以小口鼓腹罐为主，上部封口一般为草帽状陶盖或板瓦，草帽状陶盖顶部有圆孔，少量为双盆合扣。从葬具内出土人骨遗骸分析，这些瓮棺葬均为儿童或婴儿墓葬，未发现有完整尸骨，大部分仅存残骨。多数瓮棺葬无随葬品，仅 M22 一座墓葬随葬五铢铜钱 1 枚。现分别介绍如下。

M1　位于 T13 内。叠压于第 1 层下，打破第 4 层、生土层及 G1。坑口平面呈圆形，坑壁略外敞，平底。坑口直径 0.5、深 0.45 米。坑内填土呈灰黑色，土质疏松。葬具为陶罐 1 件，上部封口为数片板瓦残片。罐内未发现尸骨（图二九）。

M2　位于 T13 内。叠压于第 1 层下，打破第 4 层、生土层。坑口平面呈圆形，坑壁略外敞，平底。坑口直径 0.5、深 0.44 米。填土呈灰黑色，土质疏松。葬具为陶罐 1 件，上部封口为数片板瓦残片。罐内未发现尸骨（图三〇）。

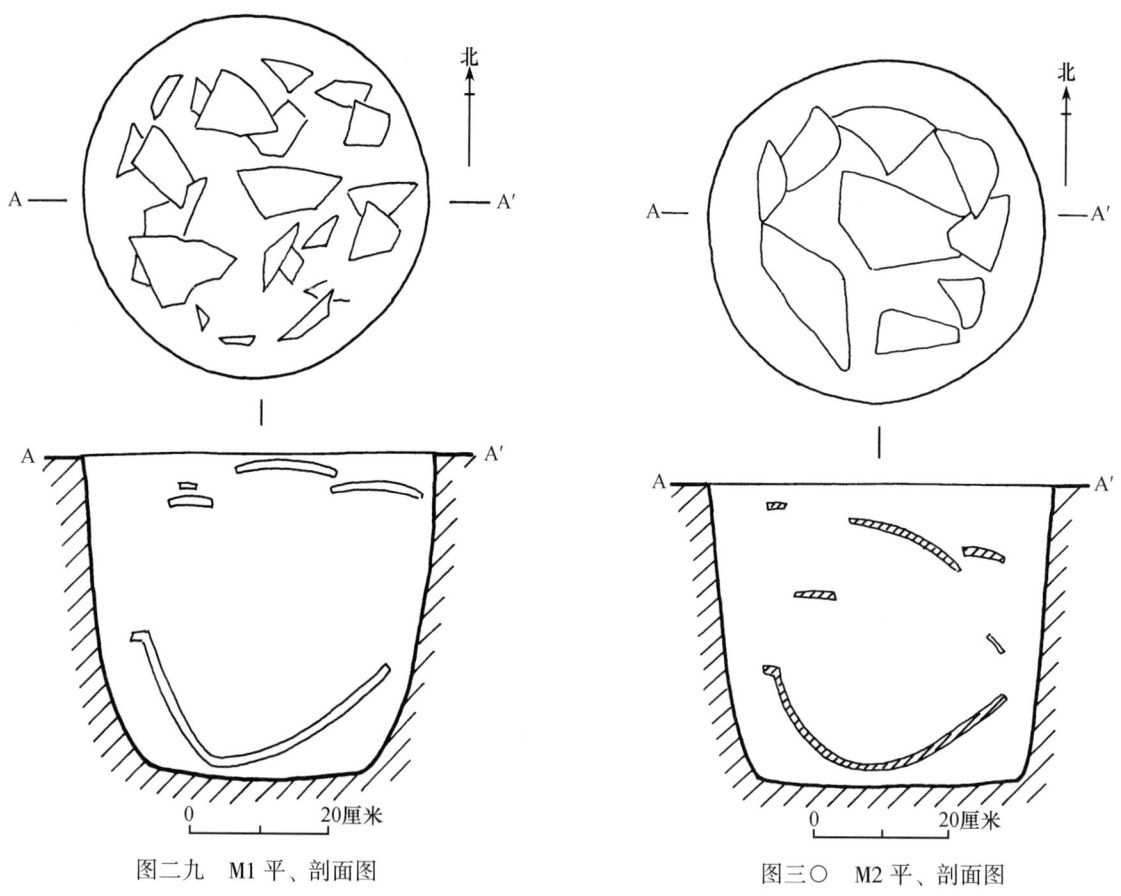

图二九　M1 平、剖面图　　　　　图三〇　M2 平、剖面图

M3　位于 T13 内。叠压于第 1 层下，打破第 4 层、生土层。坑口平面呈圆形，坑壁略外敞，平底。坑口直径 0.9、深 0.7 米。填土呈灰黑色，土质疏松。葬具为陶罐 1 件，1 件草帽状

陶盖扣于罐上部作为封口。罐内发现少量儿童尸骨（图三一）。

M4 位于 T12 内。叠压于第 1 层下，打破第 4 层、生土层及 G1。坑口平面呈圆形，坑壁略外敞，坑底一侧不规整。坑口直径 0.44、深 0.54 米。填土呈灰黑色，土质疏松。葬具为陶罐 1 件，1 件草帽状陶盖扣于罐上部作为封口。罐内未发现尸骨（图三二）。

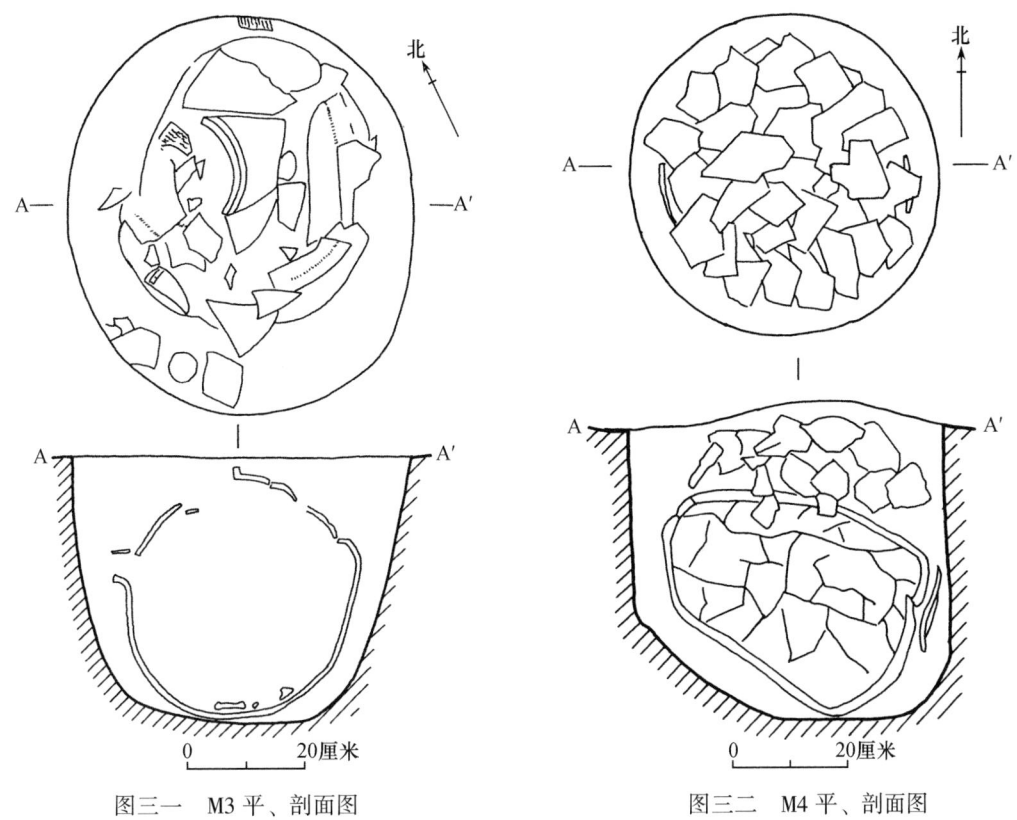

图三一　M3 平、剖面图　　　　　图三二　M4 平、剖面图

M5 位于 T12 内。叠压于第 1 层下，打破第 4 层、生土层及 G1。坑口平面呈圆形，坑壁竖直，平底。坑口直径 0.66、深 0.6 米。填土呈灰黑色，土质疏松。葬具为陶罐 1 件，封口器物 2 件，中间 1 件为草帽状陶盖，上部 1 件为陶甑反扣于草帽状陶盖上。罐内未发现尸骨（图三三）。

M6 位于 T12 内。叠压于第 1 层下，打破第 4 层及生土层。坑口平面呈圆形，坑壁竖直，平底。坑口直径 0.8、深 0.66 米。填土呈灰黑色，土质疏松。葬具为陶罐 1 件，1 件绳纹板瓦扣于罐上部作为封口。罐内未发现尸骨（图三四）。

M7 位于 T11 及 T12 内。叠压于第 1 层下，打破第 4 层、生土层及 H1。坑口平面呈圆形，坑壁上部竖直，下部向内折收，平底。坑口直径 0.8、深 0.64 米。填土呈灰黑色，土质疏松。葬具为陶罐 1 件，1 件草帽状陶盖扣于罐上部作为封口。罐内未发现尸骨（图三五）。

M9 位于 T11 内。叠压于第 1 层下，打破第 4 层、生土层。坑口平面呈圆形，坑壁竖直，平底。坑口直径 0.7、深 0.65 米。填土呈灰黑色，土质疏松。葬具为陶罐 1 件，1 件草帽状陶盖扣于罐上部作为封口。罐内未发现尸骨（图三六）。

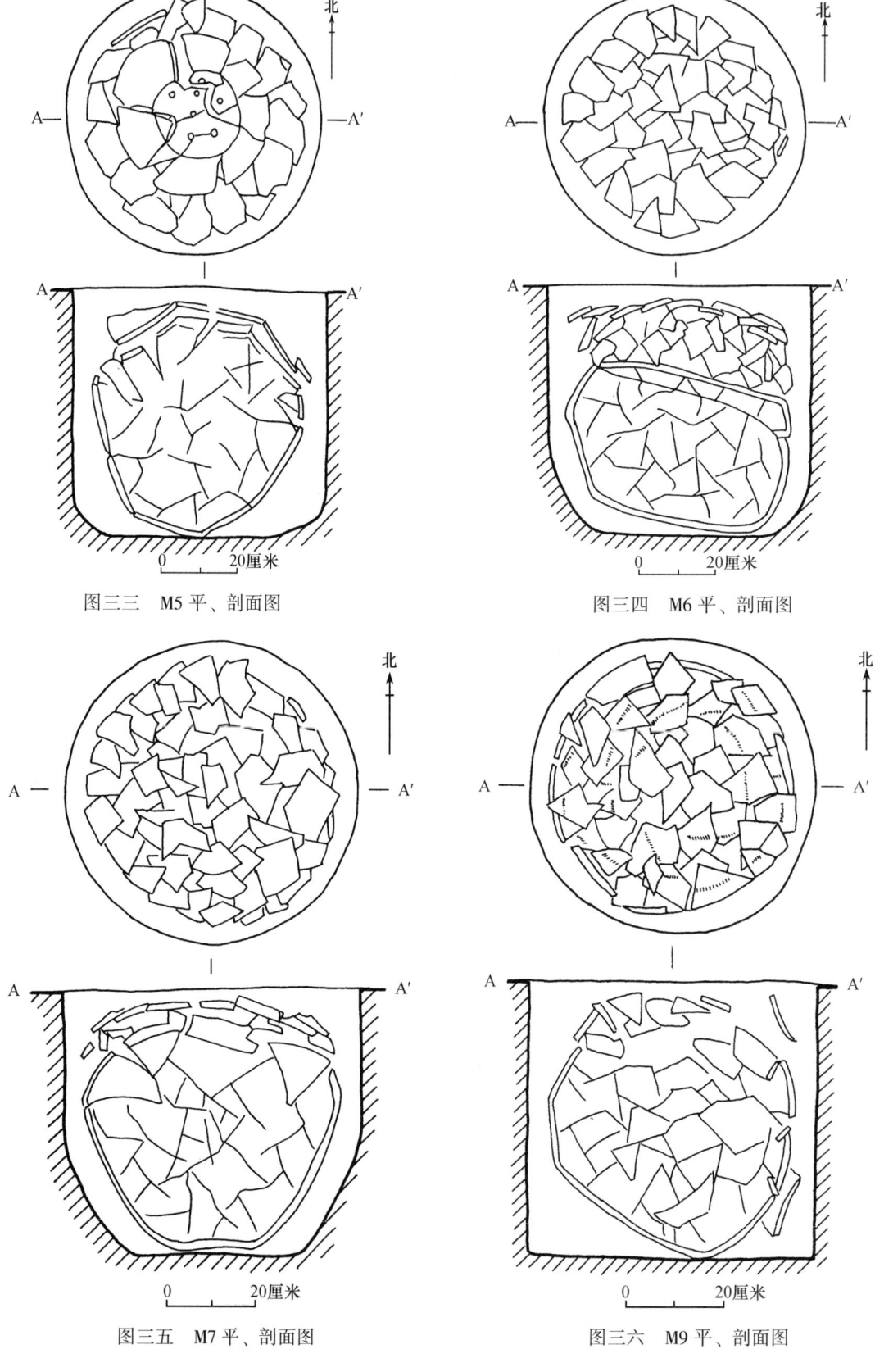

图三三　M5 平、剖面图

图三四　M6 平、剖面图

图三五　M7 平、剖面图

图三六　M9 平、剖面图

M10　位于 T11 内。叠压于第 1 层下，打破第 4 层、生土层及 H5。坑口平面呈圆形，坑壁竖直，平底。坑口直径 0.72、深 0.7 米。填土呈灰黑色，土质疏松。葬具为陶罐 1 件。罐内未发现尸骨（图三七）。

M14　位于 T17 内。叠压于第 3 层下，打破生土层，被 H22 打破。坑口平面呈圆形，坑壁竖直，锅形底。坑口直径 0.91、深 0.8 米。填土呈灰褐色，土质疏松。葬具为陶罐 1 件，口向侧壁放置，2 件封口器物，其中间 1 件为圆饼形盖，上部 1 件为草帽状陶盖。罐内发现少量儿童尸骨（图三八）。

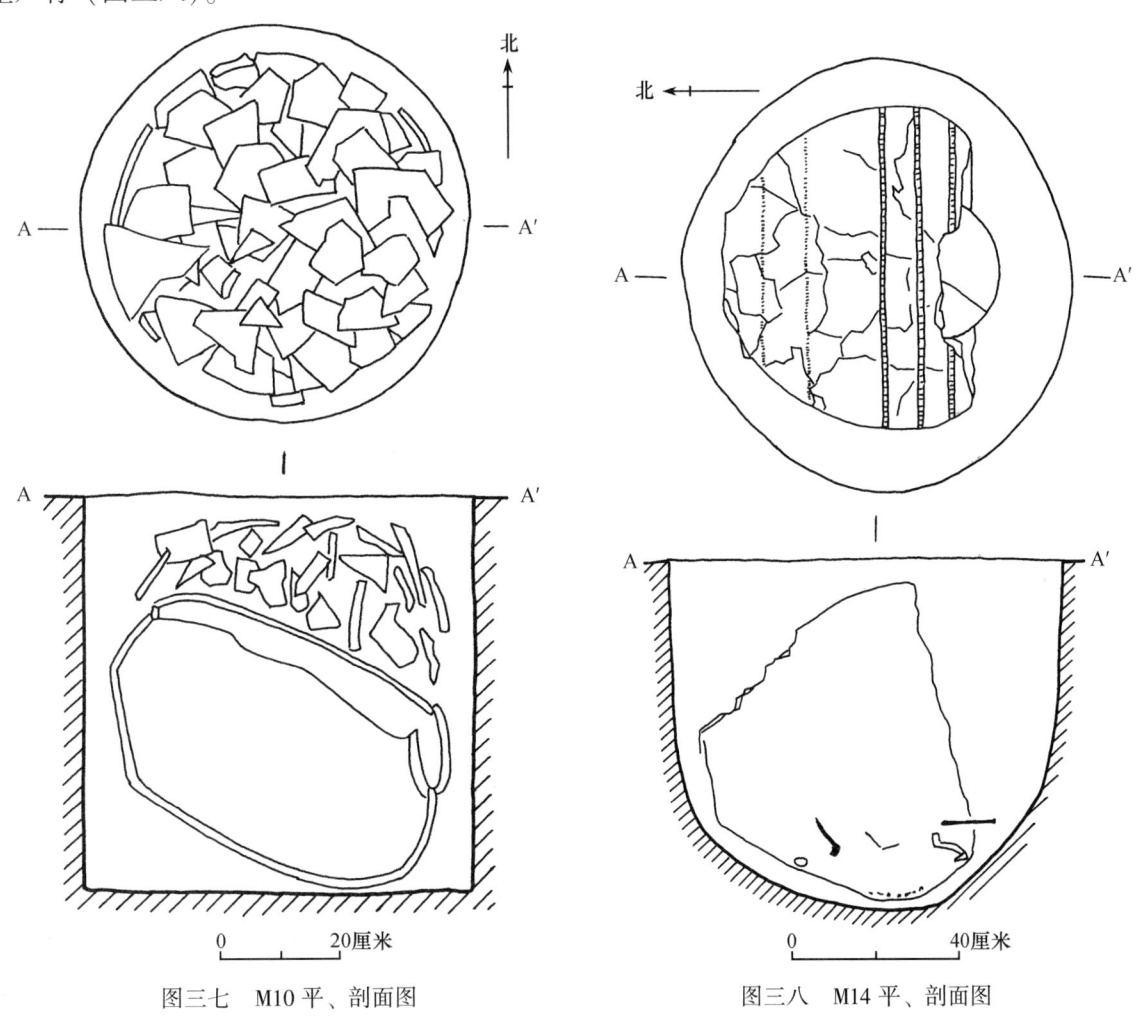

图三七　M10 平、剖面图　　　　图三八　M14 平、剖面图

M15　位于 T7 及 T3 北隔梁处。叠压于第 2 层下，打破第 4 层及生土层。坑口平面呈圆形，坑壁略向外敞，平底。坑口直径 0.7、深 0.55 米。填土呈灰褐色，土质疏松。葬具为陶罐 1 件。罐内发现少量儿童尸骨（图三九）。

M16　位于 T28 内。叠压于第 2 层下，打破第 3 层及生土层。坑口平面呈圆形，坑壁向外敞，平底。坑口直径 0.52、深 0.38 米。填土呈灰黑色，土质疏松。葬具为灰陶绳纹双耳罐 1 件，倒扣于坑内。罐内未发现尸骨（图四〇）。

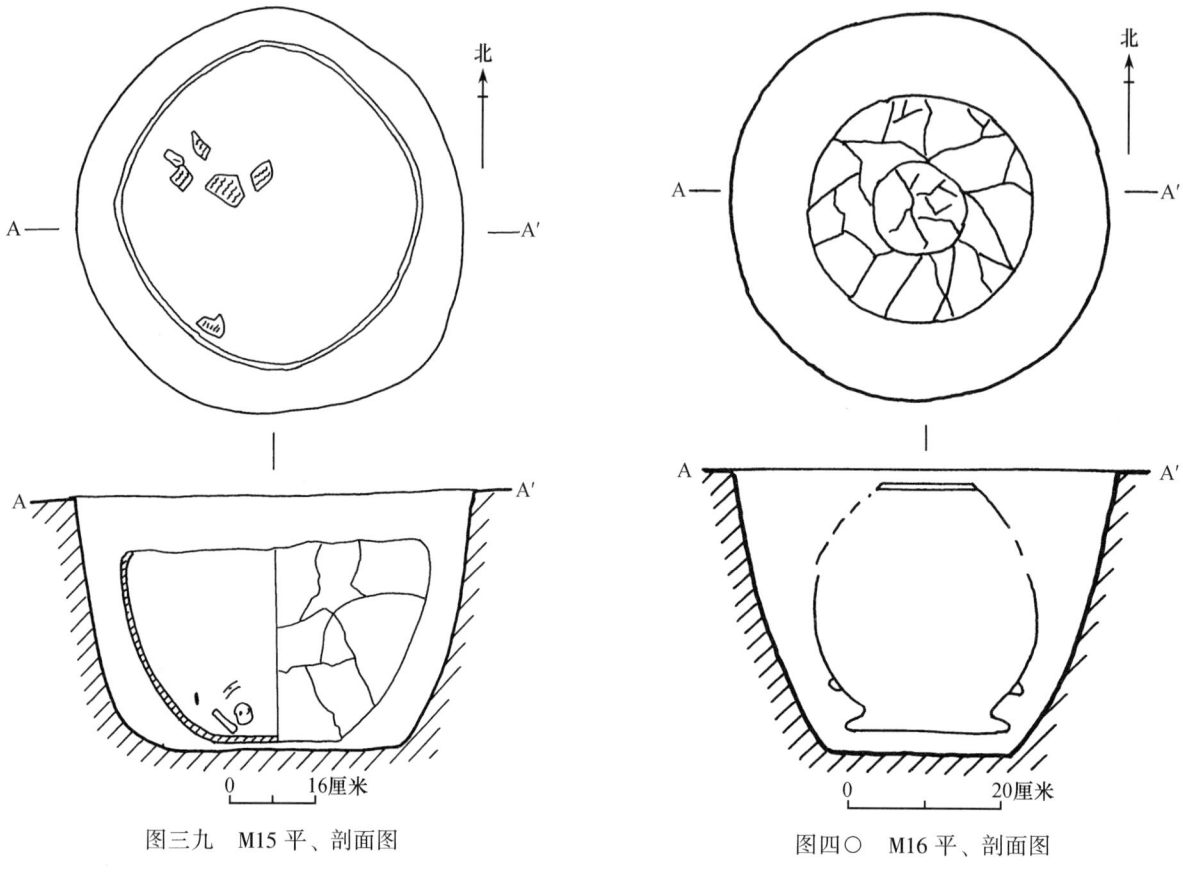

图三九　M15 平、剖面图

图四〇　M16 平、剖面图

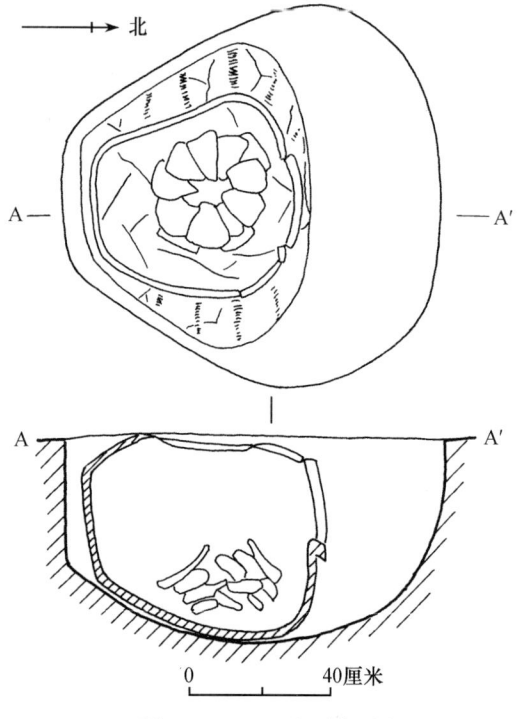

图四一　M18 平、剖面图

M18　位于 T7 内。叠压于第 2 层下，打破第 4 层及生土层。坑口平面呈不规则圆形，一侧坑壁竖直，一侧内弧，锅状底。坑口直径 1.04、深 0.6 米。填土呈灰黑色，土质疏松。葬具为陶罐 1 件，1 件草帽状陶盖扣于罐上部作为封口。罐内发现少量儿童尸骨（图四一）。

M20　位于 T45 内。叠压于第 2 层下，打破第 4 层及生土层。坑口平面呈不规则椭圆形，坑呈锅状。坑口长 0.97、宽 0.75、深 0.48 米。填土呈灰黑色，土质疏松。葬具为陶盆 2 件上下合扣，上部 1 件作为封口。盆内未发现尸骨（图四二）。

M22　位于 T48 内。叠压于第 1 层下，打破第 4 层及生土层。坑口平面呈圆形，坑壁外敞，锅状底。坑口直径 1.1、深 0.9 米。填土呈浅黄褐色，土质疏松。葬具为陶罐 1 件，口向侧壁放置，1 件陶盆扣于罐上部作为封口。罐内发现五铢铜钱 1 枚。罐内发现少量儿童尸骨（图四三）。

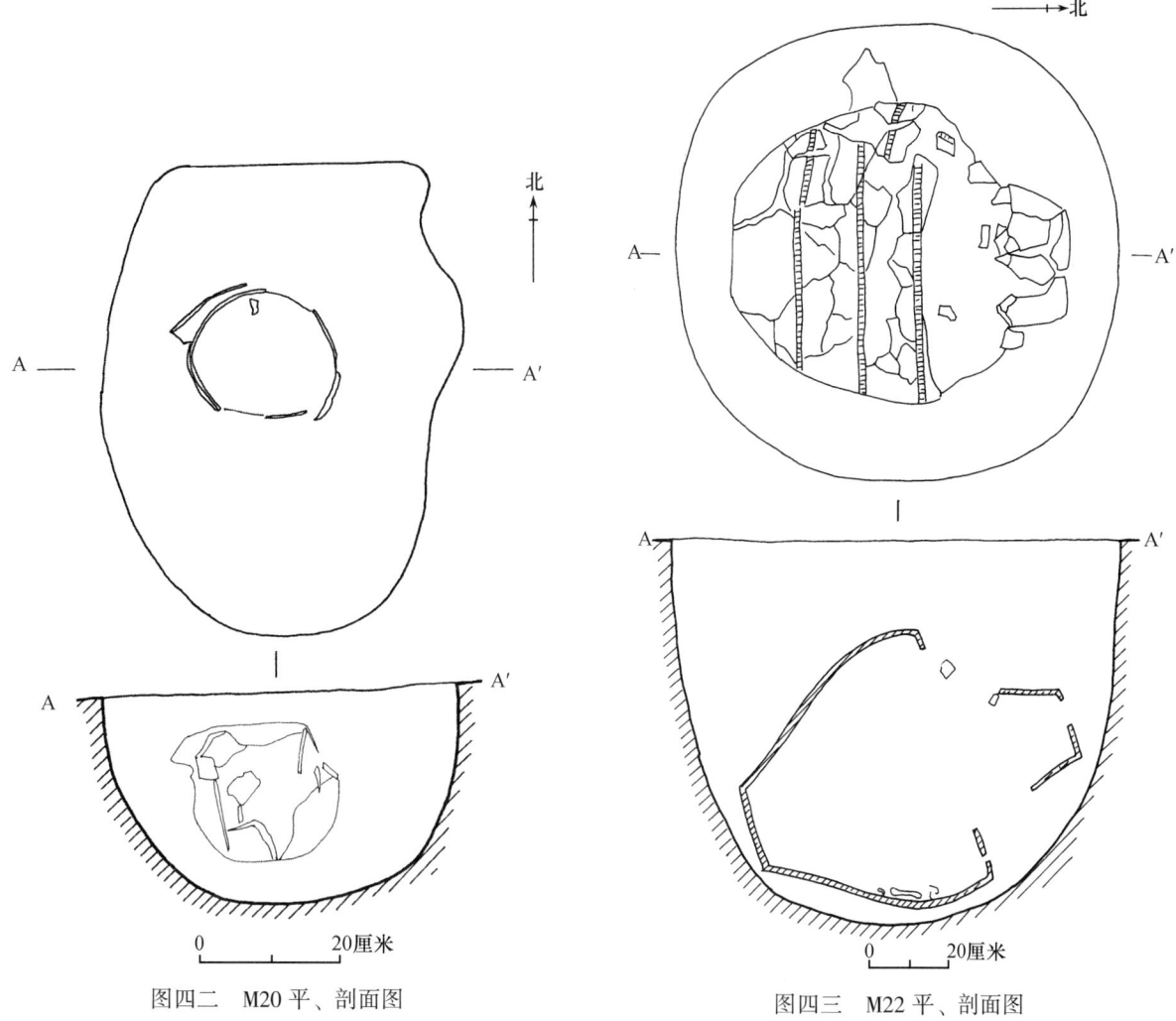

图四二 M20 平、剖面图

图四三 M22 平、剖面图

（2）瓦棺葬

瓦棺葬共 7 座，编号分别为 M8、M11、M13、M17、M19、M21、M23，与瓮棺葬交错分布于发掘区的东南侧。瓦棺葬土坑平面均为长方形，坑口长一般为 0.7~0.9、宽 0.5~0.7 米。葬具分板瓦和筒瓦两种，大多为筒瓦上下扣合，部分为板瓦及筒瓦相互扣合。从葬具内出土人骨遗骸分析，这些瓦棺葬均为婴儿墓葬，大部分仅存残骨，均无随葬品。

M8　位于 T11 内。叠压于第 1 层下，打破第 4 层及生土层。坑口平面呈长方形，坑壁竖直，平底。坑长 0.8、宽 0.7、深 0.3 米。填土呈灰黑色，土质疏松。葬具为陶绳纹板瓦 3 件，其中下部为 1 块完整板瓦，上部顺叠 2 块板瓦，上下相互扣合。瓦内未发现尸骨（图四四）。

M11　位于 T10 内。叠压于第 1 层下，打破第 4 层及生土层。坑口平面呈长方形，坑壁竖直，平底。坑长 0.82、宽 0.51、深 0.2 米。填土呈灰黑色，土质疏松。葬具为陶绳纹筒瓦 2 件，上下相互扣合。瓦内发现少量婴儿尸骨（图四五）。

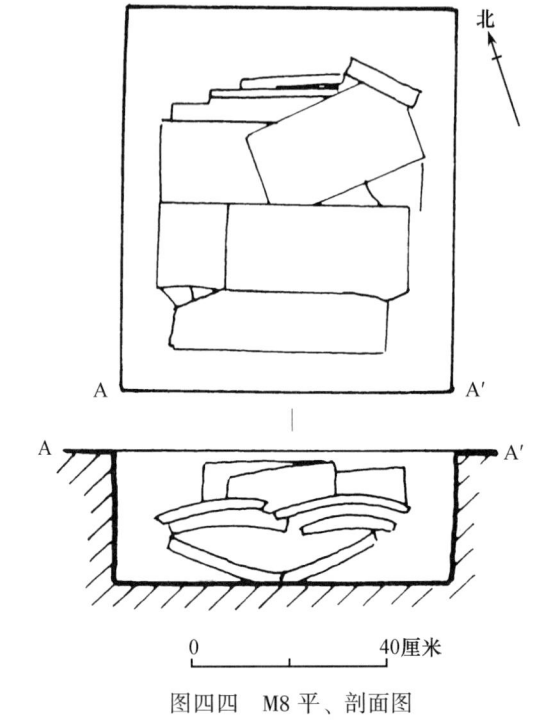

图四四　M8 平、剖面图

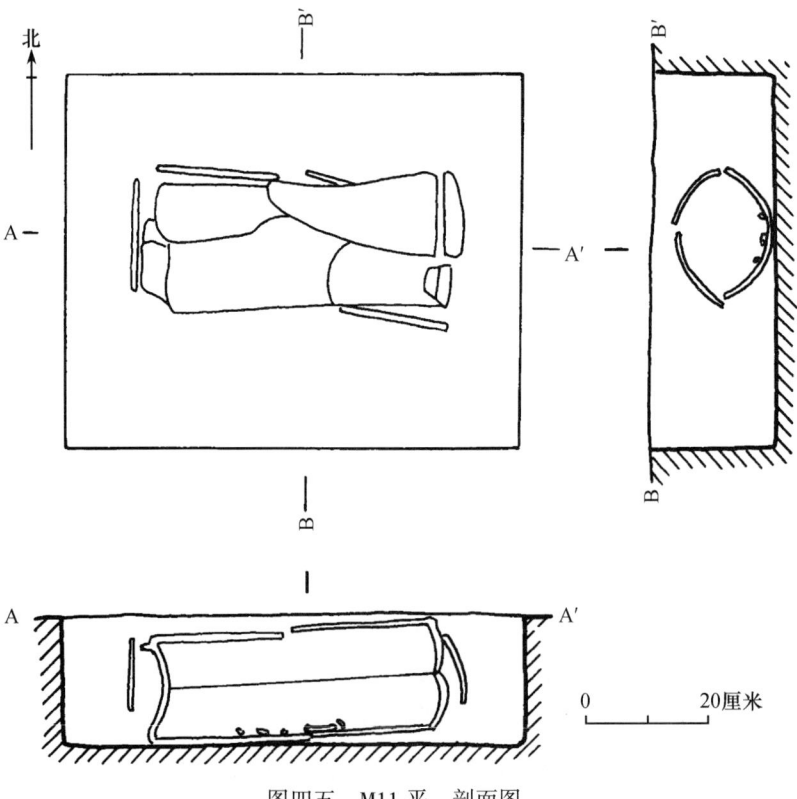

图四五　M11 平、剖面图

M13　位于T8内。叠压于第2层下，打破第4层。坑口平面呈长方形，坑壁竖直，平底。坑长0.85、宽0.72、深0.76米。填土呈灰黑色，土质疏松。葬具为陶绳纹筒瓦2件，上下相互扣合，倾斜放置。瓦内发现少量婴儿尸骨（图四六）。

M17　位于T6内。叠压于第2层下，打破第3层。坑口平面呈长方形，坑壁竖直。坑长0.8、宽0.7、深0.42米。填土呈灰黑色，土质疏松。葬具为陶绳纹筒瓦2件，上下相互扣合，倾斜放置，其中下部筒瓦保存较好，上部筒瓦仅存少量残片。瓦内未发现尸骨（图四七）。

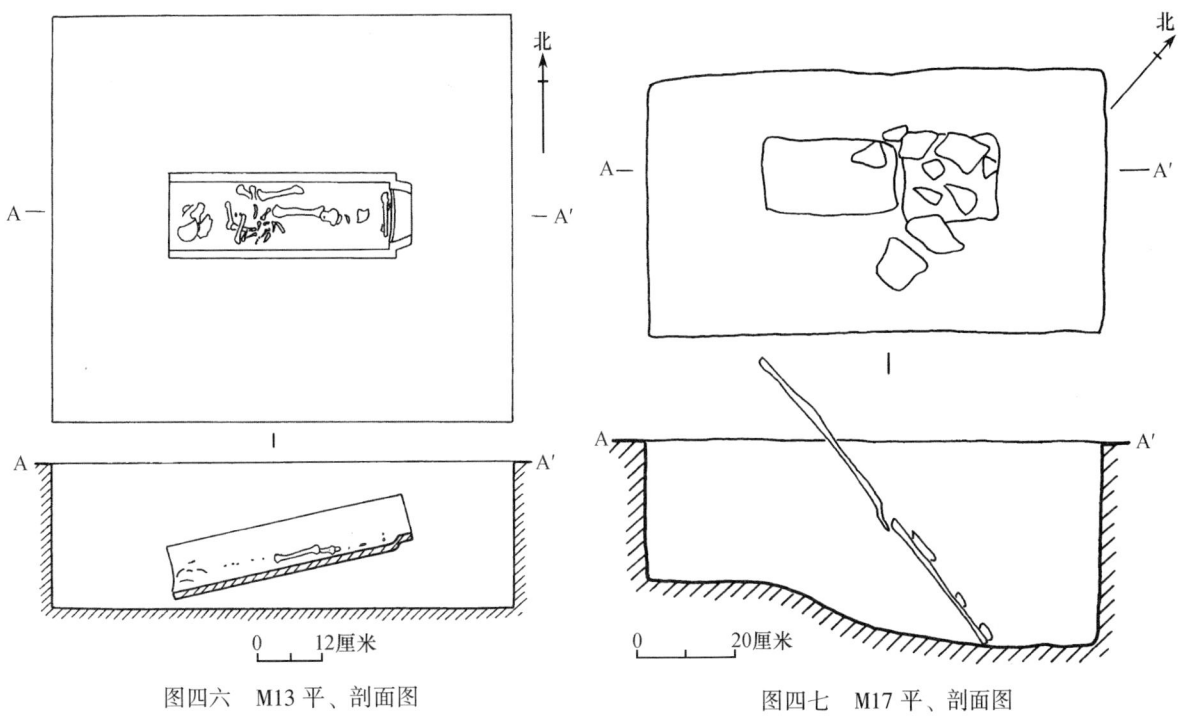

图四六　M13 平、剖面图　　　　图四七　M17 平、剖面图

M19　位于T7北隔梁。叠压于第2层下，打破第4层及生土层。坑口平面呈长方形，坑壁竖直，平底。坑长1.29、宽0.78、深0.44米。填土呈灰黑色，土质疏松。葬具为陶绳纹筒瓦2件，上下相互扣合，2件筒瓦北侧均残损。瓦内未发现尸骨（图四八）。

M21　位于T41内。叠压于第1层下，打破第4层。坑口平面呈长方形，坑壁竖直，平底。坑长0.73、宽0.49、深0.3米。填土呈灰黑色，土质疏松。葬具为陶绳纹筒瓦2件，上下相互扣合。瓦内未发现尸骨（图四九）。

M23　位于T13与T14内。叠压于第1层下，打破第4层。坑口平面呈长方形，坑壁竖直，平底。坑长0.5、宽0.4、深0.2米。填土呈灰黑色，土质疏松。葬具为陶绳纹筒瓦及板瓦各1件，上下相互扣合，其中下部为板瓦，上部为筒瓦，瓦内发现少量婴儿尸骨（图五〇）。

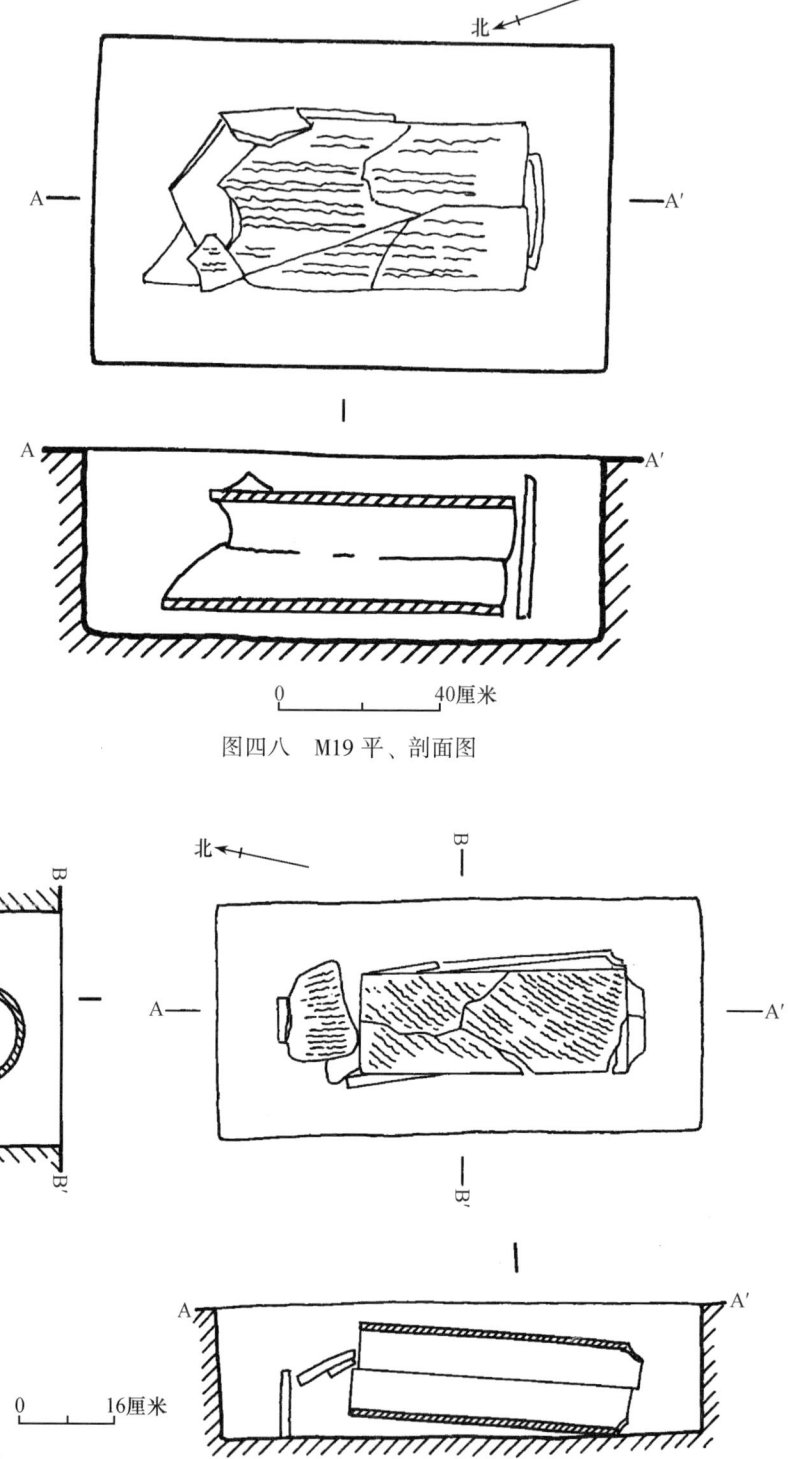

图四八 M19 平、剖面图

图四九 M21 平、剖面图

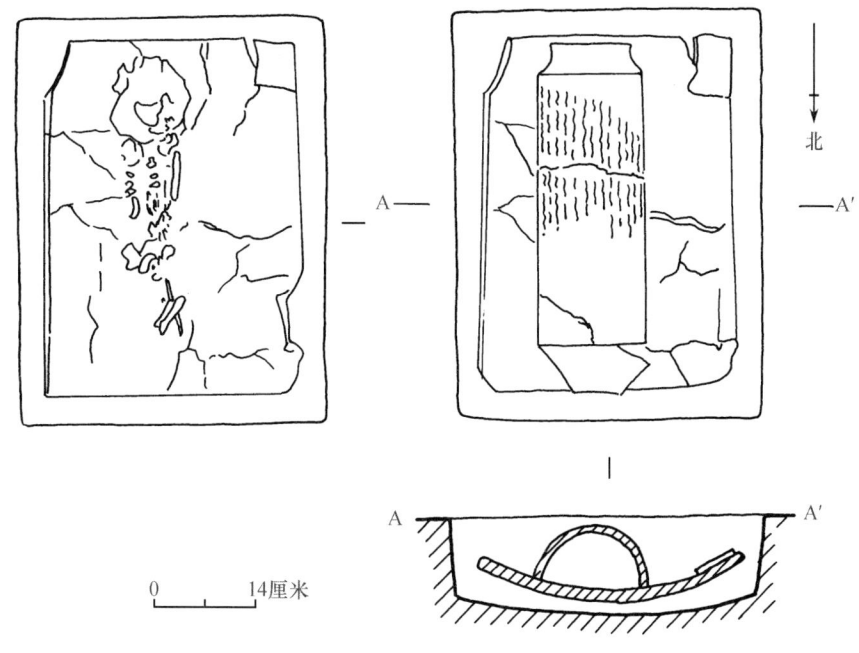

图五〇 M23 平、剖面图

（3）出土器物

瓮棺葬及瓦棺葬出土器物较为单一，除 M22 随葬 1 枚五铢铜钱外，其余均仅为葬具，葬具均为泥质灰陶。瓮棺葬葬具组合一般为绳纹或弦纹陶罐、草帽状陶盖或板瓦，部分为陶盆或绳纹双耳陶罐。陶罐大部分形体较大。瓦棺葬可分三种形制，大部分为筒瓦扣于板瓦之上，少量为筒瓦与筒瓦相扣或板瓦与板瓦相扣。分别介绍出土器物如下。

罐　修复 7 件。均为泥质灰陶。根据形制的不同，可分五型。

A 型　2 件。直口，平沿或卷沿，平鼓肩，腹部斜收，平底。M3∶1，形体较大。肩部及上腹部饰三周带状绳纹，下腹部饰错乱绳纹。口径 33.8、底径 22.5、高 52.5 厘米（图五一，1）。M4∶2，形体较大。肩部及上腹部饰两周带状绳纹，下腹部饰错乱绳纹。口径 27.5、底径 20、高 36.5 厘米（图五一，6；图版三七，4）。

B 型　1 件。短卷沿，折肩，弧腹内收，平底。M15∶1，肩部及上腹部饰弦纹相间绳纹，下腹部饰错乱绳纹。口径 20、底径 18、高 28.8 厘米（图五一，5；图版三七，3）。

C 型　2 件。口内敛，平沿，圆鼓肩，鼓腹，平底。M14∶2，形体较大。肩部及上腹部饰三周带状绳纹。口径 28.8、底径 25、高 65 厘米（图五一，2）。M22∶1，形体较大。肩部及上腹部饰三周细方格条带纹。口径 30、底径 30、高 53.8 厘米（图五一，4）。

D 型　1 件。短卷沿，鼓折肩，腹内收，平底。M9∶2，肩部及下腹部饰两周绳纹带。口径 25、底径 23、高 38 厘米（图五一，3）。

E 型　1 件。绳纹双耳罐。M16∶1，卷沿，束颈，鼓肩，鼓腹，平底。肩部饰两耳，下腹饰错乱绳纹。口径 11、底径 9.8、高 20 厘米（图五二，3；图版三六，3）。

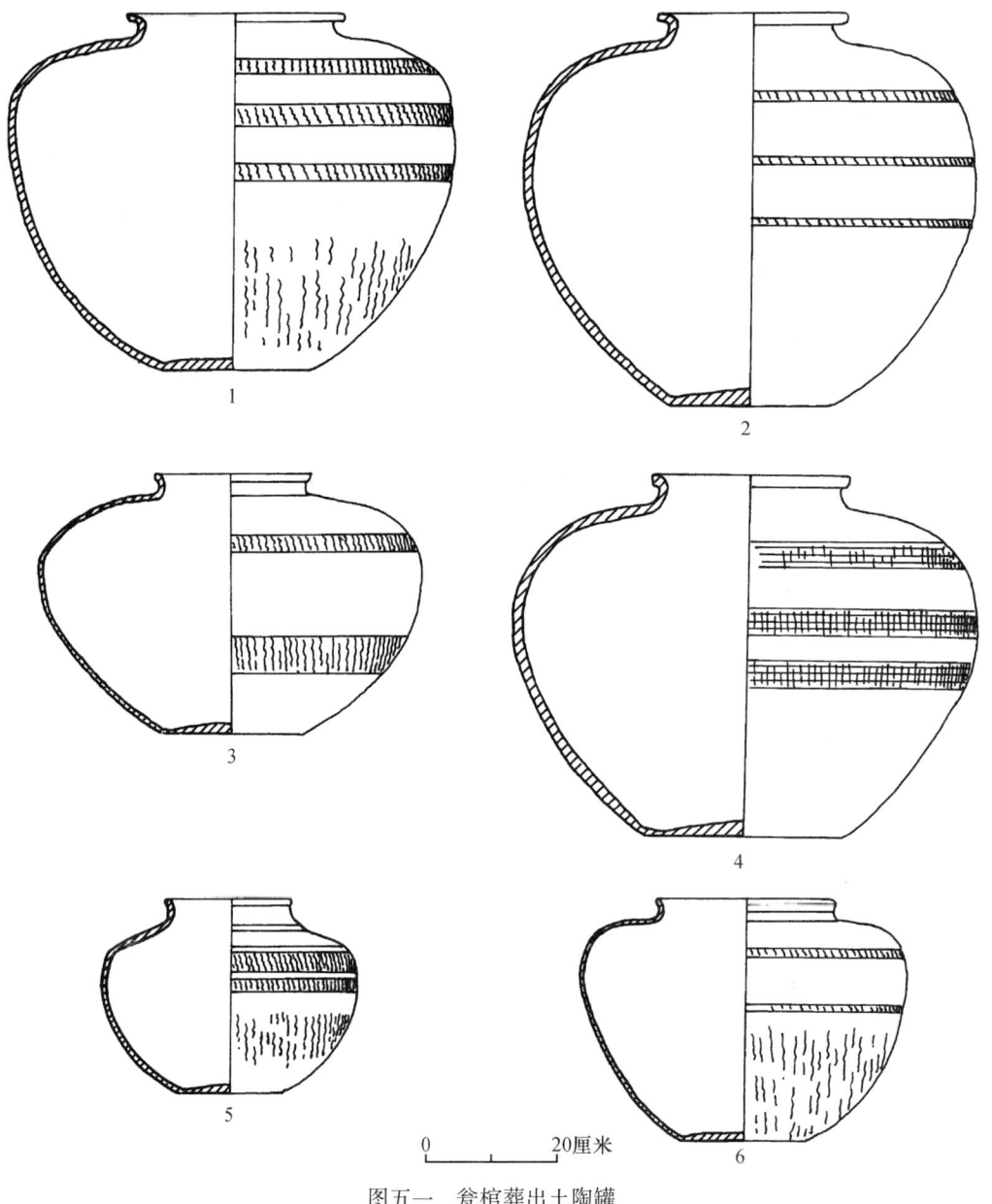

图五一　瓮棺葬出土陶罐

1、6. A型（M3∶1、M4∶2）　2、4. C型（M14∶2、M22∶1）　3. D型（M9∶2）　5. B型（M15∶1）

盆　3件。均为泥质灰陶。根据口沿的不同，可分二型。

A型　1件。M22∶2，短平沿，深腹，平底。中腹部饰绳纹。口径40、底径20、高25厘米（图五二，1）。

B型　2件。形制相同，卷沿，浅腹，平底。上腹部有两周凸弦纹，腹部饰两周绳纹。M20∶1、M20∶2，口径34、底径14.5、高15厘米（图五二，2；图版三七，1、2）。

草帽状盖　3件。泥质灰陶。形制相同，仅大小有别。草帽状，顶部有一圆孔。饰绳纹。M18∶1，直径40、高9厘米（图五二，4）。

筒瓦 5件。均为泥质灰陶。根据形体大小的不同，可分二型。

A型 3件。形体较大，横断面呈半圆形，榫头较长，平直，瓦身与榫头有接痕，圆舌。外切，模制，轮修。外饰绳纹。M11：2，长46.5、宽18.5厘米（图五二，5）。

B型 2件。形体较小，横断面呈半圆形，榫头较短，弯曲，瓦身与榫头有接痕，圆舌。外切，模制，轮修。外饰绳纹。M17：1，长44.5、宽13厘米（图五二，6）。

板瓦 2件。均为泥质灰陶。根据形体大小，可分二型。

A型 1件。形体较大，横断面呈弧形。内切，模制，轮修。外饰绳纹。M8：3，长61.3、宽39厘米（图五二，7）。

B型 1件。形体较小，横断面呈弧形。内切，模制，轮修。外饰绳纹。M8：1，长50、宽30厘米（图五二，8）。

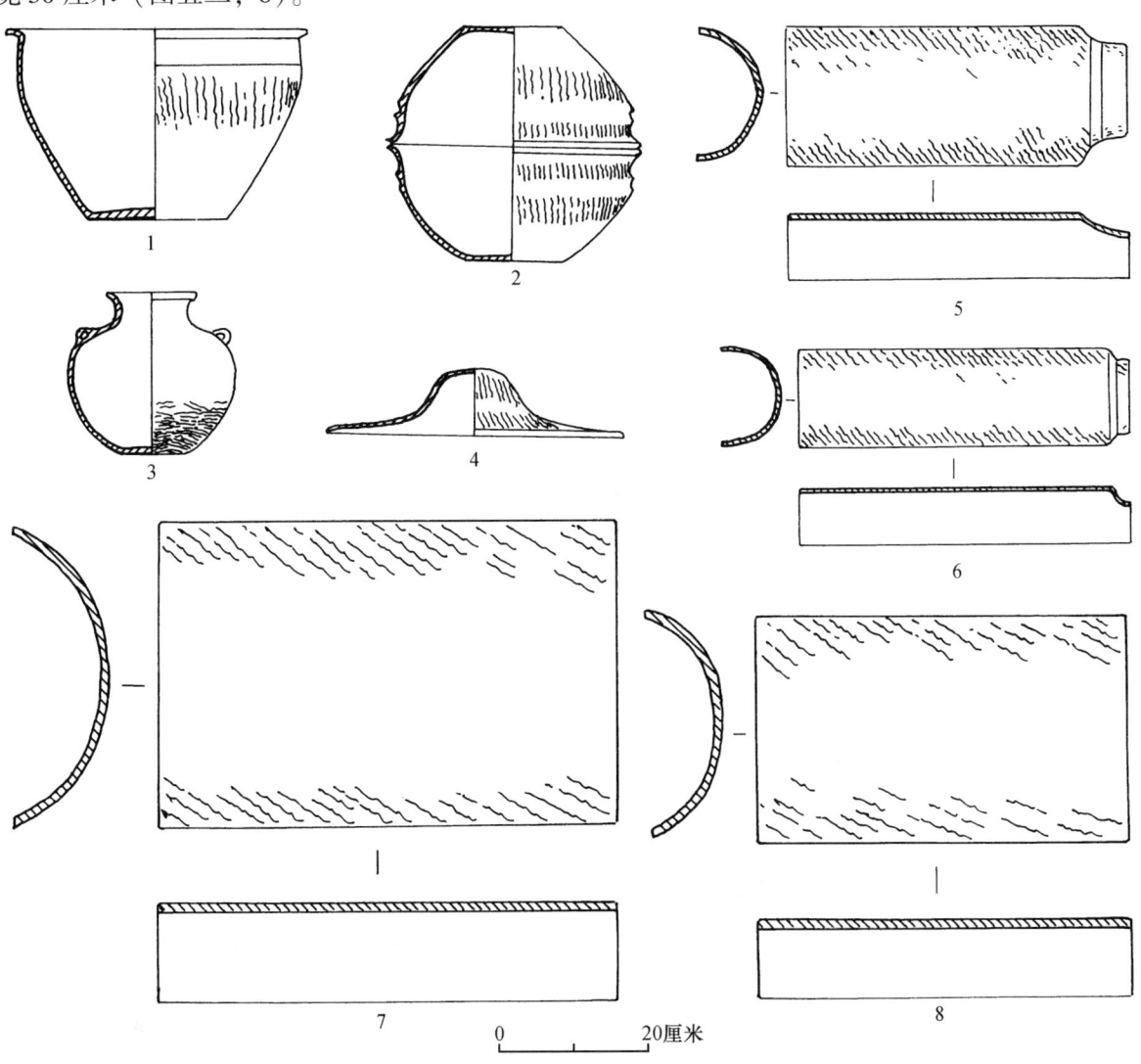

图五二 瓮棺葬、瓦棺葬出土陶器

1. A型盆（M22：2） 2. B型盆（M20：1、M20：2） 3. E型罐（M16：1） 4. 草帽状盖（M18：1）
5. A型筒瓦（M11：2） 6. B型筒瓦（M17：1） 7. A型板瓦（M8：3） 8. B型板瓦（M8：1）

2. 灰坑

H11 位于 T18 内。开口于第 2 层下，打破第 3 层及生土层。坑口形状呈长方形，长 0.88、宽 0.75 米。填土呈灰黑色，土质疏松。出土遗物有铜钱、筒瓦、板瓦、陶盆等，陶质有泥质红陶和泥质灰陶（图五三）。

H12 叠压于 T10 北隔梁下。开口于第 1 层下，打破第 4 层及 H6。坑口近圆形，直径约 1.8 米。填土呈灰黑色。无出土器物。

H18 叠压于 T20 东隔梁下。开口于第 4 层下，打破 Y1。坑口为长圆形，长 1.48、宽 0.82 米。填土呈灰黑色，土质疏松。出土遗物均为陶器，器形有鬲足、盆等（图五四）。

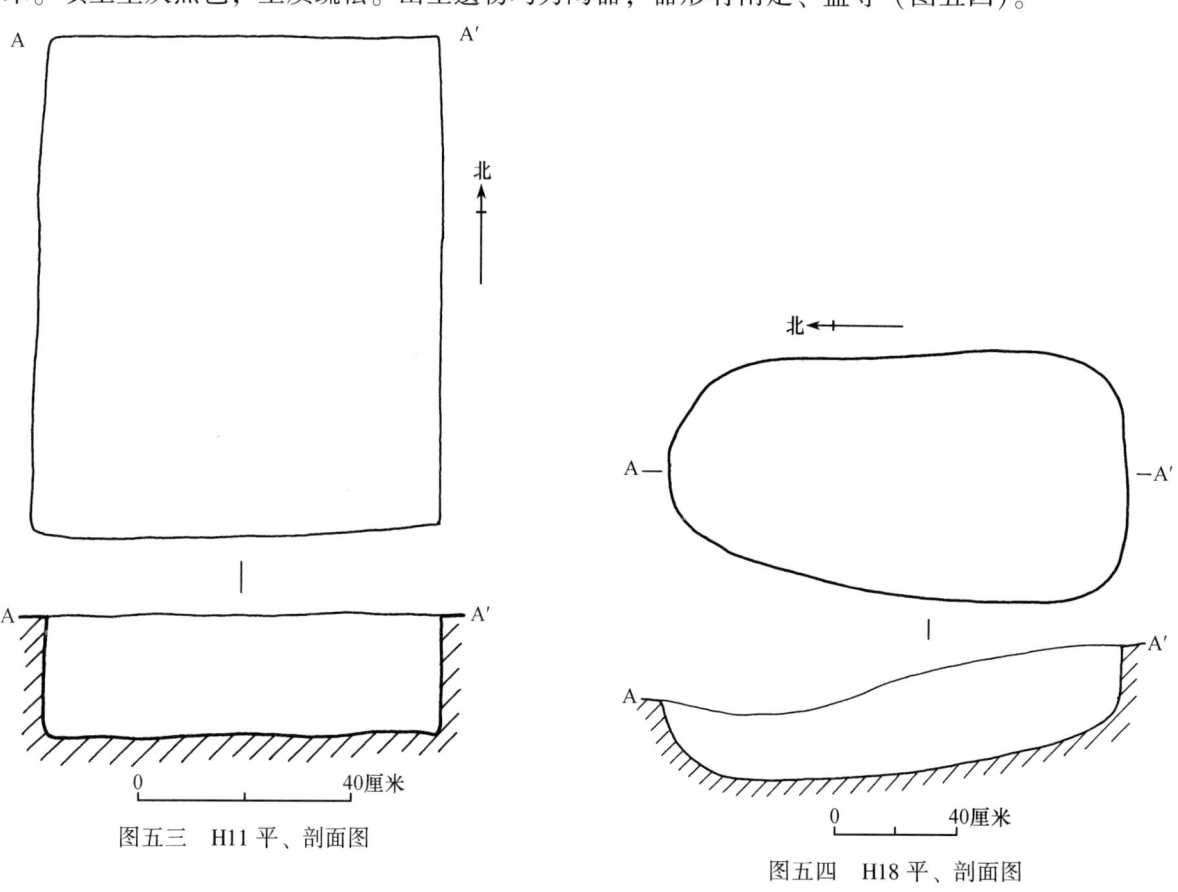

图五三　H11 平、剖面图

图五四　H18 平、剖面图

H19 位于 T7、T8 内。开口于第 4 层下，打破生土层，被 H45 打破。坑口形状不规则，长 3.92、宽 1.76 米。填土呈灰黑色，土质疏松。出土器物有石器、陶器等，陶器器形有罐、钵、豆、瓮等（图五五）。

H20 位于 T8 东北角。开口于第 2 层下，打破第 3 层及生土层。坑口形状为圆角长方形，长 2.6、宽 1.54 米。填土呈灰黑色，土质疏松。出土器物有铜钱、陶罐、陶盆、陶豆、陶甑、陶缸、陶钵等（图五六）。

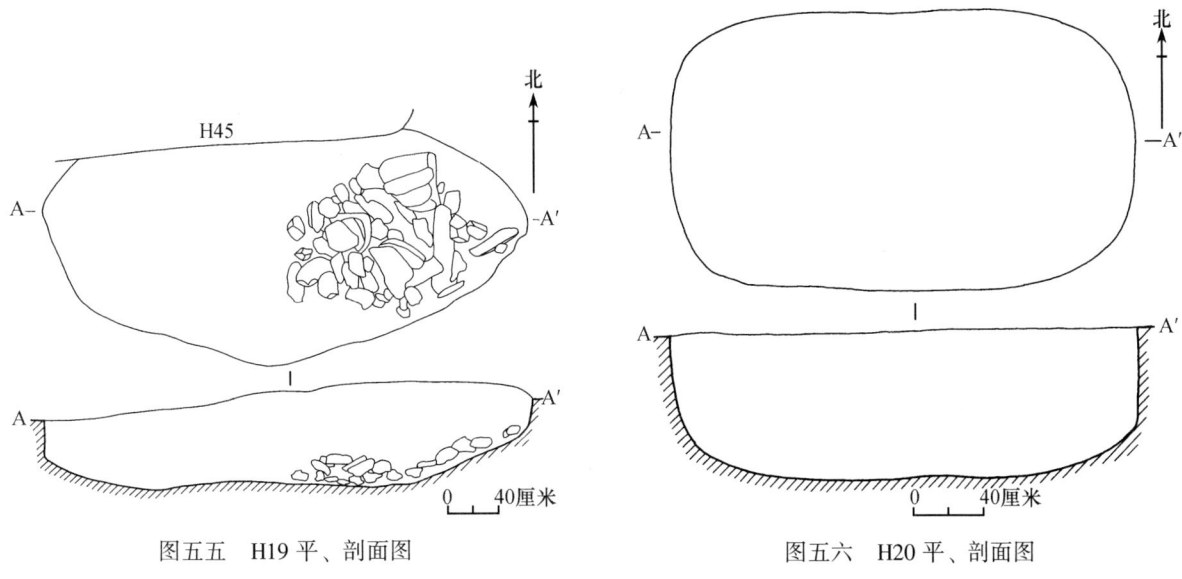

图五五 H19 平、剖面图　　　　　图五六 H20 平、剖面图

H22　分布于 T17 及其东隔梁下。开口于第 2 层下，打破第 3 层、生土层及 M14。坑口形状不规则，长 3.36、宽 2.2 米。填土呈灰黑色。出土器物均为陶器，器形有瓮、豆、鼎、盆、缸、板瓦、拍等（图五七）。

H23　位于 T28 内。开口于第 3 层下，打破生土层。坑口形状不规则，最长 2.34、最宽 1.24 米。填土呈灰黑色。出土器物均为陶器，器形有盆、瓮、筒瓦等（图五八）。

H24　位于 T16 内。开口于第 2 层下，打破第 3 层及生土层。坑口接近椭圆形，长径 1.71、短径 0.92 米。填土呈灰黑色，土质疏松。出土器物为陶器，器形有罐、盆、瓦等（图五九）。

H25　位于 T16 内。开口于第 3 层下，打破生土层。坑口呈长圆形，长径 2.09、短径 1.27 米。填土呈灰黑色，土质疏松。出土器物均为陶器，器形有豆、鬲、瓮、罐、板瓦等（图六〇）。

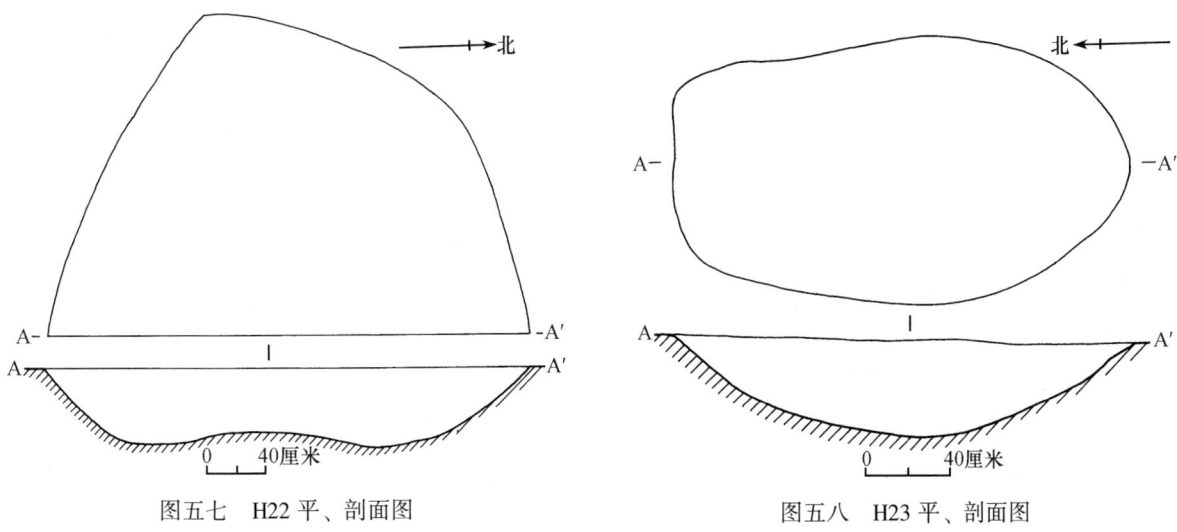

图五七 H22 平、剖面图　　　　　图五八 H23 平、剖面图

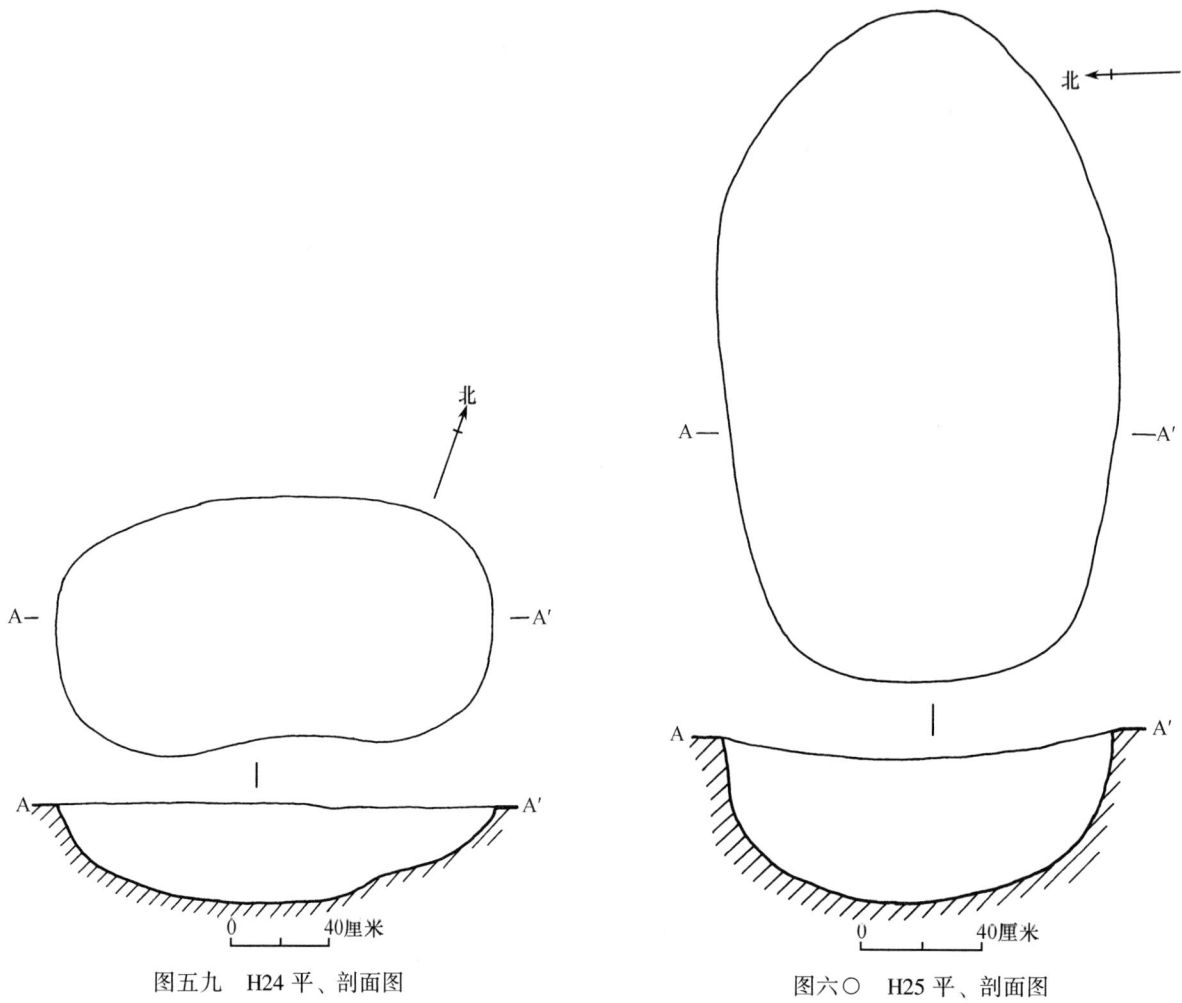

图五九　H24 平、剖面图　　　　　图六〇　H25 平、剖面图

H26　位于 T28 内。开口于第 3 层下，打破生土层。灰坑形状不规则，最长 2.56、最宽 1.26 米。填土呈灰黑色，土质疏松。出土物均为陶器，器形有筒瓦、板瓦、瓦当、盆等（图六一）。

H27　位于 T27、T28 内。开口于第 2 层下，打破第 3 层及生土层。灰坑形状为长圆形，长 2.6、宽 1.98 米。填土呈灰黑色，夹杂红烧土及炭屑。出土器物均为陶器，陶质有泥质红陶、泥质灰陶两种，器形有豆、钵、鬲、罐、筒瓦、板瓦等（图六二）。

H28　位于 T15、T16 内。开口于第 2 层下，打破第 3 层及生土层，被 H37 打破。灰坑形状不规则，长径 2.5 米。填土呈灰黑色，含红烧土颗粒及大量的草木灰。出土物均为陶器，器形有双系罐、高领罐、筒瓦等（图六三）。

H30　位于 T3 内。开口于第 2 层下，打破第 3 层及生土层。坑口近圆形，直径 3.7 米。填土呈灰黑色，夹杂木炭、红烧土等。无出土器物。

H38　位于 T16 及 T26 内。开口于第 2 层下，打破第 3 层及生土层。灰坑形状为长椭圆形，长径 2.06、短径 1.16 米。填土呈灰黑色。出土器物均为陶器，器形有筒瓦、板瓦、鼎等（图六四）。

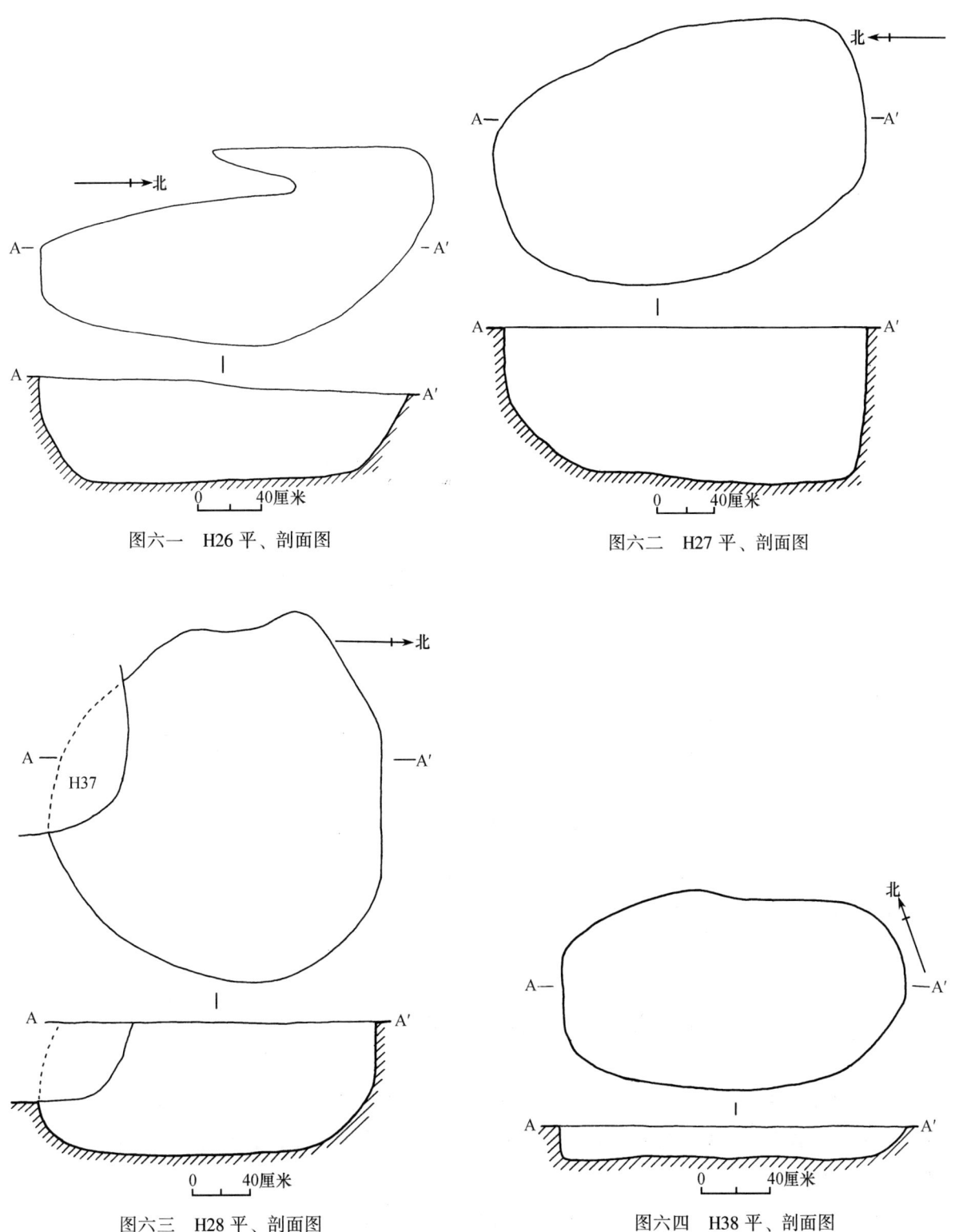

图六一　H26 平、剖面图

图六二　H27 平、剖面图

图六三　H28 平、剖面图

图六四　H38 平、剖面图

H39　位于 T26 内。开口于第 2 层下，打破第 3 层及生土层。坑口形状接近椭圆形，长径 1.2、短径 0.68 米。填土呈灰黑色。出土器物均为陶器，器形有筒瓦、板瓦、盆等（图六五）。

H40　位于 T34 内。开口于第 2 层下，打破第 3 层及生土层。灰坑形状不规则，长 2.6、最宽 0.8 米。填土呈灰黑色。无出土器物。

H42　位于 T26 内。开口于第 3 层下，打破生土层。灰坑形状为圆角方形，长 0.92、宽 0.72 米。填土呈灰黑色，夹杂少量草木灰。出土器物均为陶器，器形有盆、罐、板瓦等（图六六）。

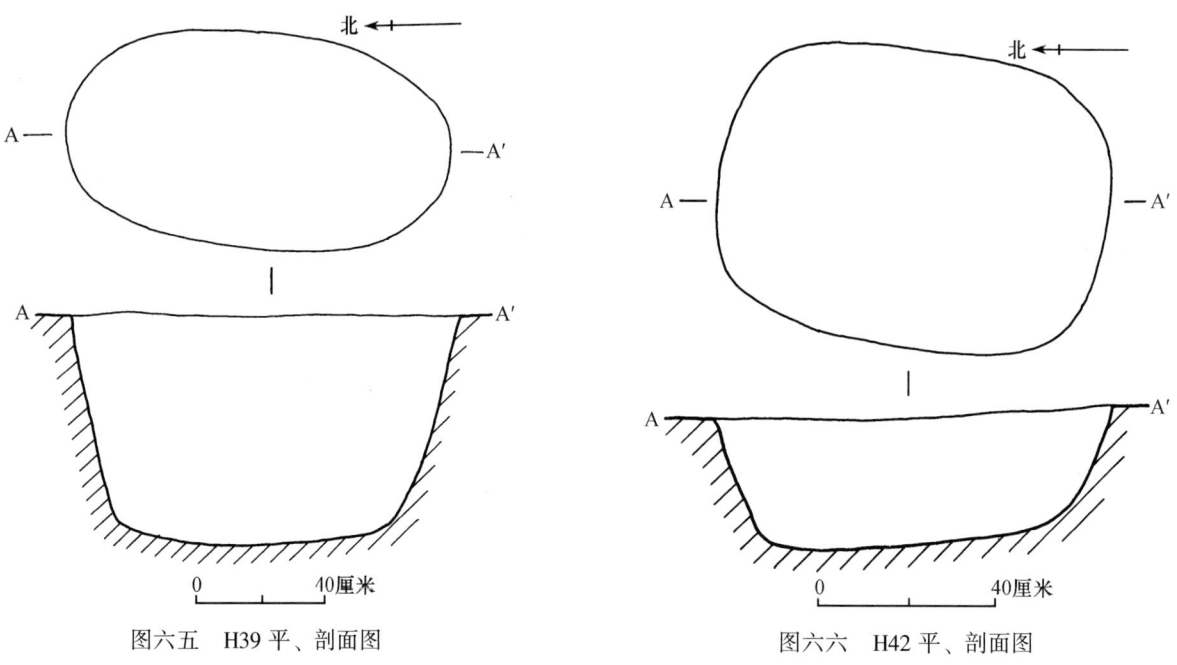

图六五　H39 平、剖面图　　　　　　　图六六　H42 平、剖面图

H43　位于 T25 及 T26 内。开口于第 3 层下，打破生土层。灰坑形状不规则，长 1.12、宽 0.78 米。填土呈灰黑色，包含有大块的红褐色黏土。出土器物均为陶器，器形不辨。

H44　位于 T7 内。开口于第 2 层下，打破第 3 层及生土层。坑口形状近圆形，直径 2 米。填土呈灰黑色。出土器物均为陶器，器形有盆、甗、板瓦等（图六七）。

H47　位于 T1 内。开口于第 3 层下，打破生土层。灰坑形状不规则，最长 3.28、最宽 2.04 米。填土呈灰褐色，包含有红烧土。出土器物均为陶器，器形有豆、鬲、钵、罐、盆、瓦当等（图六八）。

H49　位于 T41 及 T46 内。开口于第 1 层下，打破第 4 层。灰坑形状不规则，最长 0.63、最宽 0.6 米。填土为灰黑色夹黄色土，包含炭粒。出土物均为陶器，器形有筒瓦、板瓦、豆等（图六九）。

H52　位于 T7 内。开口于第 2 层下，打破第 3 层及生土层。灰坑形状不规则，长 2.76、宽 1.2 米。填土呈灰褐色。出土器物均为陶器，器形为筒瓦、板瓦等。

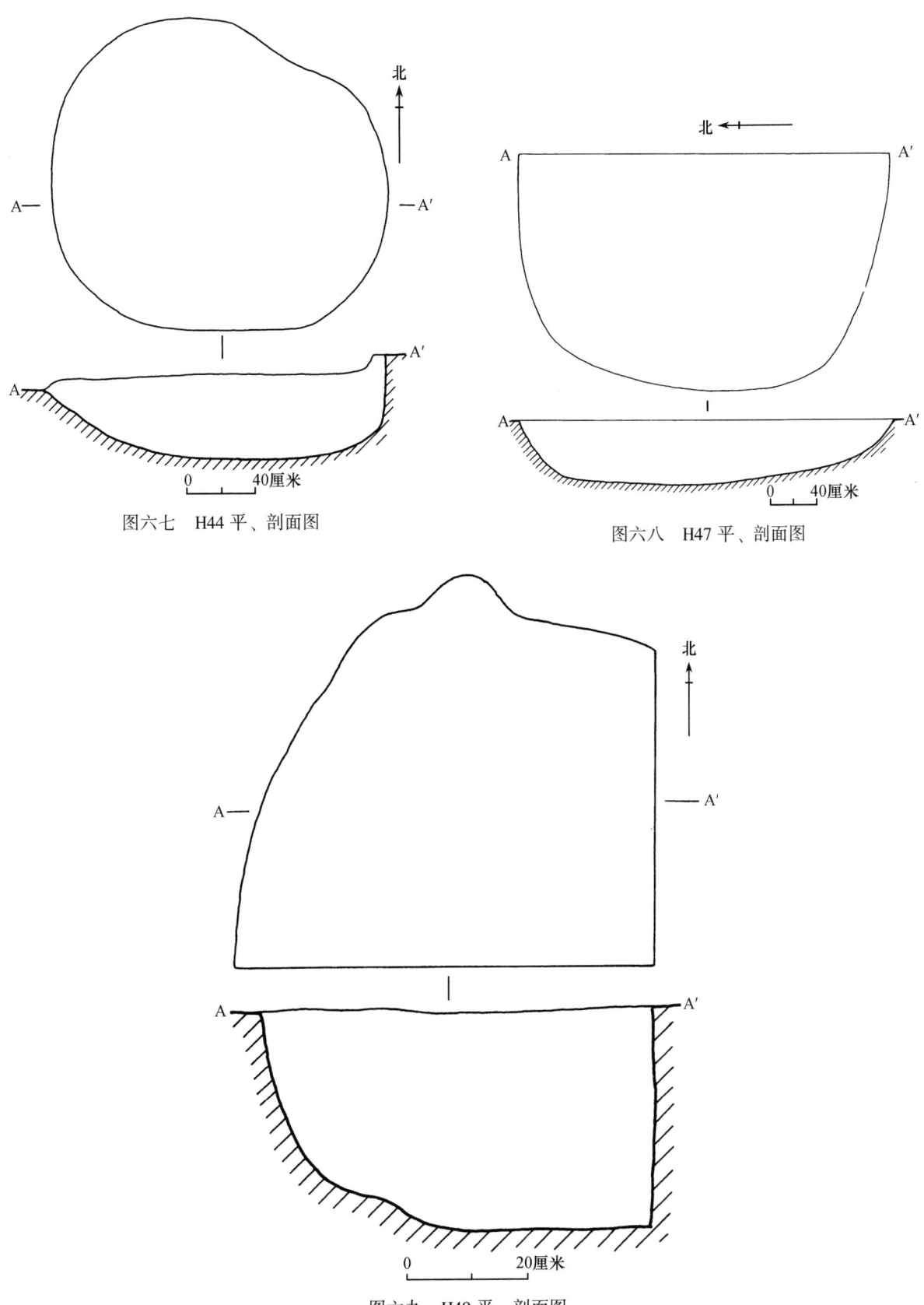

图六七 H44 平、剖面图

图六八 H47 平、剖面图

图六九 H49 平、剖面图

3. 井

J1 分布于 T34 内。开口于第 3 层下，打破生土层。该井为圆形土坑竖井，口径 1.62、深 6 米。井内填土为灰黑色淤泥，不分层，器物出土于 3～5 米处，其中包括网坠 20 余件、纺轮 1 件，另有陶鬲足、罐、板瓦等（图七〇）。

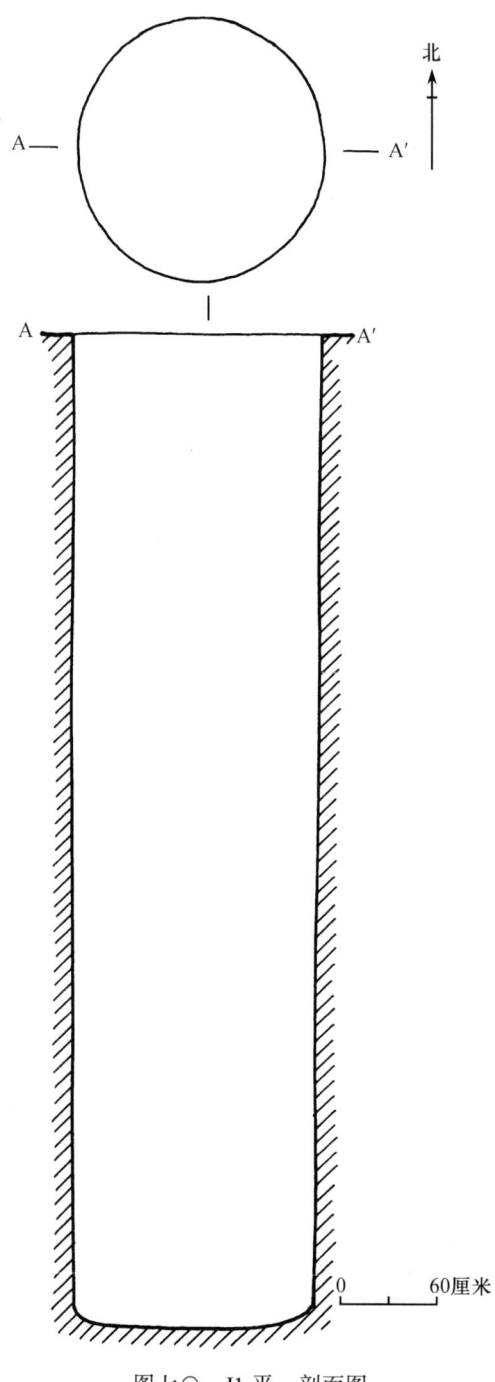

图七〇　J1 平、剖面图

4. 沟

G4　分布于T5及其东隔梁下。开口于第2层下，打破第3层及生土层。长4、宽1.24米。沟内填土呈灰褐色，土质疏松。出土器物全为陶器，陶质为泥质灰陶及夹砂灰陶，器形有盆、豆、罐、支垫等（图七一）。

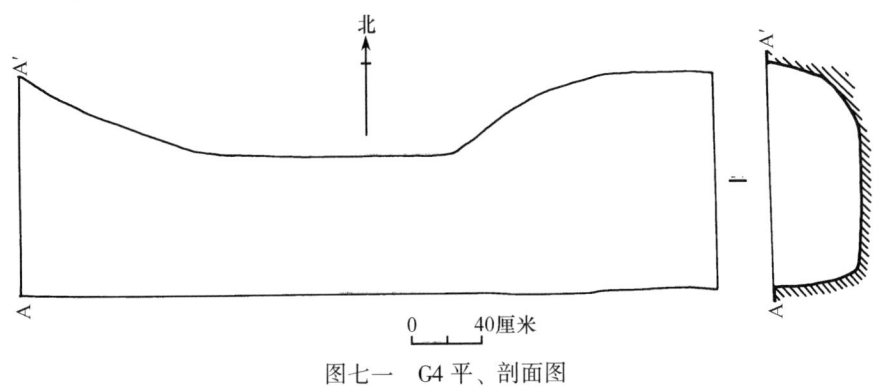

图七一　G4平、剖面图

5. 窑

Y1　分布于T20及T21内。开口于第1层下，打破第4层及生土层。Y1为一马蹄形窑，其结构包括操作坑、火门、火道、窑室、烟道五部分。Y1长7.8米，操作坑宽2.6米，窑室宽2.76、深1.4米。火道周围及窑室四壁都经过灼烧，呈青灰色。窑室内的填土为灰褐色渣性土，土质疏松，颗粒粗。窑内堆积中的包含物上下有别，上部出土有盆、豆、甑、罐、筒瓦、板瓦等，下部靠近窑室的后方发现有规律码砌的青砖，在窑室北部靠近底部的地方发现有数块叠放的筒瓦（图七二）。

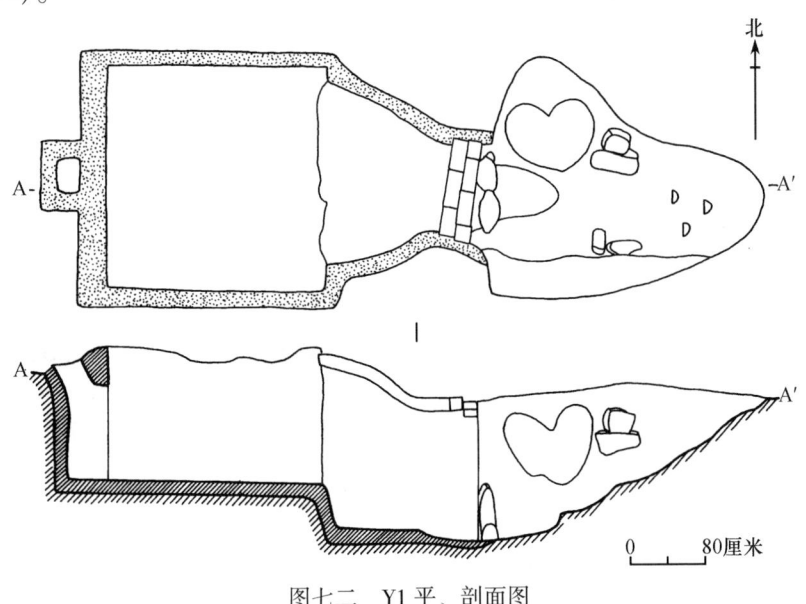

图七二　Y1平、剖面图

（二）遗　　物

出土的汉代遗物多为陶器，其中有作为葬具用的瓮、盆，此外还有日常生活中常见的瓦当、纺轮、网坠、钵等，出土数枚半两钱及五铢钱。

1. 陶器

纺轮　1件。泥质灰陶。圆锥体形，中间有一穿孔。T37②：4，底径3.4、高2.4厘米（图七三，1）。

拍　1件。夹砂红陶。拍体为四边形，后有一纽，纽上有一穿孔。拍体的正面及四边均刻划绳纹。H22：1，长8.2、宽5、高4.5厘米（图七三，2）。

网坠　3件。泥质灰陶。T26②：3，长条形，截面扁椭圆形，在网坠的两端接近端点处分别有一道凹槽，应为栓绑网绳之用。长6.8、截面最大径2.8厘米（图七三，3）。T22②：3，长椭圆形，中间粗、两端细，中有一穿孔。长5、最大径3厘米（图七三，4）。T22②：4，形制与T22②：3相同。长4、最大径2.8厘米（图七三，5）。

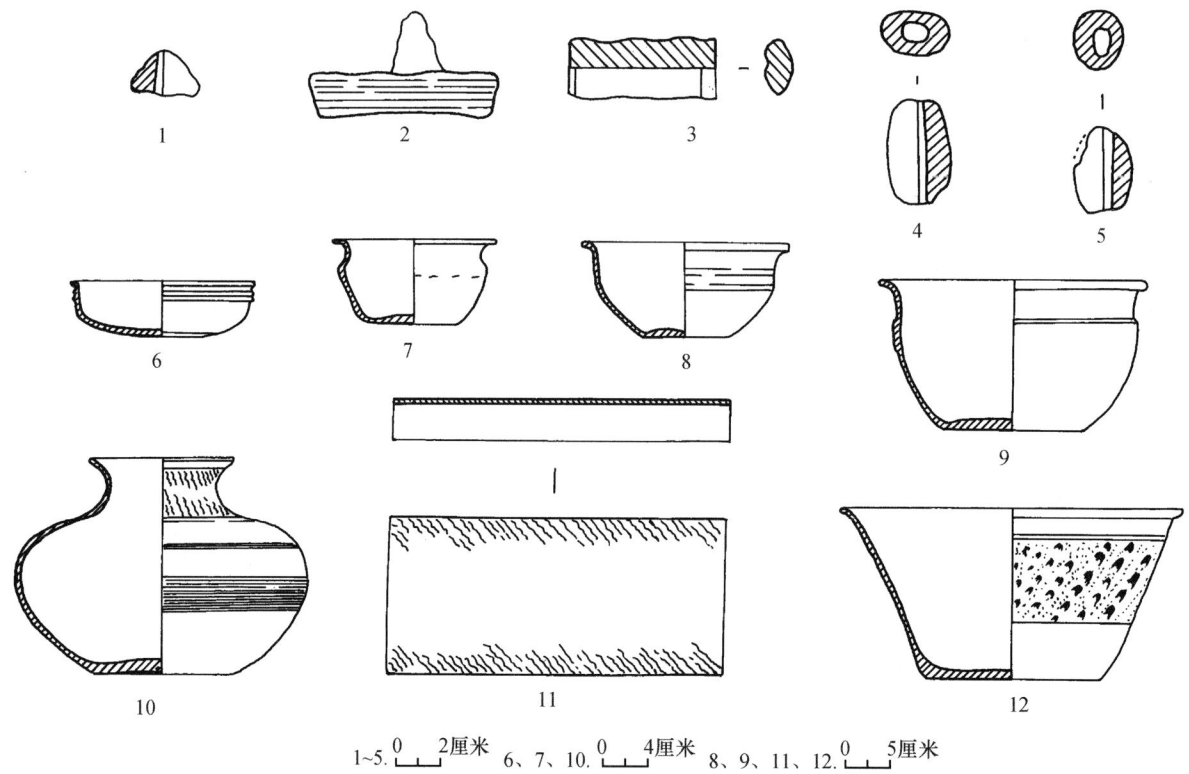

图七三　汉代陶器

1. 纺轮（T37②：4）　2. 拍（H22：1）　3~5. 网坠（T26②：3、T22②：3、T22②：4）　6、7. 钵（H19：1、H19：2）　8、9、12. 盆（H47：1、H20：1、H39：1）　10. 罐（H19：4）　11. 板瓦（T22③：10）

钵 2件。H19：1，泥质灰陶。直口，斜沿，方唇，直壁，平底。沿下有三周凸弦纹。口径17、底径8、高4.6厘米（图七三，6；图版三六，5）。H19：2，泥质灰陶。侈口，平沿，方唇，束颈，溜肩，斜直壁，平底。口径16、底径8、高8厘米（图七三，7；图版三六，6）。

盆 3件。H47：1，泥质灰陶。侈口，斜沿，方唇，折腹，平底。口径25、底径10、高11厘米（图七三，8）。H20：1，泥质灰陶。侈口，束颈，折肩，弧腹，平底。口径32、底径17、高17.5厘米（图七三，9）。H39：1，泥质灰陶。敞口，圆唇，斜直壁，平底。外壁中部偏上饰戳刺纹，中间夹杂指压纹，分布规律。口径39.5、底径20、高19.5厘米（图七三，12；图版三六，4）。

罐 1件。H19：4，泥质灰陶。侈口，平沿，圆唇，束颈，溜肩，圆鼓腹，平底。颈部饰弦断绳纹，腹部饰细弦纹。口径13.6、底径13.6、高20.4厘米（图七三，10）。

板瓦 1件。T22③：10，泥质灰陶。内侧素面，外侧饰绳纹。长39、宽18厘米（图七三，11）。

瓦当 2件。泥质灰陶。T48①：1，当面被单弧线分为内外两个圆圈，内圈乳钉状，饰戳刺纹；外圈被单直线分为四个扇区，扇区间饰卷云纹。直径14厘米（图七四，1）。H26：1，直径17.3厘米（图七四，2）。

2. 铜钱

半两 2枚。T7②：2，"半"字上下两平划同长，"两"字内部双"人"简化为一横。钱径2.4、穿宽1.1厘米（图七四，3）。T8①：2，"半"字上半部分方折。钱径2.3、穿宽0.8厘米（图七四，4）。

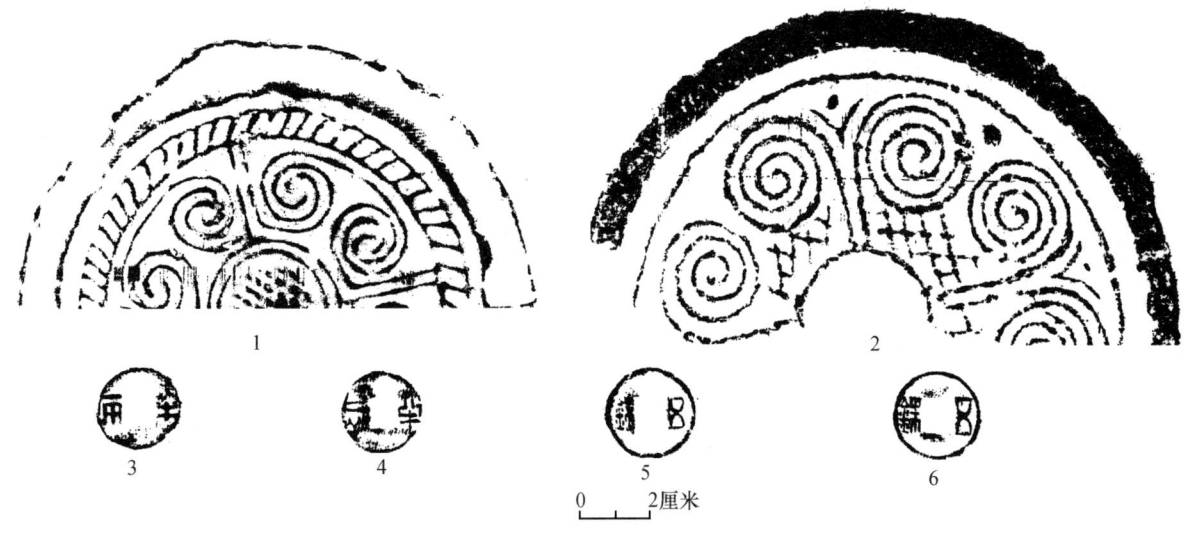

图七四 汉代遗物
1、2. 陶瓦当（T48①：1、H26：1） 3、4. 半两钱（T7②：2、T8①：2）
5、6. 五铢钱（T16①：1、T26③：3）

五铢　2枚。形制相同，"五"字交笔弯曲，"朱"字横笔方折。T16①：1，钱径2.4、穿宽0.9厘米（图七四，5）。T26③：3，钱径2.2、穿宽1厘米（图七四，6）。

六、明清遗存

（一）遗　　迹

明清的遗存相对比较简单，遗迹的种类有灰坑、沟、墙基、墓葬等。

1. 灰坑

H21　分布于T3内。开口于第2层下，打破第3层及生土层。灰坑的形状不规则，长4、宽1.26米。在灰坑的东南部填有较多的石头，填土呈灰黑色，包含有大量的石灰颗粒、草木灰。出土器物均为瓷器，有酱釉缸、酱釉罐的残片（图七五）。

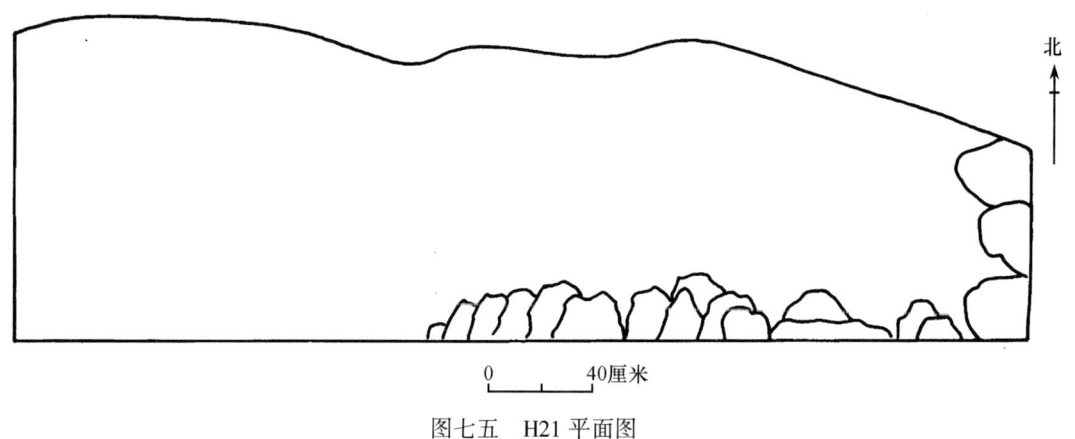

图七五　H21平面图

H36　分布于T34、T35内。开口于第2层下，打破第3层及生土层。开口形状不规则，长4、宽2.1米。填土呈灰黑色。出土器物有青花瓷碗、杯等（图七六）。

H37　分布于T15、T16内。开口于第2层下，打破第3层、生土层及H28。灰坑形状近圆形，直径1.4米。填土呈灰黑色，含有大量瓦片。无出土器物（图七七）。

2. 沟

G5　分布于T29、T39~T43北隔梁处。开口于第2层下，打破第4层及生土层。在T39中长4、宽0.78米。填土呈灰黑色。出土器物均为瓷器，包括青瓷碗、青花瓷碗等（图七八）。

3. 墙基

Q1　分布于T22内。开口于第1层下，打破第4层。墙体长1.2、宽0.3米（图七九）。

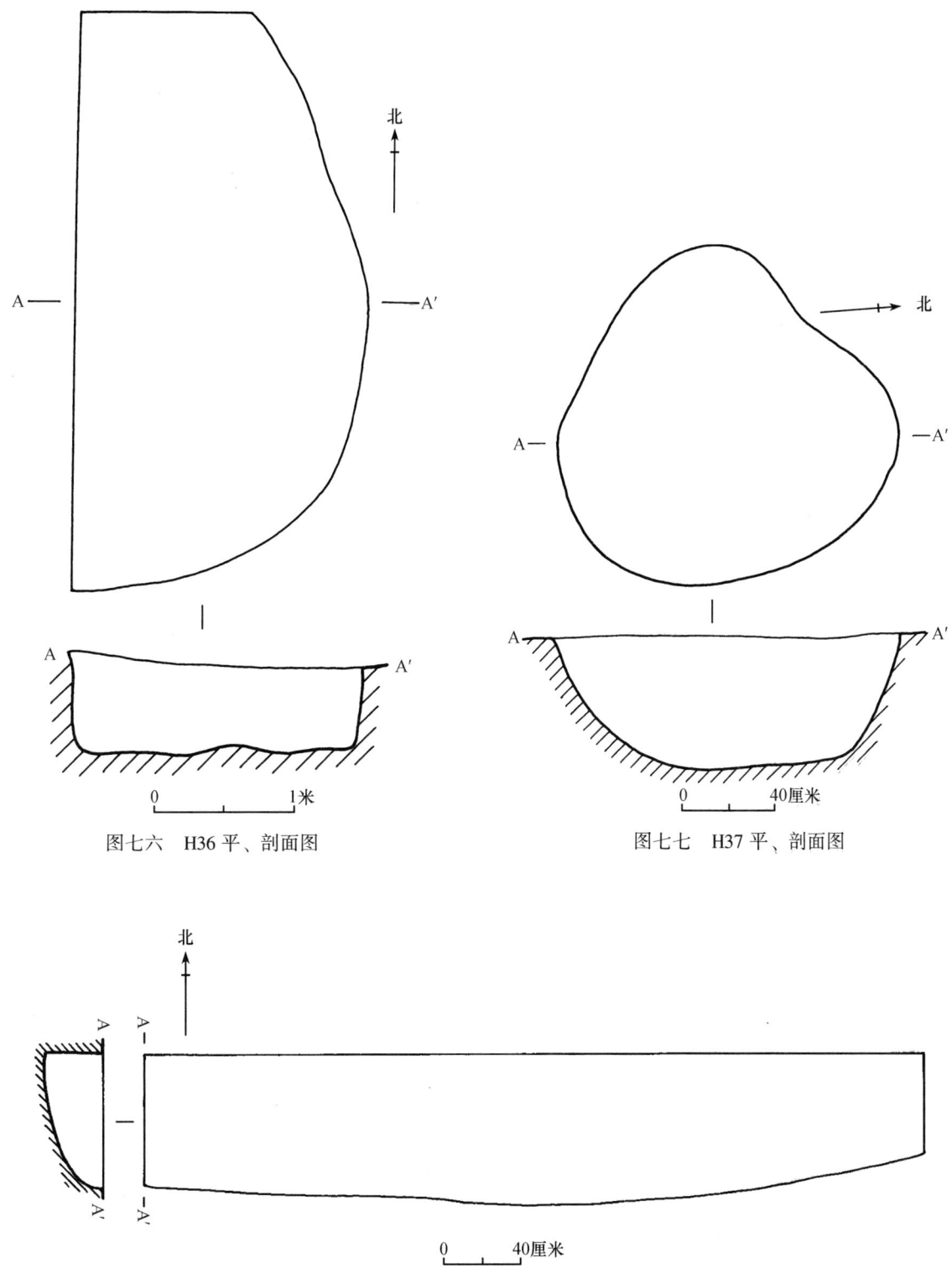

图七六 H36 平、剖面图

图七七 H37 平、剖面图

图七八 G5 平、剖面图

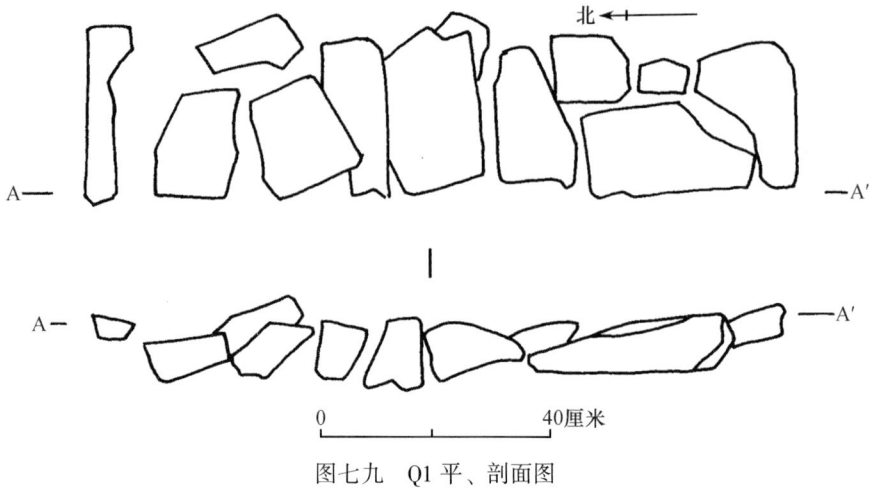

图七九　Q1平、剖面图

4. 墓葬

M12　位于T9内，部分叠压于北隔梁下。叠压于第1层下，打破第2层。坑口平面呈长方形，规模较小，西南角残损，坑壁竖直，平底。墓坑长1.3、宽0.7、深0.4米。填土呈灰黑色，土质疏松。葬具及尸骨无存。墓底北侧出土青花瓷碗、青花瓷杯各1件（图八〇）。

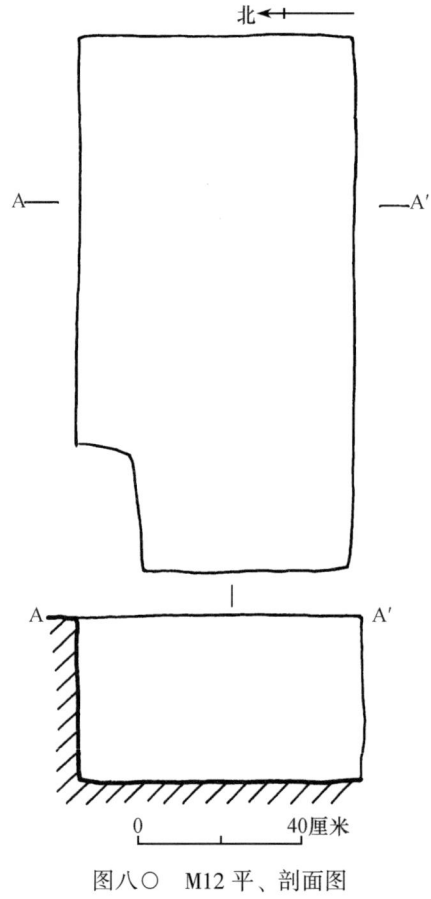

图八〇　M12平、剖面图

（二）遗　　物

出土的明清遗物均为瓷器，器形有碗、杯、盘、灯等。

碗　2件。青花瓷。T9①：1，敞口，弧腹稍斜直，腹较深，平底，矮圈足外撇。口径10.6、高6.8厘米（图八一，1）。T2②：3，敞口，尖圆唇，折腹，平底，矮圈足。内底画青花双圈，内有一文字。口径16、高6.8厘米（图八一，2）。

杯　1件。Y2：4，敞口，弧腹，平底，矮圈足。杯体外壁装饰有青花纹饰。口径4.4、高2.4厘米（图八一，3）。

盘　2件。形制相同。T7②：1，敞口，弧腹，平底，矮圈足。内底用青花绘出一花篮，花篮有提手，篮内装满花。口径16.8、高4.8厘米（图八一，5）。

灯　1件。Y2：1，竹节状，分为两部分，上部分盘口，中空，中间有一隔挡，下部分喇叭口为灯的支座。口径4.2、高14厘米（图八一，4）。

七、结　　语

该遗址文化内涵丰富，时代跨度较大，从新石器时期一直延续至明清时期。地层文化堆积由南向北依次加厚，有近现代、明清、西汉、东周等地层，其中以西汉和东周地层为主。从两次考古发掘地层堆积分析，该遗址古代居民活动区随时代变迁有从江边向地势较高的南侧区域迁移的趋势。

新石器时代遗迹虽然发现不多，但出土器物时代特征明显。

汉代遗存中瓮棺葬及瓦棺葬是此次较重要的发现，综合两次考古发掘资料可知，该类墓葬集中分布于该遗址的中东部，随葬品较为简单，以罐或瓦作为主要葬具，基本无其他随葬品，这与郧县龙门堂遗址瓮棺葬葬俗基本一致[①]，从葬具形制分析，该遗址 M16：1 双耳罐与秭归土地湾遗址第5层 W3：2 及 M28：2 绳纹双耳罐形制形似[②]，另结合 M22 出土五铢钱分析，该类墓葬时代当在西汉晚期至新莽时期前后。该遗址此类墓葬以及龙门堂遗址瓮棺葬的发现也说明，在秦汉之际，鄂西北汉江流域与北方黄河流域及以北地区、含三峡库区在内的长江中游等地区，均存在瓮棺葬。

龙门堂遗址的瓮棺葬及瓦棺葬主要分布在房屋的墙脚边或墙基内，但上宝盖遗址的此类墓葬周边尚未发现房屋迹象，以往各区域瓮棺葬常分布在房屋附近的习俗，为寻找该遗址内房屋遗迹的分布提供了一定线索，推测当时的房屋建筑就分布在该类墓葬的周边区域。

从该遗址出土的遗物分析，遗物相对较单一，且制作不精，可以初步推测出该地在历史上

---

① 邓辉：《楚地的汉代风俗》，《楚文化研究论集》（第七集），大象出版社，2009年。
② 国务院三峡工程建设委员会办公室、国家文物局：《秭归土地湾》，文物出版社，2006年，第215、228页。

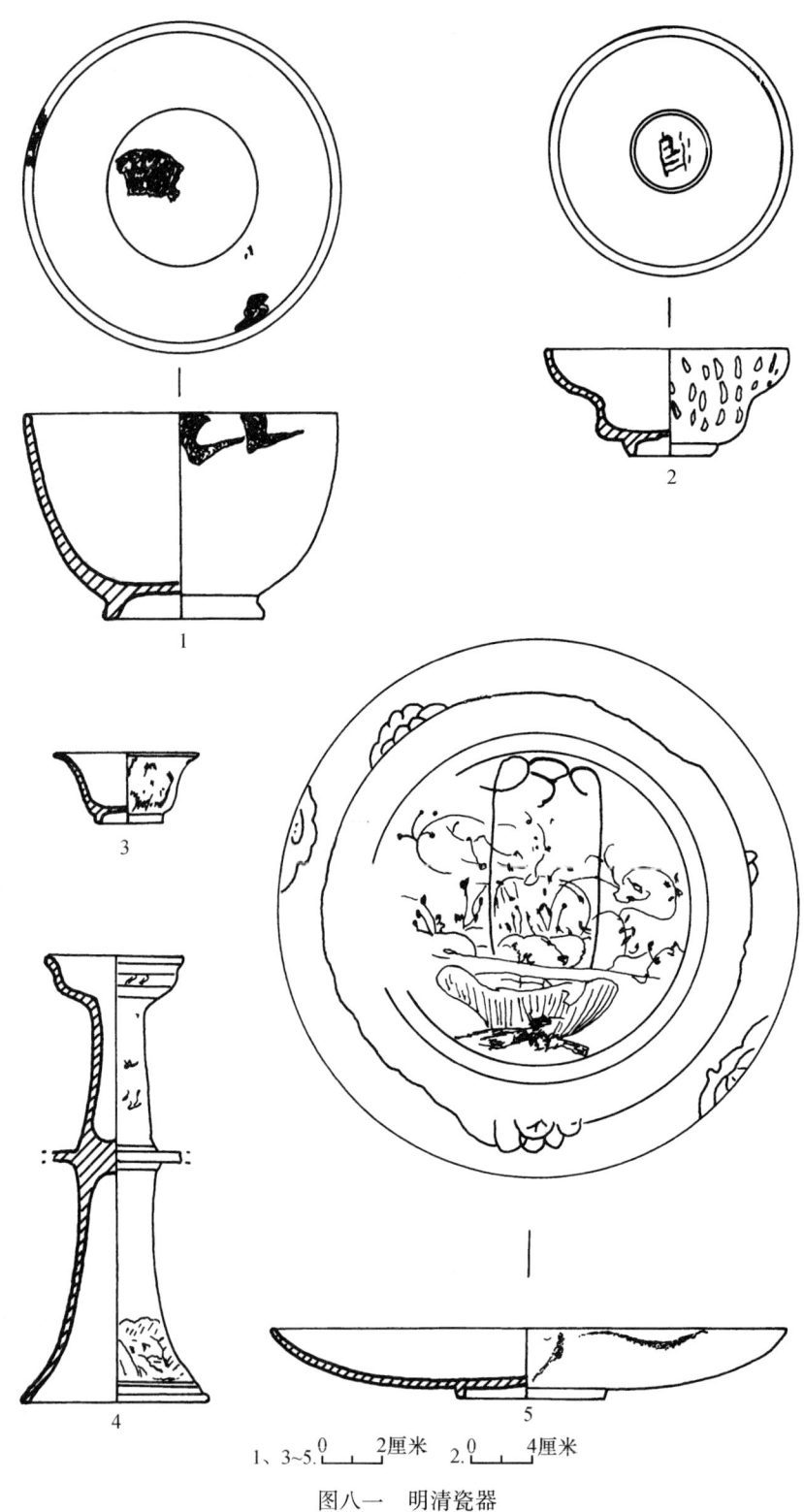

图八一 明清瓷器

1、2. 碗（T9①:1、T2②:3） 3. 杯（Y2:4） 4. 灯（Y2:1） 5. 盘（T7②:1）

由于受自然环境的制约，区域经济相对比较落后。

该遗址为沿汉江南岸一处重要的古代居民生活遗址。文化遗迹较丰富，有墓葬、灰坑、坑、井、沟、窑及石砌墙体七大类遗迹现象，并出土一大批重要的生活、丧葬等历史遗物，对于研究当地的历史及文化等有重要意义。

附记：本次考古发掘领队为胡树旗，执行领队何佳，参加发掘的还有张景尧、黄朴华、龙伟清、凌浩、肖国光、廖微、王玲、张永珍、龙文、龙武、刘欣、何竞红等。发掘过程中得到了十堰市文物局、郧县博物馆、望城县文物管理局等单位的大力支持，在此一并致谢。

摄影：张景尧　何　佳
绘图：刘勇喧
修复：肖静华　佘玲珠　蒋成光
拓片：肖静华　蒋成光
执笔：张景尧　何　佳

郧县上宝盖遗址 2010 年度发掘报告

复旦大学文物与博物馆学系

上宝盖遗址位于郧县县城以西约 33 千米处，隶属于湖北省十堰市郧县五峰乡安城沟村二组（图一），坐落在汉江南岸、安城沟入江口东侧的一级台地上，与中台子遗址、尚家河遗址隔江相望。遗址东西长约 300 米，南北宽约 50 米。遗址中心地理坐标为东经 110°27′23″、北纬 32°50′01″，海拔 163～172 米。

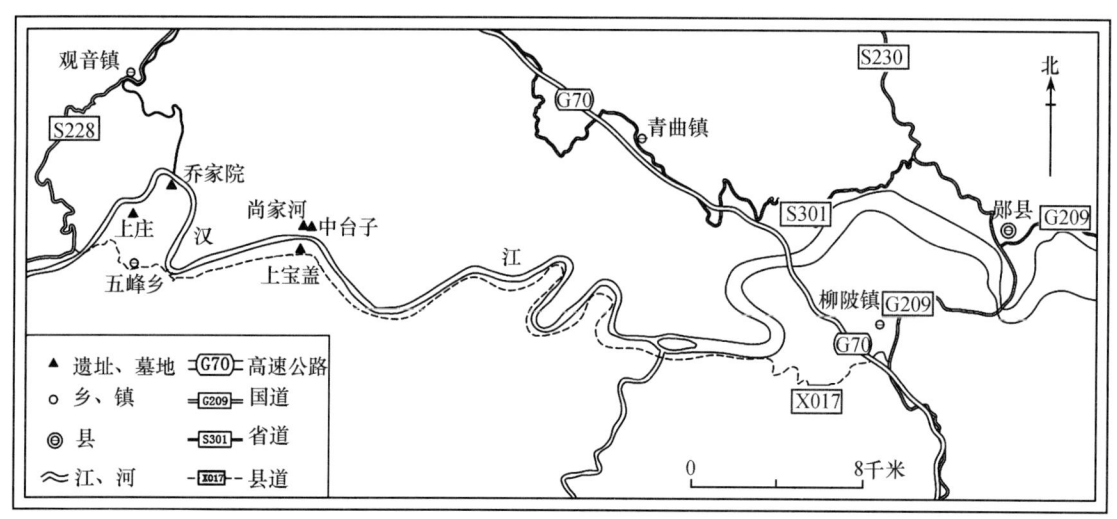

图一　遗址位置示意图

上宝盖遗址由湖北省文物考古研究所和郧县博物馆于 1994 年在为配合南水北调丹江口水库续建工程的文物考古调查中发现①。2006 年和 2009 年，又先后由宁夏文物考古研究所和长沙市文物考古研究所对该遗址进行了两次发掘，发现东周、两汉、明清时期的灰坑、墓葬、窑、沟、井、房址、散水路面以及石砌墙体等遗迹，出土了一批具有重要学术价值的文物资料。

2010 年 9 月～2011 年 1 月，受湖北省文物局委派，复旦大学文物与博物馆学系和湖北省文物考古研究所组成考古队对上宝盖遗址进行了第三次正式发掘。此次发掘在前期勘探的基础

---

① 湖北省文物考古研究所、十堰市博物馆、郧县博物馆：《南水北调工程丹江口水库郧县淹没区考古调查》，《江汉考古》1996 年第 2 期。

上，选择在2006年宁夏文物考古研究所发掘区以南、2009年长沙市文物考古研究所发掘区以西的区域进行发掘（图二）；以发掘区南部民宅东北角为工地总基点，于第二象限布设5米×5米探方16个、10米×10米探方17个（图三），发掘面积2100平方米，发现了大量汉代遗存，以及少量新石器时代和东周遗存。

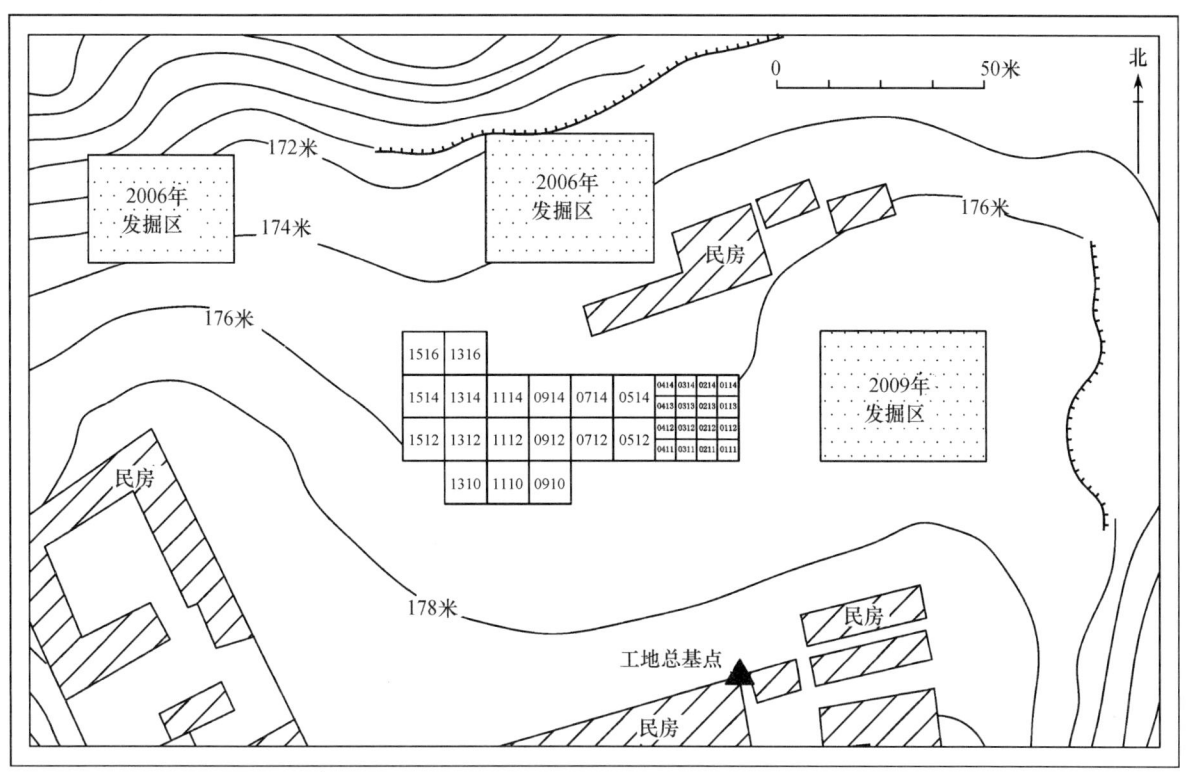

图二　遗址地形和布方位置示意图

（2006年和2009年发掘区为大致范围，探方号省略"T"）

一、地层堆积

上宝盖遗址地层堆积相对清晰，年代相对明确。总体观之，整个发掘区的文化堆积呈东高西低、东薄西厚的分布态势，其中汉代地层和遗迹基本遍布整个发掘区，但东部堆积较薄，而西部的较厚；东周时期的地层和遗迹主要在发掘区东部分布，且相对较薄；新石器时代遗存仅在发掘区东南角发现小面积的地层堆积。下面以T0111和T0712南壁剖面（图四）为例介绍遗址堆积情况：

第1层：耕土层。灰褐色土，土质疏松。厚0.1~0.3米。

第2A层：明清文化层。青灰色土，土质较密。距地表深0.1~0.3米，厚0.32~0.48米。内含陶片、瓦片、石块、砖块、青瓷片、酱釉瓷片及青花瓷片。

第3A层：汉代文化层。红褐色土，土质松软，距地表深0.5~0.72米，厚0~0.27米。分

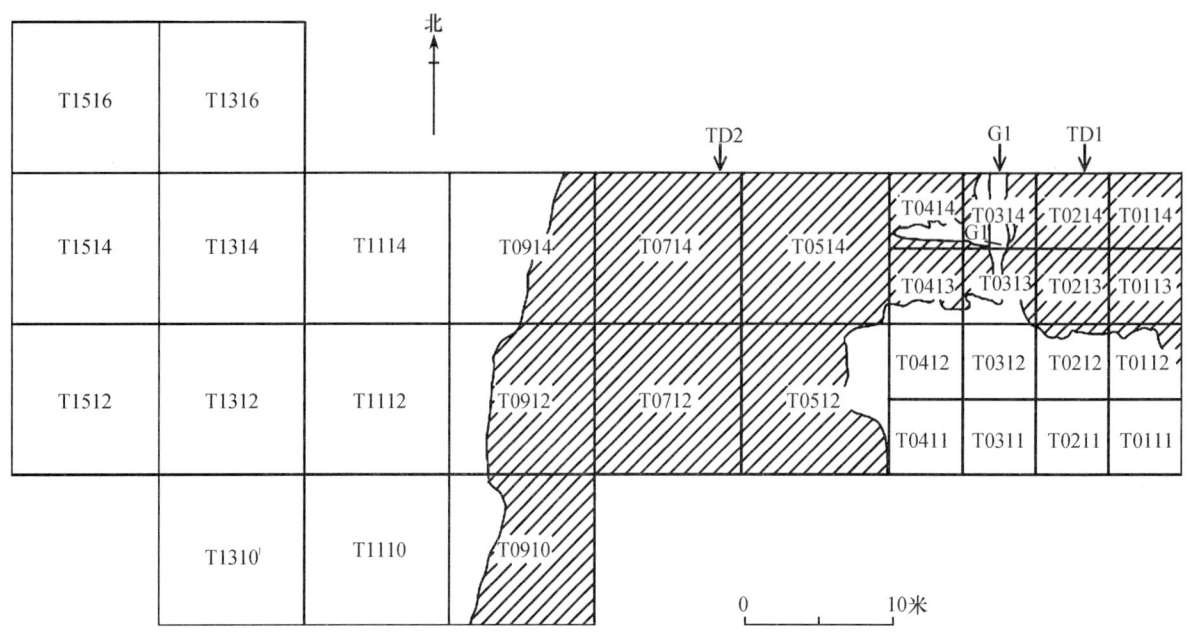

图三 布方平面及 TD 层分布范围示意图

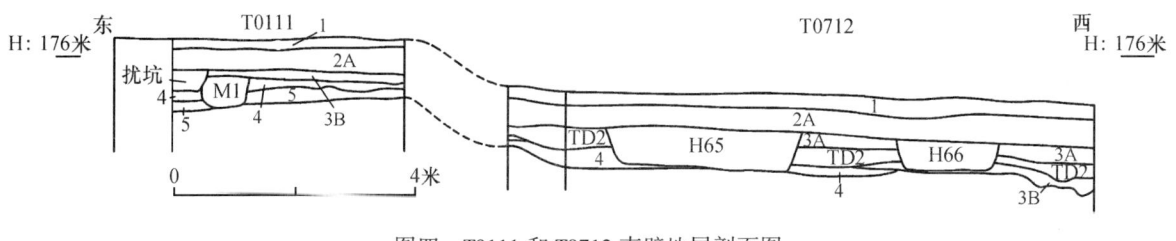

图四 T0111 和 T0712 南壁地层剖面图

布于发掘区中、西部，东部未见。出土的文化遗物以汉代绳纹筒瓦、板瓦片为主，另有一些泥质绳纹、素面灰陶片，可辨器形有盆、瓮、罐、甑、豆、器座、器盖、纺轮、网坠等。

TD（瓦片堆）层：汉代文化层。夹于第 3A 层和第 3B 层之间，以瓦片、陶片为主，间深灰色土，部分区域可见草木灰、红烧土粒、炭粒。距地表深 0.61~1.02 米，厚 0.13~0.38 米。分布于发掘区中部和东北部，总面积约 800 平方米（图版三八，1）。由于被第 1 层下遗迹 G1 打断，分别编号 TD1 和 TD2（图三）。包含物以汉代绳纹筒瓦、板瓦片为主，另有汉代泥质绳纹、素面陶片，可辨器形有盆、罐、瓮、甑、豆、器盖、纺轮、网坠等。

第 3B 层：汉代文化层。灰褐色土，土质致密、稍硬。距地表深 0.5~1.3 米，厚 0~0.3 米。分布于发掘区中、西部和东南角。出土文化遗物以泥质绳纹、素面陶片为主，可辨器形有盆、瓮、罐、甑、豆、盂等，另有少量夹砂红、褐绳纹陶片。

第 4 层：东周文化层。黄灰色土，土质较硬，夹黄绿色锈斑。距地表深 0.6~1.18 米，厚 0~0.36 米。散布于发掘区东部。出土文化遗物有夹砂绳纹、素面陶片和泥质绳纹、素面陶片等，可辨器形有鬲、盂、豆等。

第5层：新石器时代文化层。青黄色土，土质硬，夹黄绿色锈斑、烧土粒、炭粒。距地表深0.82~1.04米，厚0.09~0.26米。仅在发掘区东南角分布。包含的文化遗物非常少，以泥质红陶为主，碎片细小，可辨器形有钵、罐、圈足。

以下为黄色生土。

二、新石器时代遗存

本次发掘发现的新石器时代文化层仅见于T0111，出土陶片以泥质素面红陶为主，数量不多，碎片薄且小，大多器形难辨。现介绍如下。

1. 陶器

钵口沿　T0111⑤：31，泥质红陶，外表施红衣。尖圆唇。残宽2.9、残高3.3、厚0.2厘米（图五，4）。

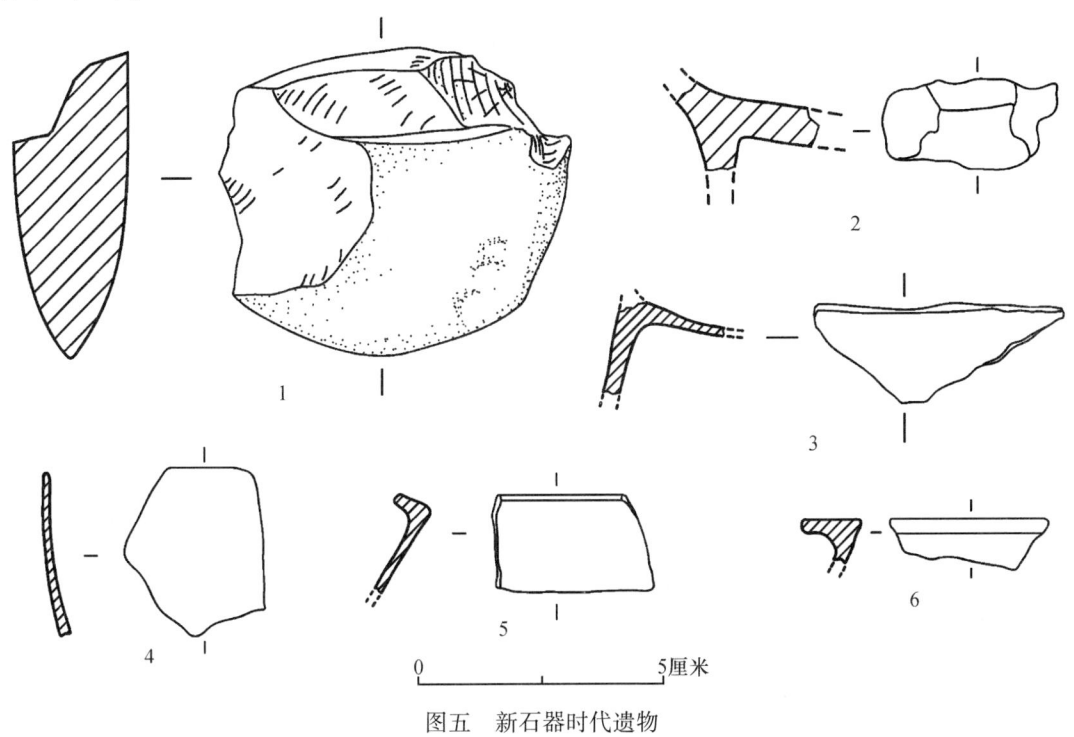

图五　新石器时代遗物

1. 石斧（T0111⑤：35）　2、3. 陶圈足（T0111⑤：36、T0111⑤：32）　4. 陶钵口沿（T0111⑤：31）
5、6. 陶罐口沿（T0111⑤：34、T0111⑤：33）

罐口沿　T0111⑤：33，泥质红陶。敛口，平折沿，圆唇。素面。残宽3.3、残高1、厚0.3厘米（图五，6）。T0111⑤：34，夹砂灰陶。敛口，折沿，圆唇。素面。残宽3.2、残高2、厚0.2厘米（图五，5）。

圈足　T0111⑤：32，夹砂灰陶。底微鼓，圈足外撇。素面。残宽5.3、残高2.2、厚0.3

厘米（图五，3）。T0111⑤：36，夹细砂灰陶，红胎。素面。残宽3.7、残高1.8、厚0.5厘米（图五，2）。

根据陶质、陶色和纹饰统计情况（表一）来看，红陶占绝大多数，其中又以泥质陶为多，灰陶、夹砂陶的比例较小，器表绝大多数素面，只有极少量装饰绳纹。这样的陶器构成与湖北郧县店子河[①]、均县朱家台[②]、乱石滩[③]等遗址的后冈一期遗存相类似。

表一　T0111第5层出土陶片陶质、陶色、纹饰统计表

		绳纹	素面	合计	百分比
夹砂	红		34	34	19.65%
	灰		4	4	2.31%
泥质	红	4	112	116	67.05%
	灰		19	19	10.98%
合计		4	169	173	100%
百分比		2.31%	97.69%	100%	

2. 石器

斧　T0111⑤：35，残，仅余刃部，两面磨光，弧刃。残长6、残宽7.2、厚2.4厘米（图五，1）。

三、东周时期遗存

东周时期文化遗存主要分布于发掘区的东部，主要见于T0111、T0112、T0113、T0114、T0211、T0212、T0213、T0214、T0314、T0512、T0712等探方，地层堆积较薄，遗迹主要集中在发掘区东南角，有灰坑4个、沟1条、井1口，出土遗物较少。择要介绍如下。

（一）遗　迹

1. 灰坑

H63　位于T0314东北角。开口于第4层下，上部被TD层下H61打破。平面呈长方形，直

[①] 武汉大学考古系、湖北省文物局南水北调办公室、郧县博物馆：《湖北郧县店子河遗址发掘简报》，《考古》2011年第5期。

[②] 中国社会科学院考古研究所长江工作队：《湖北均县朱家台遗址》，《考古学报》1989年第1期。

[③] 中国社会科学院考古研究所长江工作队：《湖北均县乱石滩遗址发掘报告》，《考古》1986年第7期。

壁略斜，平底。长1.85、口宽0.36、底宽0.2、深0.85米。填土土质稍硬，呈青棕色，含有烧土块、草木灰、炭粒，出土少量夹砂陶片。形似房屋基槽，但未发现柱洞、居住面等相关遗迹（图六）。

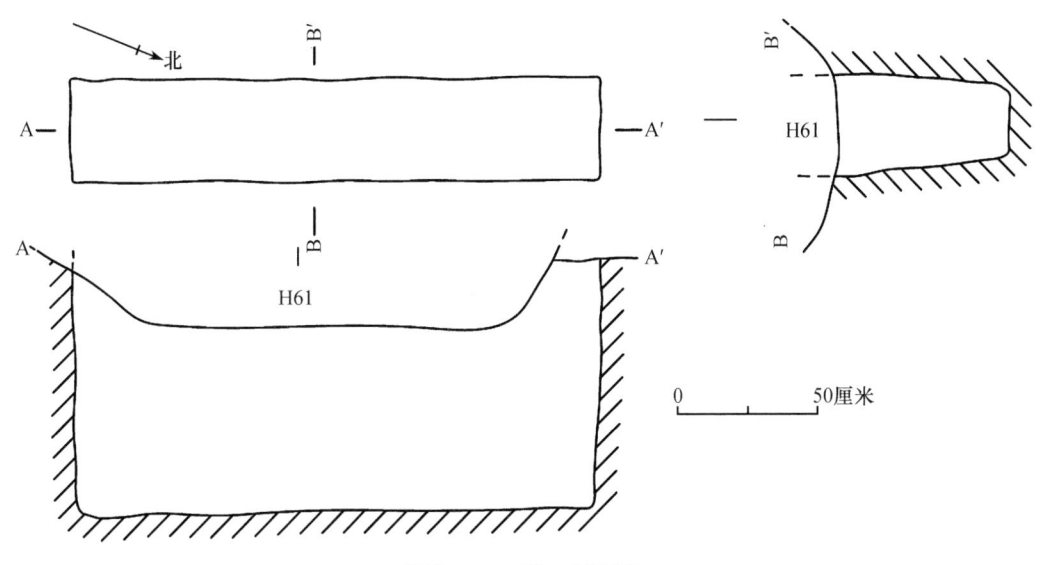

图六　H63平、剖面图

H10　位于T0111北部。开口于第3B层下。平面呈圆形，壁面近直，斜坡底，北高南低。直径1.3、深0.25米。填土松软，呈灰色，含草木灰、烧土块、石块。出土残石器和夹砂红、褐陶片，可辨器形有鬲、盂、小板瓦。

H11　位于T0111西南角。开口于第3B层下。平面近圆形，直壁，平底。直径0.94、深0.15米。填土呈灰色，土质稍松，含草木灰、烧土粒、石子。出土夹砂红、灰陶片，泥质灰陶片，可辨器形有鬲、盂。

2. 井

J1　位于T0111西南角扩方。开口于第4层下。平面呈圆形，开口直径1.1米，斜壁内收，至井口0.7米处直径0.76米，再向下为直壁，壁面平整，平底，深3.1米。井内堆积分2层：第1层，厚0.7米，填土稍硬，呈青灰色，含黄褐色土块、烧土粒、炭粒，出土少量夹砂红、褐陶片、鬲足残块、石片等；第2层，厚2.4米，土质硬，呈深青灰色，含锈斑、烧土块、炭粒，出土少量夹砂红、灰陶片、石块。

（二）遗　　物

1. 陶器

鬲　4件。夹砂陶。宽沿，束颈。T0111④：30，夹砂灰陶。折沿，沿面略下斜，方唇，束颈，溜肩，腹斜收，三锥形足，平裆，裆线短且平。肩部以下饰竖绳纹，上腹部一周抹断。口径14.8、腹径14.4、高12.5、壁厚0.5厘米（图七，2；图版三九，1）。T0111④：24，夹砂黄陶。平沿，沿面有一周凹槽，圆唇，束颈，折肩，下腹部残。肩部以下饰竖绳纹，上腹部一周抹断。口径15.8、腹径16.7、残高6.5、壁厚0.4厘米（图七，3）。T0111④：16，夹砂灰陶。平沿，圆唇，束颈，溜肩，腹斜收，下腹部残。肩部饰瓦楞纹，腹部饰抹断绳纹。口径19.6、腹径20.6、残高9、壁厚0.5厘米（图七，4）。

鬲足 10件。均为柱形足。H11：3，夹砂红陶。柱形足。饰交错绳纹。足径2.4、残高11.8厘米（图七，7）。T0111④：15，夹砂红陶。柱形足。饰交错绳纹。足径1.7、残高9厘米（图七，6）。T0114④：10，夹砂红陶。柱形足。饰绳纹。足径1.7、残高5.1厘米（图七，5）。

甗 1件。H10：1，夹砂红陶。上半部残，仅存鬲部，束腰，圆鼓腹，平裆，柱形足。饰竖绳纹，肩部和上腹部有三周抹断。腹径25.4、残高26.5、壁厚0.5厘米（图七，8）。

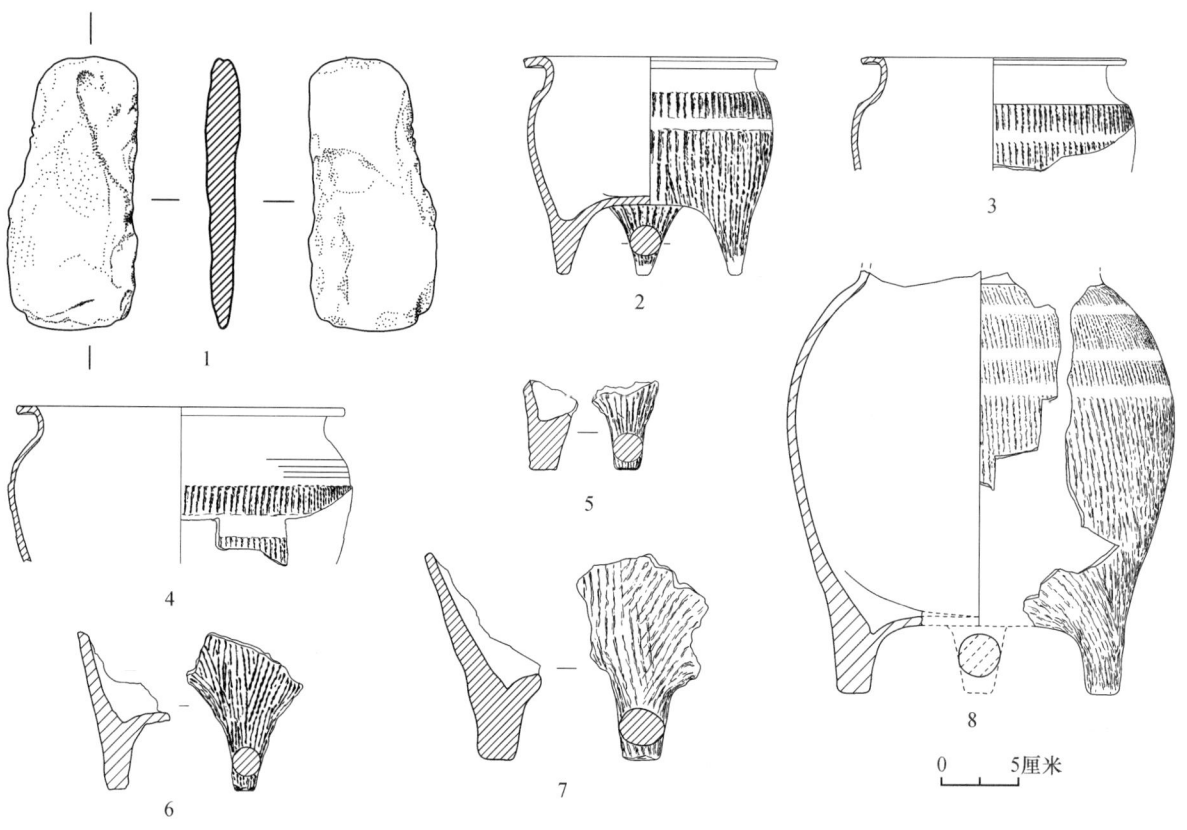

图七 东周时期遗物
1. 石斧（H15：1） 2~4. 陶鬲（T0111④：30、T0111④：24、T0111④：16）
5~7. 陶鬲足（T0114④：10、T0111④：15、H11：3） 8. 陶甗（H10：1）

盂 9件。泥质或夹细砂陶。侈口，束颈。T0512④：9，夹细砂红陶。卷沿，沿面有一周凹槽，方唇，束颈，溜肩，腹部微鼓。颈部以下饰竖绳纹，中腹部一周抹断，下腹部残。口径24.6、腹径25.8、残高9.6、壁厚0.7厘米（图八，1）。T0111④：17，泥质灰陶。卷沿，方唇，束颈，溜肩，腹以下残。肩部饰瓦楞纹。口径33、残高6.5、壁厚0.6厘米（图八，2）。H10：5，泥质灰陶。折沿，沿外侧上翘，方唇，束颈，肩部以下残。肩部饰瓦楞纹。口径19、残高4.5、壁厚0.5厘米（图八，3）。H11：1，夹细砂灰陶。折沿，沿面内凹，斜方唇，束颈，溜肩，鼓腹，下腹部残。饰竖绳纹，可见三周抹断。口径34.8、残高10.5、壁厚0.5厘米（图八，4）。H89：3，夹细砂红陶。平折沿，圆唇，束颈，溜肩，腹微鼓，下腹部残。饰竖绳纹，颈部抹平。口径26、残高12、壁厚0.4厘米（图八，5）。H89：4，夹细砂灰陶。卷沿，方唇，束颈，溜肩，腹微鼓，下腹斜收，底残。饰竖绳纹，上腹部有一周凹弦纹。口径33、残高14、壁厚0.7厘米（图八，6）。

矮颈罐 2件。折沿，束颈，广肩。饰绳纹。H15：2，夹细砂红陶。侈口，方唇，唇面有一周凹槽，肩腹以下残。口以下饰绳纹，颈部抹平。口径28、残高5.8、厚0.4厘米（图八，9）。T0114④：6，夹砂黑陶。近直口，沿面有一周凹槽，尖唇，矮直颈，溜肩，腹部以下残。颈部饰一周凸弦纹，肩及以下饰弦断绳纹。口径17.8、残高9.3、壁厚0.6厘米（图八，8）。

高颈罐 1件。T0212④：4，泥质灰陶。小口，折沿，圆唇，高直颈，圆鼓肩，斜弧腹，底残。口部以下饰竖绳纹，颈部抹平，肩、腹部有四周抹断，下腹部素面。口径11.4、腹径24.4、残高18.2、壁厚0.7厘米（图八，7）。

盆 4件。T0111④：18，夹砂黑灰陶。平沿，沿面有一周凹槽，束颈，溜肩，上腹微鼓，下腹斜收，底残。肩部饰数周瓦楞纹，上腹部饰竖绳纹，多抹平，下腹部饰交错绳纹。口径40.6、腹径41.4、残高23、壁厚0.7厘米（图八，13）。T0114④：7，泥质灰陶。侈口，折沿，方唇，颈肩结合部内壁有折痕，下腹残。颈部以下饰竖绳纹，近颈部有一周抹断。口径36、残高7.4、厚0.8厘米（图八，12）。T0111④：23，夹细砂黑陶。侈口，方唇，唇面有一周凹槽，颈肩结合部内壁有折痕，腹部残。口以下饰绳纹，颈部抹平。口径29.4、残高6.7、壁厚0.5厘米（图八，11）。

豆盘 3件。钵形。T0114④：5，泥质灰陶。口微敞，圆唇，浅弧腹。素面。口径13.2、残高4.6厘米（图八，17）。T0111④：19，泥质灰陶。直口，圆唇，浅弧腹。素面。口径14.8、残高5.4厘米（图八，16）。

豆足 3件。喇叭形2件，覆盘状1件。T0111④：21，泥质黑灰陶。喇叭形圈足。柄径3、底径8.4、残高7.6厘米（图八，14）。T0111④：22，泥质灰陶。直柄，覆盘状圈足。柄径3、底径8.8、残高5.5厘米（图八，15）。

板瓦 1件。H10：3，泥质灰陶。残。外面饰斜向绳纹，瓦头处饰三道凹弦纹，内面拍印菱格纹。残长12.2、残宽16.4、厚0.7厘米（图八，18）。

拍 1件。T0111④：10，夹砂褐陶。圆形，拍面凸弧，捉手残。素面。拍面直径9.5、捉手直径5、残高5.3厘米（图八，10）。

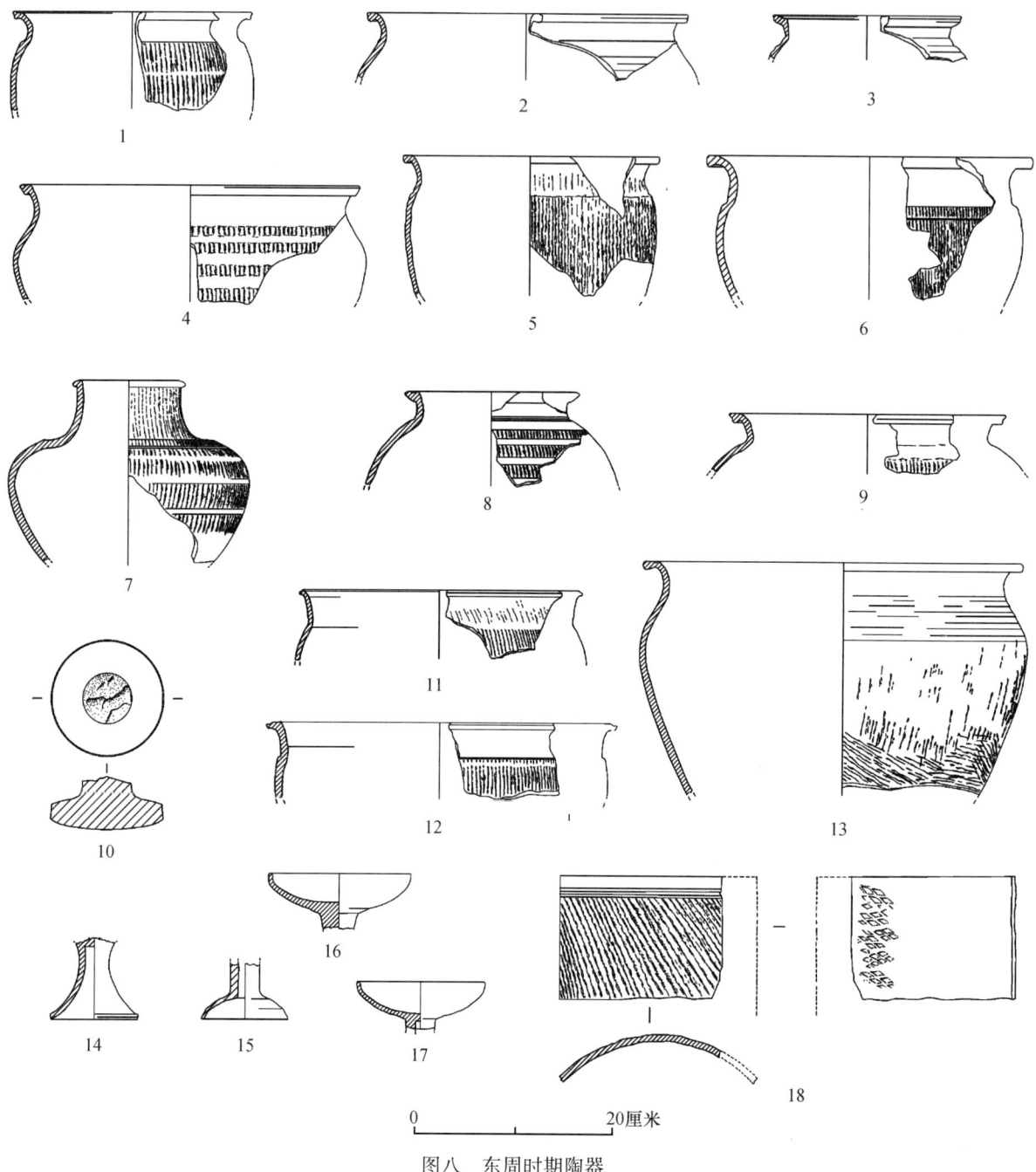

图八　东周时期陶器

1~6. 盂（T0512④：9、T0111④：17、H10：5、H11：1、H89：3、H89：4）　7~9. 罐（T0212④：4、T0114④：6、H15：2）　10. 拍（T0111④：10）　11~13. 盆（T0111④：23、T0114④：7、T0111④：18）　14、15. 豆足（T0111④：21、T0111④：22）　16、17. 豆盘（T0111④：19、T0114④：5）　18. 板瓦（H10：3）

2. 石器

斧 1件。H15∶1，两面打制。平面呈长方形，刃部微弧。长15.8、宽7.8、厚2.1厘米（图七，1）。

（三）小 结

本次发掘发现的东周时期的文化堆积单薄，遗物较少。陶器以夹砂红、褐陶为主，泥质灰、红陶次之。装饰手法主要是压印绳纹后再加以抹断。可辨器形有鬲、盂、甗、盆、罐、豆等，可修复器仅一件陶鬲（T0111④∶30）。这类遗存的陶鬲以折沿或卷沿、束颈、平裆、柱足为特征，陶盂则以侈口、束颈为特征，与湖北宜城郭家岗遗址第六期遗存[1]、郧县辽瓦店子遗址东周第三期遗存[2]、郧县中台子遗址周文化第三阶段遗存[3]、郧县胡家窝遗址第三期遗存[4]、郧县店子河遗址东周遗存[5]相近，年代大致为战国中晚期。

四、汉代遗存

汉代文化堆积几乎遍布本次发掘的整个发掘区，东部较薄，中、西部较厚。遗迹有灰坑106个、墓葬14座、沟7条、窑1座、灶4座、井1口、房址1处、柱洞2组，出土遗物较为丰富。择要介绍如下。

（一）遗 迹

1. 灰坑

坑口呈圆形16个、椭圆形29个、长方形23个、方形3个、不规则形34个、刀把形1个。

H3 位于T0212南部。开口于第3B层下，北部被H2打破。平面形状近圆形，斜壁，坡底，壁面粗糙。直径约1.5、深0.26米。填土呈灰色，土质稍松，包含草木灰、红烧土粒。出土遗物有泥质灰陶、红陶盆口沿、网坠、铜钱，以及扰乱的东周时期夹砂陶片。

H13 位于T0111西部和T0211东部。开口于第3B层下。平面形状不规则，斜壁内收，底

---

[1] 武汉大学历史系考古教研室、湖北省宜城市博物馆：《湖北宜城郭家岗遗址发掘》，《考古学报》1997年第4期。
[2] 武汉大学考古与博物馆学系、湖北省文物局南水北调办公室：《湖北郧县辽瓦店子遗址东周遗存的发掘》，《考古》2008年第4期。
[3] 湖北省文物考古研究所：《湖北郧县中台子遗址发掘报告》，《江汉考古》2011年第1期。
[4] 湖北省文物局南水北调办公室、武汉大学考古系、郧县博物馆：《湖北省郧县胡家窝遗址发掘报告》，《江汉考古》2009年第3期。
[5] 武汉大学考古系、湖北省文物局南水北调办公室、郧县博物馆：《湖北郧县店子河遗址发掘简报》，《考古》2011年第5期。

部不平整。东西长3.8、南北宽2.34米（图九）。坑内填土可分2层：第1层，填土呈青灰色，含烧土粒、炭粒，为汉代堆积；第2层，填土呈青黄色，含烧土粒、炭粒，出土遗物主要是东周时期的夹砂绳纹陶片。

H30 位于T0414西北部。开口于TD层下，打破生土。平面呈长方形，直壁，平底。南北长2.1、东西宽0.9、深0.5米（图一〇）。坑内北端出土绳纹筒瓦3件。填土呈浅灰色，土质疏松，夹杂少量炭末、红烧土颗粒、夹砂红陶片、泥质素面灰陶片和一些残碎瓦片。

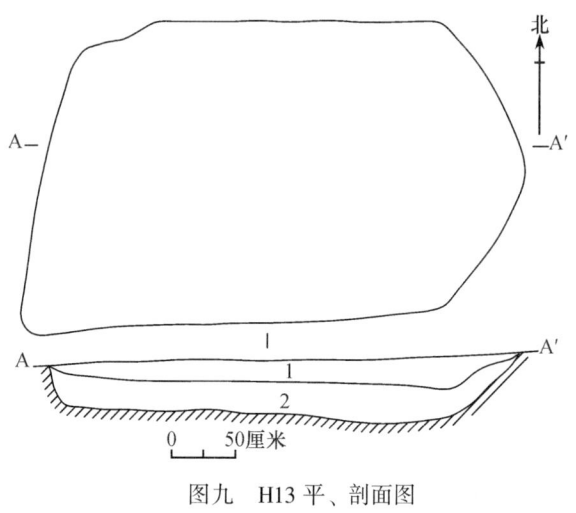

图九 H13平、剖面图

H46 位于T0512中西部。开口于TD层下，被M10打破，又打破H56、第3B层。平面形状不规则，略呈葫芦形，弧壁，近平底。长2.12、宽0.54～1.3、深0.1～0.14米。填土呈灰黑色，夹杂较多红烧土颗粒，土质较疏松，包含有大量瓦片和较多陶片。瓦片多泥质灰陶，皆饰粗绳纹，板瓦为多，有少量筒瓦；陶片大部分为泥质灰陶，多装饰绳纹或弦断绳纹，可辨器形有盆、罐耳等。

H56 位于T0512中西部。开口于TD层下，被H25和H46打破，打破第3B层。平面呈长方形，直壁，平底，坑口东部略高于西部，长1.5、宽0.7、东部深约0.52、西部深约0.44米（图一一）。填土为灰色，含较多黄色生土块，底部尤甚，并夹杂不少红烧土颗粒和黑色炭末，土质较疏松。出土较多陶片、瓦片和少量兽骨，瓦片为粗绳纹板瓦和少量筒瓦。陶片皆泥质灰陶，多饰有粗绳纹或弦断绳纹，可辨器形有瓮、盆、罐。

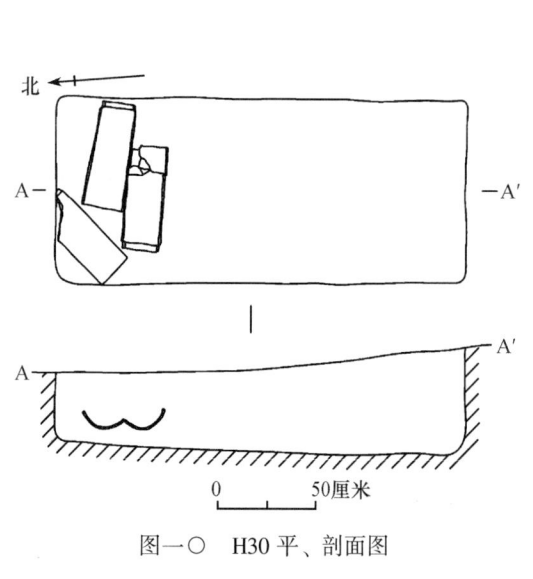

图一〇 H30平、剖面图

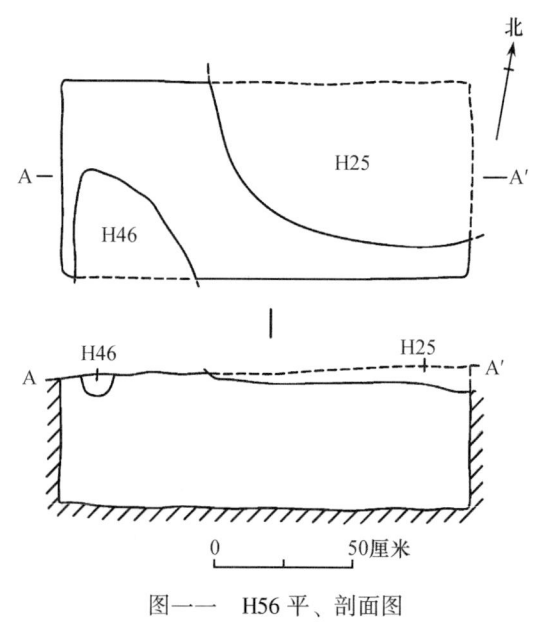

图一一 H56平、剖面图

H27　位于T0512南部偏西。开口于TD层下，打破H34和第3B层。平面形状不规则，弧壁，底呈阶梯状，南部浅而北部深。长2、宽1~1.38、南部深0.32、北部深0.48米（图一二）。填土呈灰黑色，夹杂较多红烧土颗粒和炭末，土质疏松。出土较多瓦片和少量陶片，瓦片多泥质灰陶，皆饰粗绳纹，板瓦为多；陶片大多为泥质灰陶，多饰绳纹或弦断绳纹；另有27件网坠，其中20件集中出土于灰坑南部，形制相当，可能属于同一件渔网。

H35　位于T0413西北部，并延伸到T0414、T0514内。开口于TD层下，打破H36。平面形状不规则，近直壁，圜底。东西长2.4、南北宽1.1~1.5、深0.5米。坑内填灰土，土质疏松，夹杂少量炭末、红烧土颗粒。出土陶片以泥质灰陶为主，红陶次之，素面和绳纹占多数，可辨器形有盆、罐、豆柄、网坠。另有鹿角、马下颌骨出土。

H36　位于T0413中西部，向西延伸到T0514内。开口于TD层下，被H35打破。平面形状不规则，斜壁，平底。东西长2.7、南北宽0.6~2.2、深0.3米。填土呈浅灰色，土质疏松，夹杂少量炭末、红烧土颗粒。出土陶片以泥质灰陶为主，素面居多，绳纹其次，可辨器形有盆、器盖。

H69　位于T0714东部偏北。开口于TD层下，打破生土。平面形状不规则，斜壁，底不平整，略大于口。长3.5、宽1.5~2.52、深1米（图一三）。坑内堆积分2层：第1层，厚0.3米，土色灰褐、泛青，土质松软，黏性较大；第2层，厚0.7米，土色浅灰，土质松软，黏性较大。

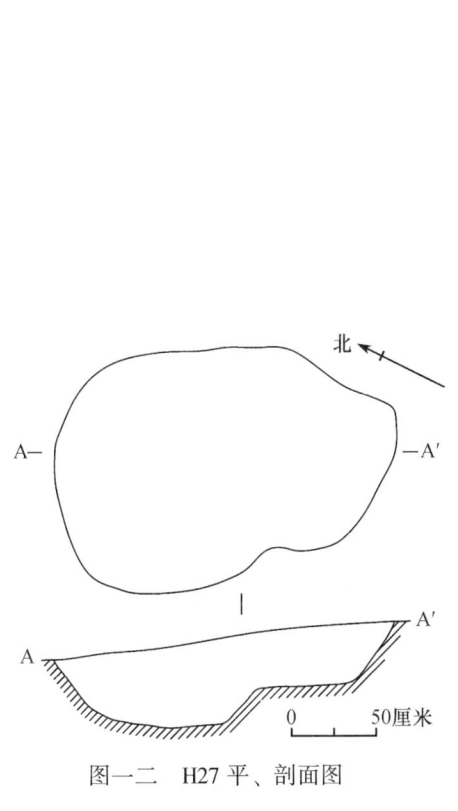

图一二　H27平、剖面图

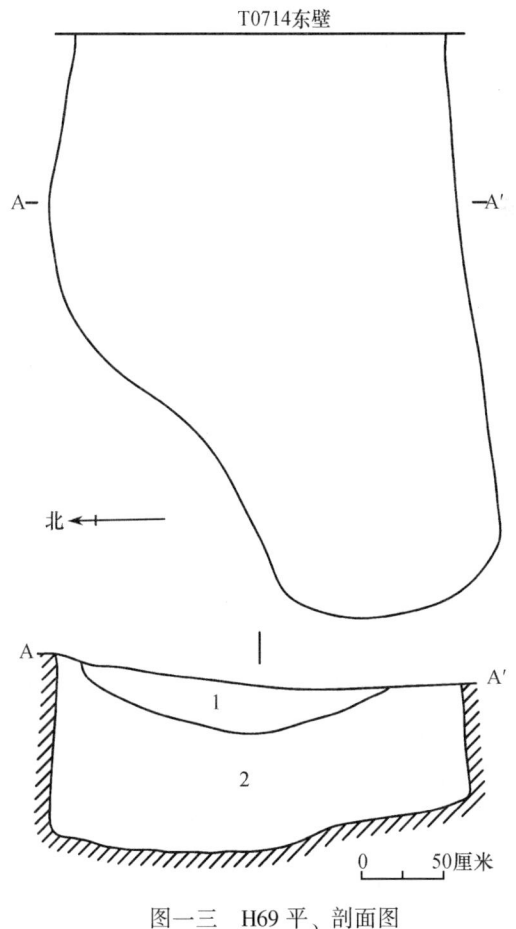

图一三　H69平、剖面图

两层堆积出土物类似，均以粗绳纹瓦片为多，陶片以泥质灰陶为主，绳纹、素面占多数，可辨器形有盆、罐、瓮、甑、豆柄等。

H110　位于T0714南部。开口于TD层下，打破H74。平面近方形，斜壁，底面不平整，呈阶梯状。边长约1.9、深0.48米。填土为灰土夹杂黑土，土质较疏松。出土大量绳纹瓦片，陶片以泥质灰陶为主，素面、绳纹占多数，可辨器形有盆、壶、器座。

2. 墓葬

土坑墓1座、瓮棺墓11座、瓦棺墓1座、砖室残墓1座。

M10　长方形竖穴土坑墓。位于T0512东部偏南，部分伸入东壁。开口于TD层下，打破H46和第3B层。方向90°。墓圹平面呈长方形，直壁，平底。长2.2、宽0.6米，上部被破坏，残深0.1米。填土呈灰黑色，包含少量瓦片。出土人骨一副，仰身直肢葬，头向东，面向南，保存情况差，性别、年龄不明，头骨下枕石头一块。在墓主脊椎旁发现铜钱9枚，其中一枚为"大泉五十"，余为五铢（图版三八，2），推测原本为放置于胸部上方。另在墓坑东北角和头骨上方各发现残砖一块（图一四）。

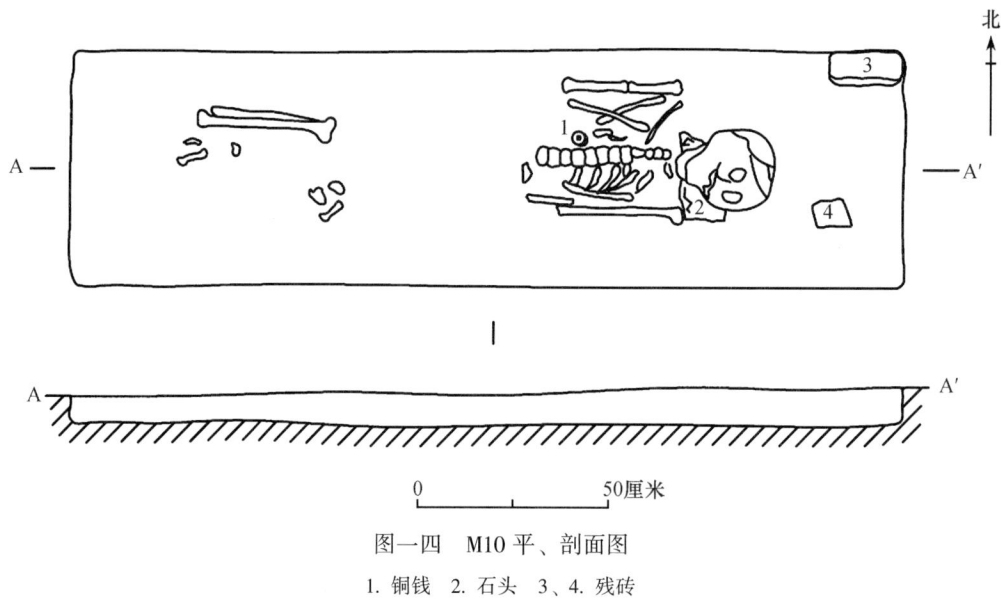

图一四　M10平、剖面图
1. 铜钱　2. 石头　3、4. 残砖

M1　瓮棺墓。位于T0111南部偏东，部分伸入南壁。开口于第3B层下，墓口东南部分被第2层下扰坑破坏。墓口平面呈椭圆形，南北径0.88、东西径0.8米；斜壁内收，平底，南北径0.5、东西径0.44、深0.5米（图一五）。墓坑内填土稍松，呈灰色，夹杂黄褐色土块、草木灰、烧土块、小白石子。出土葬具一套，由陶瓮和陶盆组成（图二一，1；图二二，1）。瓮棺内残留少量墓主遗骨，腐朽严重。

M6　瓮棺墓。位于T0113西北部。开口于TD层下，打破H52。墓口平面近椭圆形，南北径0.8、东西径0.7米；斜壁内收，平底，底径0.5~0.6、深0.5米。墓内填土稍硬，呈深灰色，含烧土粒、炭粒、黄绿色锈斑。出土葬具一套，陶瓮口部向南倾斜，上覆绳纹板瓦一块作盖（图二二，3；图二四，8）。瓮棺内仅残留细小遗骨。

M11　瓮棺墓。位于T0313北隔梁西部。开口于TD层下，打破H29。竖穴，圜底。墓口平面近圆形，口径0.6、深0.52米。墓内填土呈浅灰色，土质略松，夹杂少量石头和碎瓦片。出土葬具一套，由泥质灰陶瓮和帽盔形盖组成（图二二，2；图二四，2）。瓮棺内仅见细小残骨。

M12　瓮棺墓。位于T0212北隔梁。开口于TD层下。墓口平面近似椭圆形，剖面略呈袋状。口部南北径0.84、东西径0.7、深0.8米（图一六）。墓内填土呈青灰色，夹杂少量烧土粒、炭粒。墓内向北斜置陶瓮一件（图二二，7），上盖石板一块作为葬具。瓮棺挤压破碎，其中人骨保存状况很差，腐朽严重。

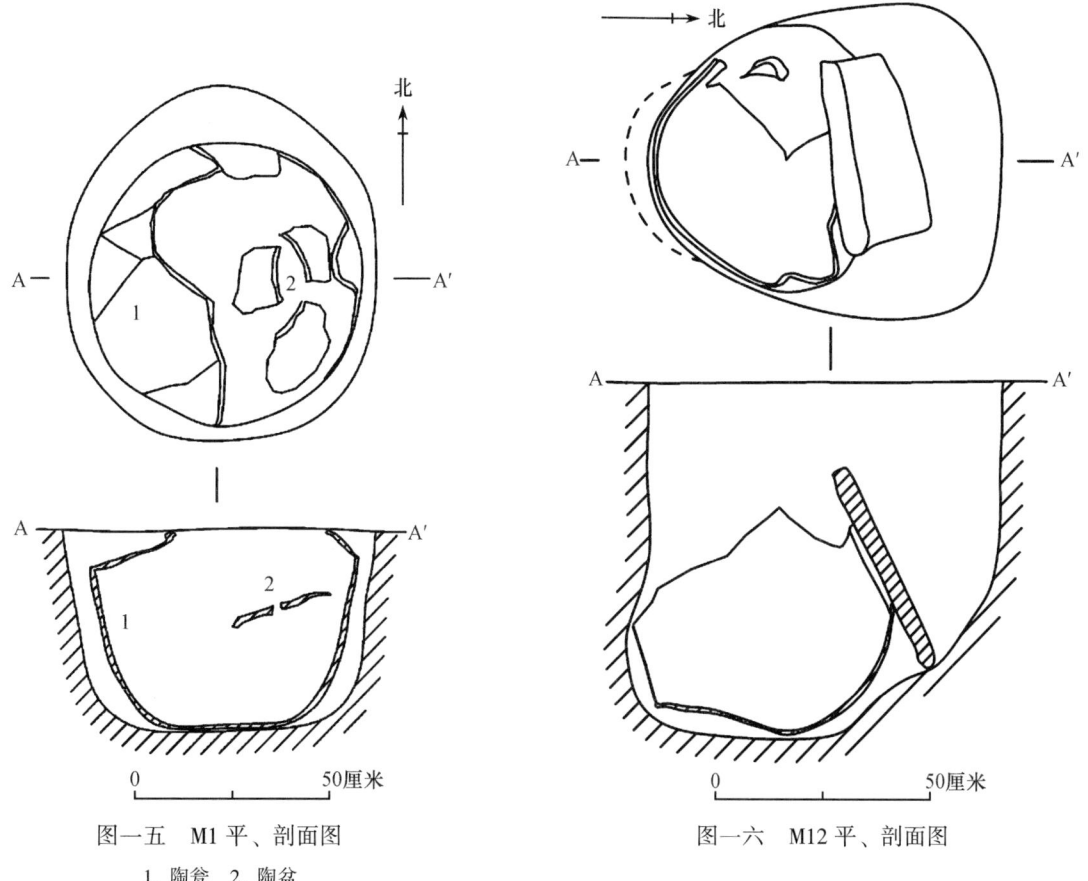

图一五　M1平、剖面图
1. 陶瓮　2. 陶盆

图一六　M12平、剖面图

M15　瓮棺墓。位于T1516东南部。开口于第3A层下。墓口平面呈圆形，弧壁，圜底。口径0.46、深0.32米。墓内填土疏松，呈灰色，含烧土粒、炭粒。葬具由一件灰陶盆覆扣于一件灰陶罐形甑上组成（图二一，5；图二三，4）。棺内仅见少量残骨。

M14　瓦棺墓。位于T1516东南部。开口于第3A层下。墓口平面呈长方形，东西向。长0.8、宽0.4、深0.24米（图一七）。墓内填土呈灰色，包含红烧土和炭粒。葬具为两块绳纹筒瓦对扣而成的瓦棺，两端用板瓦片封口。棺内西端横置板瓦片一块，尸骨腐朽严重。

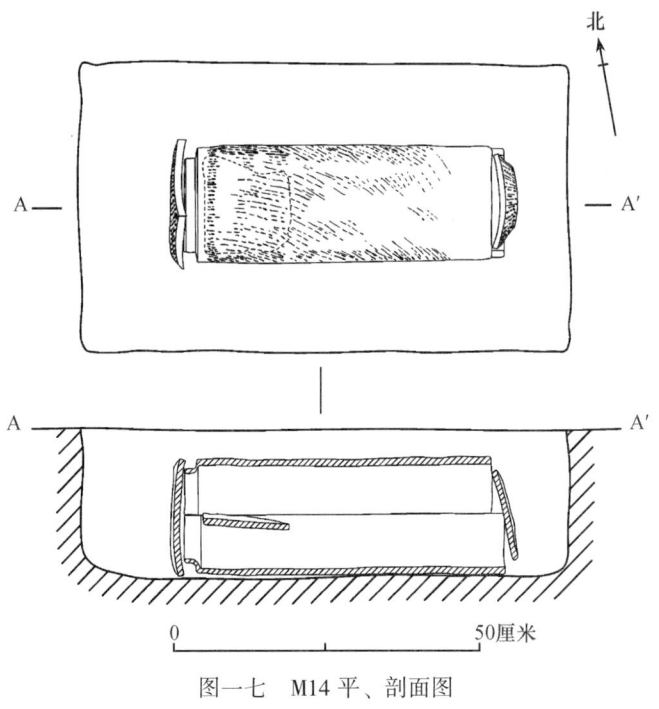

图一七 M14 平、剖面图

3. 沟

G9 位于发掘区西北部的 T0914、T1114、T1314、T1514。开口于第 3A 层下。沟口平面呈长条形，东西向，西部延伸至发掘区外，沟壁、沟底均不规整。已发掘部分长 34.4、宽 3.8~4.6、最深处 0.8 米。沟内填土呈灰黑色，土质较为松软，包含较多绳纹瓦片。陶器以泥质灰陶为主，素面为多，可辨器形有盆、瓮、甑、豆、器盖等。

4. 窑

Y1 位于 T0712 中东部。开口于 TD 层下，打破 H86。Y1 为单室窑，由窑室、火膛、窑门、烟道和操作间五部分构成。窑室平面呈椭圆形，长径 1.9、短径 1.44、残深 0.24 米；顶部无存，窑床西侧紧接火膛，呈斜坡状，东高西低；窑壁规整，有厚约 6 厘米的红烧土烧结面。火膛在窑室前端靠近窑门处，底部呈西高东低坡状，内有大量草木灰。窑门位于窑室西侧，拱券形，顶部残，残高 0.66、宽 0.3 米。烟道位于窑室后端，平面呈半圆形，直径 0.3、残深 0.22 米。操作间是窑门外与窑门相接的一个不规则形土坑，东西长 3.48、南北宽 3.4、深 0.44 米，地面呈西高东低的缓坡状。在窑附近发现柱洞 18 个，除 2 个为方形以外其余均为圆形，直径 0.18~0.55、深 0.1~0.3 米不等。其中有柱础石的 3 个，与另 3 块置于地面的石头围绕窑布置，应为 Y1 上部的附属建筑遗存（图一八）。填土呈灰褐色，土质疏松，夹杂炭末和红烧土颗粒。出土绳纹瓦片、泥质灰陶器物残片，可辨器形有盆、甑、罐、瓮、豆、器盖等。

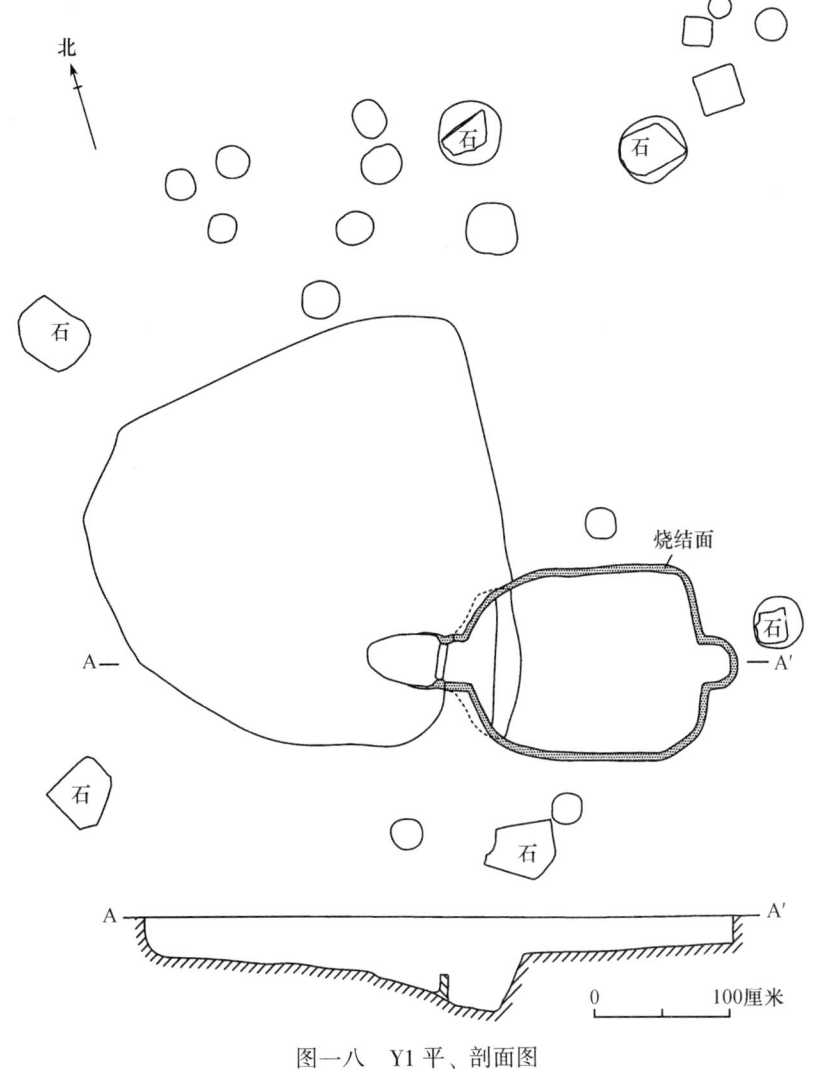

图一八　Y1 平、剖面图

5. 灶

形制相似，其中 Z2、Z3、Z4 成组排列。

Z2、Z3、Z4　位于 T1516 东北部，由北向南并列成一排，Z2 与 Z3 间距 0.8 米，Z3 与 Z4 间距 0.5 米。三者均开口于第 2B 层下，打破第 3A 层。灶的平面呈哑铃状，自东向西分别为灶膛、火门、火道。Z3、Z4 的火门已遭破坏。Z2 保存较好，灶膛东壁近直，南北壁略呈袋状，底部自东部灶膛向西部火道方向逐步抬高成坡状。Z2 长 1.62、宽 0.4～0.54、深 0.3 米，灶膛外侧烧结面厚 3 厘米（图一九）。Z3 长 1.3、宽 0.4～0.5、深 0.28 米，灶膛外侧烧结面厚 3～4 厘米。Z4 长 1.56、宽 0.45～0.5、深 0.3 米，灶膛外侧烧结面厚 2～4 厘米。灶内填土呈灰色，土质疏松，包含红烧土块、草木灰、炭粒，出土少量泥质灰陶片和绳纹瓦片。

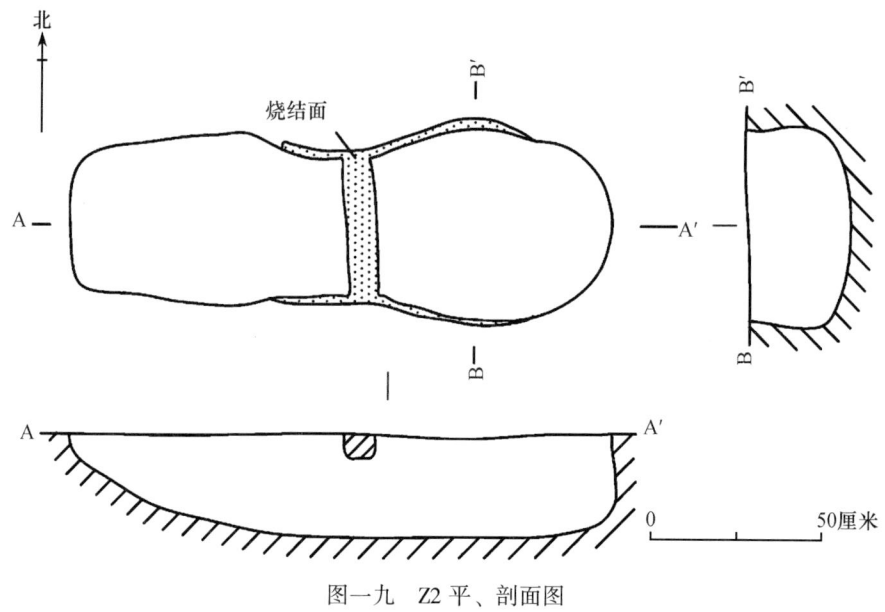

图一九 Z2 平、剖面图

6. 井

J2 位于 T1114 北部偏东。口部被第 2B 层下扰坑打破，原始开口层位不明。口部圆形，直径 0.96 米；内有砖砌井圈，至底部共 12 层，深约 2.06 米（图二〇）。每层井圈由 7 块两端带有榫卯结构的弧形圈砖（图二四，6）首尾相接砌成，砖与砖之间结合紧密，但未见黏合料。井内填土呈灰黑色，土质较黏，未见分层，出土少量绳纹瓦片和石块。

（二）遗　物

1. 陶器

盆 102 件。根据口沿形态的不同，可分四型。

A 型 41 件。窄折沿，尖唇，有的唇缘略微上翘，在沿面上形成一周浅槽，上腹部往往饰凸弦纹一周，下腹部斜弧。器表压印绳纹，大多口部与凸弦纹之间施纹后又抹平修整，纹饰较浅，有的甚至消失。根据口部敞、敛形态，可分二式。

Ⅰ式：19 件。敛口，多数在上腹部饰凸弦纹处有较明显的转折。多出土于 TD 层下遗迹与第 3B 层。M1∶2，泥质灰陶。底部残。口径 37、残高 20.5、壁厚 0.6 厘米（图二一，1）。H62∶1，泥质灰陶。下腹部残。口径 44.2、残高 17.5、壁厚 0.6 厘米（图二一，2）。H20∶2，泥质灰陶。平底略凹。口径 44.8、底径 18、高 27.4、壁厚 0.7 厘米（图二一，3；图版三九，3）。

Ⅱ式：22 件。直口或敞口。多出土于 TD 层及其下遗迹。H28∶1，泥质黑灰陶。敞口，底残。口径44、残高24、壁厚0.6厘米（图二一，4）。M15∶1，泥质灰陶。直口，平底内凹。口径34.6、底径14、高18.4、壁厚0.6厘米（图二一，5）。TD2∶225，泥质灰陶。直口，下腹部残。口径53.2、残高11.2、壁厚0.8厘米（图二一，7）。

B型 52件。折沿，方唇或圆唇，多数饰弦断或间断绳纹，少数素面或饰瓦楞纹。根据沿面宽窄和腹部形态，可分三亚型。

Ba型 27件。宽平沿，上、下腹部之间过渡自然。根据口部敞、敛形态，可分二式。

Ⅰ式：8件。直口或敛口。出土于TD层及其下遗迹、第3B层及其下遗迹。H13①∶3，泥质黄灰陶。直口，尖圆唇，下腹部残。腹部饰弦断绳纹，口沿下压印窝一周。口径46、残高6.8、壁厚0.8厘米（图二一，8）。T1112③B∶13，泥质灰陶。口微敛，沿面略凹，方唇，腹部饰绳纹，有抹断，下腹部残。口径72、残高18.4、壁厚0.6~1.2厘米（图二一，9）。TD2∶280，泥质灰陶。口微敛，方唇，下腹部斜弧，饰瓦楞纹，底部残。口径33.6、残高15.2、壁厚0.6厘米（图二一，6）。

Ⅱ式：19件。敞口。出土于第3A层及其下遗迹、TD层及其下遗迹。TD2∶222，泥质灰陶。方唇，下腹部残。饰竖条纹，有弦断。口径49.2、残高5.8、壁厚0.7厘米（图二一，24）。H72∶9，泥质黄陶。方唇，腹部斜收，平底。上腹部刻划二周弦纹。口径30.8、底径16.4、高15.4、壁厚0.6厘米（图二一，13）。H98∶2，泥质灰陶。尖圆唇，腹部斜收，近底部残。上腹部饰二周瓦楞纹，下腹部饰竖绳纹并有不规则指印压窝。口径45、残高16.2、壁厚0.6厘米（图二一，10）。H18∶1，泥质灰陶。圆唇，腹部斜收，平底内凹。上腹部饰三周瓦楞纹，中腹部饰一周绳纹带，多处指压痕迹。口径39.2、底径19.4、高19.6、壁厚0.8厘米（图二一，11）。

Bb型 15件。窄沿，上、下腹部之间过渡自然，大多饰弦断绳纹。根据口部敞、敛形态，可分三式。

Ⅰ式：7件。敛口。出土于TD层及其下遗迹和第3B层。T0111③B∶25，泥质灰陶。圆唇略下垂，下腹部残。上腹部饰一周梭形绳纹印窝，以下饰弦断绳纹。口径45、残高12、壁厚0.7厘米（图二一，14）。H110∶4，泥质灰陶。沿面平，圆唇，下腹部残。上腹部饰一周凸弦纹，弦纹以下饰竖绳纹。口径36、残高7、壁厚0.6厘米（图二一，12）。TD2∶233，泥质灰

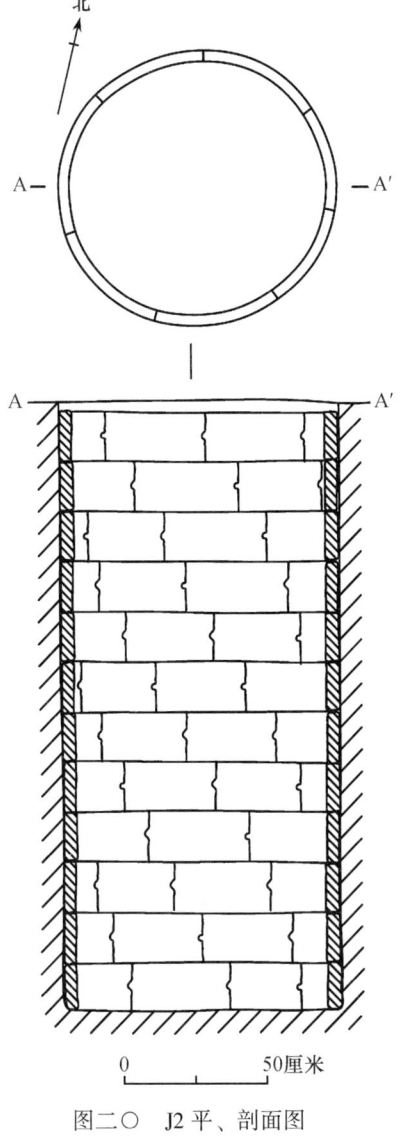

图二〇　J2平、剖面图

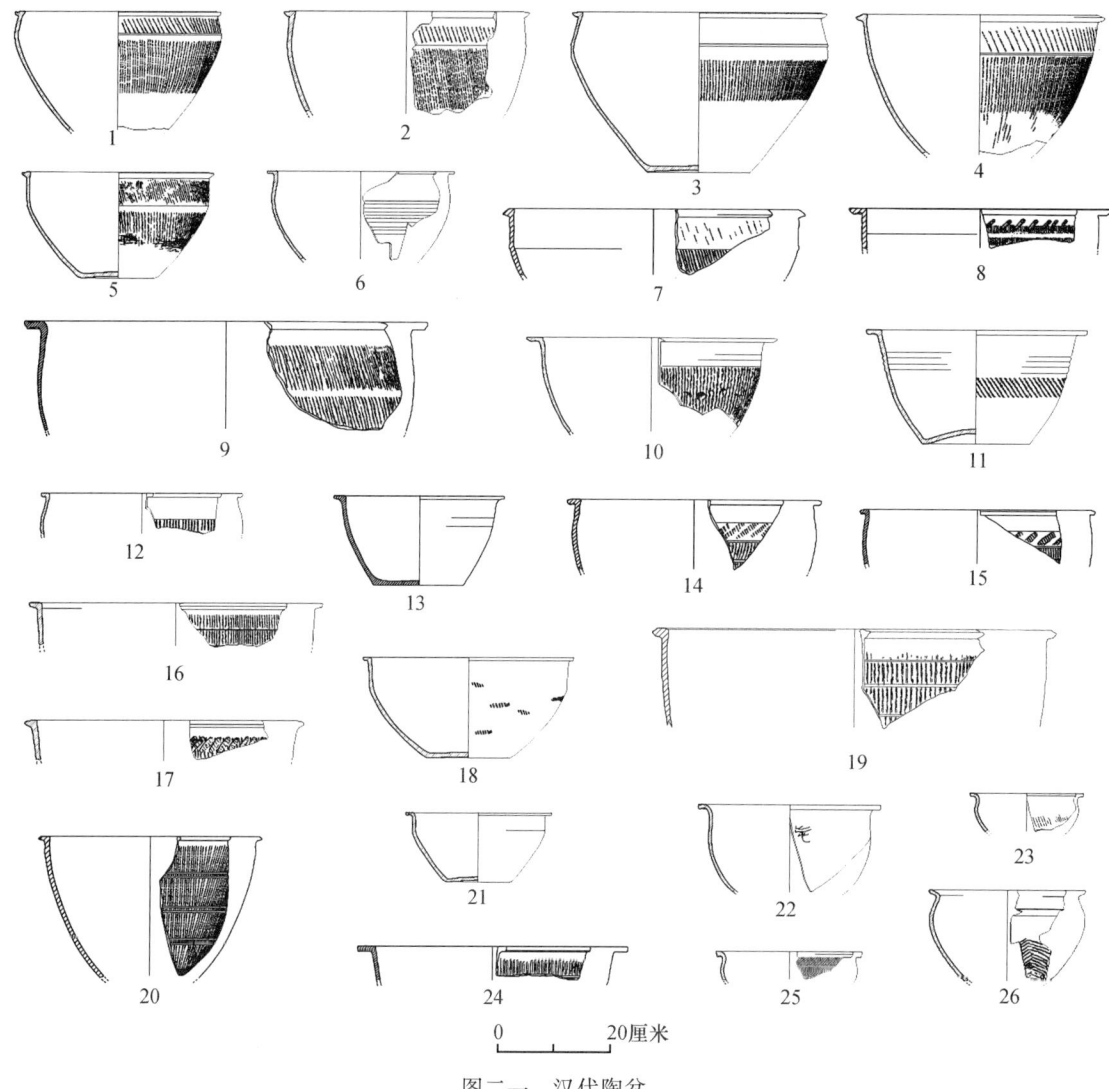

图二一 汉代陶盆

1～3. AⅠ式（M1：2、H62：1、H20：2） 4、5、7. AⅡ式（H28：1、M15：1、TD2：225） 6、8、9. BaⅠ式（TD2：280、H13①：3、T1112③B：13） 10、11、13、24. BaⅡ式（H98：2、H18：1、H72：9、TD2：222） 12、14、15. BbⅠ式（H110：4、T0111③B：25、TD2：233） 16、19、20. BbⅡ式（TD2：262、H82：3、H36：2） 17. BbⅢ式（TD1：60） 18、21. Bc型（H35：8、TD2：268） 22、23、25. C型（H36：3、G5：4、H3：4） 26. D型（TD2：277）

陶。沿面凸弧，方唇，下腹部残。上腹部饰一周条形绳纹印窝，以下饰弦断绳纹。口径42.4、残高9.2、壁厚0.8厘米（图二一，15）。

Ⅱ式：7件。直口。出土于 TD 层及其下遗迹。H36：2，泥质黄灰陶。窄平折沿，圆唇，斜弧腹，底部残。饰弦断绳纹。口径40、残高26、壁厚0.8厘米（图二一，20）。H82：3，夹细砂灰陶。尖圆唇，下腹部残。饰弦断绳纹。口径67.4、残高16、壁厚1.1厘米（图二一，19）。TD2：262，泥质灰陶。窄平折沿，方唇，下腹部残。饰弦断绳纹。口径52.8、残高7.3、壁厚0.8厘米（图二一，16）。

Ⅲ式：1件。敞口。出土于TD层。TD1：60，泥质灰陶。圆唇，下腹部残。上腹部先饰竖条纹，再压一周绳纹印窝。口径50、残高6.8、壁厚0.9厘米（图二一，17）。

Bc型 10件。沿面较窄，上、下腹部之间转折较明显，有的甚至有折棱。H35：8，泥质灰陶。直口，平折沿，沿面有二周凹槽，方唇，斜弧腹，平底微凹。腹部拍印绳纹多处。口径38、底径15、高17.4、厚0.7厘米（图二一，18）。TD2：268，泥质灰陶。直口，平折沿，方唇，沿面有两周凹槽，折腹，下腹部斜收，平底内凹。素面。口径26.4、底径11.8、高12.1、壁厚0.5厘米（图二一，21）。

C型 7件。卷沿。H3：4，泥质灰陶。方唇，唇面有一周凹槽，上腹部圆鼓，下腹部残。上腹部饰弦断绳纹。口径26、残高4.9、壁厚0.6厘米（图二一，25）。H36：3，泥质黑灰陶。沿面有两周凹槽，圆唇，圆腹，近底部残。素面，有刻划符号一处。口径32.6、残高15、壁厚0.6厘米（图二一，22）。G5：4，泥质灰陶。方唇，下腹部斜弧，近底部残。下腹部饰浅斜绳纹。口径20、残高6.6、壁厚0.4厘米（图二一，23）。

D型 2件。斜折沿。TD2：277，泥质红褐陶。敛口，圆唇，沿面外高内低，上腹部圆鼓，下腹部斜收，近底部残。上腹部饰一周凸弦纹，下腹部饰交错粗绳纹。口径28、残高15.8、壁厚0.5厘米（图二一，26）。

瓮 43件。根据口、颈部形态，可分五型。

A型 19件。小口内敛，矮颈。根据腹部形态，可分二亚型。

Aa型 17件。下腹部斜收。器身装饰弦断绳纹。根据肩部形态，可分二式。

Ⅰ式：6件。肩较平，与颈部夹角较小。M1：1，泥质灰陶。小口，折沿，尖唇，矮颈，圆肩，中腹部微鼓，下腹部斜收，平底微凹。肩、腹部饰五周弦断绳纹饰带，近底部饰弦断绳纹。口径30、肩径66.2、底径23、高52、壁厚1.6厘米（图二二，1）。M11：1，泥质灰陶。小口，折沿，尖圆唇，矮颈，广肩，斜腹，平底。肩、腹部饰六周弦断绳纹，近底部饰竖绳纹。口径27.2、肩径60、底径20.6、高46.8、壁厚1.2厘米（图二二，2）。

Ⅱ式：11件。肩部与颈部夹角较大。M6：2，泥质灰陶。口部烧制变形，小口，折沿，尖唇，矮颈，圆肩，斜腹，平底。肩、腹部饰三周弦断绳纹饰带，下腹部饰间断绳纹。口径24、肩径50、底径19.6、高40.4、壁厚1厘米（图二二，3）。TD2：269，泥质灰陶。小口，折沿，尖唇，矮颈，圆肩，斜腹，平底内凹。饰弦断绳纹。口径21.6、肩径38.4、底径16.8、高27.2、壁厚0.6厘米（图二二，9）。

Ab型 2件。圆弧腹。H56：1，泥质灰陶。小口，折沿，尖唇，溜肩，圆弧腹，平底。饰弦断绳纹。口径23.2、腹径47.6、底径24、高36、壁厚1厘米（图二二，6）。

B型 11件。直口，矮颈。根据唇、颈部形态，可分为二式。

Ⅰ式：2件。唇部两侧加厚，短颈。M2：1，泥质灰陶。方唇，圆肩，外侧有折痕，下折腹，平底微凹。肩腹部拍印不规则绳纹，下腹部转折处饰一周竖绳纹。口径33、腹径63.2、底径27.4、高48、壁厚1.6厘米（图二二，4）。M3：1，泥质灰陶。圆唇，折肩，折腹，中腹部

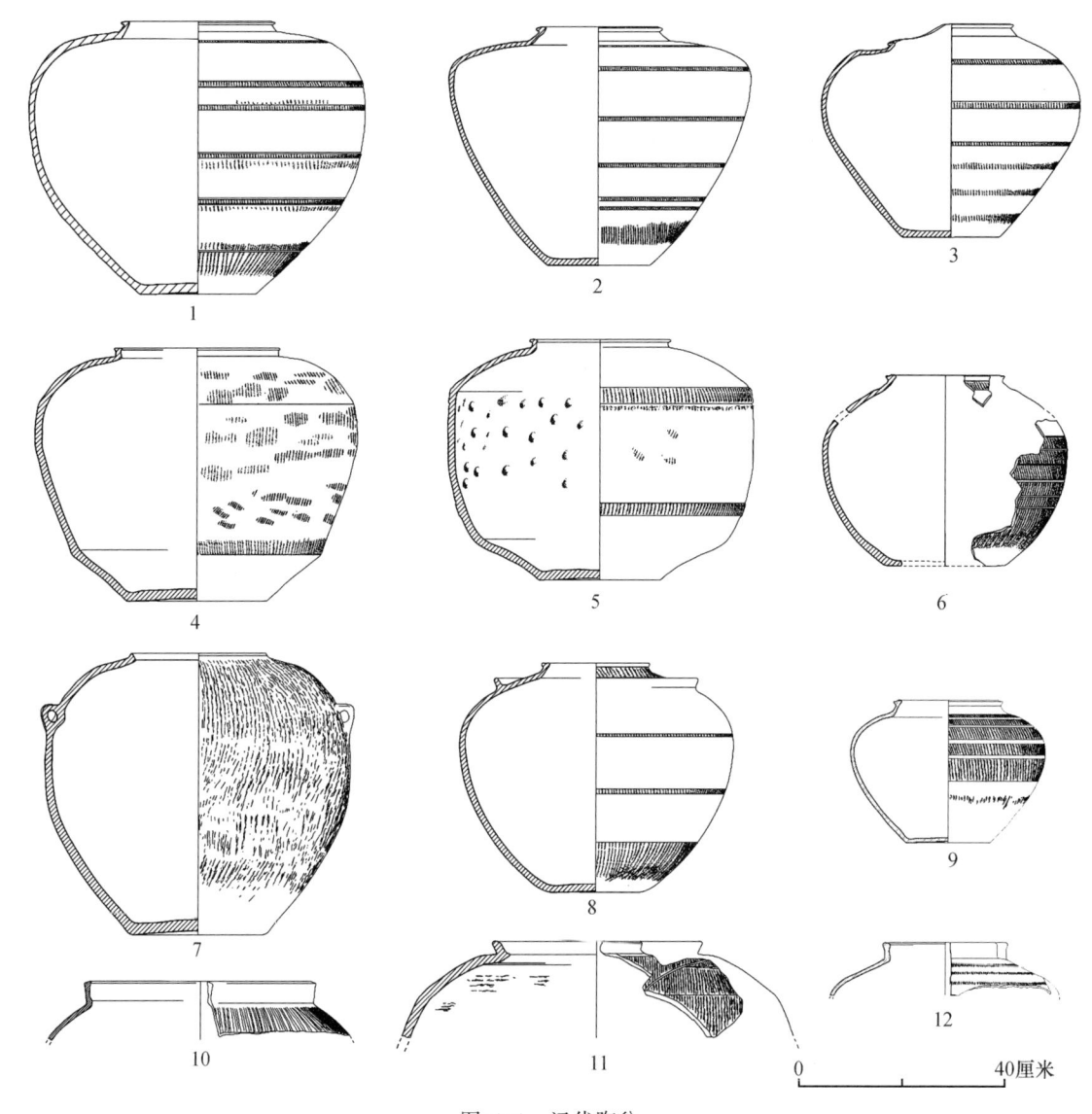

图二二 汉代陶瓮
1、2. AaⅠ式（M1∶1、M11∶1） 3、9. AaⅡ式（M6∶2、TD2∶269） 4、5. BⅠ式（M2∶1、M3∶1） 6. Ab型（H56∶1）
7. D型（M12∶1） 8. E型（M4∶1） 10、12. BⅡ式（TD1∶58、TD2∶229） 11. C型（TD2∶279）

呈筒形，下腹部凹弧内收，平底微凹。腹部上下各饰一周弦断绳纹饰带，内壁有指压按窝。口径29.6、腹径60.8、底径24.4、高46、壁厚1.4厘米（图二二，5；图版三九，5）。

Ⅱ式：9件。唇部无加厚或仅内侧加厚，颈部相对较高。TD2∶229，泥质灰陶。方唇。肩部刻划三周细线纹。口径25、残高10、壁厚0.8厘米（图二二，12）。TD1∶58，泥质灰陶。方唇，肩以下残。肩部饰竖条纹。口径47.6、残高11.9、壁厚1.1厘米（图二二，10）。

C型 7件。敞口，矮颈。TD2∶279，泥质灰陶。圆唇，圆肩，肩以下残。肩部饰弦断绳纹。口径40、残高18、壁厚1.4厘米（图二二，11）。

D型 4件。无颈。M12∶1，泥质灰陶。方唇，圆肩，肩部有一对牛鼻形系，圆腹，下腹部斜收，平底微凹。饰绳纹。口径26.8、腹径61、底径26.4、高53.6、壁厚1.4厘米（图二二，7）。

E型 2件。子母口。M4∶1，泥质灰陶。小口，折沿，圆唇，圆肩，圆弧腹，凹圜底。颈部压印浅绳纹，腹部饰两周弦断绳纹饰带，下腹部、底部饰交错绳纹。口径20.8、腹径53、底径19.6、高45.6、壁厚1.5厘米（图二二，8）。

罐 16件。根据形制的不同，可分二型。

A型 5件。双系罐。M7∶1，泥质灰陶。折沿，方唇，口部略呈盘口状，直颈上口略大，溜肩，肩部附牛鼻系一对，下腹部残。器表饰竖绳纹，可见抹断三周。口径14、残高15、壁厚0.8厘米（图二三，1）。TD2∶175，泥质灰陶。卷沿，方唇，束颈，圆肩，肩部附牛鼻形系一对，斜弧腹，平底。肩部、上腹部饰弦断绳纹，下腹部饰交错绳纹。口径21.4、腹径31.2、底径13.6、高28.8、壁厚0.8厘米（图二三，2；图版三九，4）。H111∶1，泥质灰陶。直口，方唇，高直颈，鼓肩，肩部附牛鼻形系一对，斜弧腹，凹圜底。肩部以下饰弦断绳纹。口径14.6、肩径26.8、底径10.4、高27.4、壁厚0.7厘米（图二三，5）。

B型 11件。高颈罐。根据颈部形态，可分三式。

Ⅰ式：4件。束颈。H35∶5，泥质灰陶。卷沿，方唇，圆肩，肩部以下残。肩部饰弦断绳纹。口径13、肩残径23.6、残高10、壁厚0.6厘米（图二三，6）。

Ⅱ式：4件。覆喇叭形斜直颈。TD2∶246，泥质灰陶。折沿，尖唇，颈部有一处"十"字形刻划符号，颈部以下残。口径12.4、肩残径18、残高7.5、壁厚0.6厘米（图二三，7）。

Ⅲ式：3件。喇叭形斜直颈。H98∶3，泥质灰陶。折沿，尖圆唇，溜肩，肩部以下残。肩部饰间断绳纹。口径12、残高6.8、壁厚0.6厘米（图二三，9）。

甑 9件。根据形制的不同，可分二型。

A型 7件。盆形甑。H70∶1，泥质灰陶。口微敛，窄折沿，尖唇，腹部斜收，小平底微凹。饰间断绳纹。口径63.4、底径19.4、高38、孔径1.5厘米（图二三，11；图版三九，6）。H27∶1，泥质灰陶。敞口，宽平折沿，圆唇，斜直腹，下腹部略凹，平底，甑孔双面对钻。中腹部饰绳纹。口径43、底径22、高22.8、孔径2.8、壁厚1厘米（图二三，8）。

B型 2件。罐形甑。M15∶2，泥质灰陶。直口，方唇，矮颈，溜肩，鼓腹，平底内凹。中腹部饰两周戳印纹，下腹部饰绳纹。口径21.6、腹径35.6、高21.4、孔径1.8、壁厚0.8厘米（图二三，4）。H18∶2，泥质灰陶。无颈，折沿，圆唇，圆肩，双牛鼻形系，鼓腹，凹圜底，底部有甑孔5个。肩部、上腹部饰弦断绳纹，下腹部饰斜绳纹。口径23、腹径38.2、底径16.2、高26.6、壁厚0.8厘米（图二三，3）。

缸口沿残片 3件。G9∶4，泥质灰陶。直口，方唇，唇面有二周凹槽，折腹斜收，折腹处可见穿孔一处。器表饰竖向粗绳纹，内壁饰交错粗绳纹。口径81.6、残高15.4、壁厚1.4厘米（图二三，10）。

器盖 7件。帽盔形，上部圆弧，下部外撇，盖缘圆唇。器表饰绳纹，腰部多有抹痕。M3∶2，泥质灰陶。直径35.6、高10.8、壁厚0.7厘米（图二四，1；图版三九，5）。M11∶2，泥质灰

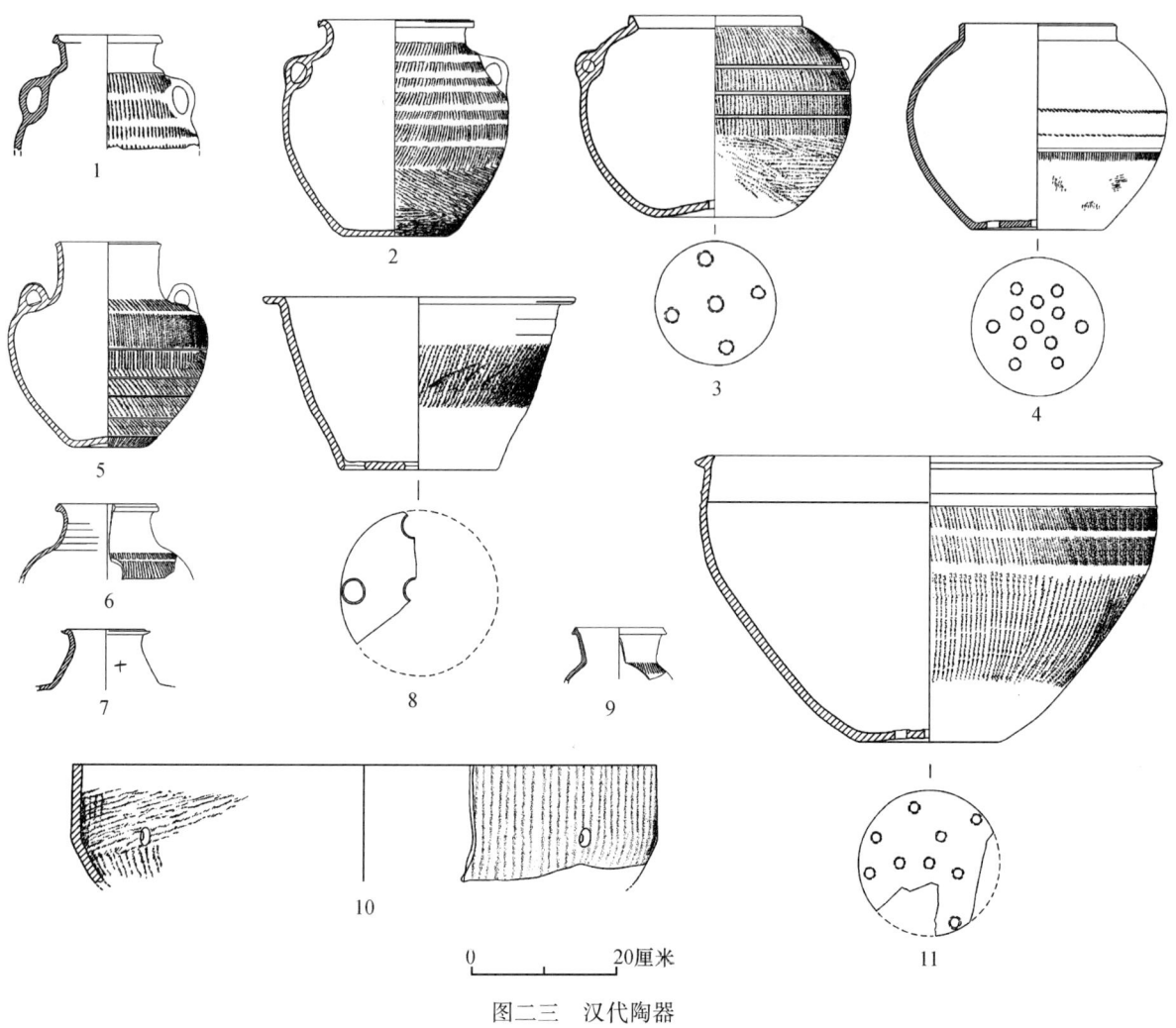

图二三　汉代陶器

1、2、5. A型罐（M7:1、TD2:175、H111:1）　3、4. B型甑（H18:2、M15:2）　6. BⅠ式罐（H35:5）
7. BⅡ式罐（TD2:246）　8、11. A型甑（H27:1、H70:1）　9. BⅢ式罐（H98:3）　10. 缸（G9:4）

陶。直径37.6、残高9.4、壁厚0.6厘米（图二四，2）。

器座　12件。月牙形。根据截面形态，可分二式。

Ⅰ式：4件。背部内凹明显，截面呈飞翼形。T1512③B:10，泥质灰陶。一端饰绳纹。长10.5、宽8.3、厚4厘米（图二五，2）。

Ⅱ式：8件。背部略内凹或平，截面近似三角形。T1310③A:4，泥质灰陶。饰交错绳纹。长9.1、宽5.8、厚3.4厘米（图二五，1）。

纺轮　24件。根据形制的不同，可分三型。

A型　19件。算珠形。Y1:1，泥质褐陶。直径2.6、厚1.5、孔径0.2厘米（图二五，3）。TD1:20，泥质黑陶。一端台面上有一周凹弦纹。直径3.6、厚2.5、孔径0.5厘米（图二五，5）。

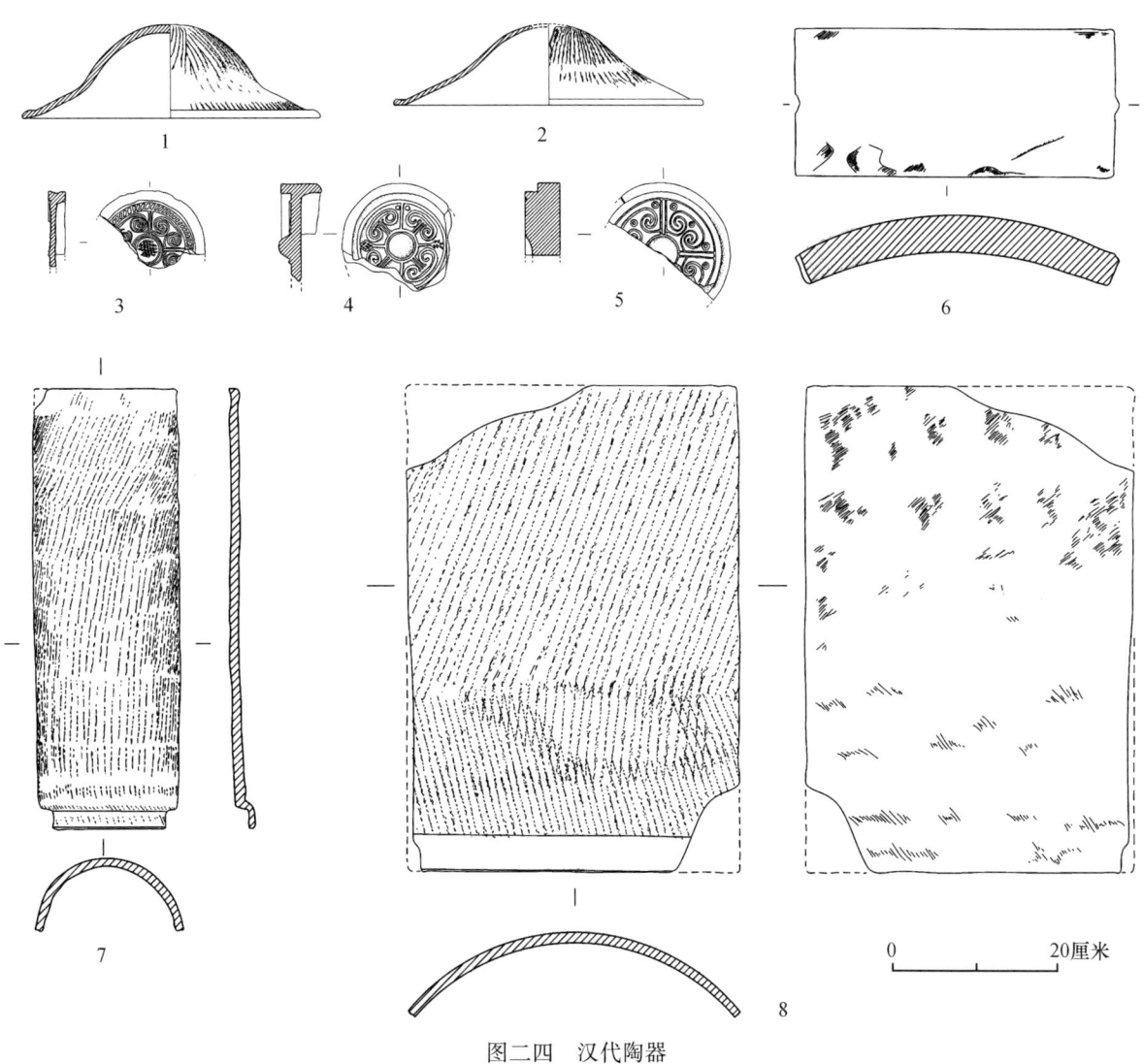

图二四 汉代陶器

1、2. 器盖（M3：2、M11：2） 3、4. 云纹瓦当（TD2：134、T1514③A：1） 5. 云纹瓦当模具（T0214 东隔梁②：5）
6. 井圈砖（J2：1） 7. 筒瓦（H30：2） 8. 板瓦（M6：1）

B 型 4 件。圆饼形。TD1：35，泥质红陶。直径2.8、厚0.6、孔径0.4厘米（图二五，4）。

C 型 1 件。圆台形。TD1：39，夹细砂红陶。直径4.8、厚2.3、孔径0.6厘米（图二五，6）。

网坠 392 件。根据使用方式的不同，可分二型。

A 型 330 件。穿孔形。根据形状的不同，可分三亚型。

Aa 型 244 件。纺锤形。T0111③B：3，泥质黄陶。略残。长3、腹径1.3、孔径0.4厘米（图二五，9）。TD2：15，泥质灰陶。长4.7、腹径1.7、孔径0.4厘米（图二五，10）。

Ab 型 78 件。管状。T0111③B：6，泥质褐陶。长3.2、腹径1.5、孔径0.4厘米（图二五，11）。

Ac 型 8 件。近球形。TD2：85，泥质灰陶。直径4.4、孔径0.5厘米（图二五，12）。

B型　62件。绳槽形。根据形状的不同，可分二亚型。

Ba型　60件。"亚"字形，正反两面各有一道纵向绳槽，端部两侧各有一道横向绳槽。TD2∶1，泥质红陶。长6.7、宽2、厚1.5厘米（图二五，8）。

Bb型　2件。柱形。H79∶1，泥质红陶。两面纵向绳槽和端部横向绳槽均不十分明显。长7.3、宽2.5、厚1.6厘米（图二五，7）。

封泥　2件。TD2∶99，印文为篆体"錫倉"。长4.5、宽2.7厘米（图二五，13；图版三九，2）。T0414①∶1，残损严重，印文模糊，一字可辨为"臣"，另一字不可辨。长3、宽2.7厘米。

云纹瓦当　14件。均残。TD2∶134，泥质灰陶。模制。饰云纹四组，中心为凸绳纹。半径7.2、厚0.8厘米（图二四，3）。T1514③A∶1，泥质灰陶。模制。饰云纹四组，中心乳凸。半径7.4、厚1.3厘米（图二四，4）。

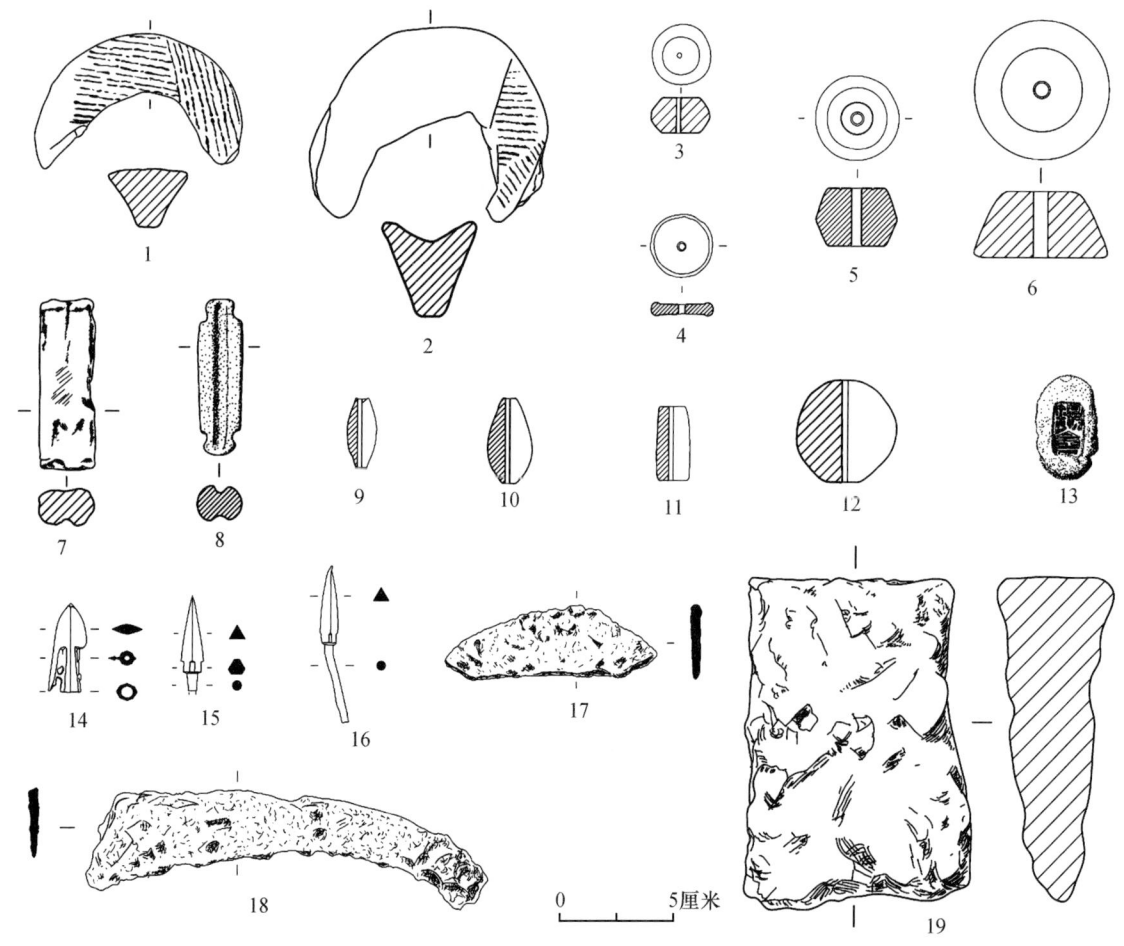

图二五　汉代遗物

1. Ⅱ式陶器座（T1310③A∶4）　2. Ⅰ式陶器座（T1512③B∶10）　3、5. A型陶纺轮（Y1∶1、TD1∶20）　4. B型陶纺轮（TD1∶35）　6. C型陶纺轮（TD1∶39）　7. Bb型陶网坠（H79∶1）　8. Ba型陶网坠（TD2∶1）　9、10. Aa型陶网坠（T0111③B∶3、TD2∶15）　11. Ab型陶网坠（T0111③B∶6）　12. Ac型陶网坠（TD2∶85）　13. 封泥（TD2∶99）　14. A型铜镞（T1512③B∶5）　15、16. B型铜镞（TD1∶26、TD2∶45）　17. 铁刀（TD2∶37）　18. 铁镰（TD2∶78）　19. 铁斧（T1516③A∶2）

云纹瓦当模具 3件。均残。T0214东隔梁②：5，泥质灰陶。半径8.4、厚4.2厘米（图二四，5）。

筒瓦 大多为残片，完整或可复原仅4件。4件筒瓦形制与制作方法相同，均为半筒形，方唇瓦头与瓦身之间有明显拼接痕迹，凸面饰绳纹，凹面饰麻点纹并可见五道横向的泥条拼接缝，两侧外缘有切割痕迹。推测制法为：在柱形内模外侧贴敷泥条拼接成瓦身，并接瓦头，再于两侧切割坯体的一半厚度，待坯体干燥后分离脱模，入窑烧制。H30：2，泥质灰陶。长52、宽16.5~18、高8.4、厚0.8厘米（图二四，7）。M14：1，泥质灰陶。长50.2、宽17.6、高9.6、厚1厘米（图一七）。M14：2，泥质灰陶。长48、宽17.6~18.3、高8.2、厚1厘米（图一七）。

板瓦 大多为残片，仅1件可复原。M6：1，夹细砂红陶，凸面饰绳纹，凹面拍印绳纹，两边凹面一侧有切割痕。推测制法为：在筒形外模内壁贴敷成型，四等分切割，待坯体干燥后分离脱模，入窑烧制。长57、宽40、高9.1、厚1厘米（图二四，8）。

井圈砖 J2：1，灰砖，弧形，两端有榫卯。素面。长39.5、宽17.4、厚4.5厘米（图二四，6）。

2. 铜器

箭镞 3件。根据形制的不同，可分二型。

A型 1件。双翼形。T1512③B：5，一翼残，八角形铤，圆形銎，锋部略残。残长3.8、铤径0.9、銎内径0.6、复原翼展2厘米（图二五，14）。

B型 2件。三棱锥形。TD1：26，铤部残。残长4、宽1厘米（图二五，15）。TD2：45，圆铤，变形弯曲。全长6.7、铤径0.4、铤长3.4厘米（图二五，16）。

3. 铁器

镰 6件。均残断，锈蚀严重。TD2：78，弧形刀身。长18、宽3、厚0.4厘米（图二五，18）。

刀 1件。TD2：37，残，锈蚀严重。弧背，直刃。长9.5、宽3.2、厚0.5厘米（图二五，17）。

斧 1件。T1516③A：2，锈蚀严重。长14、宽9.8、厚4.8厘米（图二五，19）。

（三）小　　结

本次发掘出土的汉代文化遗物十分丰富，陶器有盆、瓮、罐、甑、缸、豆、器盖、器座、纺轮、网坠、瓦当及其模具，和数量众多的瓦片。根据随葬"大泉五十"的M10判断，被M10打破的第3B层及部分相关遗迹当为西汉至新莽时期堆积；而叠压M10之上的TD层、第3A层及部分相关遗迹年代较晚，应为东汉时期堆积。从器物类型来看，西汉时期遗存以AⅠ式、

BaⅠ式、BbⅠ式盆，AaⅠ式、Ab型、BⅠ式瓮，BⅠ式罐为代表，而东汉时期遗存则以AⅡ式、BaⅡ式、BbⅡ式、BbⅢ式盆，AaⅡ式、BⅡ式瓮，BⅡ式、BⅢ式罐为代表。

五、讨　论

本次发掘的发现以汉代遗存为主，新石器时代和东周时期遗存虽有发现，但数量很少。汉代遗存中最重要的发现是大面积的瓦片堆积（TD层），数量如此众多的瓦片表明此处或附近曾经有一处规模不小的建筑群存在。而且在这片瓦片堆积中还发现一枚印有"钖仓"二字的封泥，为寻找汉代钖县旧址提供了新的线索，对研究秦汉时期汉江流域的历史地理变迁、城镇建置沿革等学术问题有十分重要的意义。

（一）瓦片堆积（TD层）的成因

TD层的面积大约800平方米左右，最厚处可达0.8米。关于其成因，最初有三种推测：一是房屋倒塌后的堆积。但是，各种瓦片分布散乱，无规律，不似房屋倒塌后形成的原生堆积。而且在TD层清理完毕之后，未在其下发现台基、墙基、居住面、活动面等迹象。尽管在东、南边缘各发现一组柱洞，但排列不规则，似是某种干栏式小型建筑物，与TD层应无直接关系。二是烧窑过程中形成的产品堆积。尽管有陶拍、支座等制陶工具出土，但数量很少，而且附近也未见汉代大型窑址。本次发掘发现的Y1体量很小，窑室面积不到3平方米，根据窑壁的烧结情况推断其使用期限也很短，不足以形成大量的瓦片堆积。因此这两种推测先后被否定。第三种推测是房屋废弃后倾倒建筑垃圾形成的堆积，这在发掘过程中逐步得到证实。

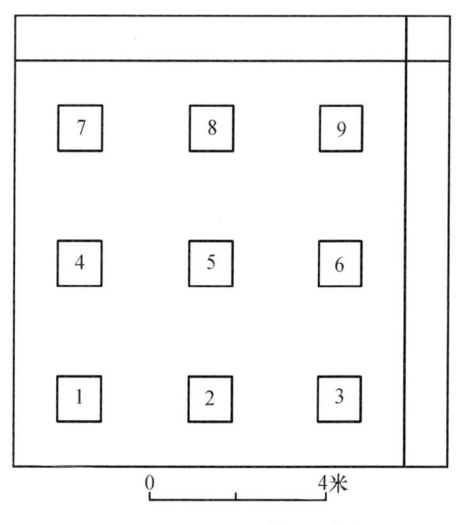

图二六　T0514采样区分布图

发掘中为了解TD层的性质和形成原因，我们采取目标采样和系统采样相结合的方式对其中的瓦片遗物进行了采样。目标采样主要针对瓦片的纹饰样本和一些片形较大的瓦片，用于分类和测量，推断其形制和大小。系统采样则是在探方T0514中划出9个采样区，每个采样区1米见方，相邻采样区之间间隔2米，编号1~9（图二六）。每个采样区中的所有瓦片全部收集，用于统计分析。

9个采样区共采得样品4617片，均为残片，无一可拼对复原。1~9区各583、817、532、777、858、347、422、132、149片，西南和中部区域数量较多，东北角较少，表明TD层在这里由西南向东北方向减薄。样品中筒瓦1464片，板瓦3153片，凸面均饰绳纹。筒瓦凹面则有布纹、麻点纹、绳纹、素面、菱格纹、弦纹等，多为前四种，后两种极少。凹面为布纹的筒瓦，其凸面所饰绳纹大多较粗且纵向施纹；凹面为麻点纹或绳纹的筒瓦，其凸面所饰绳纹大多较细且斜向施纹；素面的筒瓦碎片则大多为瓦头和瓦尾没有施纹的部位。板瓦凹面则有菱格纹、菱格纹加绳纹、连续绳纹、散布的块状绳纹、麻点纹、素面、弦纹、菱格纹加布纹等，多为前六种，后两种极少。从片形较大的板瓦片上可见，菱格纹、连续绳纹、块状绳纹往往同时存在，而且有部分抹平的做法。所以，大部分只有菱格纹或绳纹，甚至一部分素面的碎片，很有可能应属于菱格纹加绳纹一类，只是由于碎片小而只呈现了部分纹饰特征。

对各个采样区分别根据瓦片凹面纹饰特征进行数量统计后得到的结果，制成饼图（图版四〇）进行对比后发现：筒瓦中布纹占绝对多数，但在各个采样区的比例是不同的，大致呈现由西南向东北方向递减的趋势；相反，麻点纹总数不占优势，但在各个采样区中的比例呈现由西南向东北方向递增的趋势。其中8区呈现反常现象，可能与这个位置的TD层被一个第2层下的扰坑打破有关。板瓦的分布规律相对不太明显，可能为一类的菱格纹、块状绳纹、连续绳纹、菱格纹加绳纹这四种纹饰的瓦片占半数以上；麻点纹在中部的5区和西南的1、2、4区比例较小，北侧和东侧的3、6、7、9区比例较大，8区仍显反常。之所以出现这样的现象，可能与TD层的形成过程有关。首先，这是倾倒废弃瓦片垃圾的结果。TD层中包含物以瓦片为主，有少量陶器碎片，砖、石等其他建筑材料几乎没有，而且所有瓦片无一可拼对复原，因此不可能是房屋倒塌后形成的废墟。TD层的形成应当是房屋废弃后，人们拣选那些可再利用的完整瓦片和砖石材料予以保留，而将破碎无用的瓦片遗弃到此处的结果。其次，TD层虽然最厚处可达0.8米，但是内部没有明显的分层现象，表明人们的这种倾倒行为应当是一个相对连续的过程，中间没有明显的中断。最后，这种倾倒行为具有一定组织性。不同纹饰的瓦片在分布上的规律性，一方面表明倾倒有一定方向性，结合地势判断应为由西南向东北倾倒，并随着高度增加逐渐后退。另一方面也表明人们在清理建筑垃圾时有一定的先后次序。通常情况下，一座建筑上的用瓦应基本上保持一致。因此只有在人们对房屋进行逐一或者逐组清理、倾倒的时候，不同规格瓦片才会伴随着倾倒的方向性，在分布上呈现出规律性。人们的这种活动与该地区聚落的兴废应当有一定关系，但囿于相关考古材料和文献记载的匮乏，对这一问题的研究还无法进一步深化。

（二）瓦片来源建筑的类型

这些瓦片来自于何种建筑，可以根据瓦片类型、形制、大小以及一些相关遗物做一推断。TD层中的瓦片均为残片，无一可以复原。筒瓦有些是从中部横向断裂，因此可以测得其宽度，约在16.5~18.5厘米，与H30、M14中出土筒瓦（H30：1、H30：2、M14：1、M14：2）基本一致，由此推断其长度也应在50厘米左右。板瓦的长度和宽度均无法测得，但是比较其弯曲的弧度、厚度与M6出土的瓮棺盖瓦（M6：1）基本一致，由此推断其长、宽分别在57、40厘米左右。通过与秦汉时期其他建筑遗址出土的瓦片尺寸相比较（表二），可知上宝盖遗址发现的瓦片堆积应当是某种官署建筑遭废弃后产生的垃圾遗存。

表二　瓦片尺寸比较表

	筒瓦（单位：厘米）		板瓦（单位：厘米）	
	长	宽	长	宽
上宝盖	约50	16.5～18.5	约57	约40
长乐宫二号建筑①	55.3	17.2	残30.2	43.7
未央宫前殿A区建筑②	49.8～57.8	15.3～16.2	55.5	39.7～42.5
长安城武库③	47.1～52	13.3～18.9	残	40.2～44.5
阿房宫前殿④	48.5～56	15～17	58～62	44～48
华仓一号仓⑤	44.5	19	残30	39

注：来源报告中如有多个标本，表中数据则取其范围

"錫倉"封泥（TD2∶99）的出土也恰恰点明了这一建筑群的功能性质——仓。《说文》："仓，谷藏也。"一般专指粮仓。西汉沿袭秦制，在"郡、县两级行政均有常设之仓"⑥。与"錫倉"类似的印章或封泥过去也多有发现，裘锡圭先生认为西汉印中的"垣仓"、"共仓"、"海曲仓"、"诸仓"即分别指垣县、共县、海曲县、诸县的县级仓⑦。因此，"錫倉"之义，不言而明。此外，在耕土层中出土的另一枚封泥（T0414①∶1），尽管仅有一字"臣"可辨，另一字模糊不清，但类似印文如"臣尊"、"臣充"、"臣明"、"臣隆"、"臣客"、"臣获"的封泥在汉长安城未央宫第四号建筑遗址中也有发现⑧，这也辅证了这一建筑群的官署性质。

（三）汉代锡县地望

"錫倉"封泥，不仅有助于推断TD层瓦片的来源，还是目前考古发现的第一个有"錫"字的实物，为讨论汉代锡县地望问题提供了新依据。基于文献考证，关于汉代锡县（在某些文献中写作"钖县"，如《宋书》、《三国志》）地望的看法主要有两种：

第一，汉锡县即现今郧县。《宋书》记载："郧乡令，本锡县，二汉旧县，属汉中，后属魏兴，魏、晋世为郡，后省。武帝太康五年，改为郧乡。……锡县令，前汉长利县，属汉中，后

---

① 李毓芳、刘振东、张建锋：《汉长安城长乐宫二号建筑遗址发掘报告》，《考古学报》2004年第1期。
② 中国社会科学院考古研究所：《汉长安城未央宫：1980—1989年考古发掘报告》，中国大百科全书出版社，1996年，第228、229页。
③ 中国社会科学院考古研究所：《汉长安城武库》，文物出版社，2005年，第59、60页。
④ 李毓芳、孙福喜、王自力等：《阿房宫前殿遗址的考古勘探与发掘》，《考古学报》2005年第2期。
⑤ 陕西省考古研究所华仓考古队：《汉华仓遗址发掘简报》，《考古与文物》1982年第6期。
⑥ 邵鸿：《西汉仓制考》，《中国史研究》1998年第3期。
⑦ 裘锡圭：《啬夫初探》，《云梦秦简研究》，中华书局，1981年，第258页。
⑧ 刘庆柱、李毓芳、张连喜等：《汉长安城未央宫第四号建筑遗址发掘简报》，《考古》1993年第11期。

汉省。晋武帝太康四年复立，属魏兴。五年，改长利为锡。"① 由此可见，汉代的锡县是后来的郧乡县，也就是今天的湖北郧县；而西晋太康五年之后的锡县则是汉时长利县。另，《元和郡县图志》载：郧乡县"本汉锡县，古麇国之地也，《左传》曰：'楚潘崇伐麇，至于锡穴'是也。汉锡县属汉中郡，晋武帝改锡县为郧乡县。"②《通典》载："郧乡，汉锡县也。古糜（麇）国地。春秋时，楚潘崇伐糜（麇），至于锡穴，即此也。西晋改为郧乡。"③《旧唐书》载："郧乡，汉锡县地，属汉中郡，晋改为郧乡。"④ 也都持相同观点。

第二，汉锡县在现今白河县附近。因为根据《水经注》的描述："汉水又东迳魏兴郡之锡县故城北，为白石滩。县故《春秋》之锡穴地也，故属汉中，王莽之锡治也"⑤，而今天郧县县城却位于汉江北岸，与此不符。另外，《华阳国志》载："郧乡县，本名长利县，县有郧关。"⑥ 说明郧乡县与锡县无关，而是改自长利县。而且"长利，有郧关"的说法也见于《汉书》⑦，因而多有认为汉代锡县非今日郧县，而应在今白河县附近。谭其骧先生主持编撰的《中国历史地图集》也采信此观点，将两汉锡县标注于白河县东南方向、汉江南岸的位置⑧。

目前根据上宝盖出土的"錫倉"封泥，结合近年考古调查、发掘的成果，已经可以对汉代锡县的确切位置作一推断。

从史籍记载来看，汉代锡县的由来与春秋时期麇国都城锡穴有直接关系，至少是得名于此。除了上文提到的《水经注》、《元和郡县图志》中都称锡县为"故《春秋》之锡穴"外，《后汉书》中也有同样的记载："锡有锡，春秋时曰锡穴。"⑨ 颜师古注《汉书》也认为："即《春秋》所谓锡穴。"⑩ 所以要讨论汉代锡县地望问题，须先明确春秋锡穴的位置。根据清同治《郧阳县志》："锡穴山，城西百二十里，在长利废址东。"⑪ 从今天郧县县城沿汉江水路往西上溯60多千米即为五峰乡西峰、肖家河一带，该地区的地形地貌与《水经注》中的描述十分吻合。自20世纪90年代起，在肖家河村先后发现多座春秋时期贵族墓葬。1990年郧阳地区博物馆在肖家河村四组发现并清理了一座春秋晚期楚式墓⑫。2001年郧县博物馆在肖家河村六组清理一座春秋墓葬⑬，有学者认为这是楚灭麇之后负责管理此地的楚阳氏墓葬⑭。2006年，湖北省文物考古研究所在肖家河村乔家院发掘了四座春秋中晚期殉人墓，他们认为这是楚灭麇入主

---

① 《宋书·志第二七》卷三七。
② 《元和郡县图志》卷二一。
③ 《通典》卷一七七。
④ 《旧唐书·志第一九》卷三九。
⑤ 《水经注·沔水篇》。
⑥ 《华阳国志》卷二。
⑦ 《汉书·志第八上》卷二八上。
⑧ 谭其骧：《中国历史地图集》（第2册），中国地图出版社，1982年，第29、30、53、54页。
⑨ 《后汉书·志第二三》卷一一三。
⑩ 《汉书·志第八上》卷二八上。
⑪ 吴葆仪、王严恭等：《清同治郧阳县志》（影印本），台北成文出版社有限公司，1960年，第30页。
⑫ 郧阳地区博物馆：《湖北郧县肖家河春秋楚墓》，《考古》1998年第4期。
⑬ 周新民、黄旭初、王诗礼：《湖北郧县肖家河出土春秋唐国铜器》，《江汉考古》2003年第1期。
⑭ 陈朝霞：《麇国历史地理与文化考补》，《江汉论坛》2011年第7期。

麇地之后的楚人墓葬①。尽管关于这批墓葬主人的身份性质仍有一定争议，但是值得注意的是，到目前为止在鄂西北郧阳地区发现的春秋时期高规格墓葬都集中在肖家河村。肖家河村地处汉江的一个河曲地带，三面环水，地势险要，易守难攻，而且渔猎资源丰富，符合锡穴作为麇国都城的选址要求；即便麇灭国之后，这里也应当是楚国管理者治所的首选。因此，目前学术界对于春秋锡穴在郧县五峰乡肖家河村附近没有太多争议。

在2009年第三次全国文物普查工作中，在肖家河村西南约2千米的上庄，发现一分布面积约8万平方米的大型遗址。上庄遗址北临汉江，位于东西两道山梁之间的沟谷地带，所处台地略高于周边地面1~2米。遗址范围内随处可见汉代板瓦、筒瓦残片，遗址东部的一处断面上可见瓦片堆积厚达1米。其遗存类型、分布面积、堆积厚度都符合城镇一级聚落遗址的特征，因此调查者初步判断上庄遗址可能是汉代锡县故址②。从上庄遗址往东顺汉江而下14千米就是上宝盖遗址，两者之间水路交通便利。如上宝盖附近确为汉代锡县粮仓，那么上庄是汉代锡县县城故址的可能性极大。

附记：本次发掘和整理工作，得到十堰市文物局、郧县文物局等单位的大力协助，在此谨表谢意。同时亦感谢傅广典先生对封泥文字辨识提供的帮助。考古队由复旦大学高蒙河任领队，潘碧华任执行领队，参加发掘和整理的人员有王太一、陈明辉、戎静侃、麻赛萍、刘佳旭、王新柱、彭锦秀、刘文财、翟呈周、贾晓东、齐锁劳等。

摄影：潘碧华　王太一
绘图：潘碧华　戎静侃
修复：王新柱　彭锦秀
执笔：潘碧华　高蒙河

---

① 黄凤春、黄旭初：《湖北郧县乔家院春秋殉人墓》，《考古》2008年第4期。
② 文物报：《湖北郧县发现疑似汉代锡县故址》，《中国文物报》2009年4月10日第2版。

图版一

1. 布方前地表

2. 探方远景

工地外景（2006年度）

图版二

1. M6形制(北—南)

2. M6局部

汉代M6(2006年度)

图版三

1. M11形制（东—西）

2. M11随葬品
左：陶鬲（M11：3）、中：陶壶（M11：1）、右：陶罐（M11：2）

汉代M11（2006年度）

图版四

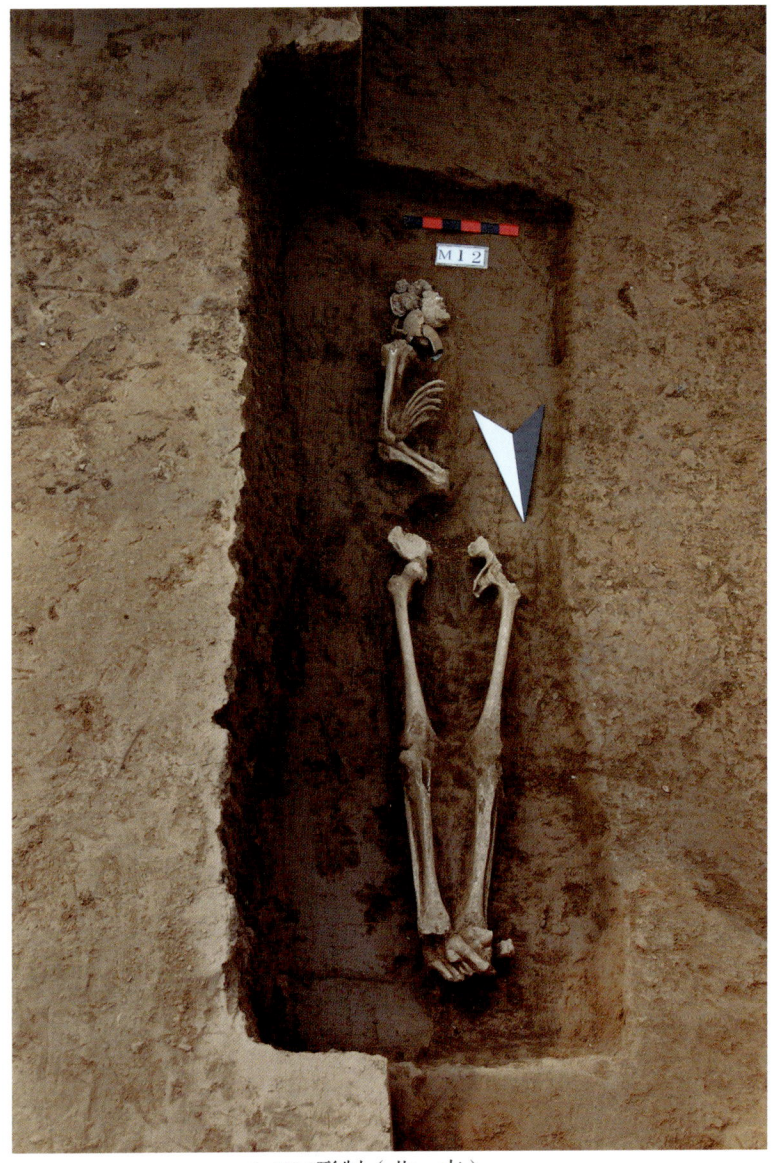

1. M12形制（北—南）

2. 骨箭镞（M12:01）

3. 铜箭镞（左：M12:1、右：M12:2）

汉代M12（2006年度）

图版五

1. M17形制（北—南）

2. M17形制（东—西）

汉代M17（2006年度）

图版六

1. 鼎（左：M17∶4、右：M17∶3）

2. 敦（左：M17∶2、右：M17∶1）

汉代M17出土陶器（2006年度）

图版七

1. 壶（左：M17∶5、右：M17∶6）

2. 豆（左：M17∶7、右：M17∶8）

汉代M17出土陶器（2006年度）

图版八

1. Z1形制

2. J1形制

汉代灶、井(2006年度)

1. Y1形制（西—东）

2. Y1形制（东—西）

汉代Y1（2006年度）

图版一〇

1. Y2形制（南—北）

2. Y2形制（北—南）

汉代Y2(2006年度)

图版一一

1. H102∶3

2. J1∶2

3. J1∶6

4. J1∶6（底部）

汉代陶双耳罐（2006年度）

图版一二

1. 盆（H49:1）

2. 盆（Y2:1）

3. 甑（H39:1）

4. 甑底部（H39:1）

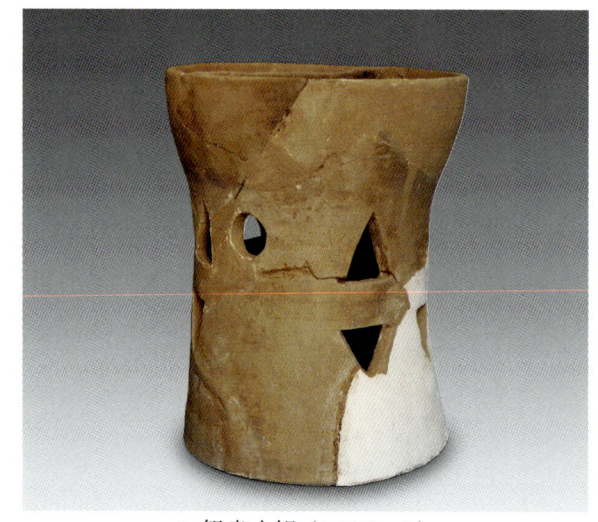
5. 鸳鸯火锅（H102:4）

6. 鸳鸯火锅俯视（H102:4）

汉代陶盆、甑、鸳鸯火锅（2006年度）

图版一三

1. 网坠（左起：H100∶3、T0328③∶3、H100∶4、H121∶1、H100∶2）

2. 网坠（左起：T0410②∶1、H100∶1、T0734③∶1）

3. 纺轮（左起：T0609②B∶1、T0227③∶3、H130∶1）

4. 纺轮（左起：T0427②∶2、H94∶1、H39∶2、T0633②∶3）

汉代陶网坠、纺轮（2006年度）

图版一四

1. 缸（H150∶1）

2. 纺轮（左：T0427③∶1、右：H121∶3）

3. 纺轮俯视（左：T0427③∶1、右：H121∶3）

4. 瓦当（T0404②B∶1）

5. 瓦当（T0510③∶1）

汉代陶缸、纺轮、瓦当（2006年度）

图版一五

1. J1∶19

4. J1∶8

2. J1∶19

5. J1∶8

6. H75∶1

3. H74∶1

7. H75∶1

汉代条砖（2006年度）

图版一六

1. 口沿规（H43∶1）

2. 模拍（H16∶2）

3. 模拍上部（T0406②B∶1）

4. 模拍底部（T0406②B∶1）

5. 模拍上部（Y2∶4）

6. 模拍侧面（Y2∶4）

7. 模拍上部（Y2∶10）

8. 模拍底部（Y2∶10）

汉代制陶工具（2006年度）

图版一七

1. 陶支垫（左起：Y2∶9、T0505②B∶1、G1∶3）

2. 陶夯（T0205②B∶1）

3. 圆陶片（左：Y2∶8、右：H100∶7）

4. 刻字陶片（H58∶1）

5. 桃核（J1∶11）

6. 木线梭（J1∶1）

汉代遗物（2006年度）

图版一八

1. 正面（上排左起：H7∶1、H59∶1、H67∶1，下排左起：H121∶5、T0102③∶1、T0403①∶1）

2. 背面（上排左起：H7∶1、H59∶1、H67∶1，下排左起：H121∶5、T0102③∶1、T0403①∶1）

汉代半两铜钱（2006年度）

图版一九

1. 正面（左起：T0633②：1、H53：1、T0327③：2、H67：2）

2. 背面（左起：T0633②：1、H53：1、T0327③：2、H67：2）

3. 正面（左：H43：7、右：T0528②：8）

4. 背面（左起：M9：2、H43：7、T0528②：8、Y1：4）

汉代五铢铜钱（2006年度）

图版二〇

1. M1形制（北—南）

2. M1底部（北—南）

汉代M1（2006年度）

图版二一

1. M5形制（西—东）

2. 陶瓮棺（M5∶1）

汉代M5（2006年度）

图版二二

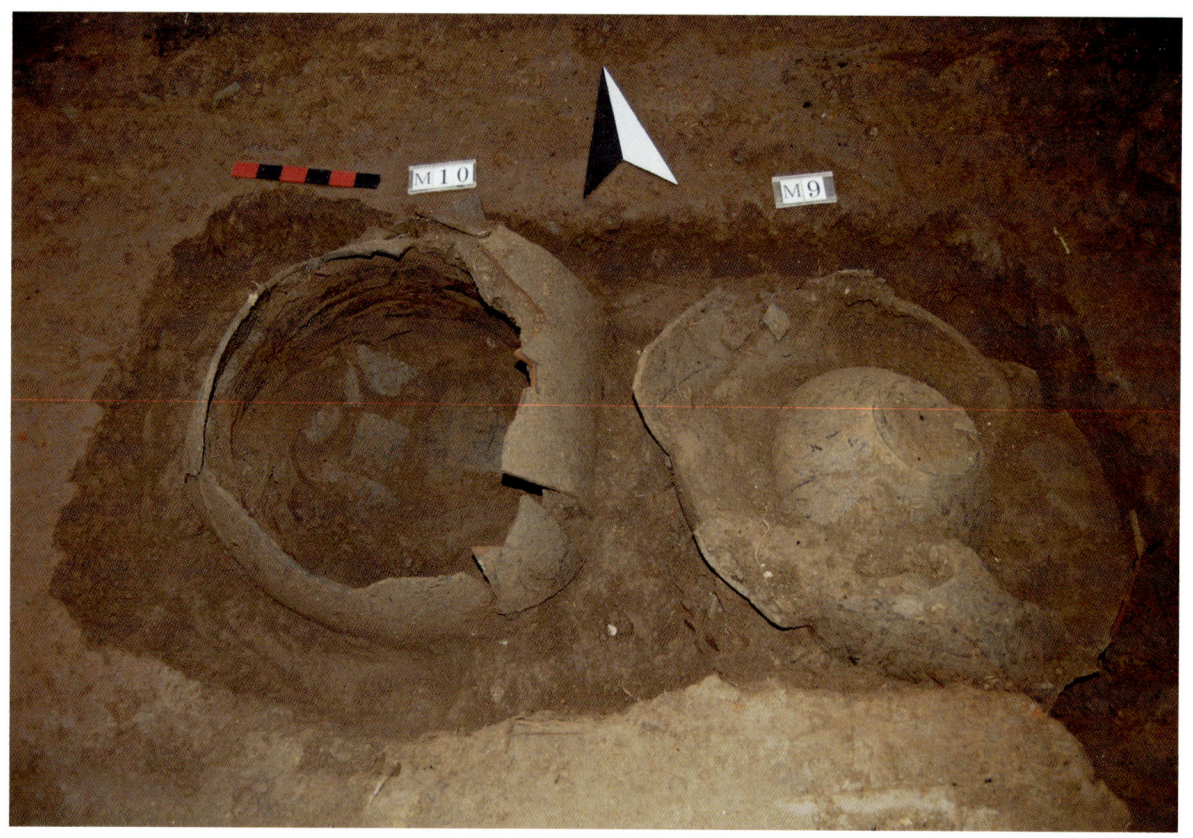

1. M9、M10形制(南—北)

2. 陶瓮棺(M9:1、M9:2)

3. 陶瓮棺(M10:1、M10:2)

汉代M9、M10(2006年度)

图版二三

1. M2形制（西—东）

2. 陶瓮棺（M2:1、M2:2）

3. 陶瓮（M2:2）

汉代M2（2006年度）

图版二四

1. M13（西—东）

2. 陶瓮棺（M13北：1）

3. 陶瓮棺（M13南：1）

汉代M13（2006年度）

图版二五

1. M14形制（东—西）

2. 陶瓮棺（M14：1、M14：2）

3. 陶瓮（M14：2）

汉代M14（2006年度）

图版二六

1. M16形制（南—北）

2. 陶瓮棺（M16:1、M16:2）

3. 陶瓮（M16:2）

汉代M16（2006年度）

1. M7、M8形制（南—北）

2. 陶瓮棺（M7∶1、M7∶2）

3. 陶瓮棺（M8∶1、M8∶2）

汉代M7、M8（2006年度）

图版二八

1. M3、M4形制（南—北）

2. 陶瓮棺（M3∶1、M3∶2）

3. 陶瓮棺（M4∶1、M4∶2）

汉代M3、M4（2006年度）

图版二九

1. M8（西—东）

2. 陶盖（M8∶1）

3. 陶瓮（M8∶2）

汉代M8（2006年度）

图版三〇

1. H164∶1

2. T0227②∶1

汉代陶瓮棺（2006年度）

图版三一

1. T0208②C:2

2. T0509③:1

3. M18:2

4. T0608③:4

汉代陶瓮棺(2006年度)

图版三二

1. 瓮棺（H94：2）

2. 瓮棺（H94：3）

3. 火锅正视（T0328②：4）

4. 火锅俯视（T0328②：4）

汉代陶瓮棺、明代陶火锅（2006年度）

图版三三

1. K1形制及出土器物

2. 鼎（K1∶2）

3. 鼎（K1∶3）

新石器时代K1及出土陶器（2009年度）

图版三四

1. 陶罐（K1∶4）

2. 陶小口瓶（K1∶8）

3. 陶小口壶（K1∶6）

4. 石球（K1∶9）

5. 陶碗（K1∶5）

6. 陶钵（K1∶7）

7. 陶盆（K1∶1）

新石器时代K1出土器物（2009年度）

图版三五

1. 斧（T30②∶2）

2. 斧（T21②∶3）

3. 斧（T47②∶1）

4. 方形器（T21②∶4）

新石器时代石器（2009年度）

图版三六

1. 东周鬲（H29∶3）

2. 东周支垫（H7②∶1）

3. 汉代双耳罐（M16∶1）

4. 汉代盆（H39∶1）

5. 汉代钵（H19∶1）

6. 汉代钵（H19∶2）

东周、汉代陶器（2009年度）

图版三七

1. 盆（M20∶1）

2. 盆（M20∶2）

3. 瓮（M15∶1）

4. 瓮棺（M4∶1、M4∶2）

汉代陶瓮棺葬具（2009年度）

图版三八

1. T0514瓦片堆积（西→东）

2. M10出土铜钱（M10：1）

汉代瓦片堆积及M10出土铜钱（2010年度）

图版三九

1. 东周陶鬲（T0111④：30）

2. 汉代"锡仓"封泥（TD2：99）

3. 汉代陶盆（H20：2）

4. 汉代陶双耳罐（TD2：175）

5. 汉代陶瓮棺（M3：2、M3：1）

6. 汉代陶甑（H70：1）

东周、汉代遗物（2010年度）

图版四〇

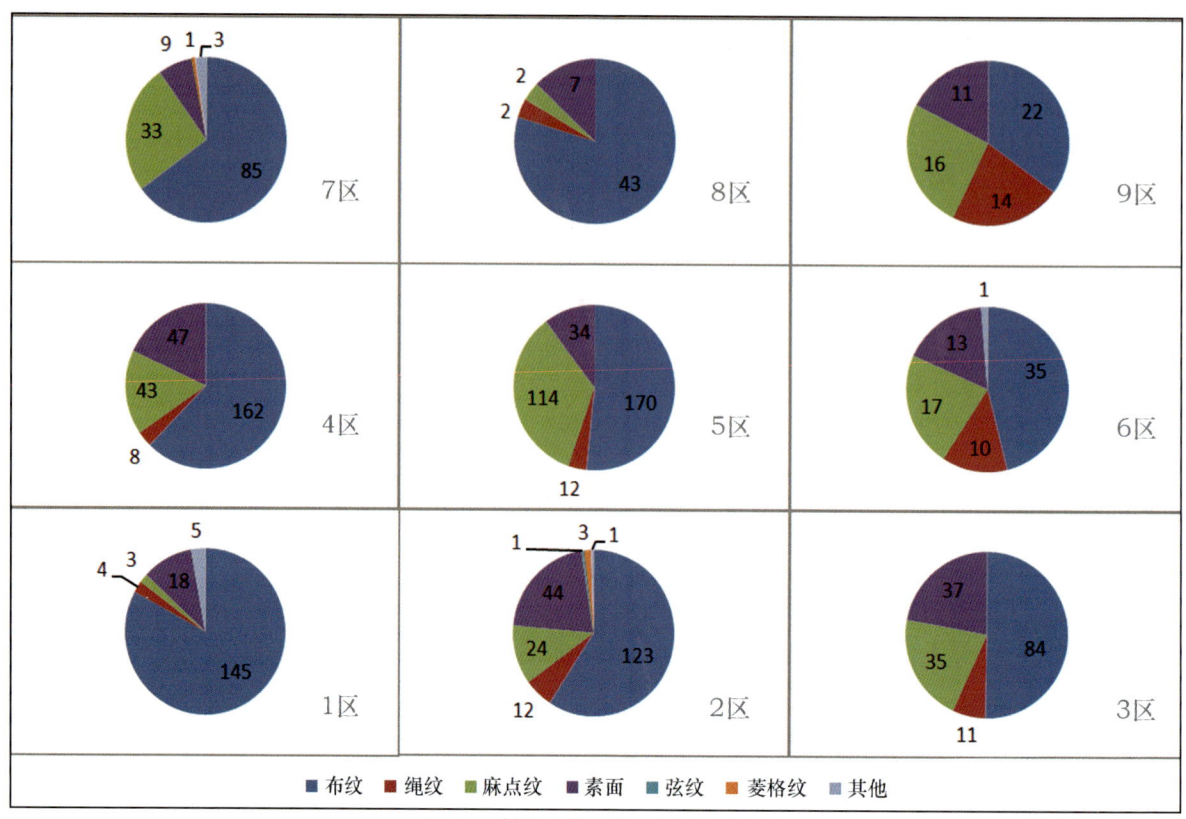

1. T0514采样区筒瓦凹面纹饰统计图

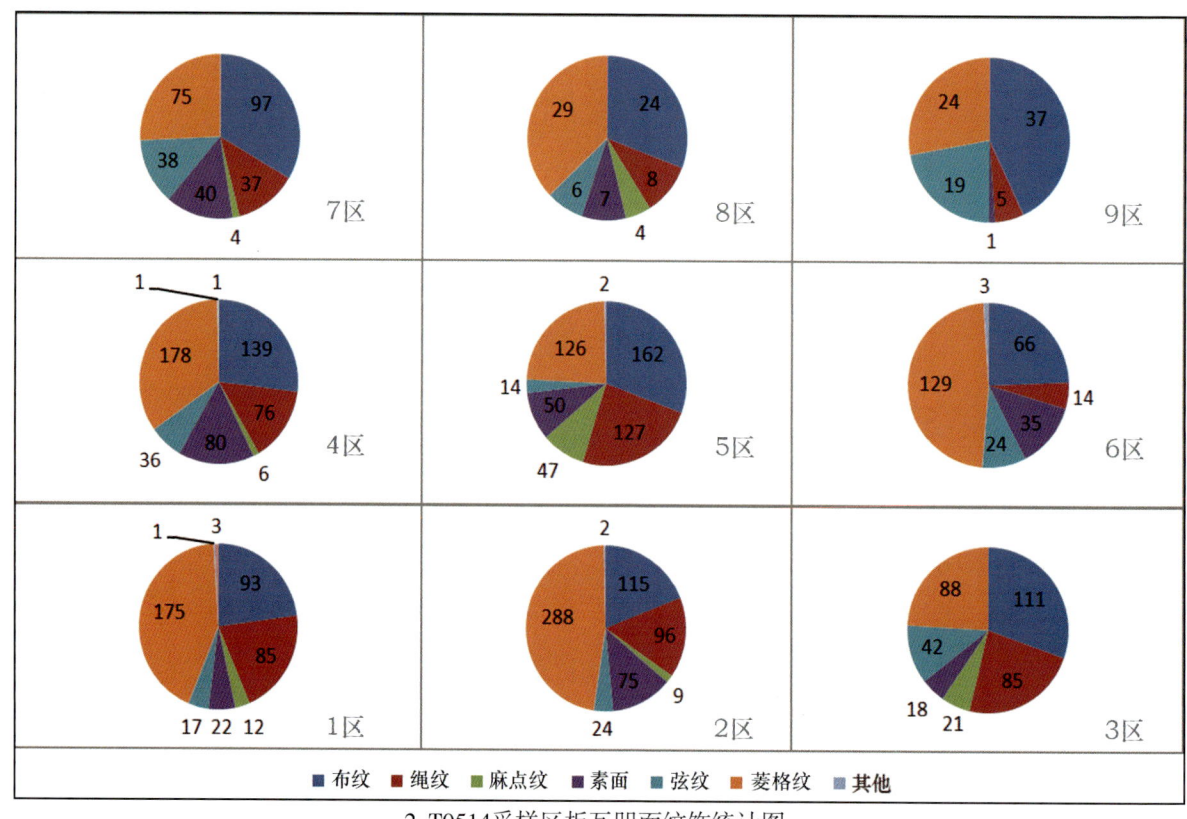

2. T0514采样区板瓦凹面纹饰统计图

T0514采样区陶筒瓦、板瓦凹面纹饰统计图（2010年度）